湖南省教育厅重点项目：基于异质性预期的住房市场调控政策对家庭部门杠杆率变动的影响研究
（项目编号：18A054）

中国收入不平等与家庭借贷行为研究

——理论机制、微观实证

伍再华　郭新华　著

中国财经出版传媒集团
中国财政经济出版社

图书在版编目（CIP）数据

中国收入不平等与家庭借贷行为研究：理论机制、微观实证／伍再华，郭新华著. －－北京：中国财政经济出版社，2020.6

ISBN 978－7－5095－9853－5

Ⅰ.①中… Ⅱ.①伍…②郭… Ⅲ.①国民收入分配－研究－中国②家庭－借贷－研究－中国 Ⅳ.①F124.7②F832.479

中国版本图书馆 CIP 数据核字（2020）第 099772 号

责任编辑：蔡 宾　　　　　　责任校对：李 丽
封面设计：陈宇琰

中国财政经济出版社 出版

URL：http：//www.cfeph.cn

E-mail：cfeph@cfeph.cn

（版权所有　翻印必究）

社址：北京市海淀区阜成路甲 28 号　邮政编码：100142
营销中心电话：010-88191537　编辑部门电话：010-88190666
北京财经印刷厂印刷　各地新华书店经销
787×1092 毫米　16 开　20.5 印张　349 000 字
2020 年 6 月第 1 版　2020 年 6 月北京第 1 次印刷
定价：60.00 元
ISBN 978－7－5095－9853－5
（图书出现印装问题，本社负责调换）
本社质量投诉电话：010-88190744
打击盗版举报热线：010-88191661　QQ：2242791300

前　言

收入不平等与家庭债务问题一直是各国政府与学界关注的热点。作者所在的家庭金融研究团队对于这两个问题的研究已经持续了15年左右，团队以前的研究是单独分析收入不平等问题和家庭债务问题，近5年来，尝试着把这两个问题放在一起研究，发现了一些有趣的现象，得出了一些富有建设性的结论，所以有了写作该书的意图。

在撰写书稿的时候，遇到了一个难题，那就是关于收入不平等与家庭债务水平的测度，各个国家、地区以及各个社会团体因为标准不一，得出的结果不一，有时甚至有较大的差异。对于此，一方面我们尽可能地采用国家统计局、中国人民银行、世界银行、全球经济网站、OECD等权威部门的数据进行实证研究，另一方面也将其他机构或社会团体的数据呈现。这样能够让读者有一个比较直观的对比。

在撰写过程中，我们力求博采众长，吸收国内外最新研究成果，以便能充分反映这一领域的研究全貌。全书共分十章，第一章为绪论，主要介绍本书的选题背景、选题意义、研究方法、主要内容。第二、三、四章为本书的理论研究部分，分别研究收入不平等与家庭经济行为、中国收入不平等的动态演变与分解、中国家庭借贷行为的动机与影响因素。第五、六、七、八章为本书的实证分析部分，通过构建不同的计量经济模型，深入地探讨收入不平等对家庭借贷行为的影响，并分析了社会地位寻求、社会保障、金融素养、农村新型医疗保险等变量在其中扮演的作用。以往关于收入不平等、家庭借贷行为的研究大多侧重于宏观角度，本书第五、七、八章都是利用微观数据库，从微观的角度进行研究；第六章构建了一个宏、微观混合数据集，探讨了社会保障在收入不平等与家庭借贷行为关系中所起的作用。本书对进一步丰富与拓展收入不平等与家庭债务研究领域，以及防范中国家庭债务风险具有重要的理论与现实意义。第九章和第十章希望通过收入不平等与家庭债务变动的国际比较，发现中国与其他典型国家的差异，并借鉴几个典型国家家庭债务风险规制的经验，提出中国家庭债务风险规制的模式选择。

　　由于时间仓促，加之作者水平有限，书中疏漏与不当之处在所难免，恳请读者批评指正，以便今后完善。

伍再华　郭新华
2019年12月于湘潭大学

目 录

第一章 绪论 …………………………………………………… （1）
  第一节 研究背景与问题的提出 ………………………………… （1）
  第二节 选题意义 ………………………………………………… （4）
  第三节 研究方法 ………………………………………………… （5）
  第四节 基本框架及其主要内容 ………………………………… （6）

第二章 收入不平等与家庭经济行为 ………………………… （8）
  第一节 收入不平等与家庭消费行为 …………………………… （8）
  第二节 收入不平等与家庭劳动供给行为 ……………………… （13）
  第三节 收入不平等与家庭金融决策行为 ……………………… （19）

第三章 中国收入不平等的动态演变与分解 ………………… （23）
  第一节 收入不平等的测度方法 ………………………………… （23）
  第二节 中国收入不平等的动态变化 …………………………… （30）
  第三节 中国收入不平等的形成因素 …………………………… （38）
  第四节 中国收入不平等的分解 ………………………………… （45）

第四章 中国家庭借贷行为的动机与影响因素 ……………… （59）
  第一节 家庭借贷行为的含义与动机 …………………………… （59）
  第二节 中国家庭借贷行为变化的需求面因素 ………………… （65）
  第三节 中国家庭借贷行为变化的供给面因素 ………………… （76）

第五章　收入不平等、社会地位寻求与家庭借贷行为 ……………（81）
 第一节　引言 ……………………………………………………（81）
 第二节　社会地位寻求对个体经济行为的影响 ………………（87）
 第三节　数据来源与描述性统计 ………………………………（91）
 第四节　主要变量说明与模型设定 ……………………………（99）
 第五节　实证分析 ………………………………………………（102）

第六章　收入不平等、社会保障支出与家庭借贷行为 ……………（122）
 第一节　引言 ……………………………………………………（122）
 第二节　我国社会保障支出结构及其变动分析 ………………（126）
 第三节　变量选取和描述性分析 ………………………………（140）
 第四节　实证分析 ………………………………………………（145）

第七章　财富不平等、金融素养与家庭借贷行为 …………………（163）
 第一节　引言 ……………………………………………………（163）
 第二节　消费者金融素养理论 …………………………………（166）
 第三节　变量选取与描述性分析 ………………………………（171）
 第四节　实证分析 ………………………………………………（176）

第八章　健康冲击、新型农村合作医疗与农村家庭借贷行为 ……（201）
 第一节　引言 ……………………………………………………（201）
 第二节　中国新型农村合作医疗制度的发展 …………………（206）
 第三节　数据来源、变量选取与描述性统计 …………………（208）
 第四节　实证分析 ………………………………………………（213）

第九章　收入不平等与家庭债务变动的跨国比较 …………………（227）
 第一节　引言 ……………………………………………………（227）
 第二节　全球收入不平等变动的跨国比较 ……………………（229）
 第三节　全球家庭债务变动的跨国比较 ………………………（237）
 第四节　我国家庭债务变动的特征事实 ………………………（246）

第十章 中国家庭债务增长的风险规制 …………………………（258）
  第一节 家庭债务风险的测度指标与方法 …………………………（258）
  第二节 中国家庭债务风险特征及其成因 …………………………（261）
  第三节 主要国家家庭债务风险规制的经验分析 …………………（268）
  第四节 中国家庭债务风险规制的模式选择 ………………………（279）

参考文献 ……………………………………………………………（285）
致　谢 ………………………………………………………………（320）

第一章 绪　　论

第一节　研究背景与问题的提出

收入不平等历来是经济学研究的热点问题，而由收入差距扩大所引起的一系列经济现象非常值得关注。国际上通常用基尼系数定量测定社会居民收入分配的不平等程度[①]。改革开放以来，我国居民收入差距逐渐扩大，根据国家统计局与世界银行发布的数据显示（见表1-1），1981年中国的基尼系数为0.29，1994年开始越过0.4的警戒线（除1999年外），并且总体趋势逐年上升，自2003年以来，我国基尼系数一直处在全球平均水平0.44之上，2008年达到最高点0.491，之后基尼系数呈回落态势，2016年又开始反弹，为0.465，2017年、2018年基尼系数继续上升，分别为0.467、0.474。巫锡炜（2011）采用收入不平等的多种测度方法，发现从1995—2002年我国城镇居民的收入不平等指数有大幅度上升。甘犁等（2012）则根据中国家庭金融调查首轮数据，计算出我国2010年家庭收入的基尼系数为0.61，大大高于0.44的全球平均水平，也大大高于国家统计局公布的0.481；2015年中国家庭金融调查与研究中心再次统计的居民收入基尼系数达到0.62。虽然有学者对甘犁等测算的基尼系数结果和抽样方法提出了异议，指出了其基尼系数存在严重高估的问题，并分析了其主要原因（岳希明、李实，2013；李实、万海远，2013；罗楚亮，2012，2017），但是我国的收入差距较大是无可辩驳的事实。目前中国基尼系数高于所有发达国家和大多

[①] 国际上一般认为基尼系数低于0.2表示收入过于平均；0.4是社会分配不平均的警戒线，故基尼系数应保持在0.2—0.4；高于0.4，表示收入差距较大，达到0.6，表示收入差距悬殊。

数发展中国家,这应该引起高度警惕。

表1-1　　　　　　中国1981—2018年收入基尼系数

年份	基尼系数	年份	基尼系数	年份	基尼系数
1981	0.29	2003	0.479	2013	0.473
1984	0.2769	2004	0.473	2014	0.469
1985	0.2985	2005	0.485	2015	0.462
1990	0.322	2006	0.487	2016	0.465
1993	0.355	2007	0.484	2017	0.467
1995	0.42	2008	0.491	2018	0.474
1996	0.352	2009	0.49		
1998	0.403	2010	0.481		
1999	0.387	2011	0.477		
2002	0.42	2012	0.474		

数据来源:1981—2002年数据来源于世界银行统计(其中有些年份数据缺失)(http://data.worldbank.org.cn/);2003—2018年数据来源于国家统计局(http://www.stats.gov.cn/)。

在收入不平等不断扩大的同时,我国居民消费信贷也经历了一个快速增长的阶段。随着我国信贷政策的放宽和家庭借贷约束的降低,我国家庭债务持续飙升[①]。1997年我国家庭债务总规模仅为172亿元,截至2018年底,我国家庭借贷规模已达到377903亿元,我国家庭债务占国民生产总值(GDP)的比重也是由1997年的0.22个百分点上升到2018年的41.97个百分点[②]。根据国际清算银行(BIS)数据显示,截至2018年第3季度,家庭债务占GDP比重最高的世界前10位的国家分别为:瑞士、澳大利亚、丹麦、荷兰、挪威、加拿大、韩国、新西兰、瑞典、英国,具体情形见表1-2,而GDP居于首位的美国,家庭债务占GDP比重没有挤进前10位,居第11位。

---

① 关于我国家庭债务规模有两个统计口径,一是来自中国人民银行《金融机构本外币信贷收支表》,其中住户贷款余额(包含短期与中长期消费贷款与经营贷款)代表家庭债务规模,二是来自国家统计局《国民经济和社会发展统计公报》,其中消费贷款余额代表家庭债务规模。本书所指家庭债务采用国家统计局口径,仅包含家庭消费信贷数据,没有包含家庭经营贷款数据。

② 根据国家统计局《2018国民经济和社会发展统计公报》数据计算所得。

表1-2 2018年第三季度末家庭债务占GDP比重最高的世界前11个国家

世界排名	国家	家庭债务占GDP比重（%）
1	瑞士	128.7
2	澳大利亚	120
3	丹麦	116
4	荷兰	102
5	挪威	100.5
6	加拿大	100.2
7	韩国	96.9
8	新西兰	93.3
9	瑞典	88.5
10	英国	86.5
11	美国	76.4

数据来源：国际清算银行（BIS）（http://www.bis.org/）。

虽然与西方发达国家相比，我国家庭债务占GDP的比重还较低，许多人据此认为我国居民部门债务不足堪忧。诚然，当前我国居民杠杆率[①]低于发达国家，但居民杠杆率增速却远高于发达经济体。以美国为例，美国居民杠杆率从20%上升到50%用了近40年时间，而我国从2008年的12.3%上升到2018年的41.97%只用了10年时间。这种上升势头确实令人担忧。另外，与发展中国家如印度相比，我国居民杠杆率远高于印度。据全球经济数据库（CEIC）数据显示，2017年我国居民杠杆率为38.11%，而印度仅有10.24%。此外，需要指出的是，我国同发达经济体国家国情不同，由于中国居民收入占GDP比重偏低，所以采用家庭债务占GDP比重去测算杠杆率会低估中国家庭部门债务问题的严重性，有学者认为，以家庭债务占家庭可支配收入比重测算杠杆率更加真实合理。以家庭债务占家庭可支配收入比重测算，2017年我国家庭部门杠杆率高达110.9%，已经超越同期的美国（108.1%）（陈彦斌，2018）。值得注意的是：无论是以家庭债务/GDP还是以家庭债务/家庭可支配收入来测算的杠杆率，其分子只是统计了家庭部门从金融部门获取的信贷总额，而中国家庭还是以向亲戚朋友借钱的民间借贷为主，还有公积金以及"现金贷"、P2P等平台借贷，所以真实的杠杆率

---

① 我国居民杠杆率用家庭债务/GDP表示，其中家庭债务仅用消费信贷数据替代，所以实际居民杠杆率更高。

要远远超过官方统计数据。由于我国人口基数大，即使我国居民杠杆率与发达国家相同，我国居民的偿债负担也要大于发达国家。如此巨额的家庭债务规模势必会对经济的波动造成影响。适度的家庭债务可以活跃经济，刺激消费，但过度的家庭债务又会引发金融脆弱性，导致经济失衡与危机（Kim等，2014）。鉴于我国未来财政、金融政策旨在刺激内需，金融去杠杆，企业去杠杆、去库存，尤其是房地产业急需去库存；我国商业银行普遍致力于拓展"大零售"业务，可以预期"居民加杠杆"的势头在未来数年仍会继续。而我国无论是政府当局和金融监管部门，还是金融机构均未真正经历过任何由家庭债务危机引发的金融危机。如何让监管机构自身监管能力和金融机构自身风险管理能力与我国家庭信贷同步提升，是我国金融监管部门和金融机构的当务之急。基于此，本书重点考察我国收入不平等变动对家庭债务增长的影响，并且通过了解和借鉴早已经历过多次危机的美国监管机构和金融机构的经验和教训，来有效进行我国家庭债务风险管理，从而避免由家庭债务危机引发的金融危机，促进经济持续健康地运行。因此，本书将具有重要的理论与现实意义。

第二节　选题意义

本书通过构建计量经济模型，深入地探讨了收入不平等对家庭借贷行为的影响，并分析了社会地位、社会保障、金融素养、农村新型医疗保险等变量在其中扮演的作用。本书工作对进一步丰富与拓展家庭债务研究领域，以及防范中国家庭债务风险具有重要的理论与现实意义。

（1）本书构建了逻辑一致且较为严谨的收入不平等影响家庭借贷行为的理论分析框架，较深刻地阐释了收入不平等变动对异质性家庭借贷行为的复杂作用机制，这在一定程度上发展了收入不平等的微观经济效应理论，加深了学界对中国家庭借贷行为演化的理解，具有较高的理论贡献。

（2）本书通过对中国经济现实的洞察与特征事实分析，提出了收入不平等对家庭借贷行为影响的理论假说，并构建计量经济模型，采用多样化的数据，验证了收入不平等对家庭借贷行为的效应及其作用机制，这对推动中国家庭金融领域的微观实证研究，具有较强的方法论价值。

（3）本书对于政府进一步制定与完善收入分配制度具有较强的参考价值。基于收入不平等的扩大会导致一系列严重的宏微观经济后果，政府应继续深化收入分配制度改革，着力提高中低收入群体的收入水平，对过高收入群体进行调控，保证社会的公平正义，从而实现全面建成小康社会的目标。

（4）本书对金融监管部门加强家庭债务风险管理，有效防范系统性金融风险具有重要的意义。在预防金融风险的前提下，推进金融创新，适当增加正规金融机构对中低收入家庭的信贷支持，提高其信贷的可获得性。银行等金融机构应该积极完善消费信贷方面的风险防范措施，减少消费信贷风险。

第三节 研究方法

一、文献研究方法

本书努力综述并吸收既有的国内外关于收入不平等、家庭金融、家庭经济脆弱性测度以及消费金融市场规制等领域的相关研究成果，在批判中借鉴、汲取对本研究具有重要参考价值的思想和内容，最终构建出严谨且清晰的收入不平等影响家庭借贷行为的理论分析框架，且验证探讨收入不平等变动对家庭借贷行为的复杂作用机制，已有的丰富研究文献为本研究的创造性研究工作提供了重要启发。

二、理论分析和实证分析相结合方法

本书在梳理收入不平等、家庭借贷行为以及家庭债务风险防范等重要理论的基础上，构建与阐释了收入不平等变动对家庭借贷行为的作用机制理论，较好地解释了收入不平等变动过程中，异质性家庭借贷行为的差异。构建简约且不失有效的微观计量经济模型（比如 VAR 模型、Probit 模型、Tobit 模型等），采用多源数据，实证检验了本研究提出的重要理论假说。本书采用理论和实证研究相结合的方法所获得的一系列重要结论，为政府部门、金融机构、保险机构等制订相关经济政策、评估经济政策效应与预测经济活动提供重要的决策参考。

三、多学科交叉渗透与创新的方法

本书在现代经济学理论与方法的基础上，综合运用了金融学、统计学、社会学、管理学、行为科学等多学科理论与方法，结合中国经济社会的具体情境，深入分析了中国收入不平等变动过程中家庭借贷行为演化问题，本书多方面、多层次地体现了多学科交叉渗透与创新的方法。

第四节　基本框架及其主要内容

本书共由十章组成，其主要内容如下：

第一章为绪论。本章主要介绍了本书的选题背景、选题意义、研究方法、主要内容。

第二章为收入不平等与家庭经济行为。本章主要分析收入不平等变动的微观经济效应，探究收入不平等与家庭消费行为、家庭劳动供给行为、家庭金融决策行为之间的内在关系。

第三章为中国收入不平等的动态演变与分解。本章在介绍收入不平等的测度方法的基础上，分析中国收入不平等的动态变化及其形成因素，在此基础上对中国收入不平等进行合理分解。

第四章为中国家庭借贷行为的动机与影响因素。本章主要考察中国家庭借贷行为的动机，并分别从需求层面和供给层面分析了中国家庭借贷行为变化的影响因素。

第五章为收入不平等、社会地位寻求与家庭借贷行为。本章利用中国家庭金融调查（CHFS）2011年度的调查数据，考察了收入不平等对家庭借贷行为的影响，并验证了家庭是否存在为追求社会地位而借贷的动机。

第六章为收入不平等、社会保障支出与家庭借贷行为。本章采用中国家庭追踪调查数据（CFPS）和与之相匹配的社会保障支出等省级层面数据，考察了收入不平等对家庭借贷行为的影响，并验证了社会保障支出在其中所扮演的作用。

第七章为财富不平等、金融素养与家庭借贷行为。基于 2013 年中国家庭金融调查（CHFS）数据，选用工具变量法，考察了金融素养对城乡家庭借贷行为影响的差异性，并验证了财富不平等扩大会抑制金融素养对家庭借贷行为的影响。

第八章为健康冲击、新型农村合作医疗与农村家庭借贷行为。本章在回顾中国新型农村合作医疗保险制度的发展及其作用的基础上，构建健康冲击影响家庭借贷决策的理论分析框架，并利用 2013 年中国家庭收入调查数据（CHIP）与 137 个县区的新农合住院补偿比例相匹配的数据，构造 Probit 和 Tobit 模型，验证健康冲击对农村家庭借贷行为的影响，并讨论家庭在面临健康冲击时新农合所具有的调节作用。

第九章为收入不平等与家庭债务变动的跨国比较。首先比较了世界各典型国家收入不平等变动情况，分析全球收入不平等变动的影响因素；然后对世界各典型国家家庭债务变动情况进行比较；最后着重介绍了我国家庭债务变动的总量、区域等特征，在此基础上进行了我国家庭债务规模变动的收敛性分析。

第十章为中国家庭债务增长的风险规制。本章首先在构建家庭债务风险测度指标的基础上，对中国家庭债务风险进行测度，并分析其形成原因；然后借鉴西方国家家庭债务风险规制的经验，提出中国家庭债务风险规制的模式选择。

第二章　收入不平等与家庭经济行为

微观经济是由企业、家庭和个人依托市场而组成的一个有机整体，家庭经济行为是最本源的微观经济行为，家庭作为重要的微观经济主体具有与企业不同的特殊经济功能和独特的经济行为。在不同收入分配格局下，收入不平等程度对家庭经济行为产生重要影响。因此，从收入不平等的视角出发，深入研究家庭经济行为的演变特征，全面揭示家庭经济活动的规律具有重要的意义。本章从收入不平等变动的微观经济效应着手，探讨收入不平等与家庭消费行为、收入不平等与家庭劳动供给行为，以及收入不平等与家庭金融决策行为之间的关系。

第一节　收入不平等与家庭消费行为

家庭消费，是社会总消费的重要组成部分。影响家庭消费行为的因素有很多，如国家政策、收入水平、家庭结构和家庭社会交往等，其中收入水平对家庭消费有着重要影响。大量研究表明：收入不平等与家庭消费之间存在复杂关系（杭斌等，2016；郭新华等，2015；吴玲萍等，2018）。本节首先介绍消费的棘轮效应与示范效应理论，然后讨论收入不平等对消费的抑制或者促进作用，最后梳理收入不平等对家庭消费结构的影响。

一、消费的棘轮效应与示范效应理论

（一）消费的棘轮效应

关于收入与消费的关系，不同学者的解释存在明显的差异。Keynes（1936）

提出了著名的绝对收入消费理论。他认为在影响消费的众多因素中，收入是最重要的。因此，收入决定了消费，消费是收入的函数。Keynes 主张消费是可逆的，认为绝对收入水平变动必然立即引起消费水平的变化。针对 Keynes 的绝对收入消费假说，Duesenberry（1949）则提出了消费的棘轮效应假说（Ratcheting Effect），认为个体或者家庭的相对收入对消费存在重要影响，且消费习惯在家庭的消费决策中扮演着非常重要的作用。个体消费习惯受许多因素影响，如生理和社会需要、个人的经历、个人经历的后果等，个人在收入最高期所达到的消费标准对消费习惯的形成有很重要的作用。棘轮效应可以划分为正棘轮效应与负棘轮效应。其中正棘轮效应是指消费惯性抑制消费降低的现象，而负棘轮效应是指收入增加会对消费产生的削弱或阻碍作用。国内学者采用一系列证据，验证了中国家庭消费过程棘轮效应的存在性。周凤生（2008）结合中国农村的现实情况指出实际生活中农民消费表现出"双向棘轮效应"，即消费惯性不仅在收入减少时会制约农民消费水平的降低，而且当收入缓慢增加时，也会抑制消费水平的提高。乐为和钟意（2013）以滞后一期居民消费来度量棘轮效应，研究结果表明，从长期来看，前一期的居民消费会对当前消费产生影响，即使居民当期收入没有增长，但是依然会导致居民的消费增加。刘宗明和李春琦（2015）提出消费惯性制约了消费的大幅波动，中国居民的消费不仅关心未来消费还关注过往的消费。盘和林（2019）提出，2019 年美国"千禧一代"债台高筑，债务累计高达 1 万亿美元。主要原因在于"千禧一代"消费观念超前，随着娱乐活动的增加、信贷消费与移动支付崛起，他们花钱的渠道变得更多；在美国金融危机后，即使面临失业、啃老，然而根据"棘轮效应"，消费具有上去容易下来难的不可逆性，成长阶段已经养成的消费习惯也难以改变，但是更低的收入难以支撑如此的消费习惯，所以"花明天的钱、圆今天的梦"的举债消费方式更为常见。张肃（2017）对城乡居民信息消费的棘轮效应进行比较，发现城乡居民均有较强的棘轮效应，说明上一期的消费习惯对当期消费有较大的影响，而且农村居民对信息消费的惯性更强；从分地区来看，中、西部城乡居民信息消费的棘轮效应大于东部地区，东部城镇居民稍高于农村居民，但中、西部农村居民高于城镇居民，这说明经济越不发达地区的信息消费越容易受消费习惯的影响。

（二）消费的示范效应

消费的棘轮效应主要强调的是个人相对收入水平与消费习惯对自身消费的影

响。杜森贝利在研究个体消费选择的动机时，发现消费者在认识和处理自己的收入与消费及其相互关系时，会和其他消费者相比较，人们的消费行为不但受收入水平的影响，而且受其他人主要是那些收入与其相近的人消费行为的影响，这些人的行为具有示范效应，因此，杜森贝利提出了具有较大影响力的消费示范效应理论（Demonstration Effect）。消费示范效应是人们在消费过程中，通过社会接触，相互影响、相互作用而逐渐形成的消费行为和消费趋向的社会现象。该理论被广泛用于解释消费者个人或家庭的消费支出和收入的高低变化对其他消费者和家庭消费支出的影响。人们的高消费水平来自于模仿他人的动机，越靠近低端的家庭持有的该动机越强烈。此后，Ireland（1994）以及Bagwell和Bernheim（1996）在其基础上发展起来"地位寻求"（Status Seeking）模型，进一步拓展了消费示范效应的研究。大量基于社会地位寻求理论的研究表明：有些消费行为并非是消费者为了满足自己对物质的真实需求，而是为了炫示财富、追求自己想要得到的社会地位而进行的消费（Abel，1990）。

长期以来，西方经济学家认为"示范效应"仅适合经济发达国家，在经济欠发达国家中的影响比较微弱，消费受到"示范效应"的影响较小。随着中国社会经济的不断转型，消费的示范效应表现得越来越明显，关注中国家庭消费的示范效应的文献不断涌现。李鸥（1986）认为消费示范效应是消费的社会性所决定的，消费示范效应是一定社会经济条件下的消费现象，它是经济因素、社会因素、心理因素在消费方面的综合效应，同时，中国家庭消费示范效应表现出不同于发达国家的特点。段庆林等（1999）以宁夏1978—1997年间农村住户调查数据检验了相对收入假说，并实证分析了经济紧缩对农村居民消费需求的影响。他们认为阶层消费的示范效应在经济繁荣时期较为强烈，而经济紧缩时期则突出表现为"阶层式消费"，农民越来越接受了各自阶层的消费标准。城镇居民消费对农村居民消费存在着示范的作用，城镇居民消费对农村居民消费的示范效应的发生具有深刻的经济社会因素。钟成林（2015）采用GMM法，利用全国城乡居民1985—2013年相关数据，分析城乡居民收入差距对城乡居民消费示范效应的影响，结果表明：城乡居民之间存在着显著的消费示范效应，而消费结构的变化是消费示范效应发挥作用的关键。城乡之间过大的收入差距产生正的消费示范效应将会超过负的消费示范效应。易行健等（2012）运用2000—2010年的省际面板数据，采用PMG面板误差修正方法对城乡收入差距与分项消费的示范效应进行了计量分析，结果表明，农村总消费受到的来自城市的示范效应相当显著，在分项消费上文教、娱乐用品及服务支出示范效应最大,其次是医疗保健支出、家庭设备及服务支出、交通和通信支出,而食品支出以及衣着支出的城乡联动机制并不明显,居住支出的相关性为负。另外有学者得出了不同的结论,王冬等(2019)利用2005—2016年中国31个省(市、自治区)的数据对示范效应进行实证分析,得出结论,城镇居民对农村居民消费的示范效应十分明显,但文教娱乐支出示范效应最低,医疗保健支出示范效应最高,主要原因在于二元结构下城乡差距对示范效应产生了"扭曲"作用。

二、收入不平等对家庭消费的影响

(一) 收入不平等对家庭消费的抑制作用

已有大量的研究表明,收入不平等会抑制家庭消费。Stark(2006)认为财富不平等的增加使人们强烈追逐未来的社会地位,从而减少当期消费、促进未来财富积累。Jin等(2011)提出收入不平等对家庭消费的负效应也可以通过对将来"地位追逐"动机来理解,即收入不平等的扩大会提高高层社会地位群体的进入门槛,而家庭为了提高未来的社会地位而会减少当期消费。汪伟和郭新强(2011)利用不等式约束引入收入差距,认为低收入家庭由于终身收入资源较低,他们会将如结婚、购房、教育等消费安排视为第二期消费目标,而第二期消费目标取决于自己收入和富人收入的差距,也就是低收入家庭看到自己收入提高或者自己与富人的收入差距拉大都会出于追求社会地位、攀比消费等提高自己的消费标准。金烨等(2012)首次在国内提出收入差距的扩大会加强人们寻求社会地位的动机这一假说,利用我国城镇住户调查1997—2006年微观数据分析得出,在控制了家庭收入后,收入差距仍然会显著地减少家庭的消费,增加储蓄率,他们还发现收入差距对低收入或年轻家庭的消费抑制更加明显,收入不平等的加剧会刺激教育投资的上升。王立凯和杭斌(2016)充分考虑了我国居民正面临的高经济增长、流动性约束严重和社会保障不健全的经济背景,利用中国家庭金融调查(CHFS)数据,从地位寻求的角度分析了收入不平等对家庭消费的影响,发现收入差距通过住房攀比对城镇家庭消费产生抑制作用,住房存在向上攀比的地位寻求动机,收入差距扩大,加剧住房攀比,对食品、衣着和居住支出产生严重的挤占。杭斌和曹建美(2016)基于收入不平等和社会地位寻求的双重视角,对消费持续低迷背景下农户人情支出不断攀升的现象进行了研究，发现一方面，随着收入差距的扩大，因为富人家庭的炫耀性消费的示范作用会使得农户家庭支出增加；另一方面，相对收入下降又会使部分中低收入家庭受流动性约束影响会在一定程度上抑制人情支出。而富人家庭也因为"从众心理"在人情支出消费上有所减少。王湘红和陈坚（2016）考察农民工群体的家庭消费状况，利用 2008—2009 年度 RUMiC 调查数据，发现控制了绝对收入等其他因素后，相对收入低的家庭消费率更高，而收入不平等的加剧会显著降低了农民工的家庭消费率。对于那些有较大意愿留城的农民工，他们相对城市居民的过低收入会削减其当期消费。长期的城乡工资的巨大差距会抑制居民消费。伍再华等（2017）使用 2010—2014 年 CHPS 面板数据，发现收入不平等的扩大源于富者越富，而非穷者越穷。因而收入不平等的扩大降低了中低收入家庭的预期收入，提高家庭未来不确定性风险，使其转变为保守型家庭，减少消费需求。

（二）收入不平等对家庭消费的促进作用

在收入不平等扩大的过程中，收入不平等可能会通过复杂机制对家庭消费产生促进作用。Frank 等（2014）认为收入不平等会促进家庭消费，高收入家庭随着收入的增加会产生额外的消费，而低一层的收入群体会效仿这些开支，即居民会受到更富裕家庭的消费模式的影响，而收入不平等加剧会导致"支出瀑布"[①]。Rajan（2011）在研究美国的收入差距和住房、消费状况后，发现美国居民收入差距扩大提升了居民的攀比性消费支出水平。吴玲萍等（2018）利用 CFPS2014 微观调查数据，实证检验了收入差距对家庭教育消费的激励效应，指出收入差距对家庭教育消费产生了显著的促进作用，但是在不同的组别存在异质性，收入不平等对低收入家庭的教育消费促进作用更为显著，而在高收入家庭则不显著。闫新华等（2016）利用我国农村家庭关于人情支出的数据，通过实证分析发现收入差距的扩大，使得农村地区高收入家庭率先提升人情支出水平，并通过示范效应提升了整个地区的人情支出水平。

（三）收入不平等对家庭消费结构的影响

收入不平等不仅影响着家庭的消费规模，还对家庭的消费结构产生重要的影

---

① "支出瀑布"是指从最富裕家庭的开始，鼓励较富裕的家庭进行消费，而较富裕家庭消费的增加又会带动收入更低的家庭的一种消费现象。

响。周广肃等（2018）使用2010年中国家庭追踪调查（CFPS）数据，发现收入不平等的加剧会降低人们自评的社会地位，提高了追求社会地位的动机，从而促使大多家庭会争相建造大面积、高价值的房屋，并提高礼金支出来增加可见性支出以彰显自己的地位。从长远来看，家庭在这些房屋和人情上的过度花费，还是可能会降低家庭在教育和健康等方面的投资，从而影响长期收入和福利水平。社会资金过度地用于这些非生产性支出，也会减少用于生产性投资的社会资金数量，从而影响长期经济增长。李江一等（2016）利用中国家庭金融调查2011年与2013年的面板数据，研究了城乡收入差距对居民消费的影响，发现城乡收入差距扩大对农村家庭和城市家庭的影响存在差异。对于农村家庭来说，城乡收入差距的扩大会提高他们的人力资本和社会资本投入，但挤出了生存型和享受型商品消费。而对城镇家庭来说，城乡收入差距扩大对抑制城镇家庭的人力资本投入，显著促进了他们的享受型商品消费。城乡收入差距扩大激励了农村家庭不断追赶城镇家庭，当城乡收入差距逐步缩小时又激励了城镇家庭进一步提升与农村家庭之间的差距。纪园园等（2018）利用2002—2009年的城镇住户调查数据（UHS），在讨论收入差距对家庭消费的影响时考虑了相对收入假说的重要性。指出欠发达地区由于家庭自身收入和城市收入较低而会表现出更低的家庭消费水平，城市收入差距的扩大，会使得欠发达地区为了追赶发达地区会增加家庭的享受型消费即教育投资，而减少生存型和发展型消费，这一系列消费行为又会进一步加剧收入不平等。虞楸桦等（2005）在控制农村家庭纯收入后，发现收入差距对农村家庭服务性消费仍然有显著影响，同时发现收入差距对农村低收入、中等收入和高收入家庭服务性消费的影响具有一致性，但对农村老年家庭服务性消费的影响却明显大于年轻家庭。

第二节 收入不平等与家庭劳动供给行为

按照西方经济学的传统分析方法，劳动供给决策是在个人闲暇和工资收入之间的取舍，其原则是个人效用最大化。然而，个体的劳动供给决策与家庭的劳动供给决策面临的决策环境存在较大的差异，这可能会导致不同的决策结果。本节从劳动供给的规模、质量以及结构方面，主要探讨收入不平等变动与家庭劳动供给行为之间的关系。

一、收入不平等与劳动供给规模

城乡之间期望收入的差距吸引了大量的农村劳动力向城镇转移，促使劳动力从农业部门流入非农部门，导致城市劳动供给规模扩大。古典经济学创始人 Willian Petty（1672）最早从经济发展的角度揭示了人口流动原因，他提出：比较利益的存在，会促使社会劳动者从农业部门流向工业部门和商业部门。1994 年，我国劳动力市场中乡村就业人员占比高达 72.6%，城镇就业人员占比仅为 27.4%，而截至 2017 年底，我国劳动力市场中城镇就业人员占比已达到 54.7%，乡村就业人员占比降为 45.3%。① 学者们关于城乡收入差距与劳动供给规模变化的关系有三种不同的观点。

第一种观点认为，劳动力向城镇方向的转移对于提高农村居民水平、缩小城乡收入差距发挥了重要的作用。在二元经济中，城乡期望收入差距引起的农村劳动力向城市流动会增加城市劳动力市场的供给，降低平均工资；同时，减少农村剩余劳动力，能够提高农村的劳动生产率和收入水平（陆铭等，2005）。刘学军等（2009）使用年人口抽样调查数据发现，外来劳动力对城市本地劳动力的就业率和工资均具有统计上显著的负向作用，这从另一个角度体现了劳动力流动具有缩小城乡收入差距的作用，还发现外来劳动力对本地职工工资的影响，要大于对就业率的影响，说明城市本地劳动力对于外来劳动力存在有限的反应，主要体现在降低保留工资，而非放弃工作机会。周峰（2006）基于 1997—2003 年间省级面板数据考察可能影响城乡收入差距的因素，结果显示，农村劳动力的转移对降低城乡收入差距有显著作用。董长瑞（2008）通过构建人口流动模型，验证了农村劳动力的转移与城乡收入差距之间的长期均衡和短期动态关系，研究结果表明短期内农村剩余劳动力的转移不能消除城乡差距，但对缩小我国城乡收入差距发挥巨大效应。许秀川（2008）也认为，加快农村劳动力的转移速度是缩小城乡收入差距的有效手段。蔡昉等（2009）从劳动力流动与户籍政策变迁视角出发，认为现行统计制度不能覆盖所有人群是掩盖劳动力流动缩小城乡收入差距的主要原因，劳动力流动具有缩小城乡收入差距的作用。

---

① 《中国统计年鉴》（1994—2018）。

第二种观点认为，劳动力向城镇转移扩大了城乡收入差距。郝爱民（2006）、赵颖（2008）和陈迅（2007）分别对中国城乡收入差距与农村劳动力转移的关系进行实证研究，研究结果都表明：农村劳动力转移与城乡收入差距正相关，中国伴随农村劳动力转移的城市化进程扩大了城乡收入差距的结论。马少晔（2011）认为从理论上讲，随着劳动力的大规模流动，城乡收入应当趋于收敛。然而，1985年后，当劳动力在乡—城间流动成为主流时，城乡收入差距反而呈现出扩大的趋势，其原因是在劳动力流动过程中，大规模的农村劳动力和农村居民转变为城镇居民。根据现行统计制度，转变身份居民被统计在城镇居民中，这种居民身份转变是统计上城乡收入差距扩大的主要原因。程开明等（2007）根据1978—2004年的时序数据，对城市偏向、城市化、城乡收入差距之间的动态关系进行计量分析，发现城市化与城市偏向是造成城乡收入差距扩大的原因，对城乡差距扩大产生正向冲击。

第三种观点认为，农村劳动力转移在不同时期对城乡收入差距造成的影响不同，受不同因素影响，对城乡收入差距造成的影响也不同。最为典型的代表是Harris—Todaro劳动力流动模型（简称H—T模型），Harris和Todaro（1970）根据发展中国家农村劳动力流入城市和城市失业同步增长的矛盾现象创立了Harris—Todaro劳动力流动模型。Harris和Todaro认为，城乡预期收入差距影响劳动力流动。当城市预期收入大于农村即得收入时，农村劳动力会流向城市。当经济体处于充分就业或接近充分就业时，劳动力流动的依据是能否获得高收入，在劳动力供求因素下会缩小城乡工资差距；但当存在城市失业时，流动的劳动力可能进入非正规部门，由于大量劳动力进入，工资将降低，虽然会缩小非正规部门与农业部门的收入差距，但会扩大其与正规部门的收入差距。许春招（2014）在Harris-Todaro模型的基础上，引入效用函数构建一个新的城乡劳动力流动均衡模型，将户籍制度和住房价格因素纳入到模型分析中，发现城乡收入差距与劳动力流动规模正相关，而失业率、户籍歧视和城市住房价格与劳动力流动规模负相关。一方面，城乡收入差距是影响农村剩余劳动力流动的主要"拉力"，其不断扩大的趋势会吸引大量农民工进城务工；户籍歧视减弱促使农村劳动力大量转移，为城市提供源源不断的劳动力。而另一方面，失业率与劳动力流动规模呈负相关；城市房价上涨阻碍农村劳动力流入城市，抑制劳动力流动规模的进一步扩大。陈家宁（2006）分析了农村劳动力转移、城市化对城乡收入差距的影响，得出短期内农村劳动力转移、城市化发展扩大城乡收入差距、长期内缩小收入差距的结论。李静（2007）根据我国1990—2004年各省数据，估计分析了劳动力转移、城市化对城乡收入差距的影响，估计结果显示，城市化短期效应使得城乡收入差距扩大，中长期使其缩减，从而得出城市化是解决城乡收入差距扩大问题主要途径的政策启示。黄国华（2010）认为是伴随着农村劳动力的转移进程，在城市化水平较低时期，泰尔指数随着城市化水平的增加而增加；但当城市化水平发展到一定程度，泰尔指数随着城市化水平的增加而减少。农村劳动力向城镇转移是城乡收入差距的影响因素，城乡收入差距也是农村劳动力转移的影响因素，二者互为影响。王笳旭等（2017）利用中国2000—2014年省际面板数据进行实证检验发现，随着对老年人口供养负担的加重，城市偏向的社会福利支出使得农村因照料老人引起的劳动力供给减少扩大了城乡收入不平等，但是劳动力相对资本的稀缺性导致转移劳动力工资上涨从而缩小了城乡收入不平等。

二、收入不平等与劳动供给质量

劳动力质量一般指的是劳动者由于自身接受的教育、工作培训、实践经验等方面的差异而带来的劳动能力的高低。鉴于劳动力质量测度的抽象性，学者们主要通过对人力资本的研究来达到研究劳动力质量的目的。Parente等（1994，1999，2004）在对世界各国收入差异进行分析时，发现不同国家收入水平的差异存在诸多因素，其中技术使用情况是最主要的差异因素。随后进一步研究发现，解释国别间存在的巨大收入差异不能仅仅通过储蓄率、人力资本、技术进步等因素，妨碍技术使用、人力资本的使用和政治性因素等因素是导致出现巨大收入差距的原因。Gollin和Rogerson（2002，2007）根据农业部门的劳动力状况，从技术进步的角度看，农产品的需求在一定程度上是相对固定的，这种情况会紧紧伴随在经济的发展过程中，并且农业部门的剩余劳动力会经常流动，当技术发展到一定的阶段时，流动方向自然是非农部门，这也为城乡收入差距提供了新的分析工具和分析方向。邹薇（2010）通过传统技术和现代技术相比较，提出现代工业技术与传统农业技术的差距，即技术性劳动力供给的技术差异、技术水平的提高对经济发展是有益的，反之则会使得收入不平等加剧，不利于经济的发展。蔡武（2013）认为城乡人力资本流动规模的扩大以及低技能人力资本的流出扩大了收入差距，高技能人力资本的流出缩小了收入差距。由于城乡流动人力资本中低技能型比重偏高、高技能型比重偏低，因此劳动力流动扩大了城乡收入差距。钞小静（2014）研究了劳动力质量与经济发展之间的关系，以横向模式对二元经济结构进行研究，研究表明，收入差距过大会阻碍那些初始财富水平相对较低的农村居民对人力资本的投资，这种情况下，他们只能在传统部门从事生产，也就是会加剧收入差距，也不益于经济的长期增长。李继霞（2015）双向研究劳动力供给质量以及城乡收入差距之间的影响关系，发现劳动力供给质量和城乡收入差距之间相互影响，随着时间的推移，劳动力供给质量对城乡收入差距造成的影响越来越大，且同一时期劳动力供给质量越高，城乡收入差距越小。邓金钱和何爱平（2017）提出劳动力在产业间的自由流动会受制于劳动力质量水平，而城乡收入差距通过人力资本投资影响全社会的劳动力质量，城乡收入差距也会导致贫困农村居民丧失扩大人力资本投资的能力，从而制约全社会劳动力质量的提升。

三、收入不平等与劳动供给结构

家庭劳动供给结构因素主要包括年龄、受教育程度、性别结构、转移目的地等。农村劳动力的非农转移具有年龄差异，发生转移的劳动力往往是青壮年劳动力，而滞留在农村的往往是人力资本较差的中老年劳动力。因此，随着劳动力转移过程进行，大量的青壮年劳动力会率先转移出去，而收入较低的中老年劳动力会留在农村，并且这部分劳动力往往获得收入预期较低，这种由劳动力转移造成的农村劳动力年龄结构变化，可能是造成城乡收入差距扩大的重要原因（王美艳，2005；李庆，2014）。朱文霞和胡艳（2015）以上海市为例，探讨了中国发达城市的劳动力供给情况，研究表明，由于大量务工人员的流入，常住人口年龄有所优化，但户籍人口老龄化程度严重；教育对于劳动参与率尤其是女性的劳动参与率提高作用很大；城乡之间劳动力供给具有明显差异，未来城市的劳动力市场形势将更为严峻；老龄人口教育程度和劳动能力低，往往被劳动力市场"遗弃"。

夫妻间的收入差距也会影响家庭的劳动供给。伴随着夫妻间收入差距的产生，夫妻双方的劳动参与时间会发生变化。Chinhui 和 Kevin（1997）运用丈夫每小时工资划分不同家庭类型的方法研究了已婚夫妇的收入和就业变化，发现男性收入的下降在一定程度上促进了近几十年来已婚女性就业的加速增长。张正东（2017）利用 2002—2006 年城镇住户调查提供的微观数据，探究了在我国家庭中夫妻相对收入对双方劳动供给的影响，研究发现无论男女，收入超过配偶的可能性都与配偶的劳动参与和工作时间呈负相关关系,而对自身劳动供给并无显著影响。他还发现当配偶收入超过自己时,女性相比于男性更倾向于离开劳动力市场、减少工作时间和从事低收入工作。姚先国(2005)发现已婚妇女劳动参与率下降最大的家庭并不是丈夫收入增长最快的家庭,而主要发生在丈夫收入水平较低的家庭中,丈夫和妻子的收入状况之间有很大的相关性,这也说明了我国家庭收入不平等程度在加剧。张世伟和周闯(2010)通过劳动参与方程的参数模型或半参数模型分析方法,发现我国女性劳动参与行为更易受到工资和收入变动的影响,低收入群体劳动参与行为对工资和收入的变动比较敏感,工资水平的提升将会促进城镇居民(尤其是女性)的劳动参与,有助于城镇居民就业率的上升。艾文卫和王家庭(2016)利用1978—2011年的时间序列进行实证分析,结果表明城、乡第二产业就业人数比重上升会扩大城乡收入差距,城、乡第三产业就业人数比重上升以及农业现代化水平提高会缩小城乡收入差距。

四、财产性收入差距与劳动供给

财产性收入是指通过资本、技术和管理等要素与社会生产和生活活动所产生的收入。大量事实表明,家庭收入不平等的主要表现为财产性收入分布的不平等。Davies和Shorrocks(1999)研究表明发达国家收入分配的基尼系数在0.3—0.4,而财产分配的基尼系数则在0.5—0.9。Pryor(2006)利用1975—2000年美国家庭收入的面板数据,发现美国家庭财产性收入差距是导致美国家庭收入差距扩大的首要原因。Tormalehto(2007)发现,欧盟各国的财产性收入基尼系数远远高于可支配收入的基尼系数。刘江会和唐东波(2010)也指出农村地区资本市场发展严重滞后,大多数农村居民还没有获得财产性收入的机会,这在一定程度上拉大了城乡居民收入差距。城乡居民财产性收入差距正在成为我国城乡收入差距扩大的主要原因。

随着家庭财产性收入的快速增长,财产性收入对家庭劳动供给的影响受到了学者们的广泛关注。Douglas等(1993)基于美国数据的经验分析发现,财产性收入等非劳动性收入对劳动供给的影响既有激励效应也有收入效应,财产性收入影响劳动供给的净效应取决于收入效应和激励效应的综合作用结果。Pedersen和Satchell(2003)认为如果一个理性劳动者的财产性收入达到其心理价位,足以抵消不劳动或减少劳动带来的损失,那么其将倾向于减少劳动时间。Ehrenberg

和 Smith（2011）提出财产性收入是一种非劳动性收入，家庭财产性收入的增加会降低劳动供给的意愿，不利于经济的发展。韩公萍（2009）提到财产性收入在居民收入份额中的比重提高，意味着劳动收入份额的相对下降和闲暇机会成本的降低。王勇和戈艳霞（2016）通过将财产性收入引入 Becker 劳动供给时间模型，分析财产性收入增长对家庭成员劳动供给的影响，研究发现：财产性收入会显著降低家庭成员的就业概率，家庭财产存量会显著提高财产性收入对子辈劳动时间的削减效应，与财产存量相比，财产性收入对就业概率和劳动时间的影响更大。戈艳霞和张彬斌（2018）在反设事实框架下，运用倾向得分匹配方法，使用中国家庭追踪调查数据，检验了劳动者在有财产性收入和无财产性收入下劳动供给的差异，估计"扩大财产性收入人群"政策对劳动供给的影响。结果发现，当前阶段扩大财产性收入人群并不会导致劳动供给减少，相反对劳动供给有一定的激励效果。

第三节 收入不平等与家庭金融决策行为

随着我国金融市场的不断发展和家庭可支配收入的快速增长，家庭财产中金融资产的比重日益上升，家庭资产选择日益多样化，不再局限于单一的储蓄型存款，越来越多的家庭开始参与股票、债券、基金等金融风险资产的投资。在一定条件下，收入分布及其不平等程度对家庭投融资决策具有重要的影响。本节重点考察收入不平等对家庭投资决策与融资决策的影响。

一、收入不平等与家庭投资决策

投资决策是指决定通过何种形式使储蓄保值、增值，以满足日后生活需要。收入的多少会影响家庭的投资方式。收入不平等对家庭的投资决策的影响主要是通过投资者对风险市场参与成本的敏感性以及相对风险厌恶程度来传递的。Vissing—Jorgensen（2002）研究认为，居民财富水平影响其股市参与决策，其原因在于参与股票市场是有固定成本的，因而拥有更多财富的居民更容易进行股票投资。Stutzer（2004）认为收入差距的变动代表一个地区收入分布状况的变化，通过借贷约束和收入风险等渠道影响家庭的风险金融资产投资。Campbell（2006）研究表明，总体来说随着财富水平的提高，家庭参与各个金融市场的比例提高，并且相对来说，财富水平低的家庭参与安全市场的比例高，而财富水平高的投资者参与私人商务活动的比例高。Heaton 等（2000）也发现富裕的家庭用私人企业投资替代公共证券投资活动。Bodie 等（1992）认为由于劳动供给具有一定的弹性，因此劳动收入弹性越大的家庭越倾向于配置风险金融资产，因为倘若投资失败还可以通过增加劳动供给或延长工作年限来弥补损失。然而还有学者认为劳动收入作为一项资产，其风险特征与股权类似，因此劳动收入风险对于股权配置应该会产生挤出效应（Heaton & Lucas，2000）。Cocco（2005）发现家庭居民的工资收入可认为该家庭持有的无风险资产，因而持有稳定工资的家庭更倾向于投资更高比例的风险资产。Angerer 和 Lam（2009）认为持久劳动收入波动和暂时劳动收入波动对家庭投资行为的影响是不同的，持久性收入波动会改变家庭投资风险资产的比例，而暂时性收入波动则不会改变。金烨（2011）认为随着收入不平等的上升往往导致社会资源向社会地位高的阶层集中，进而积累财富进入社会上层的收益更高。同时收入差距的扩大也常常带来群体间财富差距扩大，使得提升社会地位需要积累更多的财富，这两种途径都会导致收入差距的扩大刺激家庭的储蓄。甘犁、赵乃宝、孙永智（2018）认为高收入家庭往往表现出高储蓄率，且远高于中低收入家庭。当经济体中收入不平等程度加剧，且高收入家庭的储蓄率由于相对收入增加不断上升，低收入家庭由于受流动性约束限制储蓄率难以减少，从而导致了经济中家庭部门的高储蓄率。刘德林（2016）通过构建 Probit 模型回归得出家庭收入水平越高，家庭持有风险型金融资产的概率就越高，并且随着居民家庭收入的增加，家庭对风险型金融资产的持有金额存在显著上升趋势。郭雅琴（2018）得出相同结论：财富水平对家庭风险金融资产选择的影响是正向显著的。财富水平越高，家庭风险金融市场参与度越高；财富水平越高，家庭持有风险金融资产的比例也越高。张兵和赵雪蕊（2015）也认为收入水平越高，收入风险越小，工作收入相对稳定的家庭倾向于持有更多的风险金融资产。赵霞（2017）提出，高收入家庭一方面因为财富收入越高，这种意识化的财富收入往往就会激励家庭选择风险性的金融资产进行投资理财，另一方面高收入家庭因为相对超前的消费意识会让他们本身就具有较好的理财意识和风险承受能力，因而主动地去选择收益相对较高的风险性资产配置方式；而低收入家庭因为整体的财富数量较少，金融资产的数量也较少，同时还可能应对突发的流动性资金需求，所以低收入家庭资产配置通常不会选择具有风险性的资产配置方式，而是以储蓄存款、国债等流动性强又相对安全的资产形式存在。周广肃等（2018）利用2010—2014年中国家庭追踪调查面板数据，考察了收入差距对家庭风险金融资产投资决策的影响。发现收入不平等对家庭股票及广义风险金融资产投资有显著的正向影响，收入差距的增大显著提高了家庭对股票和广义风险金融资产的投资概率，还进一步考察了风险金融资产的投资强度，指出收入是通过增加人们的物质渴求这一渠道影响家庭风险金融投资。

收入不平等是解释家庭教育投资差异的重要视角。Galor 和 Zeria（1993）考察了初始收入分配对家庭教育分布的影响，首次提出收入平等促进人力资本积累的观点，其认为由于借款市场不完全，收入的均等更有利于那些不能通过借贷的方式筹措教育费用的穷人拥有受教育的机会，进而影响教育的分配。杨俊等（2008）基于内生增长理论，运用联立方程方法对中国教育不平等与收入差距分析发现：收入分配差距导致教育不平等，教育不平等的改进却没能促进收入分配差距的改善，教育不平等与收入分配差距并非简单线性关系，但教育扩展有利于教育和收入不平等的改善；还发现长期内教育不平等的降低并没有改善收入不平等，但收入不平等在当期就能加剧教育不平等程度。

二、收入不平等与家庭融资决策

融资决策是指决定需要、何时、如何使用他人的财产来实现自己的消费和投资，其实质就是使用自己未来的财产来进行消费和投资。家庭主要是通过借贷方式来进行融资。而收入不平等与家庭借贷行为之间的关系，学者们的研究结果并未得出一致的结论。Tacoviello（2008）利用美国数据构建了一个包含耐心家庭和无耐心家庭的异质性 DSGE 模型，指出随着收入不平等程度增加，家庭通过信贷平滑消费的可能性增加，家庭总债务水平则随之上升。Lebarz（2014）利用21个 OECD 国家财富微观调查数据发现，位于收入分配底部的家庭由于缺乏收入流动性，往往承担着更高的家庭杠杆。冯伟（2009）运用北京市的一个抽样调查数据，提出因为收入不平等，使得大量农民工流入城市，而这些农民工生存状况恶劣，受到低学历、缺少技能以及缺乏社会保障等因素相互恶性影响而遭遇各类风险冲击，面对这些冲击，收入水平越高、平均受教育年限越长的农民工家庭越有可能动用储蓄来应对风险；劳动力数量越多，家庭负担越重的农民工家庭越有可能通过寻求借贷来事后应对风险。伍再华等（2017）使用中国家庭追踪调查2010—2014年面板数据发现收入不平等是影响家庭借贷行为的重要因素。随着收入不平等程度的提高，家庭发生借贷的概率和规模也有所增加，且相比高收入组家庭和中等收入组家庭，收入不平等的扩大对低收入组家庭借贷需求的影响更大。而郭新华等（2016）利用2013年CHFS数据进行实证分析发现，中国家庭并不存在为了追求更高社会地位而进行借贷的动机，而收入不平等也不是影响家庭是否借贷的主要原因，收入不平等对家庭负债规模有显著的抑制作用。

第三章 中国收入不平等的动态演变与分解

改革开放以来,中国经济发展取得了巨大的成就,但同时受多种复杂因素的影响,中国收入不平等程度总体呈上升趋势,较高的收入不平等对未来中国经济高质量发展、人民福祉与社会稳定产生了重要影响。本章重点探讨中国收入不平等的动态演变,并对其进行合理分解。第一节介绍收入不平等的测度方法;第二节描述中国收入不平等的动态变化;第三节分析收入不平等的形成因素;第四节为中国收入不平等的分解。

第一节 收入不平等的测度方法

现有研究衡量收入不平等的指标大致可以分为两类:绝对指标和相对指标。常见的绝对指标有 Kolm 指数、极差、绝对平均差与标准差等。绝对指标计算过程简单,广泛适应于多领域不平等的测度,在国外绝对指标应用最广泛的是 Kolm 指数(2006)[1]。但由于绝对指标具有量纲,如若计算单位齐次变化,即使收入分配未发生任何变化,但是用绝对指标计算的收入不平等却会发生变化。因此,不管是国内还是国外,都习惯于使用相对指标来度量收入不平等。

不同的相对指标有其适应范围,不同的方法和指标的测量结果往往存在显著差异。除相对平均离差外,其他相对指标主要有基尼系数和广义熵指数、阿特金森指数、变异系数等,还有新指标,例如堪培拉指数、帕尔玛比值。这些指标中,应用最早的是基尼系数,也是使用最广泛的指标之一;此外,广义熵指数与

---

[1] Kolm S C. Unequal Iinequalities. II [J]. Journal of Economic Theory, 2006, 13 (01): 82–111.

变异系数、阿特金森指数、泰尔指数有密切联系，广义熵指数是它们的特例。

一、相对指标的基本特征

虽然不同相对指标在测度与适用范围上存在差异，但上述相对指标均具有某些特性，能适应大多数研究的需要。结合万广华（2008）等学者的观点，一个好的相对指标应该具备以下特性：匿名性、齐次性、总体独立性、转移性、强洛伦茨一致性、标准化，且齐次性是绝对指标和相对指标的最大区别，可以很好地处理绝对指标的量纲缺陷。

（一）匿名性（Anonymity）

匿名性是指度量结果不随样本的随机排序而改变，采用百分数指标进行对比。如将样本的子样本收入组进行调换，在使用这些样本的收入来度量不平等时，度量结果或指标值稳定不变。也就是说，相对指标仅观测样本个体的收入，而不受样本地位、身份的改变而改变。

（二）齐次性（Homogeneity）

这种性质是针对绝对指标的量纲缺陷提出的，当收入的度量单位发生变化时，度量指标不发生变化。将所有样本的收入同乘或同除以一个常数后计算得出的收入不平等的值应该保持不变，满足 $f(ax) = a^k f(x)$。但如果同加或同减一个正数，不平等的值应该下降或上升。

（三）总体独立性（Total Independence）

这意味着样本的数量多少和体积大小与度量结果无关，即将样本叠加复制后计算出来的结果不变。例如人口数量不同的国家，只要收入分配状况一样，而且数据样本具有代表性，那么用不平等指标测度出的结果应该是一样的。

（四）转移性（Transitivity）

Dalton（1920）考虑到政府福利效应，将转型性支付在收入不平等中的作用分为弱转移原则与强转移原则。弱转移原则是指样本中收入排序不变，但高收入群体（富人）的一部分收入将通过某种途径转移至低收入群体（穷人），此时收入不平等下降或保持不变;强转移原则又称转移敏感性公理,是指样本中收入排序不变,富人的一部分收入转移到更穷的群体后,不平等程度必须下降。

(五)强洛伦茨一致性(Consistency)

这一特性主要是要求与洛伦茨曲线具有一致性,也就是使用相对指标来刻画收入不平等时,应该把所有的样本观测值、所有的样本信息都用进来,和洛伦茨曲线保持高度的一致性。

(六)标准化(Normalization)

该性质是指当且仅当每人的收入相同时,收入分配处于完全平等状态。

二、相对指标的分类

(一)相对平均离差

相对平均离差是一个计算较为简单的相对指标,但其并不是如同部分绝对指标那样,简单比较高收入群体与低收入群体极值之间的差额,而是将样本个体或群体的收入水平和平均值进行比较,在此基础上再将所计算的所有差值的绝对值相加,最后将求和值与总收入之比就是相对平均差。该指标虽然计算比较简单,但是缺陷在于:第一,经济增长总是呈增长状态的,如果我们用其度量收入不平等,则意味着经济增长将会提高总收入不平等程度;第二,它不能反映当低于或高于平均收入的人口内部收入变化时不平等状况的变化。

(二)基尼系数

基尼系数是用来测度收入不平等程度的一个常用指标。根据其定义,基尼系数取值为0—1,0表示收入分配的绝对公平;而随着基尼系数的变大,收入不平等程度随之增大,当基尼系数为1时,意味着社会收入分配的绝对不平等。根据基尼系数的定义(Gini,1914),其计算公式如下:

$$G = \frac{1}{2N^2\mu}\sum_{i=1}^{n}\sum_{j=1}^{n}|y_j - y_i| \qquad 式(3.1)$$

其中,μ是样本收入均值,$|y_j - y_i|$是样本之间收入的绝对离差,N是样本

数量大小。

此外,基尼系数可以通过洛伦茨曲线从几何角度进行计算。令 P_i 为样本中收入小于或等于 Y_i 的个体比例,Q_i 为样本中收入小于或等于 Y_i 的个体收入之和占样本总收入的比例,那么基尼系数可以表示为:

$$P_i = \frac{i}{N}, Q_i = \frac{1}{N\mu}\sum_{i=1}^{i} Y_i, i = 1, 2, \cdots, N \qquad 式(3.2)$$

不管是国内还是国外,在衡量收入不平等时基尼系数都备受青睐。原因在于:第一,基尼系数提出的时间最早,普及范围和程度广;第二,其他指标往往受限于样本中收入大小,不具有固定数值,处在不同区间,而基尼系数指标的取值范围为[0,1],能清晰地反映出当前收入不平等的轻重程度;第三,基尼系数基本上满足相对指标的上述六个特性(不符合强转移原则);第四,其指标具有经济学上的含义,而其他大多数指标仅仅只是一种度量单位,没有实质性的经济学含义。但是,基尼系数也存在以下缺陷:第一,基尼系数的计算过程对高收入群体(富人)的收入值较为敏感,现实中对全国抽样进行样本收集中部分富人往往隐藏真实收入,那么高收入群体的收入误差较大,此时基尼系数的估计就很不可靠;第二,当样本个体相同的收入转移到样本低收入群体时,收入不平等程度会下降,但是如果转移到样本众数附近,其对于收入不平等的改善还要大于前者,这是不太合理的;第三,基尼系数一般只用来衡量总体不平等,而无法精确地衡量组内差距和组间差距,而且也没有体现出何处存在分配不公。同时,国际上并无统一的比较准则,例如应否除税项、剔除非本地居民、加入政府的福利等。

(三)变异系数

变异系数是统计学中一种统计方法,用样本的方差除以样本均值,以此反映样本收入偏离均值的相对差距,变异系数越大,收入不平等程度越大。变异系数一般分为简单变异系数和加权变异系数,简单变异系数没有考虑样本总体/地区/家庭的人口规模会影响平均收入水平的问题,因此一般根据各组人口规模做加权处理,而使用加权变异系数。

简单变异系数的计算公式为:

$$CV = \frac{1}{\bar{Y}} \sqrt{\frac{\sum_{i=1}^{n}(Y_i - \bar{Y})^2}{n}} \qquad 式(3.3)$$

加权变异系数的计算公式为:

$$CV = \frac{1}{\overline{Y}} \sqrt{\frac{\sum_{i=1}^{n}(Y_i - \overline{Y})^2 F_i}{n}} \qquad 式(3.4)$$

式（3.4）中，n 为样本的容量；F_i 为第 i 个样本（区域，家庭）的人口占样本总人口的比重，连续收入分布的变异系数为：

$$CV = \sqrt{\frac{\int_0^1 (Q(p) - \mu)^2 dp}{\mu^2}} \qquad 式(3.5)$$

式（3.5）中 μ 为平均收入。如果已知的样本统计了人口规模，考虑了人口规模情况下的收入差距，那么使用加权变异系数测度收入不平等程度更加合适，但是加权变异系数也有缺点。首先，它没有考虑全国范围内的差异和地区间的差异，如果各地区间的收入水平趋向一致，那么变异系数值会下降，但是实际地区间收入不平等却有可能上升；其次，简单变异系数和加权变异系数都不满足相对指标的转移性；再次，变异系数还不满足标准化原则。

（四）广义熵指数

在信息理论中熵被称为平均信息量，广义熵指数是由 Theil（1967）提出并扩展（Theil，1972）的单参数熵指数，又称一般熵指数。离散的广义熵指数的表达式如下：

$$GE(\theta) = \frac{1}{\theta^2 - \theta}\left[\frac{1}{n}\sum_{i=1}^{n}\left(\frac{Y_i}{\overline{Y}}\right)^{\theta} - 1\right] \qquad 式(3.6)$$

式（3.6）中 θ 为一个常数，其值代表厌恶不平等的程度。θ 值越小，厌恶不平等的程度越大。当 θ 取值趋向于 0 时，广义熵指数又称泰尔第二指数或平均对数离差，也称泰尔—L 指数，此时 T_O 为 $GE(0)$：

$$T_O = GE(0) = \frac{1}{n}\sum_{i=1}^{n}\ln\frac{\overline{Y}}{Y_i} \qquad 式(3.7)$$

当 θ 趋向于 1 时，广义熵指数被称为泰尔指数，即泰尔第一指数，也称泰尔—T 指数，此时为 $GE(1)$：

$$T_1 = GE(1) = \frac{1}{n}\sum_{i=1}^{n}\frac{Y_i}{\overline{Y}}\ln\frac{Y_i}{\overline{Y}} \qquad 式(3.8)$$

当 θ 趋向于 2 时，广义熵指数就变成了变异系数平方的 $\frac{1}{2}$，具有与变异系数相似性质，此时 $GE(2)$ 为：

$$GE(2) = \frac{1}{2n}\frac{1}{\overline{Y}^2}\sum_{i=1}^{n}(Y_i - \overline{Y})^2 \quad \text{式（3.9）}$$

因此，选用变异系数度量不平等，而不是泰尔第一或第二指数，意味着对收入差异的接纳度更高。但是，泰尔指数具有可分解的优点，常常被用作收入不平等组群的分解，因此我国学者一般使用泰尔指数作为衡量城乡收入不平等的指标。同时，泰尔指数也具有比较明显的缺点，它无法计算个体收入小于或等于 0 的样本，这就意味着泰尔指数仅能以个人纯收入为衡量单位，因为对于部分低收入家庭可支配收入往往为负。

当 $\theta = 1 - \varepsilon$ 时，变异系数就变成著名的阿特金森指数，具有与变异系数相近的性质。

（五）阿特金森指数

英国经济学家阿特金森（Atkinson，1970）首次提出可以根据社会福利函数建立不平等指标，并且推导出了著名的 Atkinson 指数。这个指标将收入分配均衡状况与社会福利相结合，当全社会收入总量一定时，收入分配越平均，那么它所产生的社会福利往往越大。这在一定程度上反映了人们对收入不平等状况的主观感受，具有明显的社会福利规范特征。离散的阿特金森指数表示为：

$$Atkinson_\varepsilon = 1 - \left[\frac{1}{n}\sum_{i=1}^{n}\left(\frac{Y_i}{\overline{Y}}\right)^{1-\varepsilon}\right]^{\frac{1}{1-\varepsilon}} \quad \text{式（3.10）}$$

而连续的阿特金森指数与变异系数有些相似，表示为：

$$Atkinson_\varepsilon = 1 - \frac{\left(\int_0^1 Q(p)^{(1-\varepsilon)}dp\right)^{\frac{1}{1-\varepsilon}}}{\mu}, \varepsilon \neq 1$$

$$Atkinson_\varepsilon = 1 - \frac{\exp\left(\int_0^1 \ln Q(p)dp\right)}{\mu}, \varepsilon = 1 \quad \text{式（3.11）}$$

式（3.10）和式（3.11）中：ε 代表相对厌恶不平等程度，$0 < \varepsilon < +\infty$，$\varepsilon$ 值越大，阿特金森指数也就越大。同基尼系数一样，阿特金森指数取值范围也是 [0，1]，具有比较直观的经济含义，0 表示收入分配的完全公平，1 表示收入分

配的完全不公平。

值得注意的是，Dagnum（2004）认为，Atkinson 指数对应的社会效用函数没有考虑人们的相对收入状况，仅以收入绝对值为衡量标准。而基尼系数背后的社会福利函数不存在这一情况，这也是为什么更多人使用基尼系数的原因。同时，Atkinson 指数和广义熵指标具有相似性，因为当 $\theta = 1 - \varepsilon$ 时，它们之间存在一一对应的单调转换关系，但是 GE 指标中的 T_0 和 T_1 都能用于收入不平等的分解，其适应性更广，因此使用 GE 指标后就没有必要考虑 Atkinson 指数了。

（六）堪培拉指数

堪培拉（Canberra）指数是一个较新的衡量收入不平等的指标，在国外已有较多的学者对该指标进行了探讨，并进行实证分析。不过，我国学者对于它的关注较少，较少有人将其应用到收入不平等分析中。其计算方法如下：首先将 n 维向量 a 和 b 间的堪培拉距离定义为：

$$\delta_c(a,b) = \sum_{i=1}^{n}\left[\frac{a_i - b_i}{a_i + b_i}\right] \qquad 式（3.12）$$

对于升序排列的 n 维非负收入向量 $x = (x_1 \cdots x_i \cdots x_n)$，平等分配时每个人的收入都相同，相应的收入向量为 $\mu_x = (\mu_1 \cdots \mu_i \cdots \mu_n)$，$\mu_i = \mu$。Subramanian（2012）基于堪培拉距离函数构造了堪培拉指数，具体表达式如下：

$$C(x) = \frac{1}{n}\delta_c(x,\mu_i) = \frac{1}{n}\sum_{i=1}^{n}\left[\frac{\mu - \mu_i(x)}{\mu + \mu_i(x)}\right] \qquad 式（3.13）$$

显然，堪培拉指数是收入升序排列中前 i 个人的平均收入与总体平均收入之间相对差距的平均值。与基尼系数相比，堪培拉指数的特性更优异，因为它满足转移性，更适合分析较低收入群体的不平等现状和相关政策效应；与洛伦兹曲线相比，堪培拉曲线可以展现关于不平等动态演化的更多细节，而基尼系数则有可能低估组间的不平等差异。

（七）帕尔玛比值（Palma Ratio）

这一指标是由 Andy Sumner 和 Alex Cobham（2013）根据 Palma（2011）的研究提出来的，该指标的数值是 10% 的最高收入人口的总收入与 40% 的低收入人口的总收入之间的比值。尽管目前还没有被广泛应用，但是该指标能敏感地反映出收入分配的变动情况。首先，帕尔玛比值与基尼系数之间有着非线性的高度相关性，也就是说一个国家的收入不平等程度主要是由最高收入者和最低收入者之间的收入差距状况所决定，随着最高收入群体收入比重的上升，帕尔玛比值升高得更快；其次，仅从基尼系数的数值很难得到各群体收入差距的具体信息，而帕尔玛比值更加直观，容易理解；再次，帕尔玛比值有更强的政治相关性，对于缩小高低收入者的差距，减少贫困人口等问题有重要参考价值。但是，帕尔玛比值仅仅反映了最高收入和最低收入人群之间的收入不平等水平，不太适合衡量收入不平等的整体水平。

总而言之，选择何种指标度量收入不平等，要取决于待解决问题的特点。单独使用某一指数都可能无法解决所有的问题，因为没有任何一个指标在各个方面都明显优于其他的度量指标。所以，最好是同时使用几个指标测度不平等，关键是选择合适的指标和有效的计算方法，例如将易受样本容量影响的广义熵指数与基尼系数合并使用，可以使测度指标更有效地反映社会福利水平的变化。

第二节　中国收入不平等的动态变化

中国收入不平等程度及其变化趋势一直是政府部门及学术界关注的重点。在2013年之前国家统计局并没有公布全国收入不平等的基尼系数，大多数学者都是基于《中国统计年鉴》等宏观资料，对数据进行处理后估算一个较为靠近真实基尼系数值。另外，部分学者利用世界银行对中国收入不平等估计的基尼系数来研究中国的收入分配问题。本节主要探讨中国收入不平等的动态变化，揭示中国收入不平等变动的特征事实。

一、中国收入不平等的基尼系数估计

估计基尼系数的关键在于如何定义收入。中国居民收入的构成也许是世界上最复杂的，同时，学术界关于收入的定义，以及使用怎样的收入构成来衡量收入不平等也还没有明确的界定，如果随意使用定义不完整的总收入来衡量收入不平等，会出现各种各样的估计偏差。通过归纳已有文献可以发现，我们发现在收入不平等研究中，定义收入常用方法大致可以分为三种：①国家统计局衡量收入不

平等时使所用的收入定义,亦称官方定义①,即收入包括工资收入,生产和出售农副产品收入,家庭经营的二、三产业收入,转移收入,财产收入。②Khan(1992)的收入定义。扩展了收入来源,增加了有住房的实物性租金补贴、有住房的归算租金以及各种实物收入(包括单位福利、政府实物补偿等),但是实物收入往往具有隐蔽性,难以获取准确的数据。③具有福祉含义的收入定义。这是基于Khan定义的进一步扩展,增加了社会保障和社会福利的市场价值,是一种因区域性差异而获得的"比较优势",城乡之间及地区之间的差异会使不同人群的单位收入具有不同的购买力(福利)。然而,不管使用哪一种收入定义,难免会存在样本抽样数据偏差、样本区域代表性不足、高收入群体低报以及样本遗漏等问题(Banerjee & Piketty, 2003)。

(一) 官方机构统计的基尼系数

基尼系数的准确性一直是学术界争议的热点,但总体而言,国家统计局与世界银行公布的基尼系数最具可靠性与权威性。2013年1月18日,时任国家统计局局长的马建堂在2012年国民经济运行情况新闻发布会上,公布了2003—2012年中国的基尼系数:0.479、0.473、0.485、0.487、0.484、0.491、0.490、0.481、0.477、0.474,并且宣布之后每年国家统计局均会公布基尼系数。因此,在2013年以前有关收入不平等的研究中基尼系数都是国内学者通过统计年鉴的相关数据估算得到的,而2013年之后,学者们大多参考国家统计局与世界银行公布的官方基尼系数。图3-1为1981—2018年的基尼系数变化趋势,从中可以看出,国内学者的估算结果与官方公布的基尼系数存在一定差异,但是总体上都呈现出上升趋势,说明中国居民收入差距是不断扩大的。

改革开放40年来,我国居民收入不平等的基尼系数变化的阶段性特征明显,结合国内已有研究与图3-1的基尼系数变化趋势,笔者将改革开放以来收入不平等的变化划分为以下五个阶段。

第一阶段(1978—1984年):基尼系数逐步缩小。根据世界银行的估计,在此阶段中,我国总体收入不平等基尼系数稳定在0.28左右。改革开放初期,我国收入不平等基尼系数为0.287,1981年增长到0.29,之后波动下降到1984年的0.2769。该时期内主要受政策因素的影响,我国收入不平等程度不高。1978

---

① 王萍萍. 关于我国居民收入基尼系数测算的几个问题 [N]. 中国信息报, 2013-02-05 (001) 版。

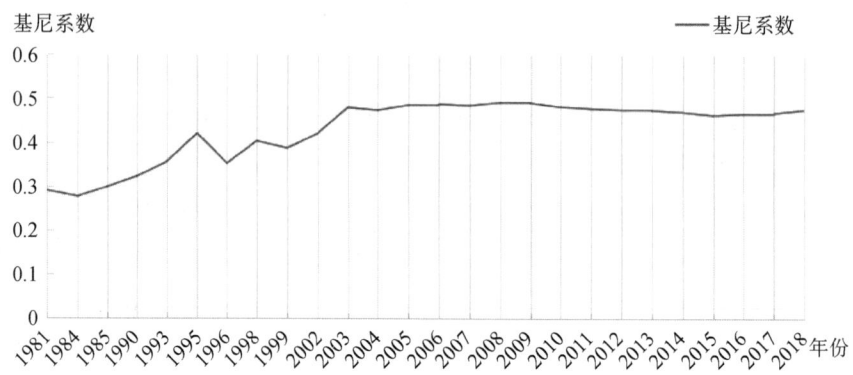

图 3-1 1981—2018 年中国基尼系数的动态演变

注：1981—2002 年的数据来源于世界银行统计（http://data.worldbank.org.cn/）（其中有些年份数据缺失），2003—2018 年的数据来源于中国国家统计局（http://www.stats.gov.cn/）。

年我国实施农村改革，实现家庭联产承包责任制，废除人民公社体制，发展乡镇企业。而城镇改革始于 1980 年，先行两年的农村改革快速促进了农村经济发展，提高了农村居民的收入，城乡之间收入不平等逐渐缩小。由此可见，1985 年以前的经济转型促进了经济增长，提高了居民收入水平，特别是带动了农民收入的快速增长，同时没有明显扩大全国居民收入不平等。从这个意义上来说，中国早期的经济转型是相对成功的，是一种典型的帕累托改进（李实，2018）。

第二阶段（1985—1995 年）：收入不平等不断扩大。从 1985 年开始，全国基尼系数正式进入 0.3 的阶段，此后出现陡增趋势，并在 1995 年达到 0.42。这一阶段农村转型基本处于停滞状态，小农经济主导着农业产业，农村居民收入增长缓慢。而城镇改革加快了城镇化进程，城乡收入差距拉大。一方面乡镇企业的快速发展，提高了非农就业收入，农村内部收入差距扩大；另一方面，由于区域发展不平等导致城镇内部收入差距进一步拉大。

第三阶段（1996—1999 年）：基尼系数波动呈"W"形趋势。1996 年基尼系数下降到 0.352，这得益于政府农产品收购政策。政府的农产品收购价格在 1994 年提高了 40%，1995 年又提高了 20%，受农产品收购价格上调的影响，农民收入增长速度超过了城镇居民的收入增速，城乡收入之间的差距短暂下降。此后，随着农村经济发展深层次矛盾凸显，主要农产品价格普遍走低，农业增产不增收问题日益严重，收入不平等程度又逐渐加剧。

第四阶段（2000—2008年）：基尼系数进入急剧增长阶段。21世纪以来，随着经济体制改革和产业结构升级，国有企业改革弊端日渐凸显，同时房地产市场发展迅猛但不规范，进一步拉大了居民收入差距，2008年基尼系数达到有史以来的峰值0.491。

第五阶段（2009—2018年）：基尼系数高位缓慢下降，进入倒U型增长阶段。这一期间，农村剩余劳动力减少，流动性提高，降低了农业部门和工业部门劳动生产率的差异，使农村居民收入提高，有助于缩小城乡收入差距（李实和罗楚亮，2012）。同时，政府大力推行的一系列公共政策和惠农政策，提高了居民（尤其是农村居民）收入和社会福利水平，缩小了收入差距。

（二）民间机构估计的基尼系数

除了官方机构统计的基尼系数外，一些民间研究机构也在试图估计收入差距。同时，部分学者认为由于对收入的定义不同，官方机构统计的部分基尼系数存在着不足。接下来，为大家介绍几个颇具影响力的民间机构对基尼系数估计所做的探索。

1. 中国家庭金融调查（China Household Finance Survey，简称CHFS）[①]

西南财经大学中国家庭金融调查与研究中心利用其财产调查数据估计了2010年全国收入不平等的基尼系数为0.61，高于国家统计局公布的0.481，而且大大高于0.44的全球平均水平。同时，中国家庭金融调查数据显示城镇家庭内部的基尼系数为0.56，农村家庭内部的基尼系数为0.60。这一系列数据表明无论是全国、城镇还是农村，贫富差距都过于悬殊。由于统计的数值过高，迅速引起了社会与学术界的关注，同时也受到多方面的质疑。其中，岳希明和李实（2013）、李实和万海远（2013）指出中国家庭金融调查的基尼系数存在严重高估的问题，并指出收入定义的缺陷以及抽样偏差可能是主要原因。

2. 中国家庭追踪调查（China Family Panel Studies，简称CFPS）[②]

北京大学社会科学调查中心在2010年、2012年、2014年和2016年做了四轮住户抽样调查，收集了较为详细的家庭收入信息。国内外学者们利用该数据库的

[①] 中国家庭金融调查与研究中心，是西南财经大学与中国人民银行总行金融研究所共同成立的公益性学术调查研究机构，其主要工作是在全国范围内开展中国家庭金融调查。

[②] 中国家庭追踪调查，旨在通过跟踪收集个体、家庭、社区三个层次的数据，反映中国社会、经济、人口、教育和健康的变迁，为学术研究和公共政策分析提供数据基础。

微观数据，估计了我国收入不平等的基尼系数。Xie 和 Zhou（2014）估计了 2010 年和 2012 年中国收入不平等的基尼系数，发现 2010 年基尼系数为 0.53，2012 年略有下降。Kanbur 等（2017）使用相同的数据，估计出中国 2012 年收入差距的基尼系数比 2010 年下降近 3 个百分点，2014 年比 2012 年又下降约 1%，降至 0.5 以下。笔者进一步使用 CFPS2016 年数据进行估算，得出 2016 年中国收入不平等的基尼系数为 0.537。这些结果都与中国家庭金融研究中心的估计结果有很大差异。相比而言，CFPS 的抽样方法和收入定义更加专业全面，其结果也比较可信。

3. 中国综合社会调查（Chinese General Social Survey，简称 CGSS）①

中国人民大学与明尼苏达大学和香港科技大学合作进行的中国综合社会调查（CGSS）项目，主要是进行独立的住户抽样调查。该数据的估算结果表明，2010 年收入差距的基尼系数为 0.545，2012 年有所下降。

4. 中国健康与营养调查（China Health and Nutrition Survey，简称 CHNS）

中国健康与营养调查数据是时间期限较长的微观数据，由中国疾病预防控制中心营养与食品安全所（原中国预防医学科学院营养与食品卫生研究所）与美国北卡罗来纳大学人口中心合作收集到的。万广华等（2018）利用该数据库进行基尼系数估计后，发现 1989—2011 年收入不平等呈倒 U 型变动趋势：第一，在不平等上升阶段（1989—2006 年），基尼系数自 0.41 上升至 0.53；第二，在不平等下降阶段（2006—2011 年），基尼系数持续下降至 0.50，并且没有出现过上升；第三，无论是上升还是下降，所有不平等指标给出的结果高度一致。

5. 中国家庭收入调查（Chinese Household Income Project，简称 CHIP）

中国家庭收入项目调查是由国家统计局农调总队和中国社会科学院经济研究所共同开展的专门调查，调查内容主要包括收入、消费、就业、生产等有关方面的情况。中国社会科学院经济研究所中国收入分配课题组，利用收集的住户调查数据对中国收入不平等的基尼系数进行估计，结果显示 1988 年中国基尼系数为 0.395，1995 年为 0.409，2003 年为 0.449，2007 年为 0.47，2013 年为 0.4475，其总体变化趋势同 CHNS 相似。万广华等（2018）采用该数据库估计 1990—

---

① 中国综合社会调查始于 2003 年，是我国最早的全国性、综合性、连续性学术调查项目。CGSS 系统全面地收集社会、社区、家庭、个人多个层次的数据，目前，CGSS 数据已成为研究中国社会最主要的数据来源，广泛地应用于科研、教学、政府决策之中。

2013 年中国收入分配的基尼系数,发现该时期内收入不平等的变动趋势与中国健康与营养调查数据的研究结果大体一致。波动性上升阶段(1990—2007 年)城乡家庭可支配收入的基尼系数由 0.32 上升至 0.50;下降阶段(2007—2013 年)尤其是 2011 年之后,基尼系数持续下降,2013 年下降至 0.42;所有不平等指标的估算结果基本一致(如图 3-2)。

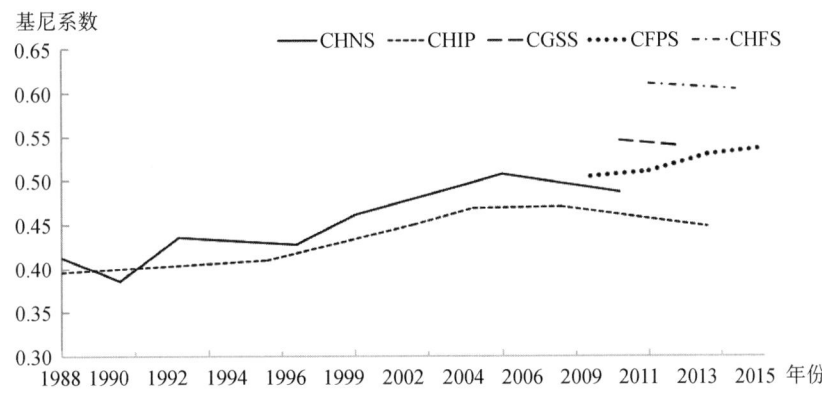

图 3-2　各调查机构关于中国收入不平等的基尼系数估算

数据来源:各民间研究机构估算结果,作者整理所得。

二、城镇内部与农村内部的居民收入不平等

2011 年之前,国家统计局每年度都会公布城镇内部收入不平等的基尼系数和农村内部收入不平等的基尼系数。但 2011 年以后,国家统计局认为难以获取高收入阶层居民真实的收入信息,因此通过城镇住户调查数据计算城镇居民收入的基尼系数偏低,故不再对外公布城镇居民基尼系数。图 3-3 为官方机构已公布的城镇内部与农村内部基尼系数的变化趋势,从中可以看出,1985 年以前城镇基尼系数都在 0.2 以下,收入分配处于一种较公平的状态;1978—1994 年是城镇基尼系数增长速度最快的时期,从 0.16 上升到 0.3;1994—2004 年收入不平等程度先下降后上升,1997 年开始出现增长趋势,2002 年上升到 0.32,此后基尼系数呈缓慢增长趋势。同时,农村内部收入差距的基尼系数也在不断上升,1978 年基尼系数为 0.21,1984 年为 0.26,1995 年为 0.34,2002 年接近 0.37,2010 年为 0.38,变化趋势与城镇内部基尼系数的变化趋势相似。

图 3-3 1978—2010 年农村内部与城镇内部基尼系数变化趋势

数据来源：历年《中国统计年鉴》。由于 2011 年以后国家统计局不再对外公布城镇居民基尼系数，故 2011 年以后数据缺失。

三、城乡居民收入不平等的变化趋势

上述分析表明，城镇内部与农村内部的收入不平等都仍在继续扩大。本部分内容是分析我国城乡之间的收入不平等程度及变化趋势，包括城乡收入比和泰尔指数这两个衡量指标。

（一）城乡收入比衡量收入不平等

对于城乡收入不平等的度量，国内研究中较常用的相对指标是城乡收入比（田新民等，2009；王艺明和蔡翔，2010；钞小静和沈坤荣，2014），用城乡收入比衡量的我国城乡居民收入不平等大致可划分为以下五个阶段（见图 3-4）：①第一阶段（1978—1983 年）：城乡收入差距快速缩小。1978 年至 1983 年间我国城乡居民收入比从 2.6 下降到 1.8，这主要得益于农村改革先于城镇改革，农村土地承包制实施之后，农民收入快速增加。②第二阶段（1984—1994 年）：城乡收入差距波动增加。这一时期城乡之间收入差距的变动并非直线上升，1984—1991 年间城乡收入比率直线上升，而 1992—1993 年短暂下降，之后开始新一轮上升。③第三阶段（1995—1997 年）：收入差距短暂下降。在此期间，受农产品收购价格上调的影响，农民收入增长速度高于城镇居民收入的增速，带来了城乡之间收入差距的短暂下降。④第四阶段（1998—2009 年）：城乡收入不平等持续扩大。伴随着收入小幅微调，该阶段的城乡收入不平等持续扩大。1998—2003年期间城乡收入不平等程度快速上涨，其原因在于农业进入了新的改革阶段，农产品价格补贴尚不足以增加农民的收入,而且农民面临民工歧视与农产品过剩的双重压力。2004—2009年期间城乡收入不平等呈波浪式缓慢增长,城乡居民收入比率在2007年与2009年均达到峰值3.33。其原因是我国在2001年加入WTO之后,"三农"改革进一步完善,如城乡医疗保障制度的统一、农业税的减免与农村基础设施的投入比重增加等,使得城乡收入差距在短期内出现"先下降、后上升"的波浪式变化。⑤第五阶段(2010—2018年):城乡收入不平等不断缩小。2018年农村居民人均可支配收入14617元,城乡居民人均可支配收入比值为2.69,比2007年、2009年峰值3.33下降了0.64。这可能是由于城镇化进程加快,大量的农村剩余劳动力流向城镇。农村剩余劳动力的减少和流动,降低了农业部门和工业部门之间劳动生产率的差异,农村居民收入提高。尤其是党的十八大以来,国家加大对社会保障和民生改善的投入力度,农民的钱袋子更加殷实。同时,随着农村的社会保障制度逐渐完善,如2010年开始执行农村新型社会养老保险、推广和规范新型农村合作医疗制度、实施扶贫战略以及早期农村发展政策的滞后效应在2008年后逐渐显现,解决"三农"问题,统筹城乡发展,缩小城乡差距成了"科学发展观"的主旋律。这些都极大地提高了农村生活水平与收入,降低了城乡收入不平等程度。

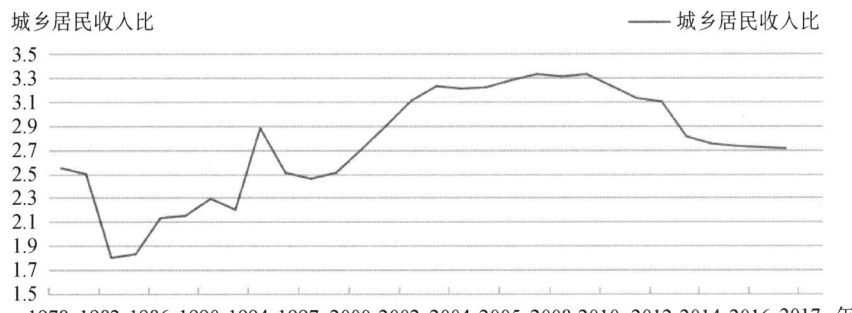

图3-4 中国城乡收入不平等——城乡居民收入比

数据来源:根据《中国统计年鉴》数据计算所得。

总体来说,使用城乡收入比来衡量城乡收入不平等在一定程度上较为简便,且易于理解,但也存在不足。从中国历史发展的背景中不难发现,我国早期农业人口比重较大,但是随着经济快速发展、城镇化进程加快、产业结构转型等,近年来农业人口比重发生了较大变动。由于城乡收入比指标没成分体现收入的二元分布结构及人口比重的动态变化,而且很大一部分城镇人口是外地和本地郊区的农民,如果将进城打工的农民归为城镇人口,会明显高估实际的城乡收入不平等,因此该方法并不能准确衡量城乡收入不平等。

(二)泰尔指数衡量收入不平等

泰尔指数用于衡量个人之间或者地区间的收入差距(或者称不平等度),其优点在于,可以衡量组内差距和组间差距对总差距的贡献。许多国内学者使用泰尔指数度量中国城乡收入不平等(曹裕等,2010;谢婷婷等,2014;江春等,2016),得到的结论大致相同。图3-5为本书根据《中国统计年鉴》计算所得的1978—2017年的城乡收入不平等泰尔指数,与图3-4用城乡收入比衡量的收入不平等的变化趋势大致相同。

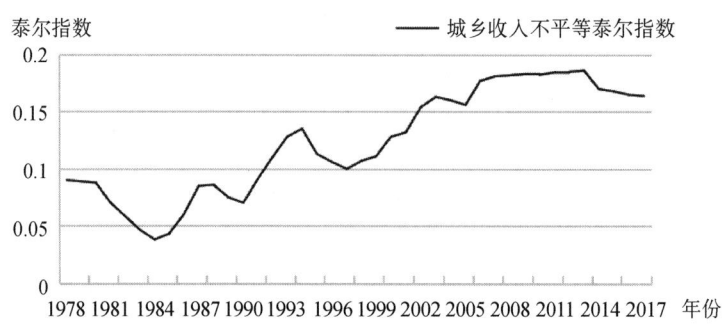

图3-5 中国城乡收入不平等——泰尔指数

数据来源:根据《中国统计年鉴》计算所得。

第三节 中国收入不平等的形成因素

长期以来,国内外学者们对中国收入不平等的影响因素进行了大量的研究。本部分从经济发展和政策角度,分析中国收入不平等的形成因素。

一、经济发展对中国收入不平等的影响

在分析经济发展与收入不平等变动之间的关系时,讨论最多的就是库茨涅兹(Kuznets,1955)"倒U型"假说。该假说认为,收入不平等程度会随经济的发

展呈"倒U型"变动。这一规律是发达国家长期经验的归纳总结，发展中国家在解释收入不平等变化趋势时也用该假说来检验，但是该假说受到不少学者的质疑，认为其发展规模并不适用于大多数发展中国家。库兹涅兹的假说是与经济和社会转型期有关的假说，对正处于转型期的中国有非常大的参考价值。接下来，本文将从经济发展角度分析收入不平等的变动趋势，主要是分析对收入不平等程度影响较大的农业部门和金融市场。

（一）农业部门的发展

农业部门的收入整体增长是中国总体收入不平等减小的重要原因。农村产业分为农业产业部门（农、林、牧、渔业）和非农产业部门（包含农村中的工业、建筑业、交通运输业、批发贸易业、餐饮业和服务业），农户非农收入快速但不平衡的增长是导致农村内部收入差距扩大的一个重要因素。因此，分析农业部门发展对收入不平等的影响，既要考虑整体农村收入效应，又要考虑农村内部的收入不平等。那什么影响了农村部门整体收入的增长，为什么一些农户具有更多的机会获得非农收入？虽然其中一部分原因是政府政策对农村地区的偏好，但是农村地区的人口数量与结构因素、技术进步效应、人力资本效应等也对收入不平等产生了重要影响。

1. 农村人口数量与结构因素

人口是经济增长的重要因素之一，人口数量与结构在不同程度上影响着收入不平等程度。就人口数量而言，国内研究大多关注由人口红利引起的人口流动、农村劳动力转移对收入不平等问题的影响。从经济学角度来看，如果生产要素市场是完备的，那么当劳动力在城市所获得的边际回报高于在农村所获得的边际回报时，劳动者将自动地从农村流入城市。由于生产要素的边际报酬递减，城市的工资率因为就业人数增加而下降，农村居民的人均收入则因为人口外流而提高。农村人口的流动趋势会持续下去，直到城市部门和农村部门的收入相等为止，此时城乡居民的收入分配应该是绝对均等。因此，从理论上来讲，农村剩余劳动力的减少和流动，能够降低农业部门和工业部门劳动生产率的差异，提高农村居民的收入，因此有助于缩小城乡收入差距（李实和罗楚亮，2012）。然而，达到这种绝对均等的状态则至少要满足劳动力同质性与完全劳动力市场两个条件，但是城乡教育差距、户籍制度限制等使这两个条件难以满足。同时，农村人口流动没有使农村居民转换为城镇居民，而以"农民工"形式存在。改革开放以来，随着中国城镇化进程的不断加快,农民工在城市社会中的规模迅速扩大,2017年接近3亿人口。李实(2018)发现改革开放早期至21世纪初,虽然农业劳动力工资增长率低于流动劳动力工资增长率,但城镇职工工资增长率高于农村流动劳动力的工资增长率。这一段时间,农村劳动力转移对缩减收入不平等的影响不理想。不过,蔡昉和王美艳(2009)认为21世纪初大多学者发现劳动力转移没有缩小城乡收入差距的原因在于,现行的调查制度没有覆盖"常住流动人口",从而住户调查统计中低估了这个群体的收入,造成城市收入水平的夸大和农村收入水平的低估。从2009年起农民工工资增速开始加快,在2010—2013年期间出现了高速增长。这对于促进农民收入增长,缩小城乡收入差距起到了重要作用。近期的大规模劳动力转移被认为是降低城乡收入差距(见图3-4和图3-5)的最主要原因之一,但值得注意的是,虽然劳动力转移在一定程度上缩小了城乡收入不平等,但是农民工外出务工的收入增多,也影响了农村内部的收入不平等。从图3-3可以看出,近年来农村内部基尼系数的增长速度明显高于城镇内部基尼系数的增速,这也是近年来我国政府重点关注农业生产的原因之一。

就人口结构而言,大多学者集中探讨了人口老龄化对收入不平等的影响。首先,从总体收入不平等层面上说,人口老龄化改变不同年龄群体的相对人口规模,影响消费、收入等与年龄相关的经济变量,从而影响总体的收入不平等程度。其次,从城乡收入不平等程度层面上说,农村地区的年轻劳动力向城镇转移,农村地区的留守儿童和空巢老人数量剧增,农村地区人均收入降低,在劳动供给跨过刘易斯转折点以后,农村剩余劳动力供给将越来越少,对城乡收入不平等产生消极作用。董志强等(2012)尝试构建一个数理模型来理解人口年龄结构变化对收入不平等状况的影响机制,利用1996—2009年中国省际面板数据,发现少儿抚养比与老年抚养比对收入不平等的影响分别为 -0.05 和 0.1,由此得出老龄化显著加剧中国收入不平等的结论。进一步地,文建东和谢聪(2017)运用1998—2014年省级面板数据构建空间滞后模型和空间误差模型,研究发现老龄化会显著地拉大收入不平等,并且这种影响主要来自顶部老龄化,因为不同年龄群体内的收入不平等是随着年龄增加而扩大的。王笳旭等(2017)利用2000—2014年中国30个省份的面板数据,研究发现城乡人口老龄化系数比对城乡收入不平等具有显著的正向影响。

2. 农村人力资本积累

不同劳动者教育水平的差异,以及由此形成的人力资本存量积累的差异,是造成居民收入差距扩大的重要因素。农村地区早期教育基础设施薄弱，教育资本低，人均受教育年限低，严重地阻碍了农村收入增长。刘文忻和陆云航（2006）根据1987—2003年省级面板数据的实证分析，发现基础教育在农村普及有利于农村地区的人力资本积累，从而有利于提高农村居民收入和缩小城乡收入差距。高梦滔和姚洋（2006）对1987—2002年8个省份的微观面板数据进行实证研究，发现由教育和职业培训形成的人力资本存量差异，才是我国农村地区农户收入差距扩大的主要原因。杨娟等（2015）的理论分析表明，义务教育在根本上影响了收入差距和收入的代际间流动性。低收入家庭对子女义务教育的投入比中高收入家庭少，其子女在义务教育阶段的人力资本积累水平较低。这直接导致了低收入家庭子女的高等教育参与率和收入水平也较低，从而导致收入差距扩大，以及收入的代际间流动固化。

3. 农业生产技术进步

在二元经济结构背景下，农业的劳动节约型技术进步有利于降低总体收入不平等程度。一方面，技术进步提高了农业现代化程度，促进农业劳动生产率水平提高，这有利于农民在农业生产中获取更多收入。另一方面，技术进步的替代效应释放了更多边际生产贡献为零的农业劳动力（周振，2016；王晓兵等，2016），大量农村劳动力从乡村涌入城市，农民工规模的扩张不仅为城市现代产业提供了充沛的劳动力，同时也有力地促进了农村居民工资性收入的增长（钟甫宁等，2007）。因此，农业生产技术进步有利于提高农村地区收入水平，缩小城乡收入差距，降低总体收入不平等程度。

（二）金融市场的发展

金融发展程度影响到经济分配方式，对收入不平等产生重要影响。目前，国内外学者关于金融市场发展对收入不平等的影响方向仍存在争议，主要有三种观点。

1. 金融发展有利于降低收入不平等

一方面，对家庭而言，特别是低收入家庭，金融发展可以创造更广泛的经济机会，从而有助于缩小贫富差距。比如，信贷市场发展可以使更多贫穷家庭的孩子有机会接受高等教育，降低了其因经济因素辍学的可能性。同时，金融市场通过帮助新兴企业获得融资，促进新兴产业发展，改善社会整体福利。另一方面，金融发展通过总产出、信用和资本配给等影响企业的劳动力需求，进而改善收入分配。王红云等（2015）认为金融发展对城乡收入分配的作用存在地区异质性和空间相关性，且全国范围内的金融发展对城乡收入差距具有缩小作用。Naceur 和 Zhang（2016）从金融发展的过程、效率、稳定性和自由化程度四个维度考察了金融发展对收入不平等的影响，结果表明除金融自由化之外，其他三个维度的发展均能显著减少贫困和收入不平等的负面效果。张贺和白钦先（2018）通过面板线性回归和非线性门槛回归模型，证实了数字普惠金融能够缩小城乡收入差距，相同的是，梁双陆和刘培培（2019）也证实了数字普惠金融可以有效收敛城乡收入差距。

2. 金融发展加剧收入不平等

从微观层面看，各种信贷约束的桎梏可能导致金融市场的不完美，使得富人和穷人进入金融市场的门槛存在差别，进而扩大收入不平等。Tiwari（2013）基于印度的时间序列数据，通过自回归分布滞后模型（ARDL）检验发现，金融发展在一定程度上扩大了收入不平等。但是，杨德勇等（2009）认为金融发展受到经济和政策因素影响，金融不平衡在经济循环发展条件下会逐渐扩大居民收入差距；与之不同的是，孙永强等（2012）认为在城乡二元结构背景下，金融发展会扩大城乡收入差距。进一步地，张昭和王爱萍（2018）采用中国省际层面2002—2013年的经验数据进行实证检验，发现金融发展对收入不平等存在显著的负向作用，但是这种负向影响的作用机制有所差异。

3. 金融发展对收入不平等的非线性影响

除了上述两种观点，还有一些学者认为金融发展对收入不平等的影响是非线性的，遵循"倒 U 型"规律。乔海曙和陈力（2009）构建金融集聚四阶段模型，运用非参数相关检验和分位数法，发现我国金融发展和收入不平等之间存在"倒 U 型"的非线性关系。胡宗义和刘亦文（2010）利用中国2007年县域截面数据的实证检验，结果表明，随着金融发展阶段的演进，金融发展对收入不平等影响的方向也有所不同。高明等（2018）发现金融发展对城乡间和城镇内的收入不平等都存在"倒 U 型"效应。

二、政府政策

（一）户籍制度

户籍制度是制约人口合理流动的一个重要因素。改革开放以来，城乡二元结构下的户籍制度成为影响城乡收入不平等的重要因素，阻碍着农村剩余劳动力向城镇转移，扼住了农村居民非农收入增长的通道。总的来看，户籍制度对收入差距的影响主要表现在两个方面。

1. 限制人口流动，直接阻碍劳动力转移

家庭规模大小与家庭人均收入之间存在较为显著的负相关关系，家庭规模越大，其家庭人均收入就可能越低。在农户资源一定的情况下，边际资源利用率随人口规模增长而降低。此时，人口规模较大的农户有着更强的向外流动意愿以寻求收入增长机会。而长期存在的户籍制度不利于人口流动，阻碍人口规模较大家庭的创收，不仅扩大了农村内部收入不平等，而且加剧了城乡收入不平等。此外，户籍制度虽然对农村内部收入的影响很大，但同样也限制了欠发达地区的城镇居民向较为发达的城市迁移，扩大了城市之间收入不平等。

2. 限制人口流动，提高劳动力转移成本

大部分农村剩余劳动力选择进城工作，寻求就业就会。这些收入较低的群体选择流动的心理预期收入往往高于流动成本，更愿意外出务工。但是，城市落户的门槛高、成本大，大量农村劳动力被阻挡在城市大门之外，无法获得子女教育、购房、医疗等公平的城市居民待遇，因而无法安心在城市工作。而大部分农村收入较高的群体，往往承受不起劳动力流动或转移成本以及相关风险，不会选择外出务工。最后，农村内部的收入不平等程度进一步扩大。

因此，推动户籍制度改革，无疑是促进劳动力资源配置优化、加快城镇化进程、缩小城乡收入差距和收入不平等的重要途径。

（二）行业垄断

经济学理论表明，垄断会导致资源误配和效率损失，导致收入分配有利于垄断者而不利于消费者。目前，中国的行业垄断主要为行政性垄断，即政府通过行政法规对某些行业进行保护，其主要方式是赋予国有企业垄断性经营权，以及制订或允许企业制定较高的产品和服务价格。凭借垄断性经营权和垄断高价，垄断企业从消费者那里攫取庞大的经济利益。除部分利润以税收的形式成为国家财政收入来源外，主要利润则留给垄断企业，成为垄断企业职工高收入、高福利，甚至是腐败的重要原因。绝大部分国有垄断部门均分布在银行、保险、证券、电力、电信、航空、制药等收益丰厚的行业中，而且国有垄断部门的收入高于其他经济部门，垄断程度越高，垄断获益的机会也越大。行政性行业垄断使相关行业从业人员得到了不合理的高收入,同时通过产品和服务的垄断高价使广大消费者承受着巨额负担。郝大海和李路路(2006)使用2003年全国综合社会调查(CGSS2003)的资料,通过构建收入的区域差异模型,估计国家垄断部门等变量对个人收入的效用差异。他们发现由于收益高、市场风险小,行业收益丰厚的国有垄断部门更容易在经济的快速增长中保持其优势地位,获取更优厚的收益。岳希明等(2010)采用Oaxaca-Blider分解方法的测度表明,50%以上的垄断行业高收入是不合理的。陈钊等(2010)指出垄断性质导致1995—2002年间工资收入差距的增加,聂海峰和岳希明(2016)考察了行业垄断对职工工资差距的影响,研究结果表明行业垄断是继教育水平之后职工工资差距的第二大决定因素,垄断行业高收入的不公正性以及垄断产品高价导致的消费者福利减少是行业垄断收入分配效应的重要组成部分。马草原等(2018)发现垄断行业高收入的形成并未跳出利润最大化框架,企业的垄断性质能够"绝对地""独立地"引起劳动者收入的提高,且主要体现在工资等"直接收入"上。

(三)社会保障政策

政府的财政转移支出政策、货币政策和税收政策直接影响到居民收入差距。例如,居住支出是所有家庭最基本的消费支出,政府为低收入家庭提供的保障房服务,在改善这些家庭居住条件的同时,也能够减少他们用于住房的自有支出,使他们可以将更多的购买力用在其他商品和服务的消费上。由于保障房这项基本公共服务的受惠人群主要为低收入家庭,因此可以缩小居民收入差距,缓解我国居民收入高度不平等的局面。与保障房类似,教育和医疗等基本公共服务同样具有明显的收入分配效应。在众多的财政支出中,低保等社会保障支出属于政府的直接收入转移政策,加上其政策目标直接瞄准最低收入人群,与保障房、教育和医疗等其他民生支出相比,其收入分配效应更明显。以上政府财政转移支出均可称为社会保障支出,其对收入不平等的调节效应已得到大多数研究的证实。王延中等(2013)认为社会保障对调节收入分配的作用日益增强,主要是以提供社会救助、养老保险、医疗保障、失业保障和教育保障等途径来实现。高文书(2012)通过对陕西省宝鸡市住户调查的实证分析,发现社会保障转移性收入缩小了居民收入分配差距,降低了城乡居民收入的基尼系数。此外,最低工资标准的提高也在一定程度上缩小了收入不平等程度,叶静怡和杨洋(2015)利用2009年和2011年北京市农民工微观调查数据,发现最低工资标准的提高显著缩小了农民工群体内部的收入差异，最低工资制度很可能成为缩小社会整体收入差距的有效路径之一。

此外，货币政策可以通过扩张性货币政策使名义价格上涨，尤其是对物价水平的上涨发挥作用，进而对收入分配状况产生影响。同时，扩张性货币政策通过促进企业规模扩张，影响企业的劳动力需求和劳动力成本（劳动报酬），从而影响收入不平等。

作为财政收入主要来源的税收，同样具有显著的收入分配功能。税收政策既可缩小居民收入分配差距，也会加剧收入分配不平等，这取决于税收累进（退）性和平均税率的高低。累进性税收有助于缩小收入差距，而累退性税收将加大收入差距。目前我国税制以间接税为主，从整体上看是累退的，因此实际上加剧了居民收入差距（徐静、岳希明，2014）。

第四节 中国收入不平等的分解

本章第二节的分析有助于我们理解中国居民收入不平等的现状及动态变化趋势，但它仅仅测度和描述了各要素或不同组群对总收入不平等的贡献，无法考察影响收入的诸多决定因素对收入不平等的贡献。因此，为更加深入理解中国收入不平等，需要对收入不平等进行合理的分解。目前常见的分解方法主要有两大类：一是按组别进行分解，例如收入不平等按年龄、受教育程度或地区等组群；二是按收入分项进行分解，例如工资和转移性收入等。部分学者提出基于回归方程的不平等分解法，如 FS 分解法、MS 分解法、Shapley Value 分解法等，笔者认为他们不过是分项收入分解法的拓展，一并列入第二大类。

一、收入不平等分解方法

（一）组群分解法

收入不平等按组群分解，是指将总体按照年龄、受教育程度或地区等外生标准划分成若干个子群，然后分别考察子群内部收入不平等与子群之间收入不平等对总收入不平等的影响。Shorrocks（1984）指出收入不平等若要完整的分解需要满足以下 7 个假设：①$f(x)$是连续与对称的；②$f(x) \geq 0$，当且仅当所有人收入都相等时，$f(x) = 0$；③$f(x)$二阶可导；④组内不平等权重系数与子群平均收入无关，子群的收入分布不存在重叠现象；⑤$f(x)$满足庇古·道尔顿转移公理；⑥$f(x)$满足人口独立性公理；⑦$f(x)$满足收入规模独立性公理。当满足以上所有假设条件时，一般熵指数是唯一能被完整分解的不平等指标。然而，当不同收入成分之间存在相关性并且没有特定的分解规则时，很难得到一致或独特的结果，这也是常见的不等式指数（基尼系数，泰尔指数，变异系数和方差）"自然"分解的情况。一般来说，与其他指数相比，基尼系数的组群分解是一个备受争议的话题，主要是围绕基尼系数是否能按假设进行完整分解这个问题。国内学者也展开了激烈的学术争论，值得一提的是，针对李实（2000，2002）的论文结论，陈宗胜（2002）提出值得商榷的地方，他认为计算基尼系数排序方法的要求之一就是不能重叠（no overlap）。也就是说，就两个人口组的情况而言，如果将总体基尼系数在两个人群组（城镇人口和农村人口）之间进行分解，它所要求的数据条件是甲组中的最高收入不能高于乙组中的最低收入。严格地说，这样的条件在现实中的确是不存在的，他认为满足城乡加权法所要求的城乡收入不重叠，应当是最为接近或近似的。洪兴建（2008）在相对剥夺定义基础上，对基尼系数提出了一种新的完整分解的子群分解法，分析第 N 个子群个体间相对剥夺的相对平均值，简称为"群内不平等"，以及第 N 个子群个体与第 Y 个子群个体相比其相对剥夺的相对平均值，简称为"群间不平等"，所以基尼系数就是群内不平等与群间不平等的加权平均值。由此看来，洪兴建与 Shorrocks（1984）提出的方法，最大的区别在于他们对组间不平等的定义不同，前者是指群内个体与群外个体相比其相对剥夺的相对平均值；而后者是指当群内个体收入都等于该群平均收入时，由于各子群平均收入差异所造成的收入不平等（瞿晶，2011）。

与不等式指数一样，极化指数也是可分解的。由于极化指数仅测量极化程度，想了解极化原因则需要对其进行分解，主要分解方法有：①将双极化指数分解为群内和群间不等式之间的差异；②将 DER 分解为平均识别和平均异化两者之间的归一化协方差。Araar（2008）在此基础上进一步分解识别；③按收入来源、人口群体和反事实分配进行分解。

（二）分项收入分解法

个体总收入由若干项分项收入组成，如工资收入、财产收入或转移性收入等，探究各分项收入对总收入不平等的影响也成了国内外学者们普遍关心的问题。基尼系数的分项收入分解法是这类实证研究经常被用到的方法。

1. Shorrocks 分解法

Shorrocks（1982）指出任何一个不平等指标的分项收入分解规则都有无数条，它们的分解结果取值范围也在（$-\infty$，$+\infty$）。要得到良好的分解结果，就需要对分解规则作一些合理的限制。若分解规则满足若干个假设条件，则任何不平等指标的分项收入分解结果都是唯一的，都等于方差或变异系数平方项的自然分解结果。为此，Shorrocks 提出了分项收入分解的基本假设条件，具体条件见 Shorrocks（1982）。进一步地，Shorrocks（1999）研究分项收入在个体间的差异与分项收入本身对收入不平等的影响，并指出当分项收入对不平等的影响为负时，那么前述假设条件就不再满足，每个不平等指标就有无数条分解规则。

2. Shapley Value 分解法

Shapley 值是 Shapley 在 1953 年提出的，来源于合作博弈论，是指所得与自己的贡献相等。Shorrocks（1999）首次将 Shapley Value 引入分项收入不平等或贫困的分解研究中，它的思想主要来源于对分解结果的经济学含义解释。按照该方法，收入不平等分解包含两个步骤：第一，首先设定一个收入决定方程，并估计出各个自变量的系数；第二，将收入差距的计算指标运用到该方程的两端，从而得出各自变量对于收入差距指标的贡献度。在收入差距的形成过程中，判断一个因素对收入差距的贡献主要有两个依据：一是该因素与收入差距的相关系数，即该因素对于收入的偏效应。在给定该因素的分布下，系数越大，该因素对收入差距的贡献越大；二是该因素自身的分布状况，在该因素与收入相关系数不变的情况下，它的分布越不平均，那么该变量对收入差距的贡献也更大，反之亦然（王瑜等，2011）。

Shapley 值分解基本过程如下：将收入决定函数的某一个自变量（例如 x）取样本均值，然后再将 x 的平均值和其他变量的实际值一起代入收入决定函数，推测出收入数据，并且计算对应于这个收入的不平等指数，记作 I'。显然，I' 中已经不包含 x 的影响了。于是，可以将 I' 与根据真实数据计算出的收入差距（I）之间的差作为 x 对于收入差距的贡献。如果将 x 取了均值后，收入差距缩小了，说明 x 是扩大收入差距的因素，它对收入差距的贡献为正；相反，如果 x 取了均值后收入差距反而扩大了，那么，x 就是缩小收入差距的因素，它对收入差距的贡献就是负的。可以看出，当根据收入决定函数推测 x 平均值下的收入数据时，其他每个变量的取值不是唯一的，可以是实际值也可以是平均值，这样便会得到不同的收入推测数据。将全部可能的变量取值组合，以 x 变量贡献的平均值作为最终结果。

Shapley 值分解的目的是定量分析每个分项收入元素对收入不平等的影响，因此分解规则需满足两个最基本的条件：第一，具有对称性，即第 N 个元素的贡献与该元素的排列顺序无关；第二，具有一致性，即所有元素的贡献之和等于总收入不平等。Shapley 值分解法的一个重要贡献是将常数项和残差项视为两项分项收入考虑在内，按照多个分解顺序，逐步分解并最后取均值来求得上述两个元素对收入不平等的贡献。一旦自变量过多，Shapley 值分解将变得复杂，计算步骤呈阶层增加。具体的 Shapley 值分解过程及计算公式详见 Shorrocks（1999）。由于该法在实际操作中过于繁杂，联合国世界发展经济学研究院（UNU – WIDER）开发了 Java 程序，用来完成上述过程。目前，国内很多学者都使用万广华提供的程序进行 Shapley 值分解，将常数项和残差项单独处理。

3. MS 分解法

Morduch 和 Sicular（2002）提出了另一种收入不平等分解法，在国内大多称为 MS 分解法。此方法并不完全认同 Shorrocks（1982）提出的收入不平等分解假设条件，他们认为若一项非负收入在个体间是平均分配的，那么该分项收入起缩小收入不平等的作用，则它对不平等的影响为负。他们认为变异系数平方项与泰尔 T 指数的两条"自然分解"规则符合个体间平均分配的分项收入对总收入不平等的影响为负的条件。进一步的，他们认为需要考察的是收入不平等，而非对数收入不平等（Fields 等，2000，2003），MS 方法使用了标准的收入函数，同时将总的不平等表示为各因素收入不平等的加权之和，适应性更广。需要解释的是，标准的收入函数是指 MS 方法采用的是收入水平的原始值或水平值，不进行对数处理，因此他们采用线性回归方程，即：

$$Y = \alpha + \beta_1 X_1 + \beta_2 X_2 + \cdots\cdots + \beta_K X_K + \varepsilon \qquad 式（3.14）$$

由于 MS 对分解规则定义了一些限制，如他们认为个体间平均分配的分项收入对总收入不平等的影响应为负，只能使用可加的收入不平等指标。万广华（2008）认为他们的方法仅适用于分解第一泰尔指数，其他度量指标或者不能用（如泰尔第二指数或基尼系数），或者无法得到正确的结果（如变异系数）。

4. FY 分解法

Fields 和 Yoo（2000）将 Shorrocks（1982）自然分解法则运用到对数方程上，文献中称为 FY 方法。Fields 等（2003）又对该方法进行了扩展，使其可以用来分析不同组群（如两个地区、两个时间、男性和女性等）的收入决定因素对收入不平等的贡献是否不同。Fields 等（2000，2003）认为 Shorrocks（1982）给出的分解假设条件对于对数收入都是成立的，若研究者接受这些假设条件，则无论选用哪个不平等指标，各个变量对收入不平等的贡献都等于方差的自然分解结果。FY 的使用条件有两个，一是收入取对数形式，即回归方程为对数收入方程，二是对数收入的不平等以变异系数平方来衡量。回归方程式为：

$$LnY = \alpha + \beta_1 X_1 + \beta_2 X_2 + \cdots + \beta_K X_K + \varepsilon \qquad 式（3.15）$$

其中，α 与 ε 是常数项和扰动项，β 为回归系数，X 是回归变量（如年龄、教育和职业等），且均为 n 维列向量。若将 $\beta_K X_K$ 视为由第 K 个变量引致的收入流，那么个体对数收入 $\ln Y$ 就有 $K+2$ 项分项收入构成，于是收入不平等按分项收入分解法便可运用于此。

根据 Shorrocks（1982）的分解公式，将 y_K 变为 $\beta_K X_K$，则各因素对不平等的贡献为：

$$S_K(\ln y) = \text{cov}(\hat{\beta}_K x_K, y)/\delta^2(\ln y) = \hat{\beta}_K \text{cov}(x_K, \ln y)/\delta^2(\ln y) = \hat{\beta}_K \delta(x_K) \rho(x_K, \ln y)/\delta(\ln y) \qquad 式（3.16）$$

$\rho(x_K, \ln y)$ 为相关系数，如若 $S_K > 0$，则 X_K 将扩大收入不平等的程度，反之则起到缩小作用。此外，如果考虑一个宽范围变量（比如社会资本由亲朋好友、政治身份等组成）对收入不平等的影响，那么只需将种子变量对收入不平等的影响加总，得出的结果即是社会资本对收入不平等的总影响。需要强调的是，在使用变动分解公式时，有以下几个需要注意的地方：①若两个收入分布的两条洛伦茨曲线发生交叉，则不能使用变动分解公式，因为无法判断收入不平等是上升了还是下降了；②分解结果因选用的不平等指标不同而不同，一般使用多个不平等指标同时进行分解以保证分解结果的稳健性；③因为对数方差不满足庇古道尔顿转移公理，因此应尽量避免使用对数方差进行变动分解。Fields 进一步对该方法进行扩展，给出了一个可以分解不等式变动的解决方法。公式如下：

$$C_K = \frac{S_K I_2 - S_K I_1}{I_2 - I_1}，且 \sum_{K=1}^{K+2} K = 1 \qquad 式（3.17）$$

二、我国学者对收入不平等的分解

随着不平等分解方法逐步完善，越来越多的学者开始对我国收入不平等的影响因素进行分解，现有文献主要集中于地区收入差距的分解、城乡收入差距的分解、对其他居民的身份特征进行分组分解。表 3-1 为近年来我国学者对中国收入不平等分解的主要研究结果。从表 3-1 可以看出，近年来关于中国收入不平等分解的研究颇为丰富，运用不同的数据，不同的分解方法，得出的结论存在较大差异，但总的来说，相关贡献排序相似。其主要原因在于两点，一是使用的数据质量参差不齐；二是分解贡献度存在时间效应，受多因素影响不同时间内各结构及决定性因素对收入不平等的贡献不同。

表 3-1 中国学者对收入不平等分解的研究 单位:%

	刘长庚等 (2012)	程名望等 (2016)	瞿晶 (2011)	万广华等 (2018)	吴彬彬等 (2018)
分解类别	农户收入	农户收入	城镇居民收入	综合	综合
最新数据年份	2010	2010	2007	2014	2013
结构分解					
衡量指标	基尼系数	基尼系数	基尼系数	基尼系数	基尼系数
分解方法	Pyatt 分解	Pyatt 分解	Lerman 分解	扩展法	自然分解
工资性收入	43.26	23.58	67.8	62.62 (CHIP2013)	59.25 (城镇东部 2013)
家庭经营纯收入	47.13	55.95	6.1	12.02 (CHIP2013)	6.52 (城镇东部 2013)
财产性收入	5.32	9.75	7.3	—	10.47 (城镇东部 2013)
转移性收入	6.5	9.69	17.6	13.63 (CHIP2013)	-5.39 (城镇东部 2013)
其他收入	-2.21	1.03	1.2	11.73 (CHIP2013)	29.15 (城镇东部 2013)

续表

	决定因素分解	
衡量指标	变异系数平方	方差
分解方法	FY 分解	Fields 分解
人力资本	2.87	15.66（教育）
物质资本	5.79	
金融资产	6.66	
社会资本	0.33	
职业/行业	2.20	
制度/政策	0.26	
家庭特征	3.46	12.86（结构）
区域差异	31.26	22.55
时间	0.65	
随机扰动项		48.94
	城乡分组分解	
衡量指标		泰尔指数
分解方法		扩展法
城镇		57.67
农村		38.93
组内		3.3（CFPS 2014）
组间		0.4（CFPS 2014）

三、中国收入不平等的分解——基于CFPS2016年数据的实证分析

由于收入不平等具有时间效应，不同时期各因素对于收入不平等的贡献不一。这也就需要政府及时地了解我国收入不平等变化动态，以针对不同时期特点制定相应的政策以降低收入不平等水平。当前中国经济开始进入"三期叠加"和"三重冲击"的新常态阶段，结合各国经验以及经济发展规律来看，发展中经济体在历经一段较长时期的高速增长阶段转入次高增长阶段后，都会面临收入不平等程度扩大的历史难题。因此，对当前中国收入不平等问题的进一步认知，对实现经济健康稳定增长、跨越中等收入陷阱等具有重要的现实意义。而就已有研究

来看，调查数据的时间截止到 2014 年①。本小节将使用 CFPS 最新的调查数据 2016 年 CFPS 数据库来扩展中国收入不平等研究。

（一）收入不平等的结构性分解——农村与城镇居民

从收入来源与结构看，总收入由各分项收入构成，将总收入的基尼系数分解到各分项收入，可以得到各分项收入对总体不平等的贡献，从而有利于研究结构性收入不均等对总收入不均等的影响。具体的分解原理和方法见 Pyatt 等（1980）的文献，城镇居民收入不平等的结构性分解、农户收入不平等结构性分解结果分别见表 3-2 和表 3-3。

表 3-2　　　　城镇居民收入不平等的结构性分解

类型	Sk	Gk	Rk	Share	Change（%）
工资性收入	0.4898	0.5824	0.7506	0.4195	-0.0703
经营性收入	0.0928	0.9159	0.6024	0.1004	0.0075
财产性收入	0.0238	0.9472	0.6365	0.0281	0.0043
转移性收入	0.2492	0.8633	0.6879	0.2900	0.0408
其他收入	0.0231	0.9623	0.5427	0.0236	0.0005

注：表中，"Sk" 为分项收入占总收入的比例，"Gk" 为分项收入的基尼系数，Rk 为公式中相关系数的比值部分，Share 为分项收入对总 Gini 系数的贡献率，Change（%）指各分项收入 1% 的变化对不平等的影响。以下同。

数据来源：根据 CFPS 2016 调查数据计算所得。

表 3-3　　　　农户收入不平等的结构性分解

类型	Sk	Gk	Rk	Share	Change（%）
工资性收入	0.5208	0.6361	0.8207	0.5107	-0.0100
经营性收入	0.1563	0.8188	0.6285	0.1511	-0.0052
财产性收入	0.0107	0.9712	0.6300	0.0123	0.0016
转移性收入	0.1063	0.8821	0.6466	0.1139	0.0076
其他收入	0.0215	0.9426	0.3823	0.0146	-0.0070

数据来源：根据 CFPS 2016 调查数据计算所得。

（1）从收入来源与构成看（表 3-2、表 3-3 中的 "Sk" 值）：在 2015 年，

---

① 万广华（2018）使用 2014 年 CFPS 数据研究了我国中国收入不平等降低及其成因，而 2014 年 CFPS 数据库实际上调查的是 2013 年居民收入。因此，研究的收入不平等背景实际上是 2013 年。

城镇居民收入中，工资性收入占比最高（48.98%），其次是转移性收入（24.91%），再次是经营性收入（9.28%）、财产性收入（2.38%）与其他收入（2.31%）。由此看来，工资性收入仍然是城镇居民收入最主要的来源。同时，可以看到经营性收入较低，意味着家庭自主创业行为较低。值得注意的是，转移性收入占比达24.92%，这可能是近几年国家对社会保障的投入力度有所增加，另一方面因为CFPS同样面临着高收入城镇居民群体信息采集难，高收入群体数据少等原因。对农户而言，工资性收入（52.08%）已超越经营性收入（15.53%）成为农户收入的核心来源。这意味着随着城镇化推进和农村劳动力持续外流，以外出务工为核心的工资性收入已经成为农户收入的重要组成部分。而基于家庭经营的小农经济则处在转型期间。本书的结论与程名望（2016）存在差异，他们使用2003—2010年全国农村固定观察点数据得出经营性收入为55.27%，而工资性收入为29.43%。造成这一差异的原因可能因为近年来大量的农村劳动力向城镇外出务工，而农村"空心化"现象日渐加重。家庭经营收入和工资性收入均属于劳动性收入，表明农户的主要收入来源是劳动性收入，财产性收入的比例依然较低。

（2）从各结构性收入对总基尼系数的贡献率看（表3-2、表3-3中的"Share"值）：对于城镇居民，工资性收入最高（41.95%），转移性收入次之（29.00%），再次为经营性收入（10.04%），最后为财产性收入（2.81%）与其他收入（2.36%）。对于农户，工资性收入（51.07%）最高，经营性收入（15.11%）次之，再次为转移性收入（11.39%），最后为财产性收入（1.23%）与其他收入（1.46%）。各结构性收入对总基尼系数的贡献率与收入构成占成具有相似的排序性。而通过计算，2015年城镇内部基尼系数为0.51，农村内部基尼系数为0.53。进一步比较变化率［表中Change（%）］，在城镇内部家庭经营收入、财产性收入、转移性收入的增加均会导致总基尼系数增加，只有工资性收入的增加会导致总基尼系数下降。在农村内部，财产性收入、转移性收入会增加基尼系数，工资性收入与家庭经营收入会导致基尼系数下降。

（二）收入不平等的决定因素分解——基于回归方程的FY分解

上文的分析，有助于我们理解中国城镇与农户收入不平等的现状及趋势，但它仅仅能测度和描述各要素或不同组群对总不平等的贡献，无法考察影响收入的诸决定因素对收入不平等的贡献。基于回归的不平等分解能较好地解决该问题，该方法能够量化各解释变量对被解释变量不平等程度的贡献率。

1. 收入决定方程的建立

如前文对 FY 分解方法的解释，FY 分解法基于回归方程，因此需要建立家庭收入决定方程并进行回归分析，将收入的对数纳入回归作为被解释变量，建立半对数收入决定方程。关于解释变量（决定因素），我们将参照程名望（2016）的做法，将决定因素划分为人力资本、物质资本、金融资产、政治与社会资本、行业与职业、制度与政策、家庭特征、区域差异，以较为细致的分析收入不平等的决定因素。相关描述性统计见表 3-4。

收入决定方程如下：

$$\ln Y_{ij} = \beta_0 + \sum_{k=1}^{K}\beta_k HC_{ij,k} + \sum_{l=1}^{L}\beta_l PC_{ij,l} + \sum_{m=1}^{M}\beta_m FA_{ij,m} + \sum_{n=1}^{N}\beta_n SC_{ij,n} + \sum_{o=1}^{O}\beta_0 ES_{ij,o} + \sum_{p=1}^{P}\beta_p SP_{ij,p} + \sum_{q=1}^{Q}\beta_q FC_{ij,q} + \beta_r region + \varepsilon_{ij}$$

其中，$\ln Y_{ij}$ 表示 j 省第 i 个家庭收入的对数。HC、PC、FA、SC、ES、SP、FC 为解释变量，分别代表人力资本、物质资本、金融资产、政治与社会资本、行业与职业、制度与政策、家庭特征；$region$ 表示区域；ε 为扰动项。回归结果见表 3-4。

表 3-4　　收入不平等的决定性因素

类型	变量	ln 收入 (1) 城镇	ln 收入 (2) 农村
人力资本	教育年限	0.046*** (0.004)	0.049*** (0.004)
	健康状况	-0.032** (0.013)	-0.092*** (0.012)
物资资本	家庭总房产	0.012*** (0.003)	0.021*** (0.004)
	生产性固定资产	0.017*** (0.003)	0.017*** (0.003)
	耐用品	0.049*** (0.005)	0.047*** (0.004)
金融资产	金融资产	0.036*** (0.003)	0.033*** (0.003)
	金融负债	0.015*** (0.002)	0.014*** (0.002)

续表

类型	变量	ln 收入 (1) 城镇	ln 收入 (2) 农村
政治与社会资本	党员	0.073** (0.036)	-0.013 (0.043)
	宗教	-0.025 (0.078)	-0.004 (0.068)
	社会资本	0.056*** (0.005)	0.075*** (0.006)
工作性质	家庭经营主业	0.060*** (0.008)	0.062*** (0.009)
政策	政府补助	0.023*** (0.008)	0.005 (0.006)
家庭特征	家庭规模	0.122*** (0.008)	0.116*** (0.007)
	性别	0.011 (0.024)	-0.042* (0.024)
	年龄	-0.004*** (0.001)	-0.005*** (0.001)
	劳动力	0.054 (0.065)	0.066 (0.067)
区域差异	省份	控制	控制
观察值		3833	4683
R-squared		0.453	0.409

注：*、**、*** 分别表示在 10%、5% 和 1% 的水平上显著。

2. 用 FY 方法进行分解

进一步，基于上述回归结果，采用 FY 方法进行分解，分解结果如表 3-5 所示，该结果是以变异系数平方来衡量的。

表 3-5　　　　　　　总收入不平等的决定因素及贡献率　　　　　　单位:%

类别	变量	城镇 (1)	农村 (2)
人力资本	教育年限	8.049	6.1455
	健康状况	0.3348	1.7293
	合计	8.3838	7.8748
物质资本	家庭总房产	1.0819	1.3513
	生产性固定资产	0.5614	1.3471
	耐用品	6.2401	5.7097
	合计	7.8834	8.4081
金融资产	金融资产	6.1064	4.5543
	金融负债	1.4188	1.0671
	合计	7.5252	5.6214
政治与社会资本	党员	0.3233	-0.0119
	宗教	0.0027	-0.0005
	社会资本	3.7857	4.8216
	合计	4.1117	4.8092
工作性质	家庭经营主业		1.4311
政策	政府补助	0.9412	0.0704
家庭特征	家庭规模	3.6942	6.7783
	性别	0.0095	0.0704
	年龄	1.2926	1.6306
	劳动力	-0.0659	-0.0645
	合计	4.9304	8.4148
区域差异	省份	7.5381	4.2872
残差项		54.6813	59.0905
观察值		3833	4683

从表 3-5 中可以得出以下结论：对于城镇居民收入不平等，①人力资本占收入不平等总量的贡献排名第一，为 8.3838%，其中教育年限最高，为 8.049%。值得注意的是人力资本还包括工作年限、认知能力与非认知能力等，由于数据有限本书未作探讨，这可能导致人力资本对收入不平等的作用被低估。但就人力资本来看，教育年限是影响城镇居民收入不平等最为重要的因素。②物质资本占收

入不平等总量的贡献排名第二位,其中家庭总房产的价值为1.0819%。表明随着中国房价的高速上升,房屋财富效应已影响到了区域内收入不平等。生产性固定资产的投资仅占0.5614%,从侧面反映了城镇居民的收入构成来源主要为工资收入,生产性固定资产获益较少。③区域差异贡献排名排行第三,为7.5381%。在中国区域经济发展不平衡的现实背景下,区域差异与一些非流动性资源密切相关。一方面,区域差异和资源禀赋密切相关。另一方面,区域差异和市场进入机会紧密联系。④金融资产投资占收入不平等总量贡献排名第四位,为7.5252%。其中金融资产的影响最大,为6.1064%。随着金融市场的发展,各种金融服务与金融投资日益完善,金融资产已成为影响城镇居民收入不平等的重要原因。金融素养是影响家庭金融资产的重要因素,基于此,政府应充分考虑城镇地区的信贷市场和服务,特别是更多地关注对金融素养较低家庭的金融支持、服务和普及问题。⑤家庭特征占收入不平等总量贡献排名第五位,为4.9304%,家庭规模贡献最大为3.6942%。值得一提的是,劳动力的贡献率为负数(- 0.0659%)。⑥政治与社会资本占收入不平等贡献总量排名第六位,为4.1117%,其中社会资本贡献最高为3.7857%,其他的几乎可以忽略不计。社会资本可以通过好友引荐获得上升途径,拥有更高的岗位与收入,也可以通过社会网络风险应对机制降低收入冲击。⑦政策(主要是社会保障)贡献相对较小,只有0.9412%。这说明我国政府的政策,尤其是社会保障制度的实施,有效地起到了缩小收入差距,降低收入不平等程度的作用。

对于农户收入不平等,相比于城镇居民,各类收入决定性因素贡献排序水平发生了较为明显的变化。家庭特征贡献最大,为8.4148%,物质资本排名第二,为8.4081%,接着是人力资本(7.8748%)、金融资产(5.6214%)、政治与社会资本(4.8092%)、区域差异(4.2872%)、工作性质(1.4311%),最后为政策,仅为0.0704%,但二级分类排序大致相似。需要解释的是,家庭特征对农户收入不平等贡献最大,尤其是家庭规模的贡献达到了6.7783%,这可能是因为农户家庭人口太多,孩子、老人的负担太重,导致愈发贫困,加剧了收入不平等。物质资本第二,其原因可能在于,农村作为重要粮食产区,随着土地流转与兼并的不断推进,农村地区农业经营的适度规模化特征明显,种粮大户或家庭农场通过大型农业机械等生产性固定资本投入和土地适度规模化,获得了较高的经济收益,许庆等(2008)也得出类似结论。

本章小结

本章重点探讨了中国收入不平等的动态演变趋势及其分解。首先介绍了收入不平等的测度方法及指标,包括绝对指标和相对指标。其中,基尼系数、变异系数和广义熵指数是使用最广泛的相对指标。其次,根据基尼系数的官方统计和民间估计,描述中国收入不平等的动态变化。进一步地,再用城乡收入比和泰尔指数分析中国城镇与农村收入不平等的变化,结果都表明收入不平等虽然有缩小趋势,但仍然比较大。再次,从经济发展和政策角度,分析中国收入不平等的形成因素,主要包括农业部门和金融部门的发展,以及户籍制度与社会保障政策对收入不平等的影响。最后,对收入不平等进行分解,考察不同组群或者不同影响因素对收入不平等的贡献,并用2016年的CFPS数据进行实证分析,以此扩展中国收入不平等的研究。

第四章 中国家庭借贷行为的动机与影响因素

家庭借贷是家庭平滑消费的一种重要方式，家庭借贷行为的变动具有重要的微宏观经济效应。本章试图从中国家庭借贷行为变动的特征事实出发，构建中国家庭借贷行为变动影响因素的供求分析框架，这对于理解微观家庭的借贷行为具有重要价值。本章第一节探讨家庭借贷行为的含义与动机；第二节分析中国家庭借贷行为变动的需求面影响因素；第三节分析中国家庭借贷行为变动的供给面影响因素。

第一节 家庭借贷行为的含义与动机

一、家庭借贷的概念界定与构成

国内外学者对家庭借贷的定义各不相同。家庭借贷属于家庭金融的一个研究方面，根据跨期选择理论，家庭在预算约束的区域进行生活和生产消费，当期收入小于消费需求时需要通过借贷行为才能达到预期的效用水平。家庭借贷表现为家庭向金融机构或非金融机构发生的资金求助行为；家庭借贷还表现为同一个家庭在当前时期向未来时期因预支消费而产生的负债，用来调节现期的收入波动或平滑消费水平。Guardia（2002）将家庭借贷定义为家庭通过一定的途径获得的信贷，用于除财产之外的任何购买提供融资。主要包括消费者信贷和抵押贷款。Nizar（2015）则将家庭借贷分为"有担保借贷"和"无担保借贷"这两类，有担保借贷如抵押，受到金融机构的保护，如果有违约情况，可以用抵押品还债。

就信用风险而言，抵押贷款借贷的风险低于消费者信用借贷，但违约偿付比例较高。无担保借贷是指由信用卡、个人贷款和汽车贷款组成的消费者借贷；消费者信用借贷通常用于为商品和服务的消费提供资金。

国内大多数学者认为家庭借贷主要由住房抵押贷款和消费者信贷两部分组成（刘艺容，2006）。江世银（2000）提出家庭借贷是银行为使消费者个人购买商品和劳务而向其提供的贷款。郭新华（2006）进一步完善了之前学者们的定义，提出家庭借贷是指家庭与金融机构或者其他主体之间的消费融资行为，其用途是消费，目的是提高家庭即期消费水平，合理安排家庭终生的消费水平。谭燕芝和李兰（2008）更是区分了狭义和广义的消费信贷。狭义的消费信贷包括：个人信贷额度、无抵押个人贷款、个人资金周转贷款、房屋整修贷款、学生贷款、耐用消费品贷款、个人债务重组贷款、汽车贷款、住房抵押贷款等；广义的消费信贷除了上述类型外，还包括房地产抵押信贷。与国内外学者们的分类不同，在中国人民银行的金融机构信贷收支统计表中，家庭借贷用住户贷款来表示，住户贷款包括短期贷款和中长期贷款，它们又分别包括消费贷款与经营贷款。由此可见，官方的统计认为家庭借贷的目的一部分是为了消费，还有一部分是为了生产经营。中国人民银行历年统计数据显示，住户借贷的主要构成是消费贷款，其中中长期消费贷款更是占比较大。一般学者们的家庭借贷规模数据主要是从正规金融机构统计获得，中国家庭还是以向亲戚朋友借钱的民间借贷为主，有些家庭通过公积金以及"现金贷"、P2P等平台借贷，而这些统计数据却无法获得或获得的数据有偏差（比如通过一些民间机构的微观数据库），所以真实的家庭借贷规模要远远超过官方统计数据。

综上所述，借鉴以上学者的定义，考虑数据的可获性，本书认为家庭借贷是指家庭与金融机构或者其他主体之间的消费融资行为，是消费者在资金不足的情况下，以贷款来购买消费品的一种特殊的消费方式，主要包括住房抵押贷款和消费信用贷款两部分。

二、家庭借贷行为的动机

通过对国内外相关文献的梳理，并依据消费者函数理论中的绝对收入假说、生命周期假说以及不确定性风险理论，本研究将家庭借贷产生的动机划分为三种不同的类型：消费平滑动机、资产组合动机和战略性动机。

(一) 消费平滑动机

平滑消费是指在经济的周期变化和收入的波动中维持稳定的消费水平。Fisher (1930) 跨期选择理论是理解家庭借贷行为消费平滑动机的重要起点。该理论认为家庭消费取决于当前收入与未来收入的现值加总的长期收入。无论收入发生在第一期还是第二期，消费者都会力图使当前消费与未来消费的组合效用最大化。根据费雪模型，Modigliani 和 Friedman 提出了著名的生命周期—持久收入假说模型，模型指出个人的消费不是由当期收入决定，而是由个人一生的劳动收入和初始财富所决定，消费是永久收入的函数，即消费取决于人一生的平均收入，当本期收入低于平均收入时，家庭通过借贷进行平滑消费，而当收入高于平均收入时，则偿还贷款。

消费平滑动机究竟如何影响家庭借贷？针对这个问题的国内外经验研究，学者们给出了不同解释。家庭可以通过跨期消费（持有金融资产）、风险分担（利用家庭间的转移支付）、从事间歇性雇佣劳动等多种方式实现消费平滑。理性家庭出于追求效用最大化考虑，往往也会通过借贷等方式在整个生命周期内平滑其消费。Campbell 和 Deaton (1989) 通过对美国的季度消费数据的变化规律进行研究之后指出，居民消费支出并没有如理论假说所描述的那样随收入同步发生变化。相对于持久收入假设中的消费函数形式而言，由实际消费数据计算得到的消费支出波动性更小，居民消费支出并不像持久收入假说所描述的那样完全由收入水平所决定，收入水平的增加也不会使消费支出发生相应的变化。Blanchard 和 Fisher (1989) 认为收入、消费与储蓄之间的非一致性导致了家庭借贷行为的产生，家庭跨期消费的行为增加了家庭借贷产生的可能性。根据生命周期理论，从人的整个生命周期来看，居民在每一期的消费水平是平稳的。理性消费者出于一生效用最大化的考虑，会在其生命周期内平滑消费。当家庭的即期收入小于消费支出时，家庭会通过借贷来平滑即期消费 (Tobin, 1975; Ludvigson, 1999)。家庭的借贷一部分原因是为了平衡家庭资产负债表，实现资产优化组合。家庭债务的增加有可能是居民出于满足非自主性消费支出，新增贷款用于投资和储蓄，这表明家庭希望通过投资和储蓄的资产组合，平衡资产负债表 (Cooper, 1994)。理性家庭出于追求效用最大化考虑，往往会通过借贷等方式在整个生命周期内平滑其消费 (吴晓莹, 2008)。Fan 和 Yavas (2017) 在研究中国家庭抵押贷款债务如何影响家庭消费行为时也发现，有抵押贷款家庭的消费占收入的比重比没有抵押贷款的家庭更高，同时，抵押贷款支付又对家庭消费产生了挤出效应。值得关注的是，不管是国外学者还是国内学者都强调了一个重要的家庭借贷动机来源——"示范效应"，即当家庭收入差距提高时，消费者会通过借贷维持自身消费水平，进而提高了家庭债务总规模。其中，Iacoviello（2008）采用动态随机一般均衡模型（DSGE）发现随着收入不平等程度上升，家庭通过信贷来平滑消费的可能性会增加，家庭总债务水平则随之上升。在"追上琼斯"效应和社会比较心理效应的驱动下，中低收入家庭为保持与邻近富裕家庭一样的消费水平，往往会增加他们的借贷量（Morgan等，2002；胡枫和陈玉宇，2012）。Christen和Morgan（2005）依据1980—2003年的美国季度数据，采用SUR和OLS估计方法，发现当收入差距增加时，消费者出于维持或者改善现有社会地位的目的，会通过借贷提高自身消费水平。Treeck（2014）在研究收入不平等对美国金融危机的影响及影响机制时，发现在美国家庭收入差距开始飙升时，信贷可获性的提高有助于帮助中低收入家庭跟上高收入家庭的消费水平，从而引起信贷泡沫，最终爆发了经济危机并引发了经济衰退。Kumhof和Ranciere（2015）发现中低收入家庭在面对持久收入冲击时，出于平滑消费动机，会增加信贷需求。当收入集中在高收入家庭时，中等收入和贫困家庭通过借款抵制未来收入来维持消费水平。如果贫困和中等收入家庭的实际收入没有恢复，其中的杠杆率将继续上升，最终导致贷款违约，从而增加了金融危机的可能性。一旦家庭出现偿债危机，即家庭债务出现"不可持续危机"，则家庭为避免因拖欠债务而破产，可能会选择降低消费，从而使得原有的消费路径和模式发生改变（伍再华等，2017）。

近期还有一些学者对多个国家的债务状况进行分析以验证结果的准确性，如Rashid等（2017）收集了55个国家包括2000—2012年的数据，采用广义矩估计方法，研究了当人们必须为他们的余生借贷花费时，究竟是什么导致人们承担更多的债务？他们的研究结果表明收入差距与家庭债务之间存在显着的正相关关系。此外，在这些样本国家中，负债水平被认为是持久的，这表明家庭将继续陷入债务陷阱。也有学者发现了债务与消费之间存在双向关系。Mason（2018）发现2007—2008年经济衰退期间，家庭债务相对于收入大幅增加，实际消费占GDP的比例大幅增加，收入分配更加不平等，三者之间存在密切关系。家庭债务的增加主要是由于低收入家庭的借贷增加，这些家庭在收入停滞不前时寻求借贷来维持消费增长，这种增加的消费反过来又在维持总需求方面发挥了重要作用（伍再华等，2018）。

(二) 资产组合动机

投资贯穿家庭的日常生活中，家庭通常都有着财富欲望，希望通过投资获得收益。投资包括人力资本投资与物质资本投资。资产组合是资产持有者对其持有的各种股票、债券、现金以及不动产进行的适当搭配。资产组合的目的是通过对持有资产的合理搭配，使之既能保证一定水平的盈利，又可以把投资风险降到最低限度。家庭负债与储蓄等资产一样，是家庭资产组合的重要方式。家庭借贷的动机可能是出于投资需求，希望投资于回报率较高的非流动资产，需要少量借款才能达到一定投资门槛的资产（Angeletos 等，2001；Laibson 等，2003，2017；Kaplan & Violante，2014；Beshears，2018）。

风险态度、借贷约束与资产组合动机有显著的相关关系，资产组合的具体配置能够反映出家庭的风险倾向，一般来说，风险偏好越强则家庭借贷动机也越大。Koo（1998）通过构建一个具有借贷约束和回报率风险的资产组合选择多期模型，研究发现家庭进行资产组合配置时，借贷的发生主要是出于家庭资产组合动机的结果。Arrondel 等（2010）采用横截面调查数据，评估收入不确定性和借贷约束对资产组合选择的影响，发现借贷约束减少了家庭风险资产投资倾向。Brooks（2000）利用家庭资产选择决策模型研究发现，在不确定条件下和不同资产收益率不同下，家庭会卖出无风险资产来买股票，风险追求者会通过举债来扩大获得高额回报的可能性，这就引起了一个优化的资产组合。段军山和崔蒙雪（2016）认为信贷约束影响了家庭的风险态度从而影响其资产配置决策，他们发现，受到信贷约束的家庭，其风险厌恶程度会偏高，这也从反面说明了借债能力提高会降低风险厌恶程度。家庭的风险态度越表现出高厌恶程度，个人购买商业保险的概率就越高；家庭越受到信贷约束，个人购买商业保险的可能性就越低。伍再华等（2017）基于 2013 年 CHFS 数据，采用 Probit 和 Tobit 模型以及工具变量法，发现家庭借贷约束的降低，借贷可得性的提高，能够提高家庭股市参与的意愿。Kozak 和 Sosyura（2015）在分析美国家庭信用获取与股票市场参与间关系时发现，在散户投资者中，信贷获得的增加能够引起更高的股市参与，而对于已经参与股市投资的家庭来说，宽松的信贷约束增加了股票投资的份额，减少了债券和现金投资的份额。Marinucci 和 Silvetrini（2018）利用来自机构部门账户的大量数据，评估了过去 20 年来意大利企业和家庭投资的主要驱动因素。研究发现，高负债和紧缩的借贷约束严重阻碍了公司和家庭的资本积累，在短期内也是如此，忽略债务或融资约束作用的研究无法完全解释意大利家庭的投资动态。除此之外，Han 和 Mulligan（2001）在研究人力资本的问题时发现家庭债务的增加与人力资本的投入有关。家庭通过借贷供子女上学，是一种人力资本投资，他们预期此项投资将产生高回报的可能。

（三）战略性动机

已有部分文献讨论了消费者借贷决策可能被战略性动机所驱动，即消费者选择借贷本身就有将来拖欠债务的打算。Heaton 和 Lucas（1997）构建了一个存在借贷行为的预防性储蓄模型，他们认为，消费者进行借贷决策时，不仅有消费平滑动机，而且还有战略性动机，他们认为消费者选择借贷时就有拖欠的考虑。Gross 和 Souleles（1998）的经验研究显示："气门效应（Stigma Effect）"[①] 对消费者的债务拖欠决策有着重要影响。Gross 和 Souleles（1999）考察了信用卡债务拖欠、一般性个人破产以及信用风险三者间的关系，研究发现："气门效应"的下降导致了拖欠和违约率的增长，同时也加大了债务人申请破产的概率。进一步，Gross 和 Souleles（2002）采用 1995—1997 年间信用卡的相关数据，在控制了借款者风险构成的变化后，他们发现："气门效应"的下降增加了家庭债务拖欠以及申请破产的可能性。在 Looklopes（2001，2002）开展的一系列研究中进一步指出，消费者选择债务拖欠与否取决于获得信用的效用与"气门效应"的相对重要性大小。但是，Athreya（2005）建立了个人破产的动态均衡模型，研究结果却表明：家庭债务拖欠与违约能够强化消费者利用资本市场对冲风险的功能，然而用"气门效应"的下降来解释近来破产率的上升，此种解释不具有信服力。

家庭金融决策是一个复杂的过程，受到多重因素的影响。外部因素的环境变化、内部因素的潜在驱动以及内外部之间的动态匹配，都会影响家庭的决策行为，故家庭借贷行为的动机也是复杂的。尤其对于我国而言，拥有几千年的历史积淀，形成了独特的传统文化，不同于国外的经验研究，我国家庭借贷的动机也更为复杂。因此单独一种动机难以解释家庭的借贷行为，需要综合多种动机假说才能较好地解释中国家庭的借贷行为及其演化现象。

[①] "气门效应（Stigma Effect）"是指债务人由于债务拖欠与违约对本人名誉、人际交往等造成的损害。"气门效应"带来了消费者的不安和羞耻感，它在一定程度上影响着债务人的经济行为。

第二节 中国家庭借贷行为变化的需求面因素

家庭借贷行为受一系列复杂因素共同影响，归纳起来，主要存在供给说与需求说两种观点。本节拟从家庭经济因素、人口学因素、心理因素等方面，重点分析中国家庭借贷行为变动的需求面因素。

一、家庭经济因素

家庭经济财富特征对家庭借贷行为产生影响，这主要包括家庭资产状况、收入水平和财富分配等方面。

（一）家庭资产状况

家庭资产状况是家庭债务最常用的预测指标。家庭持有资产的各种形式反映了我国居民家庭的资产配置状况。从投资金融产品的角度看，当债券、股票、基金等金融产品走进普通家庭后，一方面给家庭提供了投资渠道，家庭可以通过投资资本市场分享我国经济发展的成果，另一方面意味着来自家庭外部的经济波动、企业的经营风险等也能通过资本市场传导给家庭。Debelle（2004）研究证实，家户拥有住房所有权的比率越高，债务水平也越高。住房拥有与债务的这种关系主要取决于住房成本，而住房供给弹性在住房相对成本中起着决定性的作用。Jacobsen（2004）进一步提出住宅供给量的增加会通过影响房价来影响债务。对许多家庭来说，更高的房价相当于拥有更多的最终财富和更好的借贷条件，从而激励家庭用住房做抵押，进而为消费和投资融资的贷款需求增加，家庭债务也会进一步增长（Mian & Sufi，2009，2010）。Dynan 和 Kohn（2007）从家庭资产组合的角度研究了房价对家庭债务的影响。他们认为房价上涨会改变家庭投资组合的构成，从而增加债务持有量，比如家庭可能会通过住房抵押来更多地借款，以便更多地投资于延期纳税的退休资产。

国内学者结合了我国现实情况做了进一步研究。何丽芬等（2014）提出金融资产持有状况对中国家庭负债程度具有显著影响。谭燕芝和罗午阳（2015）基于

CHIP 数据，实证发现农户家庭存款、有价证券等流动性强的金融资产越多，其借款需求更容易得到满足。而房地产作为居民的核心资产之一，房地产市场上的行为表现影响居民的借款能力以及资产价值的判断，猛烈增长的债务，常被看成是住房市场上住房的类型和不断上涨的房价所造成。一方面，从供给的角度来看，住房市场上不同类型的住房交易，对债务总额的影响也不同。冉光和和田庆刚（2015）发现价值较大、产权清晰、流转容易的城镇住房无论是在正规借贷市场，还是在非正规借贷市场，均受到了贷款者的青睐，这些家庭的借贷可得性更高。在长期，当房价给定时，债务会随着住宅供给数量增长而增加；但当我们考虑到房价也受到影响时，住宅供给数量增加会导致比较低的债务（刘艺容，2006）。另一方面，从需求角度来看，收入一定，房价越高，购买住房的家庭会陷入更高的债务中，房价上涨会通过财富效应和价格效应促进消费和其他投资的贷款需求（刘艺容，2006）。

（二）收入或财富分配状况

反映家庭借贷能力和偿债能力最常见的指标是家庭收入。家庭收入对负债的影响相对复杂，一方面，家庭收入水平越高，其负债需求越小，家庭负债越低；另一方面，家庭收入水平越高，家庭负债能力也越强，家庭负债越高。除此之外，我国还存在着较为严重的收入不平等问题（巩师恩，范从来，2012；郭新华，楚思，2015；李子联，2019），也是引发家庭借贷的重要动因之一。

部分学者认为可支配收入和财富对家庭借贷行为及家庭借贷规模有显著影响（Keynes，1936；Duesenberry，1949；Barba & Pivetti，2009；Kim 等，2012；Windsor 等，2013）。一些研究者进一步发现收入水平和借贷呈线性相关。不少学者提出家庭收入与家庭借贷之间存在显著的正相关关系（Barth 等，1983；Bloom & Steen，1987；严太华，刘志明，2015），家庭收入高的家庭为了应对相对较高的收入水平，可能会决定借更多的钱。而低收入家庭最容易受到不利的经济环境变化的影响，净资产为负值的概率大大增加（Brown & Taylor，2008）。从银行的角度来看，由于低收入的客户往往代表着更高的信用风险，信贷约束条件更多，通常较少地参与信贷市场（Valckx 等，2017）。Vulgas（1983，1990）则发现家庭收入与持有的消费债务呈"倒 U 型"关系，低收入受访者中的消费者债务较低，中等收入受访者的消费者债务高，高收入受访者消费者债务低。吴卫星和吕学梁（2013）分析了中国居民家庭负债决策的群体差异，根据负债规模将样本分为三组，高负债规模的家庭其负债与家庭收入呈正相关关系，其他群体中收入并不是显著影响家庭负债规模的因素，导致负债比率差异的成因在不同家庭之间显著不同。

收入的不平等也是导致家庭借贷行为产生的重要原因（Rashid，2017；Iacoviello，2008）。依据预防性储蓄理论可知，收入不平等的扩大提高了家庭未来不确定性，家庭所要应对的风险也随之提高。为了应对未来意外开支，家庭不得不提高预防性储蓄，进而调整家庭借贷决策。部分学者从收入不平等或财富不平等角度研究了其与家庭借贷行为之间的关系，国内外学者在基于各国数据的本土化研究时所得结论存在一定差异。Iacoviello（2008）指出随着收入不平等程度上升，家庭通过信贷来平滑消费的可能性会增加，家庭总债务水平则随之上升。美国收入不平等的上升刺激了借贷和支出的增长，导致家庭支出繁荣，这是大衰退的近因（Cynamon & Fazzari，2014）。然而在中国家庭收入不平等与借贷的研究中，郭新华等（2016）利用 2011 年 CHFS 数据，考察了家庭是否存在为追求社会地位而借贷的动机，研究发现收入不平等并不是影响家庭是否借贷的主要因素，但是对家庭的负债规模存在十分显著的抑制作用。伍再华等（2017）利用 2013 年 CHFS 截面数据也发现财富不平等对家庭借贷行为存在明显的抑制作用，财富不平等的扩大减少了家庭借贷需求，降低了家庭发生借贷的概率和家庭负债规模。但由于以上两篇文献均采用截面数据进行实证分析，无法反映出收入不平等或财富不平等与家庭借贷行为的长期动态关系，所得结论可能存在偏颇。因此，伍再华等（2017）使用 2010—2014 年 CFPS 面板数据再次进行实证分析发现，家庭收入不平等的增加提高了家庭发生借贷的可能性与家庭借贷规模。他们认为收入不平等的扩大源于富者越富，而非穷者越穷。因而中低消费者可能对收入不平等变化的感知力度不够，并未能提高家庭忧患意识，减少消费。其次，尽管收入不平等的扩大降低了中低收入家庭的预期收入，提高了家庭未来不确定风险，使其转变为保守型家庭，减少了消费需求。但基于示范效应理论和生命周期理论会发现，即使在面临收入不平等不断扩大的外部冲击下，消费者将会通过家庭借贷进行跨期消费以维持自身消费需求或者效仿周围人消费水平。再者，Bazillier 等（2017）拓展 Kumhof 等（2015）的理论框架，使用 44 个国家 1972—2012 年度数据，发现收入不平等对家庭借贷的正向影响主要在于中产阶层收入变动的推动，并非低收入家庭。以基尼系数计算的收入不平等每提高 1%，家庭债务与 GDP 比值提高 3%，中产阶级在总收入的份额每增加 1%（意味着收入不平等的下降），信贷与 GDP 之比降低 13%，而低收入家庭债务 GDP 比减少 3%。

二、人口学因素

人口学因素对家庭借贷行为产生了重要影响,这些因素主要包括性别和种族、婚姻状况、就业率、家庭规模、年龄、教育程度、社会网络、健康状况、金融素养等。

(一)性别和种族

性别和种族是影响家庭借贷行为的重要变量。由于生物学以及地域原因,不同性别与种族的人表现出不同的思维差异。男性风险感知能力比女性高,同时男性更多地依靠自身的理性判断做出交易决策,而女性则容易受到他人的影响;而种族的家庭借贷行为差异更多地来源于地域传统文化的历史遗留。一般来说,男性表现出更强的风险追求意愿(赵青,薛君,2017),因此在男性当家做主的家庭借贷概率可能会更高。Sumarwan(1993)提出性别和种族是反映收入差异的特征,收入能力的差异可能导致不同性别和种族之间的借贷行为不同。DeLuca 和 Bowers(1985)提出白人的债务支付与收入的比率低于非白人。Bloom 和 Steen(1987)认为男性户主的债务是女性户主的 3 倍,因为通常情况下,男性的风险偏好比女性要高,家庭借贷意愿也越高。然而,其他研究发现,性别与家庭债务无关(Choe & Johnson,1990)。ViUegas(1982,1990)进一步发现单身女性和单身男性的消费债务数额没有差异。

(二)婚姻状况

婚姻状况与借贷行为的关系一直是众多研究的焦点。婚姻是可能影响中国家庭风险资产参与和配置的重要因素,除了是因为婚姻与年龄、教育程度等一样都是人口统计学的重要变量之外,更重要的原因是婚姻可能给家庭金融决策者一种安全感,降低其风险感受,因此,单身者比已婚者更厌恶风险(王琎,吴卫星,2014)。Delrio 和 Yong(2006)发现婚姻状况会影响到负债,已婚的受访者比未婚的受访者负债的可能性更高,拥有更多的消费者债务(Barth 等,1983),消费者债务变化的可能性更大(Tobin,1975)。然而,还有部分学者发现婚姻状况和受访者之间的债务支付与收入比率、消费者债务数额的变化没有显著关系(Hira & Mueller,1987;Sumarwan & Hira,1992;Choe & Johnson,1990),何丽芬等

(2012) 也认为婚姻状况不是影响家庭负债与否的因素。因此，综上分析，目前关于婚姻状况与家庭借贷行为之间的关系没有定论，需要做更进一步研究。

（三）家庭规模

家庭规模是家庭最重要的人口学属性之一，其主要特点之一就是家庭规模经济。家庭规模经济是以货币衡量的消费者福利对家庭规模的弹性系数，主要源于家庭成员对于家庭空间、基本设施以及其他方面的消费品的共享。家庭规模经济意味着，随着家庭规模的增加，在保持生活水准不变的条件下，人均生活成本下降（Deaton 等，1998）。根据家庭规模经济，似乎可以得出，家庭规模越大→人均成本降低→家庭可支配收入增加→负债减少。但大部分学者的经验研究结论与其相悖，Lee（1962）和 Fisher（1963）发现家庭规模影响了家庭持有的消费者债务的数量。Hira 和 Mueller（1987）报告说，规模较大家庭的债务与收入的比率高于规模较小的家庭。规模影响基本必需品的支出。一个拥有大量人口的家庭比一个人口少的家庭通常需要花费更多的收入在食物、衣服和住所上。因此，在其他条件相同的情况下，可以分配给购买耐用品的收入数额随着家庭规模的扩大而减少。因此，成员较多的家庭可能更需要借款，负债率越高（Lee，1962；陈斌开，李涛，2011）。规模越大的家庭，负债反而更高，原因可能是家庭规模经济给家庭带来了一定的安全感，因此家庭对风险的感知能力变弱，更加"大胆"地进行了借贷。然而，还有一部分学者持不同看法，Choe 和 Johnson（1990）报告说，家庭规模对于解释1983—1986年间消费债务数额的变化并不重要。同样，Sumarwan 和 Hira（1992）发现家庭规模与月负债率无关。

（四）年龄

根据生命周期理论，家庭持有资产和负债在生命周期不同阶段是不同的。在生命周期早期，家庭收入水平比较低，家庭可以通过借贷来平滑消费；随着年龄增长，家庭负债将不断降低，而资产不断累积；在生命周期最后阶段，家庭将逐步减少资产持有量，负债也将进一步下降。Bridges 和 Disney（2002）通过研究发现不同家庭之间的信贷和违约发生率的差异受年龄等因素的影响。部分研究者认为家庭债务和年龄之间存在负线性关系，即年龄越小，消费信贷规模越大（Washerg，Hira & Fanslow，1992），且年轻的受访者比年长的受访者有更高的债务支付与收入比率（DeLuca & Bowers，1985；Sumarwan & Hira，1992；Hira &

Mueller，1987）。靳淑平和王济民（2017）进一步运用 Heckman 两因素法分析发现年龄在正当年的人较容易获得贷款。但并不是所有学者的研究结论都支持生命周期理论，还有研究表明年龄和家庭债务之间存在着"倒 U 型"的关系。Bloom 和 Steen（1987）发现，年轻的户主（25 岁以下）和年长的户主（55 岁及以上）比 25 岁至 54 岁的户主更不容易负债。Villegas（1983，1990）发现年龄和债务之间的关系以 16 岁为转折点，在 16 岁以前，随着年龄的增长而增加，16 岁之后则相反。郭新华等（2015）则采用 1997—2012 年老年人口抚养系数、少年人口抚养系数等季度数据发现，少年人口抚养比的下降将促进家庭债务总额的增加，而老年人口抚养比的上涨则会促进家庭债务增长。另外，Choe 和 Johnson（1990）持相反观点，发现被调查者的年龄与消费债务数额的变化没有显著关系。

（五）受教育程度

受教育程度与家庭借贷的关系较为复杂：一方面，受教育程度越高的家庭受流动性约束的可能性越低，负债能力也越强；另一方面，受教育程度越高的家庭收入水平越高，收入不确定性越小，家庭负债需求相对更低。大部分学者研究认为受教育水平与家庭借贷呈正相关关系，Sumarwan（1993）认为教育水平与总债务总额显著正相关，受教育程度较高的受访者比受教育程度较低的受访者更有可能获得贷款，从而拥有较高的总债务。Dynan 和 Kohn（2007）提出人口平均教育程度的提高就会推高债务积累。Bloom 和 Steen（1987）发现，拥有大学学位的家庭比那些从未上过高中的家庭更容易拥有更多的消费者债务。Villegas（1983，1990）通过研究表明，高中毕业和拥有大学学位的受访者比那些没有高中毕业的人拥有更多的消费者债务。然而还有少数学者持不同意见，Hira 和 Mueller（1987）发现，受访者的教育程度与债务与收入的比率没有显著关系。同样，Choe 和 Johnson（1990）提出受调查者的教育程度对解释 1983—1986 年期间消费者债务数额的变化并不重要。陈斌开、李涛（2011）的研究也发现户主的受教育年限对家庭负债没有显著影响。

（六）就业状况

学者们普遍认为具有不同就业状态的消费者可能具有不同的借贷行为。就业的状态与否以及就业时长等因素都可以影响到家庭的借贷行为。Choe 和 Johnson（1990）发现同一个受访者在不同的就业状况下消费信贷总额不同，受雇的时期通常比失业时期的消费信贷总额高。究其原因，受雇的消费者通常被认为是低风险的借款人，债权人可以向雇用的消费者提供更高的信用，因此，受聘的受访者可能更有能力借到更多的钱（Sumarwan，1993）。另外，与现在的雇主一起工作时间更长的受访者的债务支付与收入的比率要低于那些工作时间较短的人（De-Luca & Bowers，1985）。这些研究得出的结论是，就业和工作时间越长，更有能力借入更多的资金，并减轻债务负担。

（七）社会网络

社会网络是成员间为实现社会需要，在信任和资源共享的基础上通过社会互动建立起来的一种互惠互利，以社会情感为纽带的社会关系。家庭社会网络在家庭金融决策中能够提供互惠的帮助，社会关系越多的家庭在遭受冲击时往往越容易寻求并获得帮助，以应对不确定性和流动性约束。国外部分学者研究提出，在社会网络的强关系背景下，人们主动的风险规避会降低，由此提升家庭对外放贷的参与度（Weber & Morris，2010），其声誉机制还可以降低违约概率（Karlan & Morduch，2010）。而中国是一个传统的关系型社会，社会网络对家庭的经济活动具有更加显著的影响。杨汝岱等（2011）提出，社会网络中所蕴含的规范、信任及声誉很大程度上会促进借贷交易的达成。具体来说，作为非正式制度的社会网络在资源配置方面可以一定程度上弥补市场失灵的缺陷，可以很大程度上解决农户借贷双方的信息不对称问题（马光荣，杨恩艳，2011；李菁等，2002）。社会网络还可以显著促进民间借贷等非正规金融以及正规金融借贷的可能性。万佳乐等（2018）研究发现社会网络有助于家庭在非人格化交易环境中达成借贷契约，从而缓解信贷约束，显著提升家庭获得正规金融与非正规金融的借贷概率。申云（2017）依据重庆三峡库区的调查数据，实证分析了不同社会资本的农户借贷行为在正规金融、非正规金融的影响因素。研究发现，农户拥有的社会资本越大，越有利于其通过非正规金融渠道获取信贷支持。胡枫和陈玉宇（2012）利用中国家庭动态跟踪调查数据，实证发现社会网络对农户获得借贷的可能性以及借贷额均有正向影响，且对农户正规金融机构的借贷行为影响更大。周小刚和陈熹（2017）基于江西省726个样本农户的调查数据建立结构方程模型发现，人际信任和制度信任在关系强度对组织型正规借贷和关系型民间借贷的影响中均具有显著作用，人际信任对关系型民间借贷的作用大于对组织型正规借贷的作用，制度信任对组织型正规借贷的作用大于对关系型民间借贷的作用。社会网络在一定程度上降低了风险承担,社会网络广泛时,遭遇收入风险时越容易实现平滑消费(马小勇,白永秀,2009)。中国家庭重"面子、关系、声誉",这些丰富的社会网络资源在金融交易中可以充当信贷抵押担保,弥补抵押担保的不足,缓解其信贷约束(Biggart & Castanias, 2001)。家庭以社会网络为基础结成互助团体,在彼此有需要时提供信贷支持,可以降低家庭对风险冲击的敏感性,作为一种非正式保险机制帮助家庭获得借贷,一定程度上减少了异质性风险的负面影响。

(八)健康冲击

在家庭金融行为的研究中,健康也是一个重要因素。家庭因疾病等健康冲击导致的医疗卫生支出超出家庭收入和财富承受范围很容易导致家庭财务状况恶化,从而使家庭产生借贷行为。国外学者们较早地探讨了健康冲击对家庭借贷行为的影响,认为缓解由健康冲击所造成的医疗费用是家庭借贷行为的重要动机。Abel—Smith (1992) 发现有60%的农村家庭主要依靠借贷支付医疗费用。Sauerborn (1996) 在研究布基纳法索地区566户农村家庭应对健康冲击的措施时,也得出了类似的结论。Kim 等 (2012) 通过进一步研究发现社会医疗保险能通过降低医疗费用支出,起到降低家庭借贷规模的作用。随着数据可获性的提高与微观计量经济学方法的发展,国内学者关于健康冲击影响家庭借贷行为的实证研究文献也不断涌现。陈斌开和李涛 (2011) 通过实证检验了健康冲击对农村家庭借贷行为的可能影响,发现健康冲击会显著正向影响农村家庭医疗借贷概率与规模,且对不同类型的借贷的影响存在差异。杨青等 (2016) 发现健康冲击程度越大,农村家庭参与民间借贷的概率就越高。郭新华等 (2016) 使用2013年中国家庭金融调查数据发现,户主身体健康状况越差,家庭借贷的可能性越高。伍再华等 (2018) 在此基础上进一步考察了健康冲击对家庭借贷结构的影响。总的来说,健康状况直接影响家庭资产选择。健康冲击可以看做是一项不确定的风险因素,随着医疗技术的发展,其风险性逐渐降低,对家庭借贷的影响较小。但是一旦产生较大的健康冲击,则很容易成为诱发家庭借贷的直接动机。

(九)金融素养

金融行为偏好对借贷行为的影响研究,主要包括金融素养、风险偏好和社会信任等行为偏好对借贷行为的影响。随着消费金融市场的快速发展,家庭借贷决策变得越来越复杂,因而以促进家庭金融福祉为目的的金融素养对家庭经济行为的作用越来越突出。金融素养能够在一定程度上影响家庭借贷成本选择、负债程度以及信贷违约可能性。Lusardi 和 Tufano（2009）使用美国 TNS 调查数据，通过与债务相关的基础知识测试和自我评价金融知识水平构建了债务素养这一指标，用于研究债务素养、金融经验与负债程度评判之间的关系。研究发现，仅有三分之一的被调查者能够将复利的基本概念运用到日常生活中或了解信用卡借贷的运作流程，而那些债务素养薄弱的调查者往往偏向于选择较高费用的借贷方式。Gathergood 等（2011）认为拥有较高金融素养水平的家庭因为更加熟悉借贷条款和金融市场，使得家庭能够根据自身情况找到合适的借贷产品降低借贷成本，由于缺乏金融素养使一些家庭往往不具备比较不同借贷产品成本的意识和能力，从而不能合理安排借贷计划导致的借贷决策失误，致使家庭选择那些高成本的借贷方式，引起过度负债。谭燕芝和罗午阳（2015）从金融行为偏好出发，实证分析了金融意识、风险偏好及社会信用对农户借贷行为的影响。Tobit 模型回归结果显示风险偏好越高的农户，其家庭发生借贷的规模越高。周天芸和钟贻俊（2013）利用 2006—2008 年"汇丰—清华经管学院中国农村金融问题调查"数据发现，金融意识越高的农户，其发生借贷的概率越高，且更偏好于选择借贷风险相对较低的正规金融机构进行借贷。宋全云等（2017）研究发现金融知识越高的家庭越有利于家庭借贷约束的缓解。吴卫星等（2018）[1]认为金融素养越高的投资者，他的家庭资产与负债管理趋于更加合理化，即资产组合有效性高。这种情况下，投资者发生借贷违约的风险较低，在进行借贷行为时，违约风险小则借贷约束也会降低。由此可见，借贷行为的决策过程对决策者自身的金融素养有一定的要求，金融素养不同所产生的决策结果会导致差异。

三、心理因素

心理因素对家庭借贷行为产生显著影响，这些因素主要包括家庭未来收入预期和信贷态度等。

（一）未来收入预期

未来收入预期因素会对家庭借贷产生影响。家庭的未来收入预期直接影响了

---

[1] 吴卫星，吴锟，张旭阳. 金融素养与家庭资产组合有效性 [J]. 国际金融研究，2018（05）：66 – 75.

家庭的负债能力,家庭可以通过借贷行为调节当前的消费水平。或是说,如果家庭上调对未来收入的预期,那么家庭会倾向于更多的借款。在上调预期的情况下,一旦发生意外事件使得未来收入降低,家庭偿债能力将受到极大的影响。Raaij(1981,1989)提出对经济状况的感知等心理变量会影响消费者的经济行为。进一步地,Raaij 和 Gianotten(1990)提出个人对包括通货膨胀和失业在内的总体经济状况的评价和期望,以及对家庭财务的期望这些信息可以部分解释消费信贷。后来,又有部分学者在 Raaij 的基础上进行研究发现,家庭的借贷对家庭未来收入的预期变化相当敏感(Pagano,1999),家庭对未来支付能力的评价(即未来收入的预期)会显著影响他们对债务的需求,实证研究表明,预期未来收入高的家庭拥有的债务相对较高。未来收入不确定性更大的预期,则会抑制家庭贷款的需求。Sumarwan(1993)发现对未来收入的感知与总债务,总债务支付和债务支付模式呈正相关。那些认为自己的收入增加超过价格的受访者更有可能拥有更大的总债务,偿还债务总额以及按时偿还债务。胡振等(2015)认为预期家庭未来收入增长,其未来的负债能力越强,可以拥有更多的负债来满足消费需求,则家庭更加倾向于增加负债。当家庭预期下调收入增长预期,会下调偿债能力,负债水平会倾向于降低。Fabbri 和 Simon(2000)认为当家庭对未来的收入没有增长预期时,就不会选择负债。Katona(1975)提出当消费者意识到他们自己以及国家近期和未来的经济状况恶化时,他们就不太可能借钱了。那些悲观和不确定地看待通货膨胀的人可能会推迟消费,从而刺激储蓄和借贷,财富积累将显著影响储蓄或借款水平。拥有更多财富的人更有可能储蓄更多或借款更少。Alessia(2018)的研究结果也表明预期因素会对家庭债务产生影响,预期收入不变或下降的家庭倾向于不借贷。利率预期对家庭债务的影响并不明晰,年龄较大且接近退休的家庭容易受资产回报率的影响,而年轻家庭的抉择易被借款成本高低左右。

(二)信贷态度

态度是指一个人对某一特定情况的看法、对未来的期望(态度)、愿望、计划、希望和其他前瞻性的态度(Katona,1975)。在此基础之上,有不少学者进一步提出了信贷态度的概念,认为信贷态度是指受访者对特定用途信贷使用的有利或不利态度,比如个人是赞成还是反对债务,是个人债务和偿债水平的关键决定因素(Godwin,1997;Livingstone & Lunt,1992;Sumarwan,1993)。Sumarwan(1993)提出信贷观念对总债务和总债务支付有正面影响,为不同目的使用信贷的受访者持有较高的总债务,并且比那些态度较差的债务人支付更多的债务。不少学者认为乐观情绪(态度)对债务数量和债务增长都有积极的影响(Van Raaij & Gianotten,1990;Brown,2005)。Kim等人(2012)和Mourad(2014)发现在短期内,消费者信心(即家庭对经济表现的信心程度)和家庭债务之间存在正向的关系,消费者对未来经济发展状况信心越高,就会对借贷行为产生更高的激励。然而,过度乐观也可能导致家庭借贷过多(Meier & Sprenger,2010)。家庭的预期完全从过去的事件推断,当房价一直在增长,可能会增加他们的借贷中的房地产市场的繁荣(Fuster等,2010;Shiller,2005)。再者,家庭可能忽略某些低概率的风险,例如潜在的大规模抵押贷款违约影响(Gennaoli等,2012)。或者,他们对高风险资产回报的乐观程度可能会有所不同(Geanakoplos,2010)。总的来说,不论信贷态度是基于哪种作用机制,信贷态度始终是单个个体的主观意识的差异,对于家庭行为决策而言,在家庭中占主导地位的个体信贷态度决定了该家庭的借贷行为。

通过以上分析,我们可以通过机制图(见图4-1)非常直观看出家庭借贷行为的需求层面影响因素。

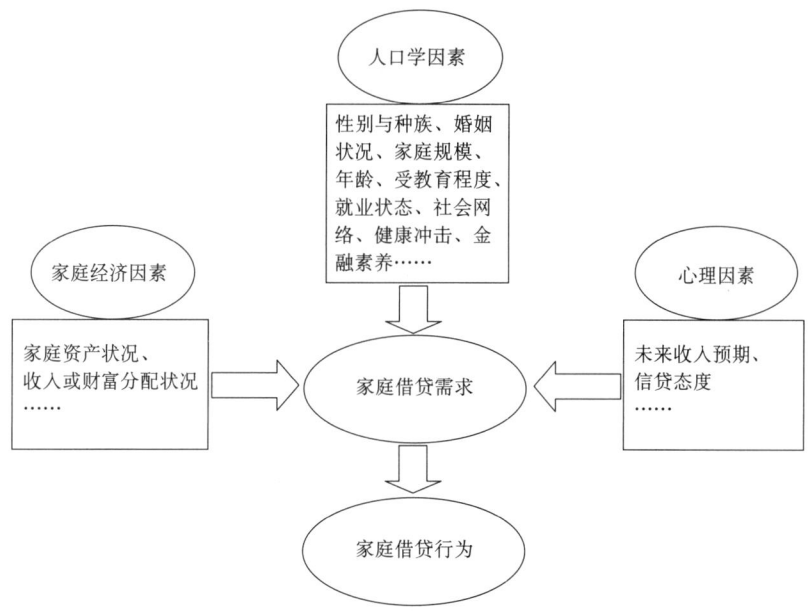

图4-1　家庭借贷行为的影响机制图(需求层面)

资料来源:作者绘制。

第三节 中国家庭借贷行为变化的供给面因素

本章第二节讨论了影响中国家庭借贷行为需求面的因素,本节将从政府金融政策、金融机构行为等供给面因素出发,分析供给面因素对家庭借贷行为变动的影响。

一、政府金融政策

金融政策之所以影响家庭的借贷行为,主要反映在金融管制政策、宏观调控政策、货币政策等方面。

(一) 金融管制

金融管制是在非市场经济条件或不完善的市场经济环境里,国家在特定的经济发展阶段为实现特定的宏观经济控制目标而采取的非市场化的调控措施。从国际范围和发展趋势来看,随着金融市场化和自由化,金融管制已逐渐放松,而这种放松可能会增加家庭的借贷行为。Hull(2003)在探讨新西兰家庭债务上升的原因时,发现金融管制的放松通过影响家庭消费,尤其是房地产市场的消费来提高家庭债务水平。Aron 和 Muellbauer(2000)采用南非储备银行数据,考察了金融自由化对家庭债务的影响,发现金融自由化和资产价值变动会增加家庭债务规模。研究表明,当家庭预期收入增长时,金融自由化弱化了家庭平滑消费的信用贷款约束,降低了贷款成本,减少了首次购房者的必要储蓄,提高了已拥有抵押品的家庭获得抵押贷款的可能性。金融自由化使更大的借贷有可能实现,可产生资产繁荣,从而进一步使借贷和支出成为可能。刘艺容(2006)认为金融自由化使银行的行为发生了改变,家庭借贷所受的流动性约束的放松使得借贷更加容易,大大促进了家庭债务的增长。Carrol 和 Dunn(1997)在金融自由化的条件下建立一个模型,发现预付定金约束将导致比较高的债务负担(首付款下降导致较高的家庭债务)。Aron 和 Muellbauer(2000)对南非的家庭负债进行研究后发现,收入、利率和财富等解释变量对南非 20 世纪 80 年代以来的家庭负债率的持续增长的影响是不显著的,金融自由化起到了主要作用,降低了借贷约束和成本,提高了家庭获得抵押贷款的可能性,并促进了家庭资产的扩张,进一步使可借贷的规模扩大。同样,Rajan(2010)发现美国收入差距的日益扩大提高了住房信贷的政治压力,而这种压力迫使政府部门要求银行放松信贷,提高了金融自由化程度,进而造成家庭债务规模过高并经常出现账户赤字。

(二)宏观调控政策

在宏观调控政策和货币政策等调控之下,政府可通过利率渠道和资产渠道影响家庭杠杆。一方面,由于住房抵押贷款是家庭债务的主要来源,所以资产渠道主要是对房价波动的影响,对于有房家庭而言,房价的上涨相当于其资本收益上升,增加了他们的未来预期收入,使得家庭通过借贷方式提前消费,导致当前家庭杠杆上升。而对于无房家庭而言,房价上涨增强了借贷约束,意味着他们需要付出更多的成本去买房或者租房,所以需要采取借贷方式来满足当前需求,从而增加了家庭杠杆。另一方面,政府还可直接控制利率渠道,利率的上涨直接导致家庭借贷成本的上升,从而减少了家庭当前可支配收入,这种情况下,家庭会通过借贷增加家庭杠杆满足当前需求。政府政策对家庭杠杆影响机制如图 4-2 所示。

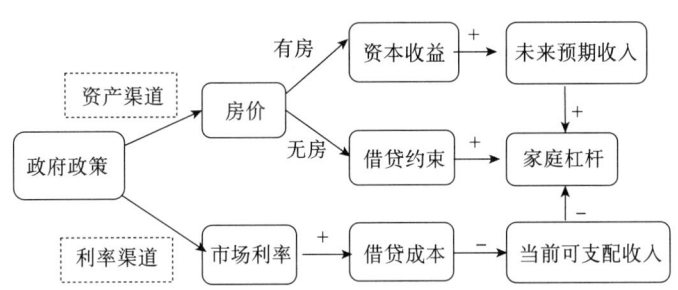

图 4-2 政府政策对家庭杠杆影响机制图

资料来源:作者绘制。

(三)货币政策

货币政策主要通过贷款利率来影响家庭部门的债务。Alter(2017)认为利率急剧下跌使家庭更容易和更广泛地获得信贷,从而促进了家庭信贷的增长。Jacobsen 等(2004)选取挪威为研究对象,并结合相关经验数据,研究发现利率的上升将减小家庭债务规模。Faith（2014）提出低利率不仅影响借贷成本，还影响家庭借款水平。当利率上升时，信贷成本就会越来越高，借贷需求也会下降。同时，贷款利率是住房贷款上升的主要驱动力，名义利率的下降使得金融机构能够增加给家庭的最大额度贷款，通过降低贷款利率消除金融抑制，释放了被压抑的住房需求。Bernanke & Blinder（1988）表明利率作为货币政策工具，也可以影响信贷的供给，从而加强对信贷与利率负相关关系的理论预测。Fang（2010）构建了两个家庭债务和不良贷款率的误差修正模型，对贷款利率与家庭债务规模以及不良贷款率之间的关系进行了研究。得出以下结论：首先，它表明贷款利率提高 100 个基点，分别导致家庭债务减少 2.5%。其次，家庭贷款的不良贷款率随着贷款利率的上升而增加，贷款利率的 100 个基点增加，导致家庭贷款的不良贷款率增加了约 52 个基点。杨长滨（2002）认为，发展消费信贷同货币政策的有效性有着极高的相关性，对于改善货币供应量、货币政策工具、货币政策的微观基础有十分重要的作用，增强了货币政策的有效性。吴晓莹（2008）通过对家庭债务宏观经济效应的分析，表示利率的变化直接影响负债家庭的债务偿还负担，各国货币当局的利率制度的设计和家庭部门对利率的预期影响了家庭的资产价值，进而影响家庭的负债—储蓄选择。郭新华、王之尧（2010）提到利率的不断降低是造成我国高额家庭债务绝对量的重要原因，货币政策在促进消费需求增长和消费结构的升级上产生一定作用，适当的家庭债务规模可以提高货币政策的有效性。朱高林（2012）研究认为中国的宽松货币政策，银行体系对信用卡业务的推广，商品房价格的不断上涨使住房投机愈演愈烈等因素导致了中国居民家庭负债率的增长。

二、金融机构行为

（一）金融创新和信息技术的发展

金融创新和信息技术的发展是家庭债务增长的重要条件。金融创新是指对现有的金融制度和金融工具进行提高和更新，以获得变更前所无法产生的利润，是一个为盈利动机推动、缓慢进行、持续不断的发展过程。而信息技术是金融基础设施的重要组成部分，是金融创新发展的载体。而现代信息技术与云计算、大数据、人工智能和移动互联网为代表，直接改变了社会生产方式和民众生活方式，也直接挑战了传统金融业的结构（杨竑，2019）。因此金融创新与信息技术的发展是同步进行的，而商业银行等金融机构为了适应市场上变化的需求而不断地更新自有金融产品，也对家庭债务的变化带来了一定的影响。在早期的研究中，Modigliani（1954）认为信贷市场的不完善可能会阻止家庭借贷。Dynan 和 Kohn（2007）表明金融创新可以放松借贷约束，这种借贷约束放松可以通过多种渠道：①使更多的家庭获得信贷（或者称为"信贷民主化"）或者增加家庭可以获得的信贷数量；②降低借贷成本；③与其他渠道相互作用，比如使家庭更容易以住房财富为抵押品借款，从而可能加剧房价对债务的影响。国际货币基金组织（2006）进一步提出金融便利化与金融创新通过降低金融市场或房地产市场的交易成本从而提高了家庭进行住房融资或消费信贷过程中的信贷可得，有助于家庭信贷的增长。此外，Sanchez（2009）和 Athreya 等（2012）认为信息技术的进步为信贷渠道的拓展提供了技术支持，家庭借贷渠道的拓展会增加家庭债务的积累量。各种信用卡数量的大幅度增加和提供无担保贷款的金融机构的数量增加，提高了消费信贷的可获得性和贷款发放的速度（Brown，2005）。

（二）银行贷款政策

家庭大部分债务是通过银行来实现的。Hsu 和 Yu（2014）认为从长远来看，银行业将支持更可持续的家庭信贷增长步伐。因此，银行的贷款政策对债务的增长很重要。这种政策取决于银行的盈利性、预期的顾客支付能力以及抵押品的价值。首先，如果盈利性变小、抵押品贬值或预期顾客支付能力减弱，银行就不愿提供贷款。其次，失业将导致预期更低的工资增长和家庭预期支付能力不确定性的提高，这也有可能是银行减少家庭信用贷款的提供。再次，贷款的提供还与家庭的房产和收入（包括利息收入）有关。最后，家庭拖欠行为增加也会使银行变得更谨慎，而不愿为家庭提供贷款。

（三）金融机构间的竞争行为

银行间的竞争也对家庭借贷行为产生深远影响。2013 年 7 月 20 日，中国人民银行决定全面放开金融机构贷款利率管制，由金融机构根据商业原则自主确定贷款利率水平，从此中国金融机构的贷款利率完全市场化。国内外经验表明，利率市场化改革将会影响到一国利率市场均衡状态。它不仅会加大存、贷款利率的波动程度，还会加剧商业银行系统市场竞争。利率市场化不仅理顺了资金价格体系，使得利率能够充分反映资金供给与需求之间的关系，而且促使市场在信贷资源配置中起决定性作用（王红建等，2018）。商业银行利率市场化竞争对家庭借贷的影响主要有以下三个方面：第一，银行市场竞争越激烈，则商业银行在贷款市场上进行价格竞争，实际利率水平将出现整体上升，从而通过成本渠道抑制家庭借贷。第二，随着利率管制的放开，银行间竞争的加剧，促使银行更加注重贷款风险管理（张宗益等，2012；彭建刚等，2016），因而家庭的借贷难度加大。第三，随着利率管制的放开，银行可以根据单笔贷款风险进行自由调整利率水平，从而使得贷款风险与贷款利率相匹配，有助于抑制家庭过度负债。

通过以上分析，可以通过机制图（见图4-3）非常直观看出家庭借贷行为的供给层面影响因素。

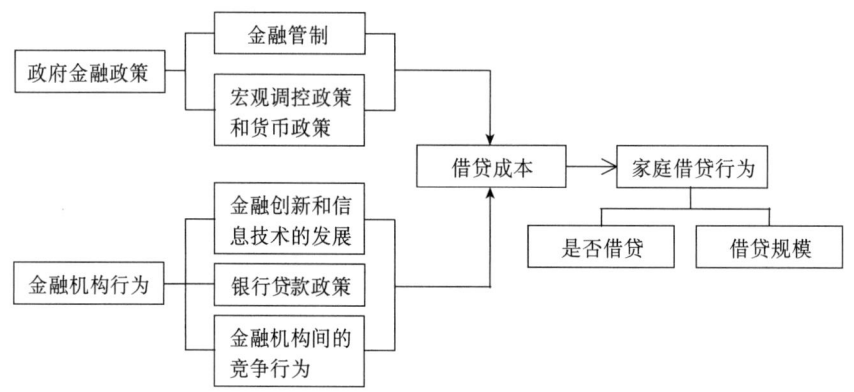

图4-3 家庭借贷行为的影响机制图（供给层面）

资料来源：作者绘制。

第五章 收入不平等、社会地位寻求与家庭借贷行为

本章采用 CHFS 微观数据，考察收入不平等对不同收入水平家庭借贷行为的影响，并验证中国家庭是否存在为寻求更高社会地位而进行借贷的动机。第一节为问题提出与相关文献回顾及评价；第二节探讨社会地位寻求对个体经济行为的影响；第三节介绍数据来源并开展主要变量的描述性统计；第四节为变量选择与模型设定；第五节为实证分析。

第一节 引 言

一、问题的提出

2008 年美国次贷危机以后，收入不平等与家庭借贷行为的关系问题激发了学者们研究的浓厚兴趣。改革开放以来，我国居民收入差距逐渐扩大，1981 年我国基尼系数还仅为 0.29，2008 年达到峰值 0.491，虽然之后几年基尼系数有所回落，2018 年依然保持在 0.474。在总体收入不平等上升的过程中，城乡收入差距、行业收入差距和区域收入差距的表现日益显著（王小鲁和樊纲，2004，2005；李实和罗楚亮，2011）。在收入不平等不断扩大的同时，我国消费信贷也经历了一个快速增长的阶段。在正规金融市场上，中国家庭消费信贷总额从 1997 年的 172 亿元增长到 2018 年的 377903 亿元[①]，如果将非正规金融市场借贷纳入

[①] 中国国家统计局.2018 年国民经济与社会发展统计公报.

统计的话,该数据将会更加庞大。从 1997—2018 年我国收入不平等与家庭消费信贷变动图(见图 5-1),可以发现,从 1998 年开始我国家庭信贷总量开始不断上升,前期增长较为缓慢,2006 年骤然加速,增长速度不断加快,2018 年其总量已达 377903 亿元人民币。与此同时,我国的基尼系数也从 1998 年的 0.403 扩大到 2018 年的 0.48 左右。虽然家庭借贷规模的增长受到货币政策等多方面因素的影响,但从图 5-1 中我们发现 1997—2018 年我国基尼系数的变化与家庭消费信贷总量变化存在着某种一致性,二者走势基本相同。那么,我国家庭借贷总量增长是否和收入差距的扩大有关呢?

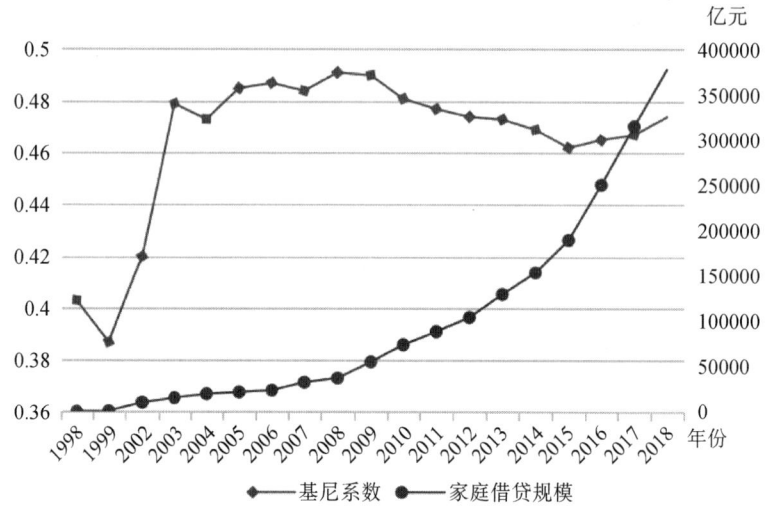

图 5-1 1998—2018 年我国收入不平等与家庭借贷规模变动

数据来源:我国家庭借贷规模总量 1998—2004 年数据来自:杨大楷,俞艳. 中国个人消费信贷状况及风险防范研究 [J]. 金融论坛,2005 (07):45-50;2005—2018 年数据则是来自《国家统计局年度统计公报》;基尼系数 1998—2002 年数据来源于世界银行统计;2003—2018 年来源于国家统计局(http://www.stats.gov.cn/)。

虽然与西方发达国家相比,我国家庭借贷规模占 GDP 的比重还较低,但是增长速度较快。家庭借贷规模的增长是经济发展、货币政策变化与消费观念变迁等多重因素共同作用的结果。Iacoviello (2008) 和 Klein (2015) 认为收入不平等是导致家庭债务增长的重要原因。Christen 和 Morgan (2005)、Carra 和 Jayadev (2015) 发现当收入差距扩大时,中低收入家庭会通过借贷来保持与其富裕邻居的相同消费水平,以显示和提升自身的社会地位,从而导致了家庭债务的迅速增长。

Long 和 Shimomura（2004）认为社会地位是一种非市场化商品，人们会为了获得一定的社会地位而竞争，当相对财富的边际效应弹性大于消费的边际效应弹性时，穷人会在其年轻时通过牺牲消费来积累财富以提高社会地位。金烨等（2011）也认为，由于更高的社会地位能够带来物质和非物质的利益，在收入不平等扩大的情况下，中低收入家庭为了追求更高的社会地位而进行储蓄的动机非常强烈。与国外的情况类似，我国家庭借贷规模的增长与收入不平等的扩大存在一致性，收入不平等的加剧会促使家庭寻求借贷或提高借贷规模，从而导致我国家庭借贷总量上升。在家庭寻求社会地位的动机下，消费水平的高低在很大程度上成为人们显示其社会地位序列的重要信号，社会地位偏好动机的存在，将会驱使中低收入家庭想与他们的富裕邻居保持同等的生活方式或质量。然而，收入差距的扩大却降低了中低收入家庭的购买力，为了平滑整个生命周期内的消费，中低收入家庭会产生强烈的通过借贷来维持和提高现有消费水平的动机，从而保持或提高现有社会地位。

那么，在收入差距日益扩大的中国，收入不平等与家庭消费信贷规模的上升之间是否存在一定联系呢？收入不平等是否会导致中低收入家庭寻求借贷或提升借贷规模？中国家庭是否存在为了追求更高社会地位而借贷的动机呢？目前还很少有研究对这些问题进行深入探讨。本章将基于 CHFS 微观数据，实证检验收入不平等对不同收入水平家庭借贷行为的影响，并验证中国家庭是否存在为寻求更高社会地位而进行借贷的动机。

二、文献述评

关于近年来各国家庭借贷规模迅速增长的原因，主要存在信贷供给说与信贷需求说两种主要的观点，且信贷需求说占主导地位。信贷供给说主要从信贷供给的角度来加以考察。Sanchez（2009）和 Athreya（2012）等认为信息技术的进步为信贷渠道的拓展提供了技术条件，并可能导致潜在的金融风险；Drozd and Serrano—Padial（2013）则认为由于银行向低收入家庭和高信贷风险家庭提供过多的信贷供应所导致的债务证券化是家庭借贷规模不断增长的重要原因。还有的学者从政治动机角度进行了解释，例如 Rajan（2010）认为在收入差距扩大的条件下，政府基于社会稳定考虑会增加针对低收入家庭的信贷供应，以保证其基本的消费水平；Magri（2007）则通过对意大利家庭债务市场的分析发现户主的年龄、预期收入、职业以及所处地区等特征会对放贷者的信贷配给决策产生影响，从而影响家庭在债务市场的参与程度。

信贷需求说则主要是从家庭的信贷需求入手加以解释。在解释信贷需求增加的原因方面，现有研究主要是从组内收入不平等与组间收入不平等两个角度进行研究。组内收入不平等即跨时收入不平等，Iacoviello（2008）采用动态随机一般均衡（DSGE）模型，刻画了家庭债务的周期性行为与变动趋势。其研究结果表明随着收入不平等程度上升，家庭通过信贷来平衡消费，总债务水平随之增加。Krueger 和 Perri（2005）发现 1980—2003 年中美国收入不平等的上升促使低收入家庭通过借贷来平衡消费，从而使得消费不平等的程度远低于收入不平等；Klein（2015）则基于 9 个发达国家 1953—2008 的面板数据，利用面板协整技术从宏观上考察了收入不平等与家庭债务之间的长期关系，其研究结果表明收入不平等与家庭债务之间存在着长期的一致性关系，从长期来看，收入不平等程度每提高 1% 就会导致家庭信贷增长 2%—6%。另一类学者则是从组间收入不平等的角度解释信贷需求增加的原因。他们认为，由于收入差距扩大，在"追上琼斯"[①]效应下，中低收入家庭为了保持与其富裕邻居相近的消费水平，其借贷需求增强，从而提高了家庭的负债水平（Christen&Morgan, 2005）。Carr 和 Jayadev（2013）则利用美国收入动态面板数据（PSID）1999—2009 年的数据，从相对收入的角度考察收入差距与家庭杠杆率之间的关系，其结果表明，由于"凡勃伦效应"[②]和社会比较心理的存在，中低收入家庭的借贷需求更高，故在具有相似人口统计特征的家庭中，相对收入较低的家庭杠杆率增长最快，相对收入标准差增长 1 个单位就可能导致家庭杠杆率增长 50% 到 100%。Bellet（2012）采用 1960—2007 年 17 个发达国家的相关数据，研究了不同收入组别间收入不平等程度的扩大与家庭债务增长的关系，结果表明：组间收入不平等的上升与中低收入家庭债务规模是同步的。国内一些学者也利用微观数据从信贷需求角度对影响我国家庭负债的主要因素进行了考察（陈斌开、李涛，2011；何丽芬等，2012；吴卫星等，2013），还有一些学者考察了社会网络等特定因素对农户借贷的影响（杨汝岱等，

---

① "追上琼斯（Keeping up with the Joneses）"：美式习语，表示"和你的富裕邻居保持同等的生活方式或质量"。

② "凡勃伦效应（Veblen Effect）"：是指商品价格越高，消费者反而更愿意购买的经济现象，反映了人们的炫耀性消费心理。

2011；胡枫等，2012），但目前有关收入不平等与家庭借贷行为的研究还相对较少。不过也有学者对单纯从信贷需求的角度来解释家庭债务增长的观点提出了质疑，认为收入不平等并不是导致家庭债务迅速增长的原因。Coibion 等（2014）认为在收入差距扩大的背景下，收入的信号显示功能更加重要，银行基于风险考虑会结合当地的收入不平等程度与贷款申请者的收入来综合判断贷款申请者的潜在类型，从而更倾向于向低收入不平等区域的低收入家庭发放贷款。其结果表明，与处于低收入区域的同类家庭相比，处于高收入不平等区域的低收入家庭所积累的债务量更少，从而推翻了所谓的"追上琼斯"效应假设。Long 和 Shimomura（2004）认为社会地位是一种非市场化商品，人们会为了获得一定的社会地位而竞争，当相对财富的边际效应弹性大于消费的边际效应弹性时，穷人会在其年轻时通过牺牲消费来积累财富以对富人进行追赶。一些学者虽然没有直接考察中国收入不平等对家庭借贷行为的影响，但是从其他角度进行了许多有益的探索。Liao 等（2010）的研究则表明中国信贷市场发展落后，中国城镇家庭并不愿意为了满足当前消费而透支未来收入，家庭支出仅占税后收入的一半左右。金烨等（2011）考察了收入不平等、社会地位偏好与家庭储蓄率之间的关系，其认为由于更高的社会地位能够带来物质和非物质的利益，在收入不平等扩大的情况下，家庭为了追求更高的社会地位而进行储蓄的动机非常强烈，这种观点与 Long 和 Shimomura（2004）的结论非常类似。汪伟和郭新强（2011）发现收入不平等程度越高，消费习惯越强，总储蓄率越高；由于收入不平等对目标性消费的强化效应的存在，中低收入者比高收入者具有更高的储蓄率。韩立岩和杜春越（2012）虽然也发现收入差距与居民消费之间存在显著的负向关系，但是借贷水平对居民消费的影响是正向显著的。

从已有研究看，收入不平等与家庭借贷规模变动之间的传导机制主要在于异质性家庭的议价能力存在差异以及社会地位偏好两个方面。Ranciere 和 Kumhof（2010）构建了一个收入不平等——议价能力——家庭借贷行为的传导模型，该模型表明，由于不同收入组别家庭之间的议价能力存在差异，中低收入家庭议价能力较低，当面临收入下降时，他们会通过借贷来平衡即期消费以维持现有的消费水平。Badarinza（2011）在研究社会地位外部性对家庭借贷行为的影响时，引入借贷约束变量，发现借贷约束放松会降庭借贷行为对社会地位竞争的敏感性。Bellet（2012）则给出了不同的解释，他指出由于社会地位的外部性，收入不平等加剧会导致中低收入家庭更高的负债比率。

通过以上的文献梳理可以发现，目前国外学者就收入不平等对家庭借贷行为的影响进行了较为深入的研究，特别是在解释收入不平等与家庭借贷行为变化的作用机理上涌现出了许多优秀的成果，但国外学者的研究仅仅局限于欧美等发达国家，这些国家的金融发展水平以及居民文化传统、消费观念与我国都存在很大差异，国外的研究结论并不一定与我国的实际情况相吻合。另外，在追求社会地位的动机下，收入不平等对家庭经济行为到底存在怎样的影响，是会导致家庭通过抑制消费来积累财富还是会导致家庭通过借贷来维持或提高消费水平，国内外研究都还没有给出较为明确的结论。目前国内学者更多的是关注家庭负债的影响因素或者是研究收入不平等与中国高储蓄率的关系，很少有研究从微观家庭视角来考察收入不平等对家庭借贷行为的影响。在收入差距较大且金融发展相对滞后的中国，收入不平等是否是导致我国家庭借贷规模迅速增长的主要原因？其是否也会导致中低收入家庭寻求借贷或提升借贷规模？中国家庭是否也存在为了追求社会地位而借贷的动机呢？这些都是本章需要回答的问题。本章在控制家庭收入水平的条件下，基于微观截面数据，发现收入不平等并不是影响我国家庭借贷规模上升的主要原因，收入不平等的上升对家庭的负债规模存在显著的抑制影响，家庭为了追求更高社会地位而借贷的动机并不存在，本书的研究结论与 Long 和 Shimomura（2004）、Liao 等（2010）、汪伟和郭新强（2011）、金烨等（2011）、Coibion 等（2014）的研究发现是类似的，这或许是因为我国家庭素有崇尚节俭的消费习惯，而且正规金融机构的信贷门槛较高，中低收入家庭难以获得正规金融机构的贷款。

本章的主要贡献在于：①基于全国性的微观数据考察了我国的收入差距对于不同收入组和年龄组家庭的借贷决策与借贷规模的影响，证明了收入不平等并不是影响我国家庭借贷规模上升的主要原因，家庭并不存在为了追求更高社会地位而借贷的动机。②本书通过对家庭收入水平的控制，防止了家庭通过借贷而提高收入所产生的内生性对计量结果的影响。另外，本书根据家庭人均收入水平将家庭分为了四大类，从而能够更好地发现家庭借贷行为对收入不平等反应的异质性。

第二节 社会地位寻求对个体经济行为的影响

一、社会地位定义、特征及分类

(一) 社会地位的定义

社会地位 (Social Status),简称"地位",是指社会成员在社会系统中所处的位置。一般由社会规范、法律和习俗限定。它常用来表示社会威望和荣誉的高低程度,也泛指财产、权力和权威的拥有情况。昝宝毅 (1987) 提出社会地位是指社会或某一群体中成员所取得的特定位置;Coel 等 (1992) 认为社会地位就如同一个排序制度,决定着全社会资源由低到高的分配;Weiss 和 Freshman (1998) 将社会地位定义为个体在其所处群体中的位置或者排序。社会地位有狭义与广义之分。狭义社会地位是指社会等级制度或分层制度中的排列位置、权力、声望、职业、财富的象征;广义社会地位是指个体在一定社会关系体系中所处的位置。从社会学意义上说,社会地位反映了个体与社会整体的关系,以及个体在与社会整体互动关系中的社会身份。社会地位区别于社会位置。一个人可以有多个社会位置,但只能有一个社会地位。

(二) 社会地位的特征

1. 普遍性

每个社会成员都在社会群体中占据一定位置,不论其地位的高低贵贱。

2. 多重性

人的社会关系是多方面的,在社会空间占据的位置与社会的联系也并非单一,所以社会地位通常被具体化为职业地位、教育地位、经济地位和权力地位等,但其中以经济地位为最重要,在阶级社会中集中体现为阶级地位。

3. 被认可性

社会地位是由社会承认的或公认的。其中有的是约定俗成的,有的却须通过一定的较为正式的形式方能被承认。

4. 可取性

社会地位常常让人们具有获得某些资源的期望，作为一个重要的变量进入效用函数。

5. 不可交易性

社会地位是社会赋予的，不能够在市场进行交易。

(三) 社会地位的分类

社会分层理论根据社会地位来源不同将社会地位分为两种：先赋性地位（Ascribed Status）和自致性地位（Achieved Status），对应了先赋性因素和自致性因素两种来源。所谓先赋性因素，是指通过承袭得到其于社会分层体系中所处的位置，也意指在某些社会中，一个人从出生起就被赋予无法改变的社会地位，包括国籍、性别、年龄、籍贯、体质、容貌、家庭关系、社会关系等。所谓自致性因素，是指通过个人努力能够实现的，往往与其所受教育、职业和婚姻状况等有关，或者指一个人在其一生中通过知识、能力、技巧或耐力所取得的结果。这两个因素相辅相成，互相影响。一方面，先赋性因素会对自致性因素产生影响。如家庭状况会对个人教育水平、职业等产生影响；另一方面，自致性因素也会对先赋性因素产生影响。家庭背景相似的两个人，最后的成长、成就也存在显著差异。一般认为，自致性因素在社会地位获得过程中起到更为重要的作用。

根据评判的主体不同，还可以把社会地位分为主观社会地位（Subjective Social Status）和客观社会地位（Socioeconomic Status）。主观社会地位是指个体自己感知到的自己在所处社会结构中的等级排名，是个体将自己的收入、受教育程度、职业等方面与所处的社会群体中的他人作比较，从而形成的一种主观心理感受。客观社会地位，也叫社会经济地位，是指一个人或一个群体依据其所占有的社会资源多少而处在社会某一特定位置的现象，主要是通过家庭经济收入、职业、受教育程度等方面进行的客观评估。

二、社会地位寻求的动机、途径及其对个体经济行为的影响

根据 Scitovsky Tibor（1993）的定义，地位寻求是指一种欲望——"在社会中进行排序，在某一特定的社会阶层或同事、公司专业人士、邻居等更窄范围的

群体中寻求认同感或荣誉"。换句话说，地位寻求可以看作是在一个社会群体中获得或维持认同感及社会关系的行为。Veblen（1899）提出"没有一个社会阶层，哪怕是最穷的阶层，会放弃炫耀性消费"，所有收入阶层都存在寻求社会地位的动机。

（一）社会地位寻求的动机

人们为什么追求社会地位，社会学家和心理学家做出了如下解释：

第一，寻求社会地位是人的本能特征，是人与生俱来的特点。人类在满足了最基本的生存本能后，进一步追求的是荣誉和社会地位，攀比是人类的本性。人类社会的历史就是人们互相攀比，不断追逐财富，进而炫耀财富，并由此赢得尊敬、荣誉和社会地位的进化史。

第二，社会地位具有信号传递作用，高社会地位者可以通过地位寻求可以给消费者带来可观的间接收益。

（1）社会资源。Coel 等（1992）认为高的社会地位意味着未来能够获得更多的社会资源，所以人们寻求社会地位往往是为了增加现在的和未来可以获得的社会资源。

（2）个人影响力。Ball 等（1996）提出较高社会地位的经济价值就在于能够向他人传递自身信息并施加影响。Wei 和 Zhang（2011，2012）解释了中国居民家庭为了提高独子在婚恋市场上的个人影响力而积累财富、房屋等地位性商品。

（3）社会对比。Festinger（1954）的社会比较理论认为人们会通过与他人的比较来判断自身的处境。当人们认为比自己的比较对象要差时，会出现不悦的情绪，为了减少负面情绪及其带来的影响，人们迫切希望提高社会地位。出于社会对比形成的地位寻求动机，可以解释为何人情支出和住房支出会成为中国家庭的"两座大山"（周广肃等，2018）。

（二）社会地位寻求的途径

社会地位寻求是通过社会流动实现的。社会流动（Social Mobility）指的是人们在社会关系中从一个地位向另一个地位的移动。实现社会流动的方式有很多，比如婚姻、就业以及教育等。首先，婚姻是一种重要的社会流动方式，无论男女，都可以通过婚姻改变自身乃至家庭的社会地位，或升或降，或剧烈或轻缓。

其次，决定一个人社会地位的主要因素是职业，个人的收入、社会声望及其在整个社会网络中的位置都受到职业的影响。最后，教育是一条提高社会地位、实现社会阶层向上流动的重要渠道。一项研究结果显示，在美国判断青年人将最终获得的地位高低或收入的多少，一个最容易观察的指标就是接受学校教育的年数（Jencks 等，1979），这一研究结果具有较强的普遍性。受教育程度越高，则收入更高，相应的社会声望与政治待遇也就越高。

（三）社会地位寻求对个体经济行为的影响

社会地位寻求行为不仅具有社会意义，更具有重要的经济意义，会对个体的消费、储蓄以及借贷等经济行为产生影响，学者们对此产生了浓厚的兴趣并展开了深入地研究，但是国内外学者得到了不同的研究结论。

1. 社会地位寻求会刺激个体消费与借贷

国外大部分学者的观点是社会地位寻求会刺激消费，尤其是地位性消费，降低储蓄，从而扩大了家庭的借贷规模。Duesenberry（1949）提出"相对收入假说"，认为决定消费者消费水平的不只是绝对收入，相对收入水平在很大程度上影响了消费决策和效用。低收入人群更容易受到高收入人群"示范效应"（Demonstration Effect）的影响，会为了显示社会地位而将短期消费提高到与收入不相称的水平。Frank（1985）在地位寻求理论中加入了理性预期，消费者出于对将来的地位寻求问题的考虑而改变当期的消费和储蓄决策，增加消费，降低储蓄。Direr（2001）认为收入差距的加大会加剧地位寻求进而刺激消费，人们会为了获得更高地位而更多的消费，尤其是"地位性消费"，而非增加储蓄。有研究发现当收入差距扩大时，中低收入家庭会通过借贷来保持与其富裕邻居相同的消费水平，以显示和提升自身的社会地位，从而导致了家庭债务的迅速增长，提高了家庭负债水平（Christen & Morgan，2005；Carr & Jayadev，2015 等）。

2. 社会地位寻求会抑制个体消费

与国外"社会地位寻求刺激消费"的研究结论相反，国内学者将国外相关理论与中国实际情况相结合，解释了在社会地位寻求动机作用下形成的"高储蓄、低消费"的现象。呼应国外学者的研究，"示范效应"和"地位消费"在国内也普遍存在。张慧芳和王晔（2004）以 Duesenberry 的相对收入假说为基础，用我国居民消费 1981—1998 年的横截面数据建立模型验证了"示范效应"的存在，证明我国居民存在较强的地位性消费且随着物质水平的提高呈现逐步增强的趋势。朱信凯（2001）认为我国农户处于一种关系非常密切的社会中，左邻右舍了解相互间的消费情况，而且地理位置越靠近，示范效应越大，实证结果也证明我国农户确实存在较强的地位性消费。在"示范效应"和"地位消费"同时存在的条件下，并没有刺激中国消费，反而抑制了消费、促进了储蓄。陈凯（2015）在详细分析我国居民消费的典型特征的基础上构建了符合我国居民特点的消费理论模型，从习惯形成和地位寻求的视角探讨了消费低迷以及"高攀比、高储蓄"现象，认为地位寻求对居民消费存在抑制作用。刘雯，杨晓维（2016）扩展了基于地位寻求理论的经济模型并用中国农户调查数据进行实证，结论认为农户存在显著的地位寻求—储蓄动机，人们会为了保持和追求相对地位而减少边际消费，且高收入家庭更甚。

第三节 数据来源与描述性统计

一、数据来源

本章所选用的研究数据是由西南财经大学中国家庭金融调查与研究中心所发布的"中国家庭金融调查（China Household Finance Survey，CHFS）"2011年度调查数据[①]。该调查是我国首个专门的家庭金融微观调查，涉及了全国25个省市的8438个家庭，样本规模较大，代表性较强，且较为详细地记录了微观家庭的资产、收入以及负债等重要数据，为我们从微观层面考察收入不平等对家庭借贷行为的影响提供了重要的数据支持。

CHFS在2011年的调查数据中详细地记录了家庭包括住房、生产经营、汽车、金融资产、教育以及其他负债等各方面的负债数据。根据这些数据，我们对家庭是否有负债以及负债的数额进行了汇总处理，其中是否负债项目包括了住房负债、生产经营负债、车辆项目负债、金融资产与非金融资产负债、教育负债、信用卡负债以及其他形式负债等项目，只要这些项目中有一项存在负债，即认为

---

① 有关该调查的详细介绍见网址：http://chfs.swufe.edu.cn。

该家庭存在借贷行为，负债总额则是对各项负债的加总。除了负债信息外，我们还选取了户主的人口统计学特征、家庭经济特征和所处地区等变量。在数据的处理过程中，为了避免异常值带来的扰动，我们对户主信息缺失的样本以及收入小于100，年总支出和家庭资产小于0的家庭进行了剔除。参照已有文献的做法（金烨等，2011），由于年龄过小或过大的户主对家庭决策的影响较小，我们剔除了户主年龄小于20岁或大于75岁的样本，最后所得的有效样本量为6142个，其中有负债的家庭为2978户，约占48.5%。

二、描述性统计分析

（一）不同收入组家庭的借贷行为差异分析

1. 不同收入组家庭的户主人口统计学特征与家庭经济特征

为了考察不同收入水平家庭借贷行为的差异，我们根据家庭人均净收入的分布将样本分为了四个收入组：最低收入家庭、中下收入家庭、中上收入家庭以及最高收入家庭。最低收入家庭是指人均净收入低于25%收入分位的家庭，中下收入家庭是指人均净收入高于25%分位而低于50%分位的家庭，中上收入家庭是指人均净收入高于50%分位而低于75%分位的家庭，最高收入家庭则是指人均净收入高于75%收入分位的家庭。描述性统计结果表明，不同收入水平家庭在户主特征和家庭经济变量方面差异明显。表5-1和表5-2给出了不同收入组家庭的户主人口统计学特征和家庭经济特征的描述性统计的结果。

表5-1　　　　　　　　不同收入组家庭的户主特征比较

户主特征	最低收入家庭		中下收入家庭		中上收入家庭		最高收入家庭		全部家庭	
	均值	中位数	均值	中位数	均值	中位数	均值	中位数	均值	中位数
是否属于农村	0.73	1	0.59	1	0.39	0	0.18	0	0.47	0
年龄	50.5	50	49.1	49	48.2	48	44.7	44	48.1	48
受教育年限	7.2	6	8.4	9	9.6	9	12.6	14	9.5	9
政治面貌	0.07	0	0.10	0	0.17	0	0.27	0	0.15	0
是否有工作	0.97	1	0.92	1	0.81	1	0.80	1	0.87	1

续表

户主特征	最低收入家庭		中下收入家庭		中上收入家庭		最高收入家庭		全部家庭	
	均值	中位数	均值	中位数	均值	中位数	均值	中位数	均值	中位数
身体健康状况	2.82	3	2.57	3	2.51	3	2.34	3	2.55	2
观测值	1535		1545		1527		1535		6142	

注：在户主人口统计学特征中，户主若有某些特征则赋值为1，无则用0表示。对于户主受教育年限，我们用0表示为未上过学的户主，小学＝6年，初中＝9年，高中＝12年，中专＝14年，大专＝15年，大学本科＝16年，硕士＝19年，博士＝22年。户主健康状况中，非常好＝1，好＝2，一般＝3，差＝4，非常差＝5。所有数据结果都是经过权重调整后的分析结果。

从表5-1可以看出，中低收入家庭更多位于农村地区，有超过70%的最低收入家庭位于农村。户主年龄的分布规律上，收入较高的家庭户主年龄相对较低，而户主受教育年限方面，收入较高的家庭户主受教育年限也相对更高。同时，高收入家庭中的党员比例明显高于中低收入家庭，中低收入家庭的户主健康状况相对较差，高收入家庭户主劳动参与率相对要低一些。

表5-2　　　　　　　各收入组家庭的经济特征比较

家庭经济特征	最低收入家庭		中下收入家庭		中上收入家庭		最高收入家庭		全部家庭	
	均值	中位数	均值	中位数	均值	中位数	均值	中位数	均值	中位数
家庭规模	4.08	4	3.84	4	3.42	3	2.78	3	3.53	3
自有房屋拥有率	0.94	1	0.94	1	0.92	1	0.86	1	0.91	1
拥有房屋数	1.03	1	1.07	1	1.08	1	1.14	1	1.08	1
是否从事农业经营	0.71	1	0.58	0	0.34	0	0.12	0	0.44	0
是否从事工商业经营	0.09	0	0.13	0	0.16	0	0.20	0	0.15	0
是否拥有汽车	0.07	0	0.09	0	0.13	0	0.36	0	0.16	0
拥有常见汽车数目	0.08	0	0.09	0	0.15	0	0.41	0	0.19	0
家庭人均净收入（元）	2337.6	2384	7097.8	6900	14044.2	13634.7	72013.1	34666.7	24204.5	10001
年总支出（元）	10298	4364	16976	7226	21734	10896	41906	20581	22876	9546
教育培训支出（元）	2274.6	0	4252.6	0	2789.5	0	5206.7	0	3644.8	0
房屋资产（元）	151213	40000	201201	90000	408096	150500	1001402	350000	444467	100000
金融资产（元）	10763.3	1000	18338.6	3500	33002.7	8200	145719.4	36000	52597.9	5300
非金融资产（元）	4731.6	1700	6931.5	3150	11071.9	5500	29788.4	12900	13249	4600

续表

家庭经济特征	最低收入家庭		中下收入家庭		中上收入家庭		最高收入家庭		全部家庭	
	均值	中位数	均值	中位数	均值	中位数	均值	中位数	均值	中位数
家庭工商业资产（元）	97.1	0	521.5	0	3913.5	0	57313.2	0	15736	0
总资产（元）	174443	58150	255321	114300	470155	204450	1288633	499000	547385	150950
基尼系数	0.32		0.12		0.11		0.55		0.67	
观测值	1535		1545		1527		1535		6142	

注：以上数据结果都经过了权重调整。

由表 5-2 可知，中低收入家庭规模较大；四个收入组的自有住房拥有率都比较高，拥有房屋数量差异不大，这反映了我国高住房自有率的现状；在生产经营方面，收入水平越高，从事农业生产的比例越低，工商业经营则与农业生产相反，收入越高从事工商业经营的比例越大，家庭工商业资产的数据也反映了此差异，这表明是否从事工商业经营是影响家庭收入和资产状况的一个重要因素；在汽车等耐用品方面，汽车拥有率和拥有数量与收入水平成正比；在家庭净收入方面，我们可以看到各收入组的差距明显，最高收入组家庭净收入均值则是最低收入组的 20 多倍；在支出方面，家庭消费水平与收入水平成正比，但是在教育培训支出方面，中下收入家庭教育投入反而比中上收入家庭更高。家庭资产分布与收入分布类似，各收入组无论是在总资产还是房屋资产方面都存在巨大差异，最高收入家庭的总资产是最低收入家庭的 40 多倍，中高收入家庭所持有的房屋资产和金融资产数额相对较大，非金融资产方面则差异较小，这表明房屋资产和金融资产是家庭资产差异的主要来源。

2. 不同收入组家庭的负债信息差异

由表 5-3 可知，46.4% 的家庭存在负债，而各个收入组的负债比例则差异明显，最低收入家庭的负债比例最高，其次为中下收入家庭和最高收入家庭，中上收入家庭的负债比例最低。在债务总规模方面，负债规模与家庭收入水平成正比，最高收入家庭的债务规模最高。从各负债子项目来看，房屋负债占各收入家庭负债总额的比例都比较高，其中中上收入家庭比例最高，高达 70%，其次是最高收入家庭，占比 64%，中下收入家庭占比最低，仅为 43%；汽车负债遵循收入越高，负债规模越高的规律；教育负债对于最低收入家庭来说，规模最高，最高收入家庭规模最低；中下收入家庭在农业生产负债规模最低，而工商业经营负债规模较高,仅次于最高收入家庭。虽然从绝对债务规模来看,负债规模与收入水平成正比,但是从相对规模,即家庭债务/资产比率和家庭债务/收入比率来看,中下、最低收入家庭的相对负债反而更高。

表5-3　　　　　　　　不同收入组家庭的负债信息比较

家庭负债信息	最低收入家庭	中下收入家庭	中上收入家庭	最高收入家庭	全部家庭
	均值	均值	均值	均值	均值
是否负债(%)	55.3	50.6	39.1	40.6	46.4
总债务(元)	26486.6	29549.4	41670.9	142542.6	60616.2
房屋负债总额(元)	13066.2	12582.8	29356.1	91159.2	36910.9
汽车负债总额(元)	1194.9	1256.8	2132.9	6091.4	2692.3
农业生产负债总额(元)	3405.1	2864.1	3398.7	9994.9	4947.5
工商业经营负债总额(元)	4541.3	10689.4	4148.3	31696.1	12900.2
教育负债总额(元)	1517.6	1423.6	1496.6	1350.7	1446.4
家庭债务/总资产比率	0.48	0.43	0.33	0.34	0.39
家庭债务/收入比率	0.58	0.48	0.37	0.38	0.45
观测值	1535	1545	1527	1535	6142

注:以上数据均是经过权重调整后的结果;由于负债家庭的比例低于50%,因而超过半数家庭的债务额为0,因而中位数价值不大,此表未报告中位数;家庭债务/总资产比率与家庭债务/收入比率中家庭债务、收入和总资产均作了对数化处理,无负债家庭则赋值为0。

表5-4　　　不同收入组借贷家庭负债用途和负债组合配置比较　　　单位:%

家庭负债用途	负债用途					负债组合配置			
	全部借贷家庭	最低收入借贷家庭	中下收入借贷家庭	中上收入借贷家庭	最高收入借贷家庭	全部借贷家庭	最低收入借贷家庭	中下收入借贷家庭	中上收入借贷家庭	最高收入借贷家庭
住房	57.7	53.4	55.3	63.7	60.7	49.8	46.2	47.9	53.7	54.9
农业生产	26.1	37.4	29.2	21.4	11.6	16.6	21.6	18.9	14.4	9.6
工商业经营	10.8	6.2	10.8	9.4	18.0	7.8	3.9	7.8	6.5	14.2
耐用品消费	18.2	20.0	17.5	16.5	18.4	7.6	6.0	6.3	8.5	10.4
信用卡消费	7.4	1.0	3.1	7.5	20.8	3.5	0.4	1.5	3.1	10.1

续表

家庭负债用途	负债用途					负债组合配置				
	全部借贷家庭	最低收入借贷家庭	中下收入借贷家庭	中上收入借贷家庭	最高收入借贷家庭	全部借贷家庭	最低收入借贷家庭	中下收入借贷家庭	中上收入借贷家庭	最高收入借贷家庭
教育	17.1	24.8	20.9	15.7	3.7	9.9	12.7	13.6	9.5	2.1
投资理财	1.2	0.9	1.3	1.7	0.9	0.14	0	0	0.33	0.34
治病	4.6	9.8	3.8	2.5	0.7	2.8	6.1	2.3	1.4	0.4
其他	11.5	18.5	10.8	9.2	5.1	1.86	3.1	1.7	2.57	3.3
样本数	2978	881	777	667	663	2978	881	777	667	663

注：由于家庭可以同时从多个渠道获得借贷，因此各列的百分比之和可能超过1；耐用品消费包括了购买汽车和其他家庭耐用品的负债；其他借款中的用途较多，受访者可以多选，因而造成其比重较大。投资理财项目中，最低收入家庭和中下收入家庭存在为投资理财而借款的行为，但是目前所欠金额总额为0，因而该项目的负债配置组合为0。

为了研究不同收入水平家庭借贷行为差异的原因，我们对存在借贷行为的各收入组家庭的借贷动机和债务组合进行了分析。表5-4显示，从负债用途来看，在所有借贷家庭中，用于住房的负债用途是最主要的，其次是为了进行农业生产、耐用品消费、教育和工商业经营。本书发现不同收入水平家庭的借贷动机存在较为明显的差异，随着收入的提高，家庭因住房、工商业经营、信用卡消费以及投资理财而借贷的比例逐步上升，但是用于农业生产、教育以及家庭成员治病的负债用途则表现出相反的规律。在耐用品消费负债方面，则表现出了U型特点，即最低收入家庭和最高收入家庭的负债动机是最强的。家庭负债组合配置也基本表现出与家庭负债用途相一致的规律，唯一不同的是用于耐用品消费的负债配置与收入水平成正比，不再呈U型分布。总的来说，中高收入家庭因房产、工商业经营以及投资等而负债的动机更强，这些动机具有一定的投资性质，表明中高收入家庭更有可能通过负债来获得更高的财产性收入和经营性收入（吴卫星等，2013）；低收入家庭虽然也有较强的住房负债动机，但是其用于农业生产、教育以及耐用品消费方面的负债动机更强，这反映了低收入家庭的消费平滑动机和社会地位提升动机较强。

除了以上对各收入组家庭负债动机及其配置的分析，本书还对各收入组的住房、生产经营、购车以及教育等主要借贷用途的借款来源进行了分析。表5-5显示，在全部借贷家庭中的所有主要负债项目中，非正规金融渠道借款是主要的借贷来源。各收入组的借贷来源差异明显,总的来说,收入水平高低是影响家庭获得正规金融贷款的重要因素,收入水平高的家庭来源于正规金融负债的比例更高,收入较低的家庭则主要依赖于非正规渠道借款,这反映了我国当前正规金融机构向中低收入家庭所提供的信贷支持还十分不足。值得注意的是,中下收入家庭用于工商业经营和购买汽车的正规金融贷款比例是最低的,我们还发现虽然教育负债也更多地依赖于非正规金融渠道,但是各个收入组有关教育的正规金融负债比例差别不大,中低收入家庭的正规金融渠道贷款来源反而高于高收入家庭,这或许与我国大力推广助学贷款的金融政策有关,助学贷款的存在使得中低收入家庭更易获得正规金融机构的贷款。

表 5-5 不同收入组借贷家庭借贷来源比较 单位:%

借贷用途	渠道	全部借贷家庭	最低收入借贷家庭	中下收入借贷家庭	中上收入借贷家庭	最高收入借贷家庭
住房	正规金融	36.5	23.0	20.0	37.4	69.5
	非正规金融	75.2	89.4	89.8	75.4	42.4
农业生产	正规金融	24.7	18.0	19.8	32.3	54.8
	非正规金融	85.7	89.4	89.7	81.5	64.6
工商业经营	正规金融	32.5	27.6	18.7	27.4	47.3
	非正规金融	79.9	79.0	87.5	95.9	67.0
购买汽车	正规金融	31.4	29.1	26.4	31.1	34.9
	非正规金融	70.7	72.4	74.1	74.7	66.3
教育	正规金融	18.4	18.8	18.4	18.4	14.4
	非正规金融	89.9	92.1	89.9	85.4	89.1
样本数		2978	881	777	667	663

注:正规金融渠道是指通过银行等正规金融机构获得的贷款,非正规金融渠道是指通过除银行以外的其他机构或个人获得的贷款或借款;由于家户可以同时通过正规金融渠道和非正规渠道获得借贷,故正规渠道和非正规渠道的借贷比例之和可能大于1。

根据以上分析可知,收入不平等会促使中低收入家庭寻求借贷或提升家庭负债规模。更高的社会地位能够带来物质和心理上的收益,社会地位收益具有边际递减性,因而社会地位较低的低收入家庭追求更高社会地位的动机较高收入家庭更加强烈。在收入约束下,中低收入家庭为了显示和提高自身社会地位,会通过寻求借贷或提升负债规模的方式来提升消费水平和生活质量。

(二) 不同年龄组家庭的借贷行为差异分析

为了考察不同年龄组家庭的家庭借贷动机差异,本书根据户主年龄对样本进行了分组,参考金烨等(2011)的做法,本书将户主年龄小于 55 岁的定义为年轻家庭,高于 55 岁的则为老年家庭。本书发现,年轻家庭和老年家庭在总体的负债决策上存在显著差异,约有 51.5% 的年轻家庭存在借贷行为,老年家庭中则只有 36.2%,这或许与这两类家庭所处的生命周期阶段、消费观念和财富积累有关。

表 5-6　　　　　　不同年龄组借贷家庭负债用途比较　　　　　　单位:%

负债用途	全部借贷家庭	年轻借贷家庭	老年借贷家庭
用于购房、建房	57.7	57.8	57.3
用于农业生产	26.1	24.1	31.7
用于工商业经营	10.8	12.7	5.4
用于耐用品消费	18.2	19.1	15.7
用于教育	17.1	17.9	14.8
用于投资理财	1.2	1.4	0.6
用于家庭成员治病	4.6	3.7	7.0
其他	11.5	9.5	16.9
样本量	2978	2222	756

注:由于家庭可以从多个渠道获得借贷,因此各列的百分比之和可能超过 1;其他借款中的用途较多,受访者可以多选,因而造成其比重较大。

表 5-6 给出了不同年龄组借贷家庭的负债用途比较,从中我们可以发现,用于购房、建房的负债居于所有负债用途中的首位,年轻借贷家庭和老年借贷家庭在住房用途上的差别并不大,这可能是因为老年家庭中存在着为子女购房、建房而负债的现象。在生产经营的负债用途中,本书发现年轻家庭用于农业生产的负债用途低于老年家庭,而用于工商业经营的负债用途则显著高于老年家庭,这与年轻家庭较多从事工商业经营而较少从事农业生产有关。而在耐用品消费与教育负债方面,年轻家庭的负债比例也高于老年家庭,增加耐用品消费和教育投入是家庭提升社会地位的重要手段,这反映了年轻家庭提高社会地位的动机相较于老年家庭更强。在用于家庭成员治病的负债中,老年家庭的比例明显高于年轻家庭,这与老年家庭身体健康状况较差有关。

综合以上分析，本书认为：由于年轻家庭和老年的社会地位偏好强度不同，收入不平等对年轻家庭借贷行为的正向影响高于对老年家庭借贷行为的影响。社会地位偏好的强弱在不同群体之间是有所差异的。相较于老年人，提高社会地位的收益对于年轻人而言更大，因为他们的受益时间更长，因此，在较大的收入不平等背景下，年轻人更有动力通过借贷来显示自己较高的社会地位以获得更高的经济和心理收益。

第四节 主要变量说明与模型设定

一、收入不平等的测量

本章的主要目的在于考察收入不平等对家庭是否寻求借贷及其借贷规模的影响，因此对收入不平等这个关键变量的测量就变得十分重要。如前文所述，表示收入不平等的指标有很多种，如基尼系数、泰尔指数、收入对数的方差以及广义熵指数，本章将采用根据家庭人均净收入计算得到的基尼系数来作为收入不平等的指标。参考金烨等（2011）的做法，由于户主所处的生命周期不同，且户主不太可能受跨地区收入差距的影响，本书认为家庭户主所关注到的收入差距应是同一省域内户主年龄和自己相近的家庭之间的收入差距。具体而言，本书根据户主年龄设定了三个参照组，分别为35岁以下年龄组、35—55岁年龄组和55岁以上年龄组，这三个年龄组所处的生命周期不同，在家庭经济特征和消费观念等方面也存在较大差异，对收入不平等的反应也会存在差异。在根据年龄划分参照组的基础上，我们对调查所覆盖的25个省级区域各参照组的基尼系数进行了计算，得到了图5-2的各省各参照组的基尼系数结果。

从图5-2给出的信息来看，三个参照组在各省的基尼系数差异较为明显，35岁以下年龄组和55岁以上年龄组的基尼系数的震荡起伏较大，这反映了这两个年龄组在各地区的收入差距有着明显差异。从基尼系数的数值来看，本书发现各个省的基尼系数均值有较大差异，但绝对值都相对较高，绝大部分省区都在0.4以上，而三个参照组的基尼系数数值也存在差异，55岁以上年龄组的基尼系

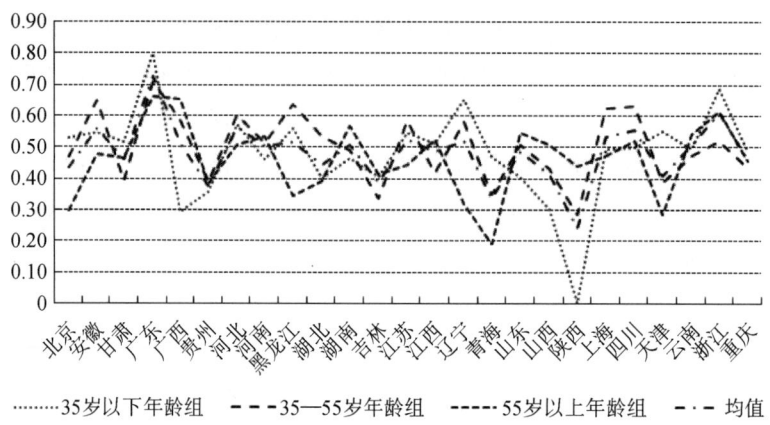

------- 35岁以下年龄组   - - - 35—55岁年龄组   ----- 55岁以上年龄组   - · - 均值

图5-2 各省3个年龄参照组的基尼系数变化

注：图中陕西省35岁以下年龄组的基尼系数为0是因为该省35岁以下年龄组无有效样本，为保证数据连续性，将该省的该参照组的基尼系数赋值为0。

数相较于其他两个组数值要小一些，这说明55岁以上年龄组的收入差距相对较小。总的来看，基尼系数在各省和各个年龄组之间存在较为明显的差异，这能为本书的计量分析提供较好的数据基础。

二、模型设定与变量说明

本章将考察收入不平等对家庭借贷行为的影响，具体地来说，本书将从收入不平等对家庭是否发生借贷行为以及家庭的负债规模两个方面来进行考察。对于前者，我们将通过二元Probit模型[①]来进行实证分析，对于后者，由于有超过半数的家庭不存在借贷行为，负债数额为0，存在删失数据（Censored Data），使用OLS估计可能对计量结果造成较大影响，因此本书将采用Tobit模型来考察收入不平等对家庭负债规模的影响。基本模型设定如下：

$$Y = C + \alpha H_i + \beta X_i + \delta R_i + \gamma GINI + \varepsilon$$

其中 Y 为因变量，包括"家庭是否发生过借贷行为"的虚拟变量和"2011年家庭的负债规模"。在因变量中，"家庭发生是否发生过借贷行为"是指家庭在接受调查之前因为住房、生产经营、购置耐用品、教育以及投资理财等而发生

---

① 二元Probit模型的主要优点在于允许家庭资产和负债决定方程的残差项之间存在相关性，即家庭资产和负债同时受到某些因素的共同影响。限于篇幅，本章未详细介绍Probit模型和Tobit模型的数学解释。

过的借入资金的行为，只要各子借贷项目中有一个存在借贷行为，本书即认为该家庭发生过借贷行为；家庭的债务总量也是由各个子借贷项目发生时的借款金额或目前仍欠金额累积起来的，是对家庭历史债务的累积。自变量中 H 表示户主特征，X 表示家庭的资产、生产经营等经济特征，R 则表示家庭所处的区域，GINI则表示基于家庭的人均净收入按三个年龄参照组计算出来的基尼系数，本书关注的是系数 γ 的符号和显著性。为了检验假说 2 和假设 3，本书将设置基尼系数与家庭收入类型和年龄类型的交叉项，以考察收入差距的存在对不同收入水平和年龄的家庭的影响程度与差异，C 为常数，ε 则为误差项。

表 5-7 关键解释变量的描述性统计与说明

	名称	均值	标准差	最小值	最大值	说明
户主特征	年龄	48.1	12.4	20	75	户主年龄限于 20—75 岁
	受教育年限（年）	9.5	4.2	0	22	未上学 = 0；小学 = 6；初中 = 9；高中 = 12；中专 = 14；大专 = 15；大学本科 = 16；硕士 = 19；博士 = 22
	身体健康状况	2.6	0.97	1	5	非常好 = 1；好 = 2；一般 = 3；差 = 4；非常差 = 5
	是否为党员	0.15	0.36	0	1	中共党员 = 1；非中共党员 = 0
	是否有工作	0.87	0.33	0	1	有工作 = 1；无工作 = 0
家庭经济特征	家庭规模	3.5	1.5	1	18	家庭成员数
	自有住房数量（套）	1.1	0.58	0	15	家庭自有住房总量
	是否从事农业生产	0.44	0.5	0	1	从事 = 1；不从事 = 0
	是否从事工商业经营	0.15	0.35	0	1	从事 = 1；不从事 = 0
	拥有常见汽车数量	0.19	0.46	0	6	轿车、客车等常见车辆数目
	家庭支出对数	9.1	1.47	2.9	13.9	年总支出对数
	家庭资产对数	11.7	1.9	2.3	16.3	家庭总资产对数
	房屋资产/家庭总资产	0.66	0.35	0	1	房屋资产占总资产比重
地区变量	是否属于农村地区	0.47	0.5	0	1	属于 = 1；不属于 = 0
	是否属于西部地区	0.22	0.41	0	1	属于 = 1；不属于 = 0

注：以上数据均是经过权重调整后的结果。

表 5-7 给出了模型所选取的主要解释变量的描述性统计及其定义。在解释变量选取方面，除了用于衡量各参照组内的收入不平等程度的基尼系数外，参考其他类似文献（Magri，2007；金烨、李宏彬，2009；陈斌开、李涛，2011；胡枫、陈玉宇，2012；D. Carr、Jayadev，2013）的做法，本书将解释变量分为了户主的人口统计学特征、家庭经济特征和所处区域三大类。在户主人口统计学特征方面，本书选取了户主的年龄、受教育年限、身体健康状况以及政治面貌等变量，这些变量能在一定程度上反映户主的个人偏好和家庭的偿债能力。例如户主受教育程度高的家庭经济实力往往较强，因而偿债能力也更强，其获得借贷的机会往往更强，而户主的党员身份也可能为家庭获得借贷提高便利（金烨、李宏彬，2009；胡枫、陈玉宇，2012）。为了考察户主年龄对家庭借贷行为的影响是否是线性的，本书还将加入户主年龄的平方项。在家庭经济特征方面，由于前文发现住房项目是家庭负债的主要用途，因而除了考虑家庭规模、支出和总资产等因素外，本书还将拥有住房的数量以及房屋资产占总资产的比重作为重要的考察变量；另外，考虑到家庭的生产经营资金需求，本书还将家庭的生产经营信息与汽车等耐用品持有情况纳入到模型之中。由于家庭可能通过借贷来获得财产性收入和经营性收入，从而提高家庭的收入水平，为了防止内生性的产生，本书对家庭收入水平进行了控制。最后，考虑到前文分析发现西部地区家庭借贷的比例更高的情况，本书还将家庭是否属于农村地区和是否属于西部地区纳入考察之中，目的是在于考察家庭借贷行为是否有较为显著的地区特征。

第五节 实证分析

在本节中，将分别考察收入不平等对家庭是否发生借贷行为和借贷规模的影响。具体来说，首先，将考察收入不平等对不同收入组家庭和不同年龄组家庭是否发生借贷行为的影响；其次，将分析收入不平等对这些家庭负债规模的影响；最后，对主要实证结果进行稳健性检验。以下是对实证过程的分析。

一、收入不平等对家庭是否发生借贷的影响

本书通过 Probit 模型考察了收入不平等对不同收入组和年龄组家庭是否存在借贷的影响，得到了表 5-8 和表 5-9 的结果。为了减少由于各省的文化传统、风俗习惯差异所导致的遗漏变量风险，本书对省级虚拟变量进行了控制。在表 5-8 和表 5-9 的第（1）列中，无论是否控制省级虚拟变量，本书发现收入不平等对所有家庭是否发生过借贷行为的影响是负向不显著的，这表明相似年龄组内的收入差距并不会刺激家庭借贷行为的产生，反而存在不显著的抑制性，这说明我国家庭基于社会比较和社会地位竞争心理而发生借贷的动机并不强烈，与本书的预期刚好相反。

表 5-8　　　　　　收入不平等对不同收入组家庭是否借贷的影响

	所有家庭	所有家庭	最低收入家庭	中下收入家庭	中上收入家庭	最高收入家庭
	（1）	（2）	（3）	（4）	（5）	（6）
基尼系数	-0.214 (-1.25)	-0.213 (-0.78)	-0.283 (-0.73)	-0.811* (-2.22)	-0.268 (-0.78)	0.0515 (0.16)
基尼系数×中下收入家庭		-0.224* (-2.37)				
基尼系数×中上收入家庭		-0.415*** (-3.96)				
基尼系数×最高收入家庭		-0.349** (-2.86)				
年龄	0.0124 (1.21)	0.0149 (1.42)	0.0490* (2.12)	0.0446 (1.87)	0.00174 (0.08)	-0.00438 (-0.22)
年龄的平方/100	-0.0324** (-3.06)	-0.0358*** (-3.30)	-0.0682** (-2.98)	-0.0677** (-2.80)	-0.0201 (-0.89)	-0.0150 (-0.68)
受教育年限	0.00684 (1.23)	0.00825 (1.41)	0.00471 (0.43)	-0.00881 (-0.76)	0.0221 (1.91)	0.0247* (2.07)
健康状况	0.188*** (9.93)	0.182*** (9.46)	0.251*** (7.03)	0.170*** (4.63)	0.205*** (5.13)	0.0857* (2.02)
是否为党员	0.113* (2.33)	0.125* (2.52)	-0.0259 (-0.19)	0.189 (1.68)	0.162 (1.80)	0.0844 (1.03)

续表

	所有家庭 (1)	所有家庭 (2)	最低收入家庭 (3)	中下收入家庭 (4)	中上收入家庭 (5)	最高收入家庭 (6)
是否有工作	0.375*** (5.62)	0.333*** (4.86)	-0.0567 (-0.28)	0.493*** (3.55)	0.250* (1.98)	0.410** (2.79)
家庭规模	0.108*** (8.84)	0.0848*** (6.41)	0.105*** (4.91)	0.109*** (4.46)	0.0800** (2.72)	0.0843* (2.46)
自有住房数量	0.145*** (4.23)	0.153*** (4.40)	0.269** (2.77)	0.137 (1.59)	0.102 (1.28)	0.138** (2.77)
是否从事农业生产	0.272*** (5.42)	0.227*** (4.29)	0.193* (2.02)	0.180 (1.91)	0.365*** (3.56)	0.321* (2.46)
是否从事工商业经营	0.227*** (4.42)	0.219*** (4.16)	0.124 (1.02)	0.277** (2.70)	0.324** (3.10)	0.184 (1.92)
汽车数量	0.284*** (6.10)	0.285*** (5.96)	0.311* (2.32)	0.544*** (4.09)	0.277** (2.81)	0.157* (2.27)
家庭支出对数	0.0735*** (5.13)	0.0838*** (5.63)	0.101*** (3.70)	0.0550* (1.97)	0.105*** (3.41)	0.0945** (2.85)
总资产对数	-0.0866*** (-5.43)	-0.0827*** (-4.84)	-0.0724* (-2.32)	-0.140*** (-4.09)	-0.0805* (-2.26)	-0.00792 (-0.23)
房屋资产/总资产	0.704*** (9.98)	0.686*** (9.35)	0.594*** (4.30)	0.895*** (6.01)	0.781*** (4.99)	0.447** (3.14)
是否属于农村地区	-0.0154 (-0.33)	-0.0410 (-0.81)	-0.0690 (-0.75)	-0.101 (-1.14)	0.0724 (0.77)	0.00302 (0.02)
是否属于西部地区	0.164*** (3.82)	0.142 (0.23)	0.299*** (3.84)	0.0471 (0.57)	0.0463 (0.52)	0.177 (1.69)
省级虚拟变量	不控制	控制	不控制	不控制	不控制	不控制
常数项	-1.512*** (-4.86)	-1.298*** (-3.78)	-2.375*** (-3.38)	-1.076 (-1.55)	-1.780** (-2.72)	-2.256*** (-3.82)
样本数	6142	6142	1535	1527	1545	1535

注：①括号中的数字为 Z 检验值；② *、**、*** 分别代表 10%、5% 和 1% 的显著性水平；③ 所有结果均为稳健性方差下的模型结果。由于二元 Probit 模型不易计算边际概率，考虑到可比性，表 5-8 中报告结果均为回归系数，而不是边际概率。

表 5-9　　　　收入不平等对不同年龄组家庭是否借贷的影响

	所有家庭 (1)	所有家庭 (2)	年轻家庭 (3)	老年家庭 (4)
基尼系数	-0.445 (-1.69)	-0.443 (-1.69)	-0.484* (-2.34)	0.345 (1.06)
基尼系数×老年家庭		-0.0216 (-0.16)		
年龄	0.0140 (1.35)	0.0135 (1.23)	0.0181 (0.77)	-0.134 (-1.03)
年龄的平方/100	-0.0346** (-3.22)	-0.0338** (-2.80)	-0.0369 (-1.25)	0.0826 (0.81)
受教育年限	0.00612 (1.06)	0.00606 (1.05)	0.00991 (1.38)	-0.000472 (-0.05)
户主健康状况	0.184*** (9.61)	0.185*** (9.60)	0.171*** (7.26)	0.220*** (6.80)
是否为党员	0.114* (2.31)	0.114* (2.31)	0.170** (2.74)	0.0176 (0.22)
是否有工作	0.358*** (5.26)	0.358*** (5.25)	0.654*** (4.49)	0.253** (2.68)
家庭规模	0.0962*** (7.63)	0.0962*** (7.71)	0.0729*** (4.13)	0.142*** (8.07)
房屋数量	0.149*** (4.31)	0.149*** (3.81)	0.161*** (3.57)	0.0994 (1.81)
是否从事农业生产	0.235*** (4.45)	0.235*** (4.42)	0.331*** (5.43)	0.204* (2.20)
是否从事工商业经营	0.217*** (4.14)	0.217*** (4.05)	0.258*** (4.46)	0.169 (1.46)
汽车数量	0.293*** (6.15)	0.293*** (5.68)	0.267*** (5.05)	0.364*** (3.40)
家庭支出对数	0.0751*** (5.13)	0.0749*** (5.07)	0.0714*** (3.82)	0.0679** (2.97)
家庭总资产对数	-0.0930*** (-5.58)	-0.0930*** (-5.49)	-0.0888*** (-4.32)	-0.0821** (-3.19)

续表

	所有家庭	所有家庭	年轻家庭	老年家庭
	(1)	(2)	(3)	(4)
房屋资产/总资产	0.719***	0.719***	0.749***	0.619***
	(9.95)	(9.73)	(8.59)	(4.97)
是否属于农村	-0.0277	-0.0280	-0.0205	0.00266
	(-0.55)	(-0.55)	(-0.35)	(0.03)
是否属于西部地区	0.197	0.197	0.112*	0.251***
	(0.32)	(0.21)	(2.10)	(3.43)
省级虚拟变量	控制	控制	不控制	不控制
常数项	-1.178***	-1.170***	-1.679**	2.875
	(-3.45)	(-3.38)	(-3.23)	(0.69)
样本数	6142	6142	4042	2100

注：①括号中的数字为 Z 检验值；② *、**、*** 分别代表10%、5%和1%的显著性水平；③所有结果均为稳健性方差下的模型结果。

为了考察收入不平等对不同收入水平家庭借贷行为的影响差异，在表5-8的第(2)列中，本书以最低收入家庭为参照组，设置了基尼系数和其他三个收入组的交叉项，第(3)列至第(6)列则是对四个收入组家庭的子样本估计结果。本书发现收入差距对最低收入家庭借贷行为的产生具有负向不显著的影响，相对于最低收入家庭来说，收入差距对中高收入家庭发生借贷行为的可能性抑制明显，对中上收入家庭借贷行为的抑制性是最强的。在子样本回归中收入差距对中低收入家庭的家庭借贷行为均存在抑制作用，尤其是对中下收入家庭的抑制尤为明显，而收入差距对于最高收入家庭的借贷行为存在不显著的正向影响。同样，为了考察收入不平等对不同年龄组家庭借贷行为的影响差异，在表5-9的第(2)列中，本书以年轻家庭为参照组，设置了基尼系数和老年家庭的交叉项，最后两列则是对不同年龄组家庭的子样本估计结果。结果显示，收入不平等对年轻家庭是否存在借贷行为的影响是负向不显著的，对老年家庭借贷行为的抑制作用要强于年轻家庭。从子样本回归结果来看，本书发现收入差距对年轻家庭的借贷行为存在显著的抑制影响，而对于老年家庭来说则是正向不显著的。

从影响家庭借贷行为的其他因素来看，本书发现户主年龄和受教育年限对家庭借贷行为的产生存在一定正向但不显著的影响，而户主的健康状况、工作状况与党员身份则对家庭借贷行为的产生有着非常显著的正向影响，这说明户主身体健康状况越差，家庭的借贷动机更加强烈，同时，有工作的户主和户主的党员身份能够提高家庭获得借贷的可能性，这与金烨、李宏彬（2009）的发现类似。在家庭特征方面，我们发现家庭规模、住房与汽车资产状况、生产经营状况以及家庭支出都对家庭是否发生借贷行为有着十分显著的正向影响。家庭总资产对数的系数则是负向显著的，说明家庭资产状况好的家庭发生借贷行为的可能性要低一些。从家庭所处的地区特征来看，家庭是否处于农村地区对家庭是否借贷的影响并不显著，但是本书发现家庭是否处于西部地区对家庭借贷是否借贷的影响是正向显著的。

从子样本的回归结果看，各自变量的系数符号和显著性基本保持稳定，个别子样本略有区别。例如，中低收入家庭与老年家庭的借贷行为对家庭规模和户主身体健康状况更为敏感，说明这些家庭抵抗疾病等变故的能力较弱；户主的党员身份对年轻家庭获得借贷有利；中高收入家庭和年轻家庭对是否从事生产经营项目比较敏感，最低收入家庭则对从事农业生产经营比较敏感，对工商业经营不敏感，这与其更多从事农业生产经营有关；而在支出和汽车耐用品消费方面，中低收入家庭对家庭支出和汽车数量的反应更为敏感，表明通过借贷来平衡消费、购买耐用品是影响其借贷行为的重要因素；在地区因素中，本书发现是否属于农村地区对各个子样本的影响均不存在显著影响，而是否处于西部地区这一虚拟变量对低收入家庭和老年家庭样本的影响是显著且正向的，说明西部地区的低收入家庭和老年家庭借贷意愿更强，其借贷行为存在明显的地区特点。

二、收入不平等对家庭借贷规模的影响

在本部分中，本书将通过 Tobit 模型来考察收入不平等对家庭借贷规模的影响，表 5-10 和表 5-11 分别给出了收入不平等对不同收入组和年龄组家庭借贷规模的影响。

表 5-10　　　　　　收入不平等对不同收入组家庭借贷规模的影响

	所有家庭	所有家庭	最低收入家庭	中下收入家庭	中上收入家庭	最高收入家庭
	（1）	（2）	（3）	（4）	（5）	（6）
基尼系数	-1.715***	-0.574***	-3.400***	-9.216***	-3.162***	-0.289***
	(0.0135)	(0.00622)	(0.0173)	(0.178)	(0.168)	(0.0503)
基尼系数×中下收入家庭		-0.901***				
		(0.00656)				

续表

	所有家庭 (1)	所有家庭 (2)	最低收入家庭 (3)	中下收入家庭 (4)	中上收入家庭 (5)	最高收入家庭 (6)
基尼系数×中上收入家庭		-3.122*** (0.0256)				
基尼系数×最高收入家庭		-1.961*** (0.0159)				
户主年龄	0.278*** (0.00311)	0.281*** (0.00309)	0.667*** (0.00826)	0.509*** (0.0105)	0.225*** (0.00848)	0.122*** (0.00489)
年龄的平方/100	-0.440*** (0.00469)	-0.445*** (0.00469)	-0.774*** (0.00975)	-0.647*** (0.0135)	-0.426*** (0.0134)	-0.370*** (0.0103)
受教育年限	0.0630*** (0.000371)	0.0758*** (0.000454)	0.0595*** (0.000496)	0.0509*** (0.000349)	0.160*** (0.00397)	0.181*** (0.00385)
户主健康状况	1.154*** (0.0114)	1.135*** (0.0112)	1.334*** (0.0212)	1.065*** (0.0155)	1.009*** (0.0313)	0.939*** (0.0196)
是否为党员	1.212*** (0.00659)	1.270*** (0.00709)	0.792*** (0.00313)	1.515*** (0.0257)	1.123*** (0.0179)	1.004*** (0.00250)
是否有工作	2.728*** (0.0345)	2.553*** (0.0327)	-1.754*** (0.0220)	4.635*** (0.102)	0.593*** (0.0389)	2.243*** (0.0577)
家庭规模	0.662*** (0.00627)	0.602*** (0.00579)	0.466*** (0.00740)	0.658*** (0.0122)	0.672*** (0.0155)	0.931*** (0.0191)
房屋数量	0.977*** (0.00891)	0.997*** (0.00913)	1.581*** (0.0196)	0.306*** (0.0134)	0.608*** (0.0110)	0.881*** (0.0163)
是否从事农业生产	2.074*** (0.0217)	2.015*** (0.0212)	0.996*** (0.0118)	2.281*** (0.0495)	2.763*** (0.0686)	2.800*** (0.0588)
是否从事工商业经营	1.698*** (0.0160)	1.703*** (0.0160)	0.603*** (0.0108)	1.612*** (0.0272)	2.743*** (0.0640)	1.287*** (0.0312)
汽车数量	2.454*** (0.0188)	2.364*** (0.0182)	1.471*** (0.0237)	4.017*** (0.0739)	4.026*** (0.0612)	1.393*** (0.0213)
家庭支出对数	0.706*** (0.00601)	0.757*** (0.00638)	0.836*** (0.0101)	0.582*** (0.00858)	0.936*** (0.0201)	1.112*** (0.0238)
家庭总资产对数	-0.584*** (0.00624)	-0.502*** (0.00557)	-0.203*** (0.00482)	-1.091*** (0.0224)	-1.344*** (0.0264)	0.293*** (0.00133)

续表

	所有家庭	所有家庭	最低收入家庭	中下收入家庭	中上收入家庭	最高收入家庭
	（1）	（2）	（3）	（4）	（5）	（6）
房屋资产/总资产	6.230***	6.020***	4.576***	7.720***	10.08***	3.717***
	(0.0557)	(0.0538)	(0.0603)	(0.137)	(0.206)	(0.0844)
是否属于农村	0.612***	0.553***	0.393***	-0.829***	0.981***	2.196***
	(0.00859)	(0.00792)	(0.00814)	(0.0114)	(0.0421)	(0.0499)
是否属于西部地区	2.085***	1.622***	15.50***	-7.928***	-11.52***	1.717***
	(0.0168)	(0.0130)	(0.207)	(0.172)	(0.220)	(0.0469)
省级虚拟变量	控制	控制	控制	控制	控制	控制
常数项	-16.69***	-17.44***	-24.94***	-12.38***	-8.815***	-25.51***
	(0.251)	(0.255)	(0.454)	(0.372)	(0.502)	(0.794)
样本数	6142	6142	1535	1527	1545	1535

注：①括号中的数字为标准差；②***代表1%的显著性水平；③所有结果均为稳健性方差下的模型结果。

表5-11　收入不平等对不同年龄组家庭借贷规模的影响

	所有家庭	所有家庭	年轻家庭	老年家庭
	（1）	（2）	（3）	（4）
基尼系数	-1.715***	-2.099***	-5.539***	-38.48*
	(0.0135)	(0.0184)	(0.0552)	(17.30)
基尼系数×老年家庭		1.486***		
		(0.0216)		
户主年龄	0.278***	0.321***	0.270***	-0.188***
	(0.00311)	(0.00375)	(0.00208)	(0.0111)
户主年龄的平方/100	-0.440***	-0.507***	-0.422***	-0.137***
	(0.00469)	(0.00569)	(0.00336)	(0.0155)
受教育年限	0.0630***	0.0666***	0.0619***	0.0388***
	(0.000371)	(0.000421)	(0.000367)	(0.000485)
户主健康状况	1.154***	1.150***	0.875***	1.914***
	(0.0114)	(0.0113)	(0.00901)	(0.0464)
是否为党员	1.212***	1.190***	1.807***	-0.329***
	(0.00659)	(0.00626)	(0.0116)	(0.0124)

续表

	所有家庭	所有家庭	年轻家庭	老年家庭
	（1）	（2）	（3）	（4）
是否有工作	2.728***	2.734***	4.265***	0.888***
	（0.0345）	（0.0344）	（0.0564）	（0.0285）
家庭规模	0.662***	0.656***	0.414***	1.023***
	（0.00627）	（0.00619）	（0.00365）	（0.0233）
房屋数量	0.977***	0.971***	1.365***	0.465***
	（0.00891）	（0.00883）	（0.0110）	（0.0164）
是否从事农业生产	2.074***	2.055***	2.275***	1.948***
	（0.0217）	（0.0214）	（0.0252）	（0.0552）
是否从事工商业经营	1.698***	1.711***	1.831***	1.304***
	（0.0160）	（0.0162）	（0.0197）	（0.0215）
汽车数量	2.454***	2.457***	2.268***	3.477***
	（0.0188）	（0.0189）	（0.0175）	（0.0778）
家庭支出对数	0.706***	0.718***	0.640***	0.810***
	（0.00601）	（0.00618）	（0.00554）	（0.0180）
家庭总资产对数	-0.584***	-0.586***	-0.603***	-0.625***
	（0.00624）	（0.00627）	（0.00647）	（0.0182）
房屋资产/总资产	6.230***	6.227***	5.961***	6.774***
	（0.0557）	（0.0556）	（0.0555）	（0.161）
是否属于农村	0.612***	0.636***	0.344***	1.949***
	（0.00859）	（0.00892）	（0.00619）	（0.0543）
是否属于西部地区	2.085***	2.158***	0.924***	1.515***
	（0.0168）	（0.0181）	（0.00212）	（0.357）
控制省级虚拟变量	控制	控制	控制	控制
常数项	-16.69***	-17.18***	-12.50***	13.35
	（0.251）	（0.259）	（0.200）	（8.307）
样本数	6142	6142	4042	2100

①括号中的数字为标准差；②*、*** 分别代表10%、1% 的显著性水平；③所有结果均为稳健性方差下的模型结果。

在表 5-10 的第（1）列中，对所有样本进行了回归分析，第（2）列则是在第（1）列的基础上以最低收入家庭为参照组设置了基尼系数和各收入组的交叉项，以考察收入差距对不同收入水平家庭借贷规模的影响差异。第（3）列至第（6）列则是对各收入组家庭的子样本回归结果。本书发现，在控制省级虚拟变量的条件下，收入不平等对家庭的借贷规模存在着十分显著的负向作用，在加入交互项后，基尼系数的符号方向以及显著性并未发生改变，相对于最低收入家庭来说，收入不平等对中上收入家庭借贷规模的负向作用是最强的，其次是最高收入家庭和中下收入家庭，在子样本回归中，基尼系数的符号仍是负向显著的，且中下收入家庭组的符号最大，说明收入差距的扩大会显著的降低中下收入家庭的借贷数额，而收入不平等对高收入家庭的借贷规模的负向作用则是最弱的，这与高收入家庭在金融市场具备较强的议价能力有关。与前面的研究结果类似，本书发现：户主年龄与家庭借贷规模之间存在着倒 U 型关系，即中年户主家庭借贷规模最大（胡枫、陈玉宇，2012）。户主的受教育年限、健康状况、党员身份和就业对家庭借贷数额具有正向的影响，但是最低收入家庭中户主有工作对家庭的借贷规模的影响是负向的，这说明对于低收入家庭来说就业能够有效提高收入水平，降低借贷需求；户主健康状况越差的家庭借贷规模相对要高；在家庭经济特征中，家庭规模、从事农业或工商业经营、房产和汽车的持有状况以及家庭支出水平等都对家庭借贷规模有着重要的正向影响，值得注意的是，房屋资产的持有状况是影响家庭借贷规模在最主要的影响因素，这与前文所分析的住房项目是家庭负债的主要动机相吻合；与 Probit 模型结果类似，家庭资产对家庭借贷规模存在着负向的显著影响；在地区因素中，本书发现是否处于农村地区和西部地区对家庭借贷规模存在显著的正向影响，这说明农村地区和西部地区的家庭借贷需求量更大。

表 5-11 则给出了收入不平等对不同年龄组家庭的借贷规模的影响结果，第（1）列仍是对所有家庭的 Tobit 回归结果，第（2）列则以年轻家庭为参照组，设置了基尼系数与老年家庭的交互项，结果表明，相对于年轻家庭，收入不平等对老年家庭借贷规模的负向影响相对较弱一些，这与本书关于收入差距扩大对年轻家庭借贷行为的影响更强的假设是基本吻合的，但是收入不平等对年轻家庭的借贷规模的影响仍然是负向显著的，说明年轻家庭并不存在通过借贷来提高消费水平和社会地位的动机。在第（3）列和第（4）列中我们给出了对年轻家庭和老年家庭的子样本回归结果，基尼系数的结果仍然是负向的，但值得注意的是老年家庭组的系数出现异常，数值和标准差均较大，说明该子样本的回归结果存在偏误，本书根据第（2）列的结果分析认为收入不平等对于年轻家庭借贷规模的

抑制作用是要强于老年家庭的。其他变量的回归结果与前文类似，但是两个年龄组略有差别，例如老年家庭户主的党员身份对家庭借贷数额影响是负向的，老年家庭组对户主的身体健康状况的反应更为敏感。同时，"是否属于农村地区"和"是否属于西部地区"这两个虚拟变量都对家庭借贷规模有显著正向影响，说明家庭借贷行为存在较为显著的地区特征。

三、稳健性检验

（一）敏感性检验

由于基尼系数只是测量收入不平等的指标之一，且其仅能表示收入的总体分布情况，无法体现出收入分布的两段差距，而 Ratio75/25（即处于75%分位家庭的人均收入和处于25%分位家庭的人均收入比值）则能表示收入分布的两端差距。因此，本书将用 Ratio75/25 来作为表示收入不平等的指标进行敏感性检验，以考察前述计量结果的稳健性。表5-12报告了敏感性检验的结果，第（1）列至第（3）列考察的是收入不平等对家庭是否存在借贷的影响，而第（4）列至第（6）列考察的是收入不平等对家庭借贷规模的影响程度。与前文类似，为了考察收入不平等对不同类型家庭的影响程度，本书设置了 Ratio 75/25 与家庭类型的交叉项。第（1）列的结果表明，在控制省级虚拟变量的条件下，收入不平等对家庭是否发生借贷行为存在负向不显著的影响，第（2）列的结果则表明，收入不平等对最低收入家庭的借贷行为存在着正向但不显著的影响，而对于较高收入水平家庭的抑制作用十分明显，这与前述的研究结果十分一致；本书在第（3）列中设置了 Ratio75/25 与老年家庭的交叉项，结果与表5-9的第（2）列类似。当被解释变量为家庭借贷规模时，收入不平等对家庭负债规模的影响仍是负向且显著的，而在以最低收入家庭为参照组设置收入不平等与家庭收入类型的交叉项后，收入不平等对最低收入家庭的借贷规模存在不显著的正向影响，但对其他收入较高的家庭的借贷规模仍存在着较为显著的抑制作用，这与前文的计量结果是相吻合的，唯一不同的就是以基尼系数来表示收入不平等时，收入不平等对最低收入家庭的借贷规模是负向显著的，这说明最低收入家庭的借贷规模对整体的收入不平等更为敏感。第（6）列的结果则显示，收入不平等对年轻家庭借贷规模的影响是负向显著的，对老年家庭借贷规模的抑制影响相对较弱，这与表5-11中的第（2）列估计结果相吻合。敏感性检验的结果表明，当收入不平等的指标由基尼系数换为 Ratio 75/25 时，收入不平等指标的系数与显著性并未发生明显变化，其他自变量的符号与显著性也基本保持稳定，这说明我们的结果是稳健的。

表 5-12　稳健性检验 1：使用 Ratio 75/25 作为收入不平等指标

	家庭是否负债			家庭负债规模		
	（1）	（2）	（3）	（4）	（5）	（6）
Ratio 75/25	-0.00896	0.0226	-0.00867	-0.155***	0.000203	-0.186***
	(0.0221)	(0.0236)	(0.0222)	(0.000415)	(0.00100)	(0.000598)
Ratio×中下收入家庭		-0.0282*			-0.115***	
		(0.0127)			(0.000650)	
Ratio×中上收入家庭		-0.0567***			-0.452***	
		(0.0140)			(0.00346)	
Ratio×最高收入家庭		-0.0477**			-0.272***	
		(0.0155)			(0.00167)	
Ratio×老年家庭			-0.00271			0.209***
			(0.0169)			(0.00285)
户主年龄	0.0131	0.0140	0.0127	0.287***	0.296***	0.329***
	(0.0105)	(0.0106)	(0.0108)	(0.00313)	(0.00315)	(0.00371)
年龄的平方/100	-0.0333**	-0.0345**	-0.0325**	-0.447***	-0.459***	-0.514***
	(0.0108)	(0.0109)	(0.0117)	(0.00469)	(0.00474)	(0.00561)
受教育年限	0.00569	0.00776	0.00563	0.0614***	0.0729***	0.0663***
	(0.00577)	(0.00584)	(0.00577)	(0.000360)	(0.000402)	(0.000423)
身体健康状况	0.185***	0.182***	0.185***	1.154***	1.130***	1.153***
	(0.0192)	(0.0192)	(0.0192)	(0.0114)	(0.0112)	(0.0113)
是否为党员	0.115*	0.127*	0.115*	1.221***	1.286***	1.201***
	(0.0494)	(0.0496)	(0.0494)	(0.00662)	(0.00708)	(0.00631)
工作状况	0.345***	0.322***	0.345***	2.746***	2.587***	2.731***
	(0.0678)	(0.0681)	(0.0678)	(0.0339)	(0.0323)	(0.0336)
家庭规模	0.0963***	0.0842***	0.0964***	0.661***	0.590***	0.652***
	(0.0125)	(0.0130)	(0.0125)	(0.00627)	(0.00581)	(0.00614)
房屋数量	0.149***	0.154***	0.149***	0.981***	1.009***	0.965***
	(0.0392)	(0.0393)	(0.0392)	(0.00893)	(0.00915)	(0.00871)
是否从事农业生产	0.235***	0.229***	0.235***	2.064***	2.009***	2.048***
	(0.0531)	(0.0533)	(0.0532)	(0.0217)	(0.0213)	(0.0215)
是否从事工商业经营	0.219***	0.219***	0.219***	1.700***	1.669***	1.719***
	(0.0537)	(0.0537)	(0.0537)	(0.0160)	(0.0156)	(0.0162)

续表

	家庭是否负债			家庭负债规模		
	(1)	(2)	(3)	(4)	(5)	(6)
汽车数量	0.294***	0.289***	0.294***	2.453***	2.364***	2.458***
	(0.0516)	(0.0516)	(0.0516)	(0.0188)	(0.0180)	(0.0189)
支出对数	0.0749***	0.0841***	0.0748***	0.703***	0.758***	0.716***
	(0.0148)	(0.0150)	(0.0148)	(0.00601)	(0.00635)	(0.00618)
总资产对数	-0.0931***	-0.0823***	-0.0931***	-0.580***	-0.491***	-0.576***
	(0.0169)	(0.0173)	(0.0169)	(0.00624)	(0.00563)	(0.00618)
房屋资产/总资产	0.721***	0.688***	0.721***	6.226***	5.991***	6.215***
	(0.0739)	(0.0748)	(0.0739)	(0.0558)	(0.0539)	(0.0555)
是否属于农村地区	-0.0283	-0.0379	-0.0287	0.612***	0.568***	0.664***
	(0.0508)	(0.0510)	(0.0508)	(0.00862)	(0.00804)	(0.00924)
是否属于西部地区	0.195	0.104	0.198	2.040***	1.211***	1.919***
	(0.923)	(0.888)	(0.923)	(0.0170)	(0.0113)	(0.0158)
省级虚拟变量	控制	控制	控制	控制	控制	控制
常数项	-1.376***	-1.514***	-1.368***	-17.40***	-18.38***	-18.07***
	(0.323)	(0.328)	(0.326)	(0.258)	(0.262)	(0.267)
样本数	6142	6142	6142	6142	6142	6142

注：①括号中的数字为标准差；②*、**、***分别代表10%、5%和1%的显著性水平；③所有结果均为稳健性方差下的模型结果。

（二）反事实检验

在前面的分析中本书发现收入不平等对家庭是否发生借贷行为存在不显著的负向的影响，但是对家庭的负债规模有着十分显著的抑制作用，即家庭不存在为了提高社会地位而借贷或提高借贷规模的动机，而家庭负债有一部分是用于家庭消费的，从而收入不平等应该会对家庭消费也产生一定的抑制作用。为了检验模型的稳健性，本书以家庭支出的对数作为因变量，分别用三个不同的指标来表示收入不平等，以考察收入不平等对家庭消费支出的影响，进行反事实检验。如果收入不平等对家庭的消费影响是正向显著的，则说明本书的结果可能存在问题。

在表5-13中第（1）列、第（2）列中，本书通过与前文一致的分组方法来计算基尼系数作为收入不平等指标；第（3）列、第（4）列则是以Ratio75/25

来表示收入不平等；在第（5）列、第（6）列中，本书缩小了年龄间距，参照组由三个增加到五个：35 岁以下组、35—45 岁组、45—55 岁组、55—65 岁组以及 65 岁以上组，在此基础上计算基尼系数来表示收入不平等程度。结果表明，在控制了家庭收入的条件下，无论是以基尼系数还是 Ratio75/25 来表示收入差距，收入不平等对家庭的消费支出的抑制作用都十分明显，尤其以对最低收入家庭的抑制作用最为突出。第（1）列、第（3）列和第（5）列的结果表明，收入不平等对最低收入家庭支出的负向影响都是强烈的，但是对其他收入水平较高的家庭则要弱得多；同样，第（2）列、第（4）列的结果表明收入不平等对年轻家庭的消费存在不显著的负向影响，而对老年家庭的消费抑制尤为明显，第（6）列的系数虽然是正向的，但并不显著，且对老年家庭消费的影响仍是负向的。以上结果表明收入不平等对中低收入家庭的消费存在着负向影响，说明在收入不平等扩大的背景下，通过借贷来提高消费水平进而提高社会地位的动机并不明显，而通过抑制消费来积累财富以寻求更高社会地位才是大多数家庭的选择（金烨等，2011）。反事实检验的结果与本书前文的结论是相互印证的，有力地证明了有关家庭借贷的计量模型的稳健性。

表 5-13　　　　　稳健性检验 2：反事实检验（OLS 回归）

	log（家庭总支出）					
	三个参照组基尼系数		Ratio 75/25		五个参照组基尼系数	
	（1）	（2）	（3）	（4）	（5）	（6）
收入不平等	-0.958** (0.317)	-0.0991 (0.312)	-0.129*** (0.0267)	-0.0453 (0.0251)	-0.429 (0.279)	0.489 (0.276)
收入不平等 × 中下收入家庭	0.452*** (0.118)		0.0493** (0.0157)		0.450*** (0.120)	
收入不平等 × 中上收入家庭	0.906*** (0.136)		0.111*** (0.0171)		0.928*** (0.139)	
收入不平等 × 最高收入家庭	1.339*** (0.165)		0.162*** (0.0196)		1.315*** (0.169)	
收入不平等 × 老年家庭		-0.643*** (0.195)		-0.0807*** (0.0221)		-0.653** (0.200)
户主年龄	0.0608*** (0.0130)	0.0440** (0.0138)	0.0580*** (0.0129)	0.0469*** (0.0134)	0.0618*** (0.0131)	0.0483*** (0.0136)

续表

	log（家庭总支出）					
	三个参照组基尼系数		Ratio 75/25		五个参照组基尼系数	
	（1）	（2）	（3）	（4）	（5）	（6）
年龄的平方/100	-0.0805***	-0.0546***	-0.0775***	-0.0587***	-0.0805***	-0.0580***
	(0.0131)	(0.0150)	(0.0129)	(0.0142)	(0.0130)	(0.0148)
受教育年限	0.0286***	0.0389***	0.0303***	0.0382***	0.0285***	0.0388***
	(0.00748)	(0.00749)	(0.00750)	(0.00745)	(0.00749)	(0.00748)
身体健康状况	0.00916	0.00295	0.00890	0.00170	0.00697	0.00263
	(0.0247)	(0.0246)	(0.0247)	(0.0248)	(0.0247)	(0.0246)
是否为党员	0.132*	0.178**	0.129*	0.179**	0.133*	0.178**
	(0.0597)	(0.0587)	(0.0596)	(0.0594)	(0.0596)	(0.0586)
工作状况	-0.0370	-0.108	-0.0395	-0.0748	-0.0592	-0.127
	(0.0858)	(0.0897)	(0.0853)	(0.0888)	(0.0841)	(0.0880)
家庭规模	0.119***	0.0814***	0.118***	0.0826***	0.118***	0.0819***
	(0.0178)	(0.0157)	(0.0172)	(0.0157)	(0.0179)	(0.0158)
房屋数量	0.0137	0.0349	0.0169	0.0378	0.0138	0.0353
	(0.0400)	(0.0397)	(0.0404)	(0.0396)	(0.0401)	(0.0397)
是否从事农业生产	0.0750	0.0675	0.0752	0.0620	0.0727	0.0669
	(0.0631)	(0.0648)	(0.0630)	(0.0643)	(0.0629)	(0.0646)
是否从事工商业经营	0.147	0.157*	0.164*	0.155	0.150	0.157*
	(0.0800)	(0.0788)	(0.0798)	(0.0791)	(0.0805)	(0.0797)
汽车数量	0.374***	0.386***	0.362***	0.385***	0.377***	0.387***
	(0.0580)	(0.0583)	(0.0577)	(0.0587)	(0.0584)	(0.0583)
总资产对数	0.275***	0.324***	0.277***	0.322***	0.276***	0.324***
	(0.0201)	(0.0197)	(0.0204)	(0.0199)	(0.0202)	(0.0198)
房屋资产/总资产	-0.685***	-0.824***	-0.694***	-0.822***	-0.684***	-0.820***
	(0.0909)	(0.0922)	(0.0932)	(0.0927)	(0.0912)	(0.0928)
是否属于农村	-0.124	-0.154*	-0.139*	-0.164*	-0.120	-0.150*
	(0.0638)	(0.0645)	(0.0637)	(0.0641)	(0.0635)	(0.0641)
是否属于西部地区	-0.495	-0.748	-0.362	-0.694	-0.520	-0.745
	(1.068)	(1.223)	(1.078)	(1.205)	(1.091)	(1.231)
省级虚拟变量	控制	控制	控制	控制	控制	控制
常数项	5.086***	4.886***	5.102***	4.899***	4.760***	4.462***
	(0.434)	(0.443)	(0.401)	(0.408)	(0.445)	(0.441)
样本数	6142	6142	6142	6142	6142	6142

注：①括号中的数字为标准差；②*、**、***分别代表10%、5%和1%的显著性水平；③所有结果均为稳健性方差下的模型结果。

(三) 改变分组方法

除了替换收入不平等的指标与进行反事实检验外，本书还尝试改变参照组的划分方法来检验模型的稳健性。在原先的考虑中，为了使各个参照组尽量积聚较多的样本，参照组的年龄间距设置较大，为了检验分组方法的正确性和模型的稳健性，现在考虑对参照组的年龄间距进行调整，由原来的三个参照组增加到前述五个年龄参照组并计算基尼系数，再次进行稳健性检验。表5-14结果表明，改变分组方法后，前述实证结果仍是稳健的。

表5-14　　　　　　　稳健性检验3：改变分组方法

	家庭是否负债			家庭负债规模		
	(1)	(2)	(3)	(4)	(5)	(6)
基尼系数	-0.369 (0.202)	-0.166 (0.211)	-0.362 (0.208)	-2.295*** (0.0235)	-1.323*** (0.0161)	-2.941*** (0.0327)
基尼系数× 中下收入家庭		-0.215* (0.0965)			-0.737*** (0.00530)	
基尼系数× 中上收入家庭		-0.425*** (0.106)			-3.131*** (0.0257)	
基尼系数× 最高收入家庭		-0.337** (0.122)			-1.759*** (0.0140)	
基尼系数× 老年家庭			-0.0173 (0.138)			1.422*** (0.0216)
户主年龄	0.0122 (0.0105)	0.0132 (0.0106)	0.0118 (0.0109)	0.267*** (0.00298)	0.269*** (0.00296)	0.303*** (0.00355)
年龄的 平方/100	-0.000332** (0.000108)	-0.0346** (0.0109)	-0.0325** (0.0120)	-0.432*** (0.00460)	-0.437*** (0.00460)	-0.492*** (0.00554)
受教育年限	0.00541 (0.00578)	0.00742 (0.00586)	0.00537 (0.00578)	0.0612*** (0.000357)	0.0720*** (0.000423)	0.0642*** (0.000403)
身体健康 状况	0.185*** (0.0192)	0.182*** (0.0192)	0.185*** (0.0192)	1.157*** (0.0114)	1.145*** (0.0113)	1.153*** (0.0113)
是否为党员	0.117* (0.0494)	0.128** (0.0495)	0.118* (0.0494)	1.217*** (0.00660)	1.261*** (0.00696)	1.198*** (0.00630)

续表

	家庭是否负债			家庭负债规模		
	（1）	（2）	（3）	（4）	（5）	（6）
工作状况	0.351***	0.327***	0.351***	2.739***	2.566***	2.751***
	（0.0675）	（0.0679）	（0.0676）	（0.0347）	（0.0330）	（0.0348）
家庭规模	0.0959***	0.0849***	0.0960***	0.660***	0.604***	0.654***
	（0.0125）	（0.0130）	（0.0125）	（0.00626）	（0.00583）	（0.00618）
房屋数量	0.149***	0.152***	0.149***	0.976***	0.993***	0.971***
	（0.0390）	（0.0392）	（0.0390）	（0.00889）	（0.00907）	（0.00883）
是否从事农业生产	0.235***	0.226***	0.235***	2.079***	2.023***	2.062***
	（0.0532）	（0.0534）	（0.0532）	（0.0218）	（0.0213）	（0.0215）
是否从事工商业经营	0.221***	0.222***	0.221***	1.715***	1.718***	1.728***
	（0.0537）	（0.0537）	（0.0537）	（0.0161）	（0.0161）	（0.0163）
汽车数量	0.292***	0.283***	0.292***	2.448***	2.350***	2.451***
	（0.0516）	（0.0515）	（0.0516）	（0.0187）	（0.0180）	（0.0188）
家庭支出对数	0.0753***	0.0836***	0.0752***	0.710***	0.758***	0.720***
	（0.0148）	（0.0150）	（0.0148）	（0.00604）	（0.00639）	（0.00619）
总资产对数	-0.0931***	-0.0831***	-0.0931***	-0.588***	-0.511***	-0.590***
	（0.0169）	（0.0173）	（0.0169）	（0.00626）	（0.00564）	（0.00630）
房屋资产/总资产	0.720***	0.688***	0.720***	6.238***	6.037***	6.232***
	（0.0738）	（0.0749）	（0.0738）	（0.0557）	（0.0539）	（0.0556）
是否属于农村	-0.0309	-0.0442	-0.0311	0.591***	0.523***	0.610***
	（0.0508）	（0.0511）	（0.0508）	（0.00836）	（0.00759）	（0.00863）
是否属于西部地区	0.190	0.144	0.190	2.024***	1.609***	2.115***
	（0.914）	（0.892）	（0.913）	（0.0161）	（0.0127）	（0.0177）
省级虚拟变量	控制	控制	控制	控制	控制	控制
常数项	-1.164***	-1.266***	-1.162***	-16.04***	-16.66***	-16.26***
	（0.342）	（0.345）	（0.343）	（0.241）	（0.244）	（0.245）
样本数	6142	6142	6142	6142	6142	6142

注：①括号中的数字为标准差；② *、**、*** 分别代表10%、5% 和1% 的显著性水平；③所有结果均为稳健性方差下的模型结果。

四、结果分析与讨论

综合以上的结果分析，本书发现在控制家庭收入的条件下，收入不平等对家庭是否产生借贷行为存在着负向但并不显著的影响，相对于最低收入家庭，收入不平等对中高收入家庭，尤其是中下收入家庭的借贷行为存在着较为显著的抑制作用。同样，收入不平等对年轻家庭的借贷行为存在较为显著的负向影响，对于老年家庭的抑制作用相对较弱。从家庭负债规模来看，本书发现入不平等对家庭负债规模的影响是负向显著的，但是其对不同年龄组和收入组家庭借贷规模的影响存在差异，收入不平等对中下收入家庭和年轻家庭借贷规模的负向影响是最强的。另外，本书发现户主的人口统计学特征和家庭的资产持有状况、生产经营状况等均是影响家庭借贷行为的重要因素。值得注意的是，本书发现"是否处于西部地区"这一虚拟变量对家庭的借贷行为和借贷规模均存在显著影响，而"是否处于农村地区"则对家庭的负债规模有显著正向影响。这说明我国西部地区和农村地区家庭的借贷活动较为活跃，信贷需求较大。

通过以上分析，本书认为我国家庭通过借贷来显示社会地位和追赶富裕同龄人消费水准的动机并不强烈，这或许可以从信贷需求和供给两个角度来对该现象进行解释。从需求层面来说，中低收入家庭和年轻家庭或许具有提升社会地位的较强动机，但是通过借贷来提升消费水平并不是其提高社会地位的主要途径，而通过抑制消费来增加储蓄和积累财富、增加人力资本投入可能才是其提升社会地位的主要途径（Long & Shimomura，2004；金烨等，2011），本书在稳健性检验中也发现收入不平等对家庭消费存在十分显著的抑制作用，验证了此类观点。另外，受传统的消费观念影响，我国家庭对透支未来收入的借贷持谨慎态度，面对巨大的生存压力和较高的消费目标，中低收入家庭更加倾向于提高储蓄（Liao等，2010；程令国、张晔，2011；汪伟、郭新强，2011）。从信贷供给层面来看，由于我国金融发展水平较低，中低收入群体存在的借贷需求难以得到满足的结果。从前文的描述性统计中，本书发现随着收入水平的提高，家庭从正规金融渠道获得借款的可能性增大，高收入家庭来自正规金融渠道的贷款比例也明显高于低收入家庭，这表明收入较低的家庭较难获得正规金融渠道的资金支持（刘辉煌、吴伟，2014；Coibion等，2014），而非正规金融渠道借款的获得与家庭的收入水平同样是相关的，因而低收入家庭的信贷需求往往难以得到满足，从而抑制了其借贷行为。

本章小结

收入不平等历来是经济学研究中的热点问题，而由于收入差距扩大所引起的一系列经济现象也非常值得关注。本章基于"中国家庭金融调查"（CHFS）2011年度的调查数据，通过构建Pobit模型和Tobit模型考察了收入不平等对家庭借贷决策的影响，并对不同类型家庭的债务用途、债务组合配置以及债务来源进行了较为详细的分析。实证结果表明：①收入水平是影响家庭获得正规金融渠道贷款的主要因素，收入越高，家庭获得正规金融机构信贷支持的可能性越大。②收入不平等对家庭是否发生借贷行为存在着负向但并不显著的影响，相对于最低收入家庭，收入不平等对中高收入家庭，尤其是中下收入家庭的借贷行为存在着较为显著的抑制作用。另外，收入不平等对年轻家庭的借贷行为存在较为显著的负向影响，对于老年家庭借贷行为的抑制作用相对较弱。③从家庭负债规模来看，我们发现收入不平等对家庭负债规模的影响是负向显著的，但是其对收入组家庭和不同年龄组借贷规模的影响存在差异，收入不平等对中下收入家庭和年轻家庭借贷规模的负向影响是最强的。④收入不平等会显著地抑制而非刺激中低收入家庭的消费支出。⑤户主的人口统计学特征和家庭的资产持有状况、生产经营状况等均是影响家庭借贷行为的重要因素。我国家庭的借贷行为存在明显的地区特征，西部地区和农村地区家庭的借贷活动较为活跃，信贷需求较大。

本书的研究结果表明，虽然收入差距的扩大可能会增加最低收入家庭的借贷需求，但是相似年龄参照组内收入不平等的扩大并不会导致中低收入家庭去寻求借贷或增加借贷规模，在收入不平等扩大的背景下，通过借贷来提高消费水平以显示和保持自身社会地位的动机并不明显，而通过抑制消费来积累财富以获得更高的社会地位才是大多数家庭的选择。由此本书大致可以得出收入不平等并不是导致中国家庭债务迅速增长的主要原因的结论。

本章研究具有较为重要的理论和政策价值。在理论方面，率先使用我国的微观家庭调查数据对收入不平等对家庭借贷行为的影响进行了实证检验，为后续的相关实证与理论研究奠定了基础，具备较高的文献价值。在政策价值方面，本章的研究结论对于收入分配、信贷政策、扩大内需和扶贫开发等经济政策的制定具有较大的政策意义。

首先，在经济增长放缓的"新常态"下，政府应继续深化收入分配改革，着力提高中低收入群体的收入水平，对过高收入群体进行调控，进一步发挥政府转移支付的作用，防范收入差距进一步扩大所带来的一系列严重后果，成功跨越"中等收入陷阱"，保证社会的公平正义，从而实现全面建成小康社会的目标。

其次，长期以来，我国居民消费对经济增长的贡献率一直较低，内需严重不足，而收入差距的扩大是居民消费不足的重要原因，因此政府需要对最低收入家庭进行托底，实现底线公正，缓解收入差距扩大对居民消费的抑制作用，进一步释放居民消费的潜力，以实现"扩内需、保增长"的目标。

再次，已有研究表明家庭的适当负债能够帮助家庭平滑消费、增加收入和减少贫困，提升家庭福利水平。而本章的研究发现，中低收入家庭较难获得正规金融渠道的借贷，在当前国家开展扶贫开发攻坚战的大背景下，政府在扶贫开发过程中，应深化金融市场改革，应进一步加强对贫困家庭的信贷支持。在预防金融风险的前提下，推进金融创新，发展村镇银行和小额贷款，降低信贷门槛，适当增加正规金融机构对中低收入家庭的信贷支持，提高其信贷的可获得性，支持家庭的生产经营活动，帮助贫困家庭顺利脱贫，提高其家庭收入和福利水平。最后，政府的金融政策应适当地向农村家庭和西部地区家庭倾斜，为这些信贷需求较强的家庭提供针对性的信贷支持。

最后，本章是基于截面数据来考察收入不平等与家庭借贷行为的，所获得的样本量不是很多，因而可能对基尼系数计算的准确性存在一定影响，可能需要数据量更多的面板数据来进行验证。另外，本章更多的是从信贷需求的角度来考察收入不平等对家庭借贷行为的影响的，对信贷供给的考虑不足。这些问题都有待后续研究进行更加深入的探讨。

第六章 收入不平等、社会保障支出与家庭借贷行为

本章利用中国家庭追踪调查（CFPS）数据和与之相匹配的省级层面社会保障支出数据，采用随机效应面板 Probit、Tobit 模型和工具变量法，考察了收入不平等对家庭借贷行为的影响，并探讨了社会保障支出在其中扮演的作用。本章第一节为引言；第二节考察中国社会保障支出结构及其变动；第三节为变量选取与描述性统计分析；第四节为实证分析。

第一节 引　言

一、问题的提出

改革开放以来，伴随着国民经济的快速增长，中国家庭收入差距逐渐拉大。尽管国家统计局官方数据显示近年中国居民收入基尼系数呈下降趋势①，但部分学者认为基尼系数的测量是复杂的，容易产生偏差以致被低估，由此推断中国居民收入不平等已经进入下行通道可能还为时过早（杨耀武、杨澄宇，2015）。且依中国家庭金融调查中心所公布的数据来看②，中国收入差距过大已是不争的事实，且仍处在继续上升阶段（李实、罗楚亮，2011）。收入不平等的扩大不仅不利于经济的持续增长与社会安定，而且对家庭决策产生深远的影响，尤其是对家

---

① 据国家统计局官方数据显示我国居民收入基尼系数从 2008 年的 0.491 逐步降至 2017 年的 0.467。
② 中国家庭金融调查中心（CHFS）公布的 2010 年全国居民收入差距的基尼系数为 0.61。

庭借贷行为的影响。

伴随着中国收入不平等的不断上升，我国家庭借贷总规模急剧扩张，并呈现出明显的地区差异特征，这可能与本地区的城镇化水平、经济发展程度和房价等因素密切相关。社会保障作为收入分配的"调节器"（陈成，2014），主要是通过再分配的方式提高弱势群体收入水平，缩小群体间收入差距，进而在一定程度上影响家庭借贷行为。过去10年，我国财政社会保障支出绝对规模大幅提高，但不同地区社会保障支出规模存在明显差异。通过对比不同地区社会保障支出与家庭债务余额发现，社会保障支出越高的地区，家庭债务余额相对较低[①]。可见，社会保障支出在收入不平等影响家庭债务过程中扮演着重要角色，不同区域间社会保障支出的差别是造成区域家庭债务规模增长差异的重要原因。当然，本章还需要对于该结论的真实性进行实证检验。

二、文献述评

国内外关于收入不平等与家庭债务间关系的研究文献比较丰富，现有学者主要从宏观和微观角度，借助不同的计量模型，实证检验了两者间的相关关系，且大部分学者认为收入不平等的扩大是导致家庭债务规模上升的原因。2008年美国金融危机的爆发，使得收入不平等与家庭债务关系的研究再次引起广泛关注。部分学者尝试从宏观角度，利用国别或者跨国面板数据，构建不同计量模型来分析收入不平等与家庭债务间的关系并解释诱发经济危机的原因。其中，DSGE模型作为大型宏观经济预测模型，深受各位学者青睐。Iacoviello（2008）利用美国数据，构建了一个包含耐心家庭和无耐心家庭的异质性DSGE模型，较好地解释了家庭债务增长的内生动力。同样，Kumhof等（2015）发现当收入集中在高收入家庭时，中等收入和贫困家庭将通过借款来维持消费水平。但是，如果贫困和中等收入家庭的实际收入并没有恢复，这些家庭的杠杆率将继续上升，最终导致贷款违约，从而提高了金融危机的可能性。鉴于该模型前提假设过于理想化，

[①] 2018年社会保障支出相对较高的三个地区四川、辽宁、河南，其社会保障支出分别为：1644.2亿元、1463.6亿元和1298.55亿元，相应家庭债务增额分别为1962亿元、637亿元和1653亿元；社会保障支出相对较低的地区如上海、北京、福建，其社会保障支出分别为933.4亿元、835.7亿元和468.6亿元，相应家庭债务增额依次为4116亿元、4203亿元和2192亿元，其中社会保障支出数据来源于国家统计局及中国财政部网站，家庭债务增额数据根据中国人民银行公布的《中国区域金融运行报告》（2004—2018年）整理所得。

Ranciere 等（2012）又将其扩展到开放型经济环境下，在考虑金融自由化冲击下，揭示高收入不平等影响国内外负债的传导机制。当然，也有部分学者采用如固定效应模型、VAR 模型、SUR 模型和 DOLS 模型，专门对收入不平等与家庭债务间的关系进行量化分析，也发现类似结论（Christen & Morgan，2005；Malinen，2013；Klein，2015）。但 Bordo 和 Meissner（2012）基于 14 个发达国家数据，并未发现信贷繁荣和金融危机与日益上升的收入不平等相关，也并未发现高收入家庭收入份额的增加会引起信贷繁荣。

收入不平等与家庭债务间理论关系的阐释起源于杜森贝利的相对收入假说和莫迪利安尼的生命周期假说，但学者们似乎从这两个角度，利用相关微观数据进行的实证检验比较少，且并未得到一致的结论。一些学者基于"示范效应"理论发现，当家庭收入差距提高时，消费者会通过借贷维持自身消费水平，进而提高了家庭债务总规模（Christen & Morgan，2005；Ryoo & Kim，2016）。短期内，收入差距的上升，消费者可以通过家庭借贷来平滑消费，但长期内，过高的负债加重了中低收入家庭经济负担，提高了信贷违约概率，易造成金融不稳定，甚至引发金融危机（Rajan，2010）。Georgarakos 等（2014）使用荷兰 DNB 家庭调查数据，采用 Probit 和 Tobit 模型实证发现，社会圈对家庭借贷存在明显的影响。家庭不仅效仿相似社会圈中高收入家庭的消费支出，而且更愿意通过借贷来满足其需求，因为他们对未来收入期望较高。Lebarz（2014）利用 21 个 OECD 国家财富微观调查数据发现，位于收入分配底部的家庭由于缺乏收入流动性，往往要比高收入家庭经历更高的家庭杠杆。而郭新华等（2016）使用 2013 年 CHFS 数据发现，中国家庭并不存在为了追求更高社会地位而进行借贷的动机。相反，储蓄才是保证家庭社会地位的重要方式（金烨等，2011）。综上所述，尽管大部分学者认为收入不平等的扩大提高了家庭债务规模，但仍有部分学者得出相反结论。造成这一结果差异的原因一方面可能在于发展中国面临着信贷约束，另一方面可能归因于模型内生性问题引起的偏差。尽管 Bellet（2012）认为较高的私人债务总额不可能增加高收入份额，即家庭债务与收入不平等之间的反向因果关系是不成立的。但考虑到模型核心解释变量和被解释变量可能会受模型以外无法观测到的变量的共同影响，如风俗与制度，从而产生遗漏变量误差，且 Berishab 和 Meszaros（2016）确实发现家庭债务的增加会降低收入不平等。因而模型内生性是正确识别收入不平等与家庭债务间关系的一个重要问题，不容忽视。因此，为了准确估计收入不平等与家庭债务之间的关系，仍需使用新的数据和估计方法进行研究。

另外，收入不平等与家庭债务间作用机理的研究也是一支非常重要的文献。目前，学者们尝试从信贷供给和信贷需求两方面对两者间影响机制进行详细探讨。其中，信贷供给主要从银行角度展开讨论，而信贷需求则主要从消费者角度出发，且二者间息息相关。Rajan（2010）发现美国收入差距的日益扩大提高了住房信贷的政治压力，而这种压力迫使政府部门要求银行放松信贷，提高了金融自由化程度，进而造成家庭债务规模过高并出现经常账户赤字（Bazillier & Hericourt，2017；Ranciere et al.，2012）。而从消费者个人来说，则可区分为相对社会地位外部性和自身议价能力两种机制。消费者所购买的商品不仅具有使用功能，在一定程度上还可以彰显其社会地位。故 Bellet（2012）从相对社会地位外部性出发，发现低收入家庭的借贷偏好随着高收入份额的增加而增加，故认为相对地位外部性更好地解释了收入不平等提高低收入家庭债务的原因，但该模型的核心假设存在一定的局限性。另外，Kumhof 等（2015）发现当工人自身议价能力增加时，家庭借贷能力也得到提高，他认为消费者的议价能力是收入不平等与家庭债务增长的重要传导机制。

社会保障支出是有效调节居民收入差距的重要手段，随着国家财政社会保障支出规模的不断增加，家庭收入水平发生变化，进而对家庭决策产生一系列影响。社会保障支出是以社会保险金为主，社会救济和社会福利为辅，保障人们基本权益，具有救济和最低保障职能，因而带有社会保险性质的社会保障支出在一定程度上可以消除收入不确定性，为家庭带来稳定、可持续的收入来源，进而影响家庭消费（Feldstein，1974）、储蓄（Habburd & Judd，1987）和投资计划（孙祁祥、肖志光，2013），但对家庭借贷影响的文献几乎没有。Stephens（2003）发现社会保障支出的增加提高了家庭消费支出。王金波（2017）也发现社会保障支出对消费产生了挤进作用。那么，依照生命周期假说和跨期消费决策理论，社会保障支出与家庭借贷作为提高家庭消费的两种手段，两者间似乎存在某种替代关系，但这种效应很少被关注。Blanchard 和 Fischer（1989）将社会养老保障引入代际交叠模型，发现以保障低收入群体生活水平为目的社会保障支出通过将年轻人的部分工资过渡给老年人，间接提高其收入水平，进而降低了老年人的家庭借贷动机。Hurst 和 Willen（2007）发现如果社会保障能够用来清偿债务，那么家庭能够完全摆脱债务或者大幅度降低他们对高利息无担保的风险债务。

从现有研究来看，国内学者对收入不平等与家庭借贷行为间关系的探讨，尤其是两者间作用机制的研究比较少,且鲜有学者尝试将社会保障支出与收入不平等和家庭借贷行为相联系,探讨收入不平等过程中社会保障支出对家庭借贷行为的影响。为此,本章使用中国家庭追踪调查(CFPS)2010—2014年面板数据和与之相匹配的省级宏观数据,采用随机效应面板Probit模型和Tobit模型与工具变量法,着重考察了收入不平等与社会保障支出对家庭借贷行为的影响,并进一步识别出社会保障支出是收入不平等影响家庭借贷行为的重要机制。本章所得结论不仅拓展和丰富现有文献,具有一定的学术价值,而且为政府制定收入分配政策、社会保障政策和家庭金融政策具有较强的参考价值。

本章主要贡献在于:①本章立足于收入不平等不断扩大的事实,从社会保障支出角度出发,分析了两者对家庭借贷行为的影响,并识别出社会保障支出是收入不平等影响家庭借贷行为的重要作用机制;②本章使用CFPS 2010—2014年微观面板数据以及与之相匹配的省级社会保障支出等数据,构造了一个宏微观相结合的新数据集,实证检验了收入不平等与社会保障支出对家庭借贷行为的影响,并验证了社会保障支出是收入不平等影响家庭借贷行为的重要作用机制之理论假说。

第二节 我国社会保障支出结构及其变动分析

社会保障(Social Security),是指国家和社会在通过立法对国民收入进行分配和再分配,对社会成员特别是生活有特殊困难的人们的基本生活权利给予保障的社会安全制度。社会保障支出,是指用于社会保障制度的运作,为居民的最低生活水准提供保障的一种支出形式。它是调节分配关系,减缓收入和财产差距,保障社会公平,维护社会安定的一种手段。社会保障支出作为政府财政支出中重要的一项和社会再分配的一种重要方式,是维护社会稳定的重要手段,也是保证社会公平的重要方式。建立健全社会保障制度是建立社会主义市场经济体制的前提和保证。

一、社会保障支出的结构

全世界的社会保障模式,一般可以分为国家福利、国家保险、社会共济和积累储蓄四种，分别以英国、苏联、德国、新加坡为代表。目前我国在建的社会保障制度，属于社会共济模式，即由国家、单位（企业）、个人三方共同为社会保障计划融资。我国社会保障支出的基本结构包括：

（一）社会保险支出

社会保险是现代社会保障的核心内容，是一国居民的基本保障，是以保险筹资的方式保障劳动者在失去劳动能力、失去工资收入之后仍然能够享有基本的生活保障。它具有强制性、互济性、社会性、福利性等特点。我国社会保险主要有养老保险、失业保险（待业保险）、医疗保险、疾病保险、生育保险、工伤保险、伤残保险、遗属保险[①]等。实施社会保险的主要目的，一是为了防止个人在现在与将来的安排上因选择不当而造成贫困，如退休养老问题；二是防范某些不可预见的风险，如事故、疾病等；三是减少由于市场经济的不确定性而产生的风险和困难，如失业等。

（二）社会救助支出

社会救济是对贫困者和遭受不可抗拒的"自然"风险（如自然灾害、丧失劳动能力而又无人抚养、战争等）的不幸者所提供的无偿的物质援助，主要包括贫困救济、灾害救济和特殊救济等。社会救济一般以保障救助对象的最低生活为标准。

（三）社会福利支出

社会福利是指国家和社会通过各种福利事业、福利设施、福利服务为社会成员提供基本生活保障，并使其基本生活状况不断得到改善的社会政策和制度的总称。它是社会保障的高级阶段。我国分别在1997年和2007年建立了城市居民最低生活保障制度和农村居民最低生活保障制度。

（四）社会优抚支出

社会优抚是指国家按规定对法定的优抚对象，比如对残废军人、复员退伍军人以及烈属、军属等给予的优待、抚恤、安置和照顾等方面提供的资助和服务，

---

① 社会遗属保险制度对遗属的补助主要包括丧葬补助金和抚恤金，所需资金从基本养老保险基金中支付，即采取将社会遗属保险制度作为基本养老保险制度的子项目提供的运作模式。

以保证其一定的生活水平。

(五) 住房保障支出

住房保障支出是指政府实施一些特殊的政策措施,帮助单纯依靠市场解决住房有困难的群体,保障其低生产力水平下"人人有房住"的制度。包括住房公积金、住房货币补贴、经济适用住房、廉租住房、二限房、公共租赁住房、危房改造等。社会保障支出是政府改善居民收入分配的主要力量。

二、我国社会保障支出的变动分析

(一) 我国财政社会保障支出绝对总量不断增长,但相对总量不足、且增长缓慢

改革开放以来,我国的经济建设取得突破性发展,社会保险制度在城镇和农村相继建立,标志着我国社会保障制度整体框架的基本确立。目前我国人口问题已经由数量问题转变为人口结构失衡问题。随着受教育水平提高以及抚养成本增加,养儿防老观念已被摒弃;低生育率问题随之而来,二胎政策短时间内未见明显成效;医疗水平提高使人们的预期寿命增加,面对老龄化程度不断加深的局面,完善社会保障体系,提升养老服务质量,合理控制社会保障支出,避免带来巨大的财政负担,成为当务之急。

我国政府在1998年将构建公共财政体系作为财政改革的目标模式,此后,各级财政特别是中央财政对社会保障的财政投入不断增加。从图6-1不难发现,近20年来,我国财政社会保障支出每年绝对数量有增长,从1998年的595.63亿元增加到2018年27012.09亿元,但相对增长极其缓慢,财政社会保障支出占财政支出的比重从1998年5.16%快速增加到2002年11.95%后,又回落并维持在11%以内,2017—2018年超过12%,分别为12.11%和12.23%,离我国在"十五"工作计划中提出的将社会保障投入占国家财政支出的比重提高到15%—20%的目标还有一定差距。从财政社会保障支出总量上看,可以将我国社会保障支出分为三个阶段:

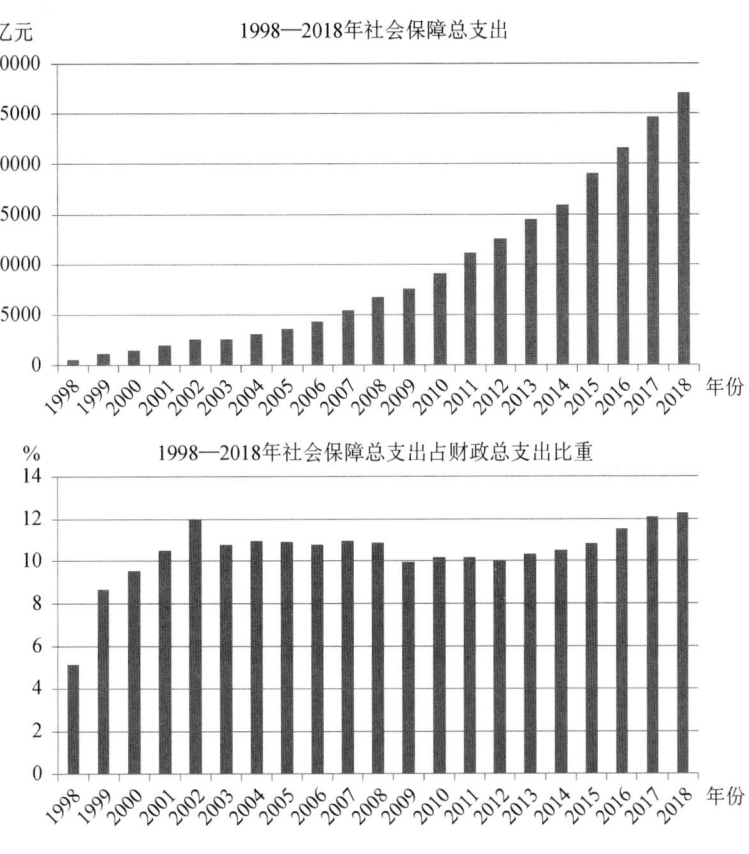

图 6-1　财政社会保障支出及其占财政总支出比重图

数据来源：1998—2018 年数据来源于国家统计局官网（http://data.stats.gov.cn/），占财政总支出比重为作者计算所得。

第一阶段为 1998—2006 年，在这一阶段，财政社会保障支出增长幅度不大，每年平均支出仅增长 552 亿元。主要原因如下：①1997 年我国刚刚建立城镇最低生活保障制度，很多社会保障制度还没有建立，基本养老保险仅覆盖城镇职工。②从 1998 年开始实行的"两个确保"① 工作暴露了传统社会保障制度的弊端，大部分地区基金收不抵支，财政兜底性支出从无到有，从小到大。③1998 年 11 个行业养老保险系统统筹下划地方管理后，因调整缴费率和军工等行业困难造成的缺口由中央财政负担。④新型农村合作医疗制度从 2003 年起在全国部分县（市）

---

① "两个确保"是指确保企业离退休人员基本养老金按时足额发放，确保国有企业下岗职工基本生活费按时足额发放。

试点，到 2010 年逐步实现基本覆盖全国农村居民。前期参与人数不多，国家给予的补助也不高。①

第二阶段为 2007—2014 年，在这一阶段，社会保障支出增长绝对量有较大幅度上升，每年平均增长约 1451 亿元，其中，2011 年和 2013 年分别比上一年增长 1979 亿元和 1905 亿元。主要原因是：①2007 年我国城镇居民基本医疗保险制度建立，同年，我国农村最低生活保障制度建立，城镇廉租房制度建立，新型农村合作医疗制度不断完善，随着这些社会保障制度的建立与完善，社会保障支出大幅度增加，民生得到一定改善。②2009 年起我国开展新型农村社会养老保险试点，2011 年我国启动城镇居民社会养老保险试点，到 2012 年 7 月，基本实现了社会养老保险全覆盖，填补了农村居民和城镇非就业居民养老保险制度的空白，人人享有养老保险成为现实。

第三阶段为 2015 年至今，社会保障支出大幅度增长，每年平均增长约 2779 亿元。不仅绝对规模增长较大，而且社保支出占财政支出的比重也有了一定提升。主要原因是我国政府的高度重视，我国"十三五"规划将民生福祉目标定位更加明确，比如要求我国现行标准下农村贫困人口实现脱贫，贫困县全部摘帽，解决区域性整体贫困，年均脱贫人数增速 5575 万人；城镇棚户区住房改造年均增速 2000 万套，这两个指标作为约束性指标必须达到；同时要求基本养老保险参保率 2020 年达到 90%。

总体而言，我国社会保障支出体系逐步完善，绝对总量逐年增加，体现了我国对于社会保障支出是比较重视的，每年都增加对其的投入，有利于促进社会公平，缩小贫富差距。但从财政社会保障支出占财政总支出的比重来看，增速缓慢，与其他发达国家和发展中国家的社会保障水平相比，还有一定的差距。

（二）我国社会保障支出的结构变动

社会保障支出水平虽然较好地反映了一国社会的整体社会保障水平和公共财政对社会保障的投入程度，但它不能完全反映社会保障各项目的具体分布和效用水平，不能具体反映社会保障各项目的分配是否合理，也不能反映代际之间和代内之间收入再分配的具体状况。因此从结构化视角分析社会保障支出的变动更能体现国家对社会保障的重视程度，更能反映国民从社会保障中得到的具体实惠。

---

① 中央财政对中西部地区除市区以外的参加新型合作医疗的农民每年按人均 10 元安排合作医疗补助资金，地方财政对参加新型合作医疗的农民补助每年不低于人均 10 元。

1. 社会保障支出结构不平衡，增速不一致

社会保险支出占比大，增速快；住房保障支出平稳；其他保障支出小幅上升。在社会保障支出中，社会保险支出作为最基本、最核心内容，是一国居民的基本保障。老有所养，病有所医是人民最关心、最直接、最现实的利益问题。目前社会保障支出占GDP的比重通常采用社会保险支出占GDP的比重来体现一国或一地区社会保障发展的深度。我国社会保险参保人数剧增，社保支出不断扩大。

（1）社会保险参保人数方面，根据图6-2可知，我国社会保险参保人数逐年上升，并且从社会保险结构看，养老保险和医疗保险参保人数众多，且呈大幅上升趋势，其他三项保险（失业、工伤、生育）参保人数不多，占比较小，增长幅度较为缓慢。

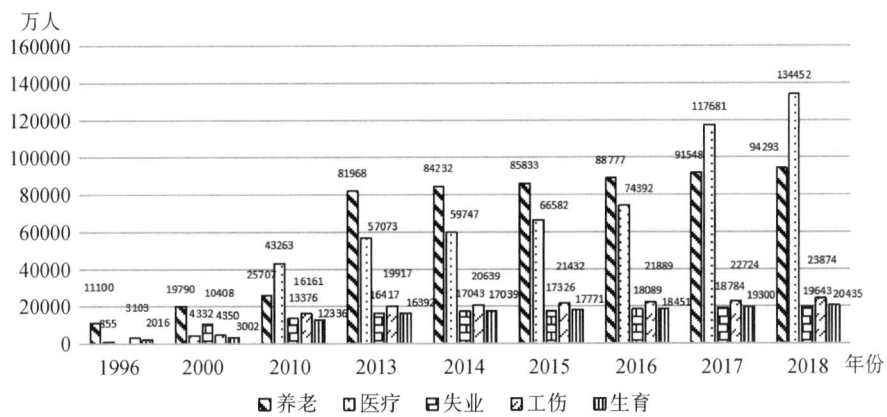

图6-2 我国各项社会保险参保人数图

数据来源：人社部历年的《人力资源和社会保障事业发展统计公报》，其中2018年医疗、生育参保人数来自中国《2018年医疗保障事业发展统计快报》。

从1998年开始，我国有2123个县（市）和65%的乡（镇）开展了农村社会养老保险工作，当年参加社会养老保险的农村人口有8025万人，随后，2010年起我国开展新型农村社会养老保险试点，2011年我国启动城镇居民社会养老保险试点，到2012年7月，基本实现了社会养老保险全覆盖。大多数年份下，基本养老保险参保人数远超基本医疗保险参保人数，但在2010年、2017年与2018年基本医疗保险参保人数实现反超，具体情形如下：①2010年全国有27个省、自治区的838个县（市、区、旗）和4个直辖市部分区县开展国家新型农村

社会养老保险试点，总体参保人数增加了10277万人，养老保险总共参保人数（35984万人），依然没有超过医保参保人数（43263万人），主要原因是2010年国家基本医疗保险也推出新举措：建立城乡一体化居民医疗保险制度，部分省市相继建立了覆盖城镇职工、城镇居民和广大农村居民的基本医疗保险制度，实现了医疗保险制度全覆盖。②在2013—2016年，养老保险参保人数一直处于遥遥领先优势，但在2017年，情况又发生逆转，医疗保险参保人数急剧上升，再一次实现反超，从2016年的74392万人，增长了43289万人，达到117681万人，超过当年养老保险参保人数（91548万人），主要原因是2017年再次实行基本医疗保险改革，建立城乡居民基本医疗保险制度，不少原来参加新农合的农民转入参加城乡居民基本医疗保险，在统计人数上纳入基本医保参保人数，从而造成人数剧增。③截至2018年末，我国基本医疗保险参保人数更是达到134452万人，参保覆盖面稳定在95%以上。

（2）社会保险支出结构方面，根据图6-3可知，随着我国各项社会保险不断深化改革，稳步发展，基本保险基金收入与支出不断增长，2018年全国各项社会保险基金收入达78935亿元，基金支出也达到67554亿元，比1996年分别增长了64倍和61倍。从表6-1可知，1996年以来，除了1999年生育保险支出稍有下降，2005年、2006年失业保险支出连续两年稍有下降以外，我国社会保险其他各项支出均呈逐年较大幅度上升趋势。基本养老保险支出从1996年1080亿元增长到2018年的47551亿元，增长了43倍；基本医疗保险支出从1.5亿元，增长到2018年的17608亿元，增长了11738倍。从表6-1还可以看出，我国社会保险支出项目结构较不平衡，基本养老保险支出与医疗保险支出总量大且增长快，两者占社会保险支出绝大比重，在1996年基本养老保险支出占比高达99.2%，随着经济的发展，其他社保支出的增加，2010年和2018年基本养老保险支出比重仍占到71.23%和70.39%；与此同时，基本医疗保险支出发展迅猛，1996年仅占社会保险支出的0.14%，随后逐年快速增长，2010年和2018年基本医疗保险支出比重达到23.88%和26.07%。其他三项保险（失业、工伤、生育）支出规模上不断增加，工伤保险支出从1996年3.7亿元，增长到2018年的742亿元，增长了200倍；失业保险支出从1997年开始，为36.3亿元，增长到2018年的915亿元，增长了24倍多；生育保险支出体现对女性的关爱，从1996年支出仅为3.3亿元，增长到2018年的738亿元，增长了近223倍；虽然支出规模上不断增加，但占比较小，2018年三项合计支出占社会保险支出的比重仅为3.55%。

第六章 收入不平等、社会保障支出与家庭借贷行为

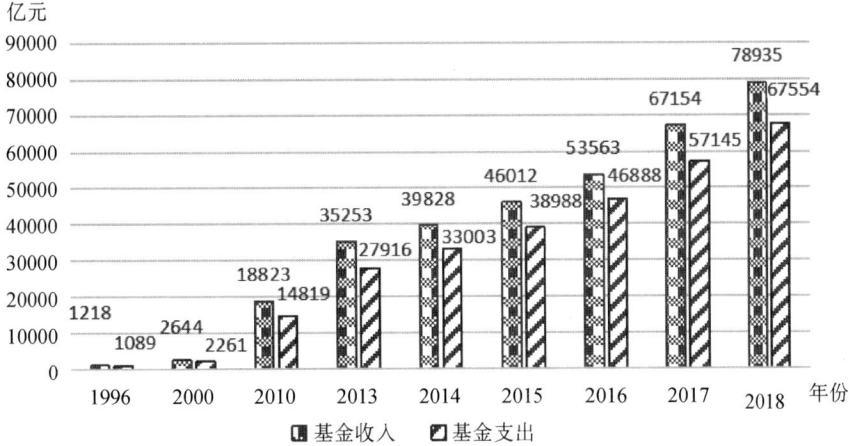

图 6-3 我国社会保险基金收支图

数据来源：来自人社部历年的《人力资源和社会保障事业发展统计公报》，其中 2018 年的基金收支数据是由《2018 年人力资源和社会保障事业发展统计公报》中的养老、工伤、失业三项基金收支与《2018 年医疗保障事业发展统计快报》中医疗、生育基金收支数据加总计算所得。

表 6-1　　　　　　　　　　　我国社会保险分项支出情况　　　　　　　　　单位：亿元

年份	养老保险	医疗保险	工伤保险	失业保险	生育保险	五项合计
1996	1080	1.5	3.7	/	3.3	1088.5
1997	1251.3	—	—	36.3	—	—
1998	1511.6	15.6	9	51.9	6.9	1595
1999	1925	16.5	11.9	91.6	6.6	2051.6
2000	2115	124	14	123	8.4	2384.4
2001	2321	244	16	157	10	2748
2002	2842.9	409.4	19.9	186.6	12.8	3471.6
2003	3122	654	27	200	13	4016
2004	3502	862	33	211	19	4627
2005	4040	1079	48	207	27	5401
2006	4897	1277	68.5	193	37	6472.5
2007	5964	1562	88	218	56	7888
2008	7390	2084	127	254	71	9926
2009	8894	2797	156	367	88	12303
2010	10555	3538	192	423	110	14818

续表

年份	养老保险	医疗保险	工伤保险	失业保险	生育保险	五项合计
2011	12765	4431	286	433	139	18054
2012	15562	5544	406	451	219	22182
2013	19819	6801	482	532	283	27917
2014	23326	8134	560	615	368	33003
2015	27930	9312	599	736	411	38988
2016	33998	10771	610	977	532	46888
2017	40423	14422	662	894	744	57145
2018	47551	17608	742	915	738	67554

注:"/"代表当年没有该项支出,"—"代表数据缺失。

数据来源:《人力资源和社会保障事业发展统计公报》(1996—2018),2018年医疗保险支出与生育保险支出来源于《2018年医疗保障事业发展统计快报》。

(3) 国家财政对抚恤和社会福利等支出方面,从表6-2可以看出,国家用于抚恤和社会福利、社会救济等方面的支出总额逐年增加,但和社会保障支出总额相比,所占比重较小,1998年占比为28.75%,2003—2005年占比减少,分别为18.78%、18.08%和19.37%。

表6-2 国家财政对抚恤和社会福利支出情况 单位:亿元

年份	合计	抚恤支出	离退休费	社会救济福利费	救灾支出	其他
1996	128.03	32.78	10.67	28.98	39.06	16.54
1997	142.14	37.62	13.51	36.57	34.51	19.93
1998	171.26	40.38	16.24	35.29	52.32	27.03
1999	179.88	54.57	19.68	48.52	34.05	23.06
2000	213.03	59.72	23.72	59.71	28.73	41.15
2001	266.68	69.86	30.26	89.99	35.17	41.40
2002	372.97	60.03	41.28	141.63	32.93	97.10
2003	498.82	99.15	42.19	217.69	55.71	84.08
2004	563.46	107.92	49.57	266.58	49.04	89.54

续表

年份	合计	抚恤支出	离退休费	社会救济福利费	救灾支出	其他
2005	716.39	148.28	55.57	324.22	62.97	125.35
2008	—	273.20	—	—	356.92	411.70

注:"—"代表数据缺失。

数据来源:1996—2005年数据来源于《中国统计年鉴(2006)》,2005年以后国家统计局不再对社会保障支出做分项统计,故2005年以后数据缺失;2008年数据来源于国家财政部官网(http://www.mof.gov.cn/)。

(4)住房保障支出方面,从表6-3可以看出,2009年以来,国家财政每年在住房保障方面的支出除2012年和2017年稍有下降外,逐年增加;住房保障支出占财政支出比重,除2009年极低(仅占比0.95%)外,其他年份占比基本保持稳定,持续保持在3.2%左右。

表6-3　　　　国家住房保障支出及占财政支出的比重情况　　　　单位:亿元

	2009	2010	2011	2012	2013	2014	2015	2016	2017	2018
住房保障支出	725.97	2376.88	3820.69	4479.62	4480.55	5043.72	5797.02	6776.21	6552.49	7372
占财政支出比重(%)	0.95	2.64	3.50	3.56	3.20	3.32	3.30	3.61	3.23	3.34

数据来源:2009—2017年数据来源于《中国统计年鉴》(2010—2018);2018年数据来源于国家财政部官网(http://www.mof.gov.cn/);占财政支出比重为作者计算所得。

2. 社会保障支出城乡差异大

(1)从城乡社会保障支出项目类别看,城乡差异大。与城乡二元的社会经济结构相一致,中国社会保障制度也呈现出极为明显的"二元"特征。从表6-4可以看出,改革开放以来,城市已经建立起一套能够基本符合城市居民需求的涵盖养老保险、医疗保险、工伤保险、失业保险、生育保险、最低生活保障、住房保障、社会救济、抚恤、优待、安置等一系列较为完善的社会保障制度;政府虽然在近年大力发展农村社会保障事业,建立和完善了包括农村养老保障、新型农村合作医疗、农村最低生活保障、五保户供养、救济、扶贫在内的一些社会保障制度,但是目前仍然没有建立起一套完整的社会保障制度。城乡社会保障项目覆盖面差异较大,城市各社保项目数量与质量明显优于农村地区。

表6-4　　　　　　　　现行城乡社会保障支出项目对照表

保障项目		城市	农村
社会保险支出	养老保险	普遍建立	普遍建立
	医疗保险	普遍建立	普遍建立
	失业保险	普遍建立	无(仅少量农民工参与)
	工伤保险	普遍建立	无(仅少量农民工参与)
	生育保险	普遍建立	无
住房保障支出		普遍建立	仅有危房改造
社会福利		职工福利:福利设施、补贴、休假等。公办福利:社区服务、敬老院、福利院、干休所等。教育福利:九年义务教育	公办福利:五保户供养、养老院等。教育福利:九年义务教育
社会救助优抚安置补充保障		最低生活保障制度与城市扶贫优待、抚恤、安置、企业保障、商业保障	最低生活保障制度与农村救济、救灾及扶贫、优待、抚恤、安置、少量商业保险

资料来源:作者整理。

(2)从参保人数和社会保障支出看,城乡差异也非常大。从表6-5可以看出,农村社会养老保险从1998年才开始试点启动,参保人数仅为8025万人,后续效果不佳,1998—2007年期间,除2005年略有上升外,参保人数逐年减少,2007年农村参保人数降到5171万人,之后开始逐年上升,但因为从2012年开始,农村社会保险并入城乡居民社会养老保险统计,无法得知农村参加社会养老保险的具体数据。从养老保险基金支出看,城乡差距非常明显,1998年城乡养老保险基金支出比为280:1,2003年支出比为208:1,一直到2009年,城镇养老保险支出都是农村同项支出的100多倍,即使2011年农村养老保险参保人数超过了城镇,但基金支出仍然只有城镇的1/22。至于工伤保险、失业保险与生育保险,农村居民一直享受不到,不过,从2006年开始,国家允许进城打工的农民工参加工伤保险,2007年开始农民工可以参加失业保险,农民工参加工伤保险和失业保险人数逐年上升,但是参保比例依然远远少于城镇居民。2006年全国工伤保险参保人数是10268万人,其中农民工2537万人,农民工参保比例为

24.71%；2017 年全国工伤保险参保人数是 22734 万人，其中农民工 7807 万人，农民工参保比例增长到为 34.34%。2007 年全国失业保险参保人数为 11645 万人，其中，农民工 1150 万人，农民工参保比例为 9.88%；2017 年全国失业保险参保人数为 18784 万人，其中，农民工 4897 万人，农民工参保比例增长到 26.07%。①

表 6-5　　　　　城乡基本养老保险参保人数与基金支出情况

年份	农村		城市	
	参保人数（万人）	基金支出（亿元）	参保人数（万人）	基金支出（亿元）
1998	8025	5.4	11203	1512
1999	8000	—	12486	1925
2000	6172	—	13618	2115
2001	5995	—	14183	2321
2003	5428	15	15506	3122
2004	5378	—	16353	3502
2005	5442	21	17487	4040
2006	5374	30	18766	4897
2007	5171	40	20137	5965
2008	5595	57	21891	7390
2009	8691	76	23550	8894
2010	10277	200	25707	10555
2011	32643	588	28391	12765
2012	//	//	78796	16712
2013	//	//	81968	19819
2014	//	//	84232	23326
2015	//	//	85833	27929
2016	//	//	88777	34004
2017	//	//	91548	40424
2018	//	//	94293	47550

注："—"代表数据缺失，"//"代表农村社会养老保险并入城乡居民社会养老保险统计。
数据来源：《人力资源和社会保障事业发展统计公报》（1998—2018）。

---

① 数据来源：《人力资源和社会保障事业发展统计公报》（1998—2018）。

我国城乡基本医疗保险差异也很大,虽然目前农村基本医疗保险实现全覆盖,但从表 6-6 可以看出,2018 年参加城镇职工医保的人数只有 31673 万人,基金支出却占整个医保基金支出的 59.66%,而参加城乡居民医保和新农合的人数超过 10 亿人,基金支出占比仅为 40.34%。

表 6-6　　　　　　　　2018 年我国基本医疗保险主要指标

	参保人数(万人)	基金收入(亿元)	基金支出(亿元)	支出占总支出比重(%)
合计	134452	21090.11	17607.65	
职工医保	31673	13259.28	10504.92	59.66
城乡居民医保	89741	6973.94	6284.51	35.69
新农合	13038	856.89	818.22	4.65

数据来源:《2018 年医疗保障事业发展统计快报》。

出现上述巨大城乡差异的原因主要有:①我国社会保障制度二元性特征突出,国家社会保障制度和保障支出基金支出严重向城市倾斜。根据历年《劳动和社会保障事业发展统计公报》显示,在 1998 年之前,国家关于各项社会保险、社会福利、就业安置等制度建设与保障支出几乎全部倾向城市;农村仅有极少人享有的五保户供养,1998 年才制定了惠及所有农民的农村社会养老保险制度,2006 年才允许农民工参加工伤保险,2007 年出台农民工失业保险制度和农村居民最低生活保障制度,2009 年才全面实行新型农村合作医疗制度。②社会保障资金来源不足。为了建立完善的社会保障制度,其最重要的就是解决筹资来源问题。前文所述,我国社会保障制度采取社会共济模式,即由国家、单位(企业)、个人三方共同为社会保障计划融资,对于农村居民来说,国家财政支出总额有限,农村居民收入低,缴费能力有限,而且也没有单位(企业)融资,资金来源严重不足导致农村社会保障支出远低于城镇。③农民社会保障意识不强,导致即使国家出台一些社会保障制度,但参与人数依然不多,从 1998—2007 年农村社会养老保险参保情况中可见一斑。

3. 社会保障支出的区域差异大

我国社会保障支出存在明显的区域差异。①区域间的社会保障支出存在差异。由图6-4可知，1999年东部①11省市的社会保障支出为115.51亿元，中部8省社会保障支出为132.32亿元，而西部12省市自治区社会保障支出仅为77.53亿元，差距不大，而且中部还略高于东部；2018年东中西部社会保障支出分别为10546.42亿元、7611.60亿元和7669.53亿元，东部地区财政支出规模远远高于中部和西部地区，中部地区的财政支出规模稍微低于西部地区。由此可见，我国财政支出也存在区域差异，社会保障支出总体的差异是三大内部区域（东、中、西）间差异的综合体现。②区域内的社会保障支出存在明显差异。以东部地区为例，根据图6-5可知，东部地区各省市的社会保障支出差异较大，1999年广东省和海南省社会保障支出分别仅有16.33亿元和1.82亿元，2018年两省保障支出分别达到1508.02亿元和208.87亿元，广东省的社会保障支出规模约为海南省的7.22倍，由此可见，目前区域内社会保障水平发展不均衡。

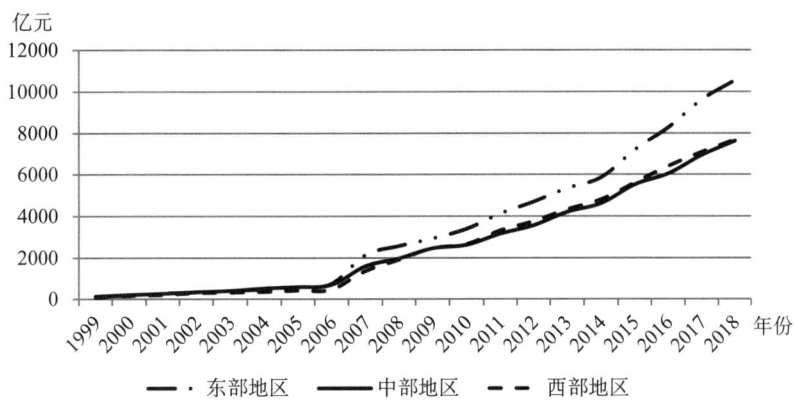

图6-4　1999—2018年我国东中西部地区财政社会保障支出规模

数据来源：国家统计局官网（http：//www.stats.gov.cn/）及国家财政部官网（http：//www.mof.gov.cn/）。

造成我国社会保障支出区域差异的主要原因有：①经济因素。区域经济发展不平衡直接导致社会保障的区域差异。一方面区域经济发展水平的高低直接影响社会保障的资金筹措能力与规模；另一方面区域经济发展水平决定着社会保障的供给能力和需求水平。②体制因素。第一是中央与地方政府在社会保障领域内的分工与职责界定比较模糊；第二是1994年分税制改革导致地方财政立法权欠缺，

---

① 东部地区包括北京、天津、河北、辽宁、上海、江苏、浙江、福建、山东、广东、海南11个省（市）；中部地区包括山西、吉林、黑龙江、安徽、江西、河南、湖北、湖南8个省；西部地区包括内蒙古、广西、重庆、四川、贵州、云南、西藏、陕西、甘肃、青海、宁夏、新疆12个省自治区、直辖市。

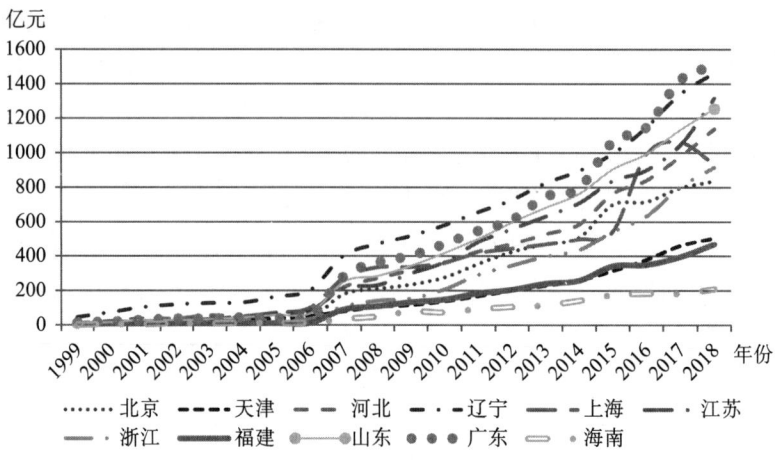

图6-5 东部地区省市社会保障支出

数据来源：国家统计局官网（http://www.stats.gov.cn/）及国家财政部官网（http://www.mof.gov.cn/）。

地方财政困难，一些贫困县乡社会保障支出严重不足，尤其税费改革和农业税取消后，情况更为严重；第三是各地政府对社会保障制度的重视程度与支持力度不同，东部地区政策执行到位，中西部地区政策执行往往打了折扣，支出仅停留在保证老百姓的吃饱穿暖上。

第三节 变量选取和描述性分析

一、数据来源

本章使用的微观数据来源于北京大学中国社会科学调查中心在全国范围内开展的中国家庭追踪调查（CFPS）。该数据库于2010年正式开展访问，随后于2011年、2012年、2014年、2016年、2018年又分别开展了五期数据，且样本成功追访量可达到80%以上。中国家庭追踪调查收集了家庭成员个人、家庭经济、家庭所在社区等方面的详细信息，为开展家庭经济行为的研究提供了庞大且可靠的数据支撑。本文的目的在于研究收入不平等、社会保障支出对家庭借贷行为的影响，为了更好地反映三者之间的动态关系，本章仅考虑2010年、2012年和2014年三期观测值的追访样本。通过剔除异常值和缺失值，本章最终获得有效样本为7906个家庭三期的观测数据。

基于微观数据家庭所在地仅能定位到省级区域，本章又搜集了宏观层面的社会保障支出、人均教育支出和第三产业占比数据与CFPS微观数据相匹配，构建了宏微观相结合的新型面板数据集。需要说明的是，本章所使用的宏观数据均已消除价格因素，来源主要为历年《中国统计年鉴》。

二、变量选取

（一）家庭借贷行为

本章的核心被解释变量为家庭借贷行为，主要包括家庭是否发生借贷和家庭借贷规模两部分。其中，家庭是否发生借贷是指家庭是否因为建房、购房、教育、医疗、生活开支等原因而进行借贷，若发生借贷记为1，否则记为0。需要指出说明的是，鉴于2014年问卷中对家庭是否发生借贷的信息不全面，本章作者将根据2014年家庭债务规模信息生成二值虚拟变量，如果家庭债务大于0，记为1，否则为0。然后，将这两部分信息相结合，即为该年调查样本家庭发生借贷概率的实际数值。家庭借贷规模是指家庭实际发生借贷的金额与还欠款总额之和。考虑到三期借贷数据统计口径的统一性与借贷数据涵盖的全面性，本章在这里将家庭借贷规模定义为总房贷与非房贷的金融负债之和[①]。

（二）收入不平等

收入不平等是描述不同群体间收入差距的变量指标，衡量收入不平等常用的指标有基尼系数、变异系数和泰尔指数等。考虑到基尼系数的变异性相对较小，参数识别往往比较困难，而标准化后的变异系数的变异性和数量级相对较为合理（徐舒、陈珣，2016）。因而本章作者除采用常用的基尼系数指标，又采用了变异系数来进一步准确衡量不同地区内的收入差距。根据CFPS调查问卷中对家庭收入数据的整理，本章将采用家庭人均纯收入来计算不同省级区域内的基尼系数和

---

① 本章尝试将各子借贷项目发生的实际借贷金额相加，发现该数值恰好等于总房贷与非房贷的金融负债之和，故本章作者对家庭借贷规模的定义是合理的。

变异系数。

(三) 社会保障支出

社会保障支出是国家财政支出的重要组成部分，是调节居民收入再分配的主要手段之一。自2007年后，我国社会保障支出统计口径发生变化，主要是指社会保障和就业支出。但考虑到医疗卫生支出是关系全民健康水平和家庭幸福的重大民生问题，具有强外部性和非排他性，需要政府的直接干预，以实现人人享有基本医疗卫生服务的目标（殷金朋等，2016），且通过查看2010年CFPS家庭借贷原因时发现，"用于家庭成员治病"而发生借贷的家庭占所有发生借贷家庭的23.6%，仅次于"用于建房、购房"选择借贷的概率，位居第二。因而，本章认为医疗卫生支出在影响家庭借贷行为时发挥重要的作用。鉴于此，本章将采用社会保障与就业支出和医疗卫生支出加总数据来指代社会保障支出，且考虑到人均社会保障支出更能体现这种资源分布的公平性，本章最终决定采用绝对指标来计算社会保障支出。同时，为了分析不同类型社会保障支出对家庭借贷行为的影响，本章分别构造如下社会保障支出代理变量：人均社会保障支出、人均社会保障与就业支出和人均社会医疗卫生支出。

(四) 其他解释变量

基于本章的研究内容，与以往选取控制变量方法不同的是，本章将家庭借贷行为决策看作家庭联合决策的结果，忽略家庭个体因素对其产生的影响，这里主要指户主个体相关信息。因而，本章在考虑选取控制变量时，仅仅考虑了家庭层面和省级层面的两类控制变量。家庭层面控制变量主要选取经济学中较为通用的变量，主要涵盖了家庭特征、家庭经济特征和地区因素三大类。其中，家庭特征变量主要包括家庭人口规模、是否创业[①]、是否拥有汽车、住房数量；家庭经济特征变量主要包括家庭支出、家庭金融资产、家庭住房资产和社会资本等变量；地区因素主要为家庭居住地是否在城镇。而针对省级层面宏观数据的选取，本章给出如下设想，第三产业是除了农业和工业以外的其他行业，与家庭生活息息相关。其中，金融业作为第三产业中的一员，其发展水平直接影响家庭借贷行为，

---

① 根据CFPS调查问卷，本章将用"过去12个月，您家是否有家庭成员从事个体经营或开办私营企业？"该问题来衡量家庭是否创业。若过去一年，家庭中有成员从事个体经营或开办私营企业，记为1，否则记为0。

金融发展程度越高,家庭信贷约束越低,信贷可获性越高。其次,教育是兴国之根本,教育水平的高低直接决定了自身社会地位,而财政性教育支出作为改善我国贫困地区教育状况的一种重要措施,对提高整体家庭教育水平起着至关重要的作用,进而影响着家庭经济行为。

三、描述性统计分析

(一) 省级层面收入不平等与家庭借贷行为间关系分析

为了更清晰的了解收入不平等与家庭借贷行为之间的关系,本章将使用省级层面的数据来分别描绘收入不平等与家庭借贷比例和家庭借贷规模之间的散点图。图6-6为2010年、2012年和2014年CFPS数据中省级层面基尼系数和家庭借贷行为间的关系,从两幅图的趋势曲线可以直观地看出,省级区域间收入不平等与家庭借贷行为之间呈现出较为明显的正相关关系,即基尼系数越高的省份,家庭发生借贷的概率越高,家庭借贷规模越高。

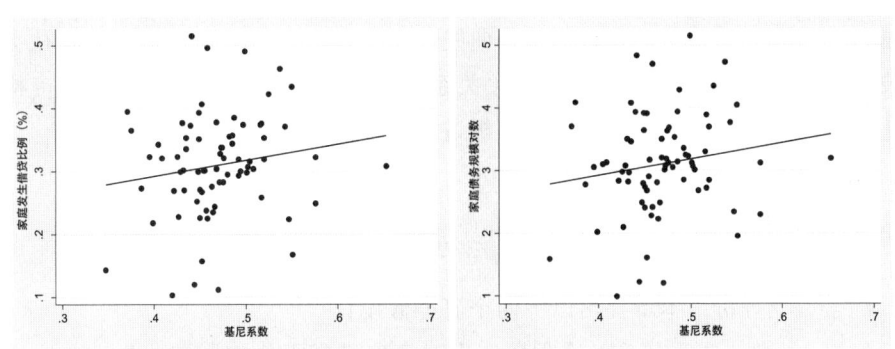

图6-6 省级层面基尼系数与家庭借贷比例和借贷规模的关系

注:本图横轴为各省的基尼系数,纵轴分别为各省家庭发生借贷比例与家庭借贷规模对数。

(二) 省级层面社会保障支出与家庭借贷行为间关系分析

在图6-6基础上,图6-7描绘了2010年、2012年和2014年CFPS数据中省级层面人均社会保障支出对数与家庭借贷行为间的散点图,从两幅图的趋势曲线可以看出,省级人均社会保障支出对数与家庭借贷行为之间呈现出较为明显的负相关关系,即人均社会保障支出越高的省份,家庭发生借贷的概率越低,家庭借贷规模金额越低。可见,社会保障支出确实能够在一定程度上缓解家庭贫困窘境。

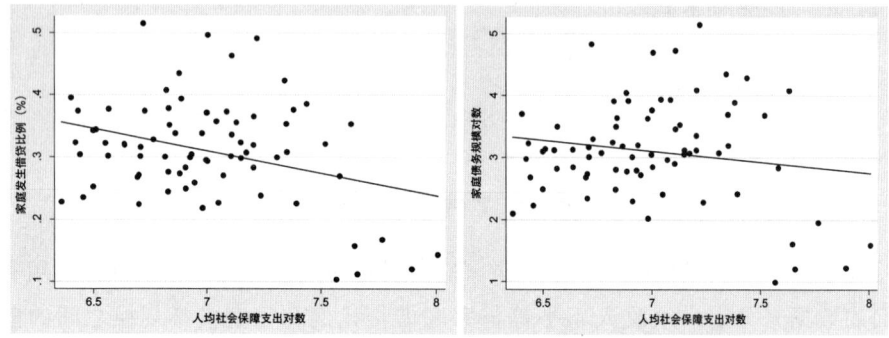

图 6-7 省级层面人均社会保障支出与家庭借贷比例和借贷规模的关系

注:本图横轴为各省的人均社会保障支出对数,纵轴分别为各省家庭发生借贷比例与家庭借贷规模对数。

通过对以上散点图分析,可以直观地发现收入不平等和社会保障支出与家庭借贷行为存在相关关系,且根据拟合曲线方向大致可以判断收入不平等和社会保障支出分别与家庭借贷行为呈正相关关系和负相关关系,进一步证明了待检假说 1 的真实性,但仍需严谨的回归分析进行实证检验。

四、主要研究假设

综合以上分析,本章提出以下两个研究假设:

假设 1:收入不平等和社会保障支出对家庭借贷行为的影响相反。收入不平等的扩大提高了家庭借贷意愿和家庭借贷规模,而社会保障支出对家庭借贷行为存在挤出效应,且社会保障支出越高的地区,这种效应越明显。

假设 2:社会保障支出的增加在一定程度上能够抑制收入不平等对家庭借贷行为的促进作用。在收入不平等程度相同的区域,社会保障支出程度越高,收入不平等对家庭借贷行为的正向影响越不明显。

第四节 实证分析

一、实证过程

（一）收入不平等对家庭借贷行为的影响

为了考察收入不平等对家庭借贷行为的影响，本部分将使用不同的计量方法分别考察收入不平等对家庭是否发生借贷以及家庭借贷规模的影响，其基本回归方程设定如下：

$$Dumdebt_{it} = \beta_0 + \beta_1 INE_{it} + \beta_2 X_{it} + \mu_{it} \qquad 式（6.1）$$

$$LNdebt_{it} = \beta_0 + \beta_1 INE_{it} + \beta_2 X_{it} + \mu_{it} \qquad 式（6.2）$$

其中，$Dumdebt_{it}$ 表示第 t 年 i 家庭是否发生借贷的虚拟变量，$LNdebt_{it}$ 表示第 t 年 i 家庭实际发生借贷总额对数，INE_{it} 表示收入不平等，代理指标包括基尼系数和变异系数两类，X_{it} 表示家庭层面和省级层面的控制变量，μ_{it} 为随机扰动项。对于二值因变量和截断特征明显的因变量，学者们往往采用 Probit 模型和 Tobit 模型进行有效估计，鉴于本章所使用的数据为面板数据，且面板 Probit 模型和面板 Tobit 模型不存在固定效应模型，本章将在混合效应估计和随机效应估计中做出选择。LR 检验结果显示本章数据更适合随机效应模型估计，因而本章将采用随机效应 Probit 模型和 Tobit 模型对本章实证数据进行估计。

表 6-7 给出了收入不平等影响家庭借贷行为的实证结果，第（1）列至第（4）列描述的是收入不平等对家庭是否发生借贷的影响，第（5）列至第（8）列为收入不平等对家庭借贷规模的影响。首先，我们分析收入不平等对家庭借贷意愿的影响。表 6-7 第（1）列和第（2）列随机效应 Probit 模型回归结果显示，无论采用基尼系数还是变异系数计算的收入不平等，其对家庭是否发生借贷的影响均正向显著，即收入不平等程度的增加提高了家庭发生借贷的概率。尽管在实证分析过程中，本章尽量控制家庭层面和地区层面可能影响家庭借贷行为的各类特征变量，但仍然可能存在一些遗漏变量，而这些变量同时影响地区的家庭收入

与家庭借贷行为。另一方面，家庭借贷行为反过来也会影响不同地区的收入不平等，家庭可能通过借贷进行创业与生产经营来提高家庭收入水平，进而影响家庭收入不平等，即收入不平等与家庭借贷行为之间可能存在反向因果问题，从而影响估计结果。为此，本章在基准回归的基础上，进一步选用省级规模以上工业企业个数作为收入不平等的工具变量进行 IV Probit 模型估计①。为了从数据上体现工具变量的合适性，表 6-7 还报告了两阶段二乘法下一阶段工具变量 F 值与 Durbin—Wu—Hausman 内生性检验结果，第（3）列、第（4）列内生性检验结果 P 值分别为 0.00 和 0.00，均在 1% 水平上拒绝了不存在内生性的假设。其次，一阶段估计 F 统计量的值分别为 324.59 和 679.51，远远大于一般临界值 16.38，不存在弱工具变量问题（Stock & Yogo, 2005）。综上所述，省级规模以上工业企业个数作为收入不平等的工具变量均是合适的。从表 6-7 第（3）列、第（4）列的回归结果可以看出，即使使用工具变量克服了潜在内生性问题后，结论仍然能够保持，即收入不平等的增加显著提高了家庭发生借贷的意愿。尽管 IV Probit 模型估计为截面估计，无法与随机效应模型估计进行比较，但二者实证结果表明内生性问题并未影响本章的估计结果。

其次，本章考察了收入不平等对家庭借贷规模的影响。表 6-7 第（4）列至第（8）列给出了相应的回归结果。由随机效应模型估计结果可以发现，收入不平等均在 1% 水平上与家庭借贷规模呈正向显著关系，即随着收入不平等程度的增加，家庭借贷规模也逐步增加。考虑到核心解释变量的内生性问题，本章又使用工具变量法对该部分实证结果进行检验。依据第（7）列、第（8）列工具变量回归结果可知，收入不平等的扩大确实提高了家庭借贷规模。

表 6-7　　　　　　　　收入不平等对家庭借贷行为的影响

解释变量	家庭是否发生借贷				家庭发生借贷规模			
	随机效应估计		工具变量估计		随机效应估计		工具变量估计	
	(1)	(2)	(3)	(4)	(5)	(6)	(7)	(8)
基尼系数	0.897***		21.808***		8.108***		226.817***	
	(0.230)		(2.065)		(1.874)		(21.216)	

---

① 本章认为这一变量同时满足工具变量的相关性和外生性的条件如下：首先，一个省份规模以上工业企业个数越多，家庭失业率就越低，家庭收入也越高，因此一个地区规模以上工业企业个数将直接影响该地区的收入不平等状况，相关性满足；其次，一个地区工业企业个数对家庭借贷行为难以产生影响，或者不产生直接影响，因而满足工具变量的外生性要求。基于以上两点，认为本章所选取的工具变量是合适的。

续表

解释变量	家庭是否发生借贷				家庭发生借贷规模			
	随机效应估计		工具变量估计		随机效应估计		工具变量估计	
	(1)	(2)	(3)	(4)	(5)	(6)	(7)	(8)
变异系数		0.033***		0.411***		0.286***		4.276***
		(0.010)		(0.032)		(0.082)		(0.332)
是否创业	0.289***	0.288***	0.239***	0.263***	2.415***	2.414***	2.563***	2.814***
	(0.042)	(0.042)	(0.042)	(0.035)	(0.338)	(0.338)	(0.422)	(0.345)
是否有汽车	0.150***	0.151***	0.046	0.094***	1.294***	1.298***	0.515	1.020***
	(0.036)	(0.036)	(0.035)	(0.028)	(0.286)	(0.286)	(0.353)	(0.286)
家庭规模	0.079***	0.079***	0.047***	0.067***	0.689***	0.698***	0.487***	0.690***
	(0.008)	(0.008)	(0.007)	(0.006)	(0.063)	(0.063)	(0.074)	(0.059)
住房数量	-0.016	-0.023	0.210***	0.013	-0.181	-0.241*	2.143***	0.097
	(0.017)	(0.017)	(0.029)	(0.015)	(0.136)	(0.135)	(0.296)	(0.149)
家庭总支出对数	0.411***	0.412***	0.346***	0.353***	3.597***	3.607***	3.813***	3.884***
	(0.016)	(0.016)	(0.015)	(0.013)	(0.126)	(0.126)	(0.157)	(0.132)
社会资本	-0.013***	-0.013***	0.008**	-0.010***	-0.101***	-0.105***	0.085**	-0.099***
	(0.003)	(0.003)	(0.004)	(0.003)	(0.027)	(0.027)	(0.040)	(0.029)
家庭金融资产对数	-0.083***	-0.083***	-0.075***	-0.072***	-0.689***	-0.688***	-0.778***	-0.755***
	(0.003)	(0.003)	(0.003)	(0.002)	(0.022)	(0.022)	(0.028)	(0.023)
家庭住房资产对数	0.009**	0.009**	-0.013***	0.002	0.115***	0.119***	-0.090**	0.062**
	(0.003)	(0.003)	(0.004)	(0.003)	(0.028)	(0.028)	(0.039)	(0.029)
人均教育支出	-0.000***	-0.000***	0.000***	0.000***	-0.001***	-0.001***	0.005***	0.002***
	(0.000)	(0.000)	(0.000)	(0.000)	(0.000)	(0.000)	(0.001)	(0.000)
第三产业占比	0.721***	0.738***	7.637***	4.101***	8.326***	8.385***	81.319***	44.581***
	(0.273)	(0.281)	(0.767)	(0.385)	(2.250)	(2.315)	(7.890)	(3.941)
是否为城镇	-0.287***	-0.289***	-0.106***	-0.198***	-2.324***	-2.342***	-0.996***	-1.951***
	(0.028)	(0.028)	(0.027)	(0.021)	(0.230)	(0.230)	(0.278)	(0.210)
常数项	-5.213***	-4.853***	-18.679***	-6.704***	-47.238***	-43.945***	-197.649***	-73.139***
	(0.269)	(0.229)	(1.450)	(0.303)	(2.170)	(1.851)	(14.921)	(3.121)
观测值数	23529	23529	23529	23529	23529	23529	23529	23529

续表

解释变量	家庭是否发生借贷				家庭发生借贷规模			
	随机效应估计		工具变量估计		随机效应估计		工具变量估计	
	（1）	（2）	（3）	（4）	（5）	（6）	（7）	（8）
2SLS 一阶段估计F值工具变量t值			324.59 （-17.29）	679.51 （-43.18）			324.59 （-17.29）	679.51 （-43.18）
DWH Chi²/F值（p-value）			166.42 （0.00）	174.99 （0.00）			172.18 （0.00）	171.88 （0.00）

注：*、**、*** 分别表示在 10%、5%、1% 水平上显著，表中报告的是估计系数。

上文从总体上估计了收入不平等对家庭借贷行为的影响，但并未考察收入不平等对不同家庭借贷行为的差异性影响。为此，本章对所有家庭收入进行排序，按等样本量依次划分为低收入组家庭、中等收入组家庭和高收入组家庭，并构造相应三个虚拟变量。在表 6-8 第（1）列至第（4）列中，本章以低收入家庭为参照组，并加入了基尼系数和其他 2 个收入组的交叉项。回归结果显示，基尼系数和变异系数依然在 1% 水平上显著为正。同时还发现，基尼系数和变异系数分别与中等收入家庭和高等收入家庭的交叉项显著为负，这表明收入不平等对低收入家庭的家庭借贷行为的促进作用更大，即与中等收入家庭和高等收入家庭相比，收入不平等更大地提高了低收入家庭发生借贷的概率和借贷规模。为了得到更为稳健的结论，本章改变划分标准，将家庭人均纯收入划分为 3 组，分别为 0—40% 组、40%—70% 组和 70%—100% 组，以最低 40% 分位收入家庭为参照组，在表 6-8 第（5）列至第（8）列加入基尼系数和变异系数与其他 2 个收入组的交叉项，对上述结论再次进行估计。从所汇报的回归结果来看，分组 2 的实证结论与分组 1 保持一致。即使更换划分标准，收入不平等与 40%—70% 组和最高 30% 组家庭的交叉项依然在 1% 水平上负向显著。因而，分组 2 实证结果进一步证明该结论的可靠性，即收入不平等的扩大，对低收入家庭的家庭借贷行为的正向影响最大。

综合表 6-7 和表 6-8，可以得出收入不平等的扩大确实提高了家庭发生借贷的概率和规模，印证了 Abrahamson 和 Borgstrand（2016）、Bazillier 和 Hericourt（2017）等人的结论。且与中等收入家庭和高收入家庭相比，收入不平等程度的扩大对低收入家庭的家庭借贷行为的影响更大,这可能是由于收入分配底部的家庭缺乏收入流动性,一旦这些家庭能够获得平滑当前消费的信贷支持,他们将首先用于满足当前消费(李江一、李涵,2017)。

表6-8 不同收入组家庭借贷行为差异

解释变量	家庭收入分组1				家庭收入分组2			
	家庭是否发生借贷		家庭借贷规模		家庭是否发生借贷		家庭借贷规模	
	(1)	(2)	(3)	(4)	(5)	(6)	(7)	(8)
基尼系数	1.032***		9.043***		1.112***		9.256***	
	(0.231)		(1.878)		(0.238)		(1.930)	
变异系数		0.083***		0.638***		0.078***		0.564***
		(0.012)		(0.098)		(0.014)		(0.108)
基尼系数×中等收入家庭	-0.281***		-2.033***					
	(0.056)		(0.453)					
基尼系数×高等收入家庭	-0.563***		-4.071***					
	(0.067)		(0.544)					
变异系数×中等收入家庭		-0.075***		-0.533***				
		(0.013)		(0.105)				
变异系数×高等收入家庭		-0.112***		-0.797***				
		(0.016)		(0.128)				
基尼系数×40%—70%家庭					-0.230***		-1.189**	
					(0.074)		(0.595)	
基尼系数×最高30%家庭					-0.540***		-3.455***	
					(0.090)		(0.722)	
变异系数×40%—70%家庭						-0.052***		-0.313***
						(0.014)		(0.112)
变异系数×最高30%家庭						-0.106***		-0.705***
						(0.018)		(0.147)
是否创业	0.305***	0.298***	2.542***	2.483***	0.297***	0.292***	2.483***	2.443***
	(0.042)	(0.042)	(0.338)	(0.338)	(0.042)	(0.042)	(0.338)	(0.338)
是否有汽车	0.153***	0.150***	1.306***	1.288***	0.151***	0.149***	1.306***	1.289***
	(0.036)	(0.036)	(0.286)	(0.286)	(0.036)	(0.036)	(0.286)	(0.286)
家庭规模	0.065***	0.070***	0.590***	0.632***	0.068***	0.072***	0.615***	0.648***
	(0.008)	(0.008)	(0.064)	(0.064)	(0.008)	(0.008)	(0.064)	(0.064)
住房数量	0.000	-0.016	-0.066	-0.197	-0.018	-0.030*	-0.173	-0.283**
	(0.017)	(0.017)	(0.136)	(0.135)	(0.017)	(0.017)	(0.142)	(0.139)

续表

解释变量	家庭收入分组1				家庭收入分组2			
	家庭是否发生借贷		家庭借贷规模		家庭是否发生借贷		家庭借贷规模	
	(1)	(2)	(3)	(4)	(5)	(6)	(7)	(8)
家庭总支出对数	0.443***	0.435***	3.813***	3.759***	0.437***	0.431***	3.756***	3.723***
	(0.016)	(0.016)	(0.129)	(0.128)	(0.016)	(0.016)	(0.130)	(0.128)
社会网络	-0.011***	-0.012***	-0.090***	-0.098***	-0.012***	-0.013***	-0.098***	-0.103***
	(0.003)	(0.003)	(0.027)	(0.027)	(0.003)	(0.003)	(0.027)	(0.027)
家庭金融资产对数	-0.080***	-0.081***	-0.666***	-0.673***	-0.080***	-0.081***	-0.671***	-0.676***
	(0.003)	(0.003)	(0.022)	(0.022)	(0.003)	(0.003)	(0.022)	(0.022)
家庭住房资产对数	0.009***	0.010***	0.121***	0.126***	0.010***	0.010***	0.122***	0.127***
	(0.003)	(0.003)	(0.028)	(0.028)	(0.003)	(0.003)	(0.028)	(0.028)
人均教育支出	-0.000***	-0.000***	-0.001***	-0.001***	-0.000***	-0.000***	-0.001***	-0.001***
	(0.000)	(0.000)	(0.000)	(0.000)	(0.000)	(0.000)	(0.000)	(0.000)
第三产业占比	0.645**	0.672**	7.741***	7.854***	0.724***	0.672**	8.177***	7.861***
	(0.272)	(0.281)	(2.246)	(2.313)	(0.274)	(0.281)	(2.259)	(2.315)
是否为城镇	-0.258***	-0.269***	-2.105***	-2.193***	-0.268***	-0.275***	-2.187***	-2.242***
	(0.028)	(0.028)	(0.232)	(0.231)	(0.028)	(0.028)	(0.232)	(0.231)
常数项	-5.469***	-5.056***	-48.898***	-45.236***	-5.475***	-5.001***	-48.757***	-44.833***
	(0.270)	(0.231)	(2.180)	(1.861)	(0.273)	(0.231)	(2.203)	(1.861)
观测值数	23529	23529	23529	23529	23529	23529	23529	23529

注：*、**、***分别表示在10%、5%、1%水平上显著，表中报告的是估计系数。

(二) 社会保障支出对家庭借贷行为的影响

社会保障支出作为国家维持家庭最低生活保障的方法之一，对家庭的经济行为产生重要的影响。本章通过构建式（6.3）和式（6.4）来分析社会保障支出对家庭借贷行为的影响，并进一步分析不同社会保障支出类型对家庭借贷行为的差异性影响。

$$Dumdebt_{it} = \beta_0 + \beta_1 LNPSSE_{it} + \beta_2 X_{it} + \mu_{it} \quad \text{式（6.3）}$$

$$LNdebt_{it} = \beta_0 + \beta_1 LNPSSE_{it} + \beta_2 X_{it} + \mu_{it} \quad \text{式（6.4）}$$

其中，式（6.3）和式（6.4）分别用来分析社会保障支出等对家庭是否发生借贷和家庭借贷规模的影响。核心解释变量 $LNPSSE_{it}$ 指代社会保障支出指标，该指标主要包括人均社会保障支出、人均社会保障与就业支出和人均社会医疗支出三个代理变量，其余变量定义与式（6.1）、式（6.2）相同。

表 6-9 汇报了式（6.3）的估计结果。其中，第（1）列至第（3）列只加入社会保障支出的三个代理变量，第（4）列至第（6）列在第（1）列至第（3）列基础上加入家庭层面特征变量和地区变量。第（7）列至第（9）列进一步加入省级层面控制变量。通过每三列结果的对比可以看出，社会保障支出代理变量估计系数的显著性基本一致。下面主要根据第（7）列至第（9）列的回归结果进行分析。在尽可能控制所有影响家庭借贷行为的家庭经济特征变量、省级层面特征变量和地区因素后，人均社会保障支出和人均社会保障与就业支出回归系数在1%水平上显著为负，表明人均社会保障支出和人均社会保障与就业支出能够降低家庭发生借贷的概率，且其边际效应分别为-0.042和-0.035，即人均社会保障支出和人均社会保障与就业支出每提高1%，家庭发生借贷的概率将会分别降低4.2%和3.5%。第（9）列核心解释变量为人均社会医疗支出，与家庭是否发生借贷存在不显著的正向关系。尽管第（9）列人均医疗支出估计系数不显著，但从前8列回归结果可知，社会保障支出对家庭是否发生借贷确实存在显著的负向影响。另一方面，通过对比不同类型社会保障对家庭是否发生借贷的影响发现，与人均社会医疗支出相比，人均社会保障与就业支出对家庭是否发生借贷的负影响更大。第（2）列、第（3）列单独对这两类社会保障支出进行分析时，人均社会保障与就业支出和人均社会医疗支出对家庭是否发生借贷的边际效应分别为-0.066和-0.035，明显前者的影响力度要大于后者。第（5）列、第（6）列在加入家庭层面的控制变量和地区因素后，这一关系并未改变，只不过两者影响力度之差减小了。第（8）列、第（9）列进一步加入省级层面控制变量，这时人均社会保障与就业支出的估计系数变小了，但依然显著为负，人均社会医疗支出正向不显著。通过每两列的对比分析，本章依然可以得到人均社会保障与就业支出对降低家庭发生借贷的影响更大的结论。

表 6-9　　　　　社会保障支出对家庭是否发生借贷的影响

解释变量	(1)	(2)	(3)	(4)	(5)	(6)	(7)	(8)	(9)
人均社会保障支出对数	-0.067*** (0.011)			-0.075*** (0.011)			-0.042*** (0.016)		
人均社会保障与就业支出对数		-0.066*** (0.010)			-0.060*** (0.010)			-0.035*** (0.012)	
人均社会医疗支出对数			-0.035*** (0.011)			-0.058*** (0.013)			0.018 (0.020)

续表

解释变量	(1)	(2)	(3)	(4)	(5)	(6)	(7)	(8)	(9)
是否创业				0.083 *** (0.012)	0.082 *** (0.012)	0.085 *** (0.012)	0.082 *** (0.012)	0.081 *** (0.012)	0.083 *** (0.012)
是否有汽车				0.042 *** (0.010)	0.043 *** (0.010)	0.043 *** (0.010)	0.043 *** (0.010)	0.043 *** (0.010)	0.044 *** (0.010)
家庭规模				0.022 *** (0.002)	0.022 *** (0.002)	0.024 *** (0.002)	0.022 *** (0.002)	0.022 *** (0.002)	0.023 *** (0.002)
住房数量				−0.010 ** (0.005)	−0.006 (0.005)	−0.009 * (0.005)	−0.011 ** (0.005)	−0.010 ** (0.005)	−0.005 (0.005)
家庭总支出对数				0.117 *** (0.004)	0.116 *** (0.004)	0.116 *** (0.004)	0.119 *** (0.004)	0.118 *** (0.004)	0.117 *** (0.004)
社会网络				−0.003 *** (0.001)	−0.003 *** (0.001)	−0.003 *** (0.001)	−0.003 *** (0.001)	−0.003 *** (0.001)	−0.004 *** (0.001)
家庭金融资产对数				−0.024 *** (0.001)	−0.024 *** (0.001)	−0.024 *** (0.001)	−0.024 *** (0.001)	−0.024 *** (0.001)	−0.024 *** (0.001)
家庭住房资产对数				0.003 *** (0.001)	0.003 *** (0.001)	0.003 *** (0.001)	0.003 *** (0.001)	0.003 *** (0.001)	0.003 *** (0.001)
人均教育支出							−0.000 ** (0.000)	−0.000 *** (0.000)	−0.000 *** (0.000)
第三产业占比							0.076 (0.074)	0.086 (0.074)	0.130 * (0.077)
是否为城镇				−0.085 *** (0.008)	−0.085 *** (0.008)	−0.087 *** (0.008)	−0.084 *** (0.008)	−0.083 *** (0.008)	−0.083 *** (0.008)
观测值数	23529	23529	23529	23529	23529	23529	23529	23529	23529

注：*、**、*** 分别表示在10%、5%、1%水平上显著，括号内为稳健标准差，表中报告的是估计的边际效应而非估计系数。

进一步，在分析社会保障支出对家庭是否发生借贷的基础上，本章又分析了社会保障支出对家庭借贷规模的影响。同表6－9的处理方法一致，表6－10前三列仅加入社会保障支出三个代理变量进行回归，第（4）列至第（6）列加入家庭层面控制变量和地区因素进行回归，第（7）列至第（9）列又进一步加入省级层面控制变量进行回归。从表6－10的9列的回归结果来看，除人均医疗支出外，社会保障支出代理变量均与家庭借贷规模在10%水平以内显著为负，进而可得出社会保障支出降低了家庭借贷规模的结论。由第（7）列、第（8）列回归系数可知，社会保障支出和人均社会保障与就业支出每提高1%，家庭借贷规模分别降低23.5%和23.8%。而社会医疗支出估计系数为0.34，在5%水平上显著为正，可知医疗支出对家庭借贷行为的负向影响不明显。此外通过对比第（2）列、第（3）列、第（5）列、第（6）列、第（8）列和第（9）列估计系数可以得知，人均社会保障与就业支出对家庭借贷规模的负向影响要大于人均医疗保障支出。

表6-10　　　　　　　　社会保障支出对家庭借贷规模的影响

解释变量	(1)	(2)	(3)	(4)	(5)	(6)	(7)	(8)	(9)
人均社会保障支出对数	-0.310***			-0.494***			-0.235*		
	(0.083)			(0.093)			(0.128)		
人均社会保障与就业支出对数		-0.357***			-0.417***			-0.238**	
		(0.076)			(0.079)			(0.095)	
人均社会医疗支出对数			-0.042			-0.319***			0.340**
			(0.083)			(0.103)			(0.159)
是否创业				0.687***	0.684***	0.704***	0.681***	0.677***	0.683***
				(0.095)	(0.095)	(0.095)	(0.095)	(0.095)	(0.095)
是否有汽车				0.369***	0.370***	0.371***	0.366***	0.366***	0.371***
				(0.080)	(0.080)	(0.081)	(0.081)	(0.081)	(0.081)
家庭规模				0.190***	0.188***	0.202***	0.192***	0.190***	0.194***
				(0.018)	(0.018)	(0.018)	(0.018)	(0.018)	(0.018)
住房数量				-0.098**	-0.074**	-0.078*	-0.095**	-0.090**	-0.032
				(0.039)	(0.037)	(0.041)	(0.039)	(0.038)	(0.043)
家庭总支出对数				1.011***	1.004***	0.997***	1.019***	1.019***	1.005***
				(0.035)	(0.035)	(0.036)	(0.036)	(0.036)	(0.036)
社会网络				-0.024***	-0.024***	-0.026***	-0.026***	-0.026***	-0.034***
				(0.007)	(0.007)	(0.007)	(0.008)	(0.008)	(0.008)
家庭金融资产对数				-0.196***	-0.197***	-0.196***	-0.195***	-0.196***	-0.193***
				(0.006)	(0.006)	(0.006)	(0.006)	(0.006)	(0.006)
家庭住房资产对数				0.036***	0.035***	0.034***	0.035***	0.035***	0.032***
				(0.008)	(0.008)	(0.008)	(0.008)	(0.008)	(0.008)
人均教育支出							-0.000**	-0.000**	-0.001***
							(0.000)	(0.000)	(0.000)

续表

解释变量	(1)	(2)	(3)	(4)	(5)	(6)	(7)	(8)	(9)
第三产业占比							1.284** (0.607)	1.313** (0.602)	1.862*** (0.627)
是否为城镇				-0.680*** (0.065)	-0.679*** (0.065)	-0.691*** (0.065)	-0.670*** (0.065)	-0.668*** (0.065)	-0.661*** (0.065)
观测值数	23529	23529	23529	23529	23529	23529	23529	23529	23529

注：*、**、***分别表示在10%、5%、1%水平上显著，括号内为稳健标准差，表中报告的是估计的边际效应而非估计系数。

此外，本章根据社会保障支出程度将其划分为低等社会保障支出、中等社会保障支出与高等社会保障支出群体，进一步解释不同区域家庭借贷行为差异的原因，结果详见表6-11。通过对比表6-11第（1）列至第（3）列和第（4）列至第（6）列核心解释变量估计系数发现，低等社会保障支出和中等社会保障支出对家庭借贷行为基本成负向不显著影响，而较高的社会保障支出明显的降低了家庭发生借贷的概率和规模，这可能是由于社会保障支出对家庭借贷行为的影响存在门槛效应。社会保障支出较低时，其对家庭借贷行为的负影响不显著，但随着社会保障支出的增加，这种正向影响转变为负向影响。这也进一步解释了不同区域家庭借贷行为差异的原因。

综合表6-9、表6-10和表6-11的分析可以得到两个结论：第一，社会保障支出的增加在一定程度上能够降低家庭发生借贷的概率与借贷规模，但这种负向影响与社会保障支出规模相关；第二，从社会保障支出内部结构来看，相比社会医疗支出，社会保障与就业支出对家庭借贷行为的影响更大。本章给出的解释为：相比社会保障与就业支出，社会医疗支出的覆盖面和深度不够，尤其是针对农村家庭的补助，而本章所选的样本量中超过一半为农村家庭，所以这种负向影响还难以体现。因此，通过表6-7至表6-11的分析，待检假说1成立。

表6-11　　　　　不同社会保障区域家庭借贷行为分析

解释变量	家庭是否借贷			家庭借贷规模		
	低等社会保障支出	中等社会保障支出	高等社会保障支出	低等社会保障支出	中等社会保障支出	高等社会保障支出
	(1)	(2)	(3)	(4)	(5)	(6)
人均社会保障支出对数	-0.009 (0.160)	-0.224 (0.147)	-0.766*** (0.125)	0.785 (1.319)	-0.863 (1.088)	-6.184*** (1.071)

续表

解释变量	家庭是否借贷			家庭借贷规模		
	低等社会保障支出	中等社会保障支出	高等社会保障支出	低等社会保障支出	中等社会保障支出	高等社会保障支出
	（1）	（2）	（3）	（4）	（5）	（6）
家庭层面控制变量	控制	控制	控制	控制	控制	控制
省级层面控制变量	控制	控制	控制	控制	控制	控制
观测值	7553	6791	9185	7553	6791	9185

注：*** 表示在1%水平上显著，表中报告的是估计系数。家庭层面控制变量和省级层面控制变量与上文控制变量相同，省略。

（三）收入不平等与社会保障支出对家庭借贷行为的影响

社会保障支出作为家庭收入再分配的重要工具，势必会对家庭收入不平等产生一定影响，进而影响家庭借贷行为。然而，目前学者对社会保障支出对收入不平等的影响并未得到一致结论，对于二者间对家庭借贷行为的影响更加难以判断。因此，为了探究社会保障支出是否可以通过影响收入不平等来抑制或加强家庭借贷行为，本章通过构建式（6.5）和式（6.6）来对这一关系进行阐明。

$$Dumdebt_{it} = \beta_0 + \beta_1 INE_{it} + \beta_2 LNPSSE_{it} + \beta_3 INE \times LNPSSE_{it} + \beta_4 X_{it} + \mu_{it} \quad 式（6.5）$$

$$LNdebt_{it} = \beta_0 + \beta_1 INE_{it} + \beta_2 LNPSSE_{it} + \beta_3 INE \times LNPSSE_{it} + \beta_4 X_{it} + \mu_{it} \quad 式（6.6）$$

在实证检验式（6.5）和式（6.6）之前，本章先采取另一种方法进行检验。由前文回归结果可知，基尼系数越高的地区，家庭发生借贷的可能性越高，家庭借贷规模越高。相反，社会保障支出越高的地区，家庭发生借贷的概率和规模越低。那么，本章似乎得到这样一个推论：如果社会保障支出能够缓解家庭收入不平等，进而降低家庭发生借贷的概率和规模，那么在社会保障越高的地区，这种抑制作用越突出，收入不平等的促进作用越不明显。为此，本章按照上文划分方法将基尼系数和社会保障支出分别划分为三等份，考虑到结果显著性，本章仅考虑不同社会保障支出程度下，高收入不平等对家庭借贷行为的影响。由表6-12前三列基尼系数的估计系数可以发现，由于社会保障支出程度的差异，直接导致高收入不平等对家庭借贷行为的正向影响转变为负向影响。正是由于过高的社会保障支出，降低了家庭借贷需求，使得即使存在较高的收入不平等，也并未使得家庭发生借贷的概率和规模有所提高。同理，表6-12第（3）列至第（5）列给出了相同假设条件下，基尼系数对家庭借贷规模的影响。由基尼系数符号的转变，也可得出类似结论。由此可知，社会保障支出程度越高，收入不平等对家庭借贷行为的正向影响越不明显，即社会保障支出能够缓解家庭收入不平等，从而降低家庭借贷概率和借贷规模。

表6-12 收入不平等对不同层次社会保障支出的家庭借贷行为的影响

解释变量	家庭是否发生借贷			家庭借贷规模		
	低等社会保障支出	中等社会保障支出	高等社会保障支出	低等社会保障支出	中等社会保障支出	高等社会保障支出
	(1)	(2)	(3)	(4)	(5)	(6)
基尼系数	8.346***	-0.501	-1.856**	79.326***	-0.354	-14.325**
	(2.437)	(2.346)	(0.765)	(18.219)	(2.018)	(6.193)
是否创业	0.343**	0.400***	0.350***	2.541**	0.322***	2.817***
	(0.137)	(0.118)	(0.102)	(1.007)	(0.098)	(0.783)
是否有汽车	-0.106	0.223**	0.226***	-0.735	0.167*	1.810***
	(0.123)	(0.108)	(0.076)	(0.920)	(0.090)	(0.597)
家庭规模	0.101***	0.061***	0.032*	0.811***	0.058***	0.298**
	(0.021)	(0.022)	(0.018)	(0.163)	(0.019)	(0.141)
住房数量	-0.021	0.135**	0.088**	-0.063	0.112**	0.640*
	(0.062)	(0.060)	(0.042)	(0.464)	(0.051)	(0.328)
家庭总支出对数	0.454***	0.377***	0.408***	3.705***	0.310***	3.476***
	(0.054)	(0.050)	(0.034)	(0.388)	(0.040)	(0.264)
社会网络	-0.019*	0.020*	-0.001	-0.117	0.018*	-0.015
	(0.011)	(0.012)	(0.008)	(0.081)	(0.010)	(0.064)
家庭金融资产对数	-0.111***	-0.095***	-0.084***	-0.861***	-0.082***	-0.700***
	(0.011)	(0.010)	(0.006)	(0.078)	(0.008)	(0.046)
家庭住房资产对数	-0.002	-0.024**	-0.001	0.050	-0.019*	0.039
	(0.012)	(0.012)	(0.008)	(0.091)	(0.010)	(0.065)
人均教育支出	0.001	0.001***	-0.000***	0.005**	0.001***	-0.003***
	(0.000)	(0.000)	(0.000)	(0.002)	(0.000)	(0.001)
第三产业占比	-3.049**	0.500	1.394	-22.105**	0.536	14.324
	(1.222)	(0.784)	(1.093)	(9.145)	(0.667)	(8.775)

续表

解释变量	家庭是否发生借贷			家庭借贷规模		
	低等社会保障支出	中等社会保障支出	高等社会保障支出	低等社会保障支出	中等社会保障支出	高等社会保障支出
	(1)	(2)	(3)	(4)	(5)	(6)
是否为城镇	-0.343***	-0.159**	-0.255***	-2.542***	-0.139**	-1.871***
	(0.088)	(0.077)	(0.067)	(0.660)	(0.065)	(0.541)
常数项	-8.191***	-4.722***	-3.521***	-75.292***	-3.979***	-32.236***
	(1.396)	(1.543)	(0.943)	(10.420)	(1.323)	(7.599)
观测值数	2525	2069	4137	2525	2069	4137

注：*、**、***分别表示在10%、5%、1%水平上显著，表中报告的是估计系数。

进一步，本章构建了基尼系数与社会保障支出三个代理变量的交互项，更加清晰地验证三者之间的关系，表6-13汇报了式（6.5）和式（6.6）的详细实证结果。表6-13第（1）列至第（3）列给出了其对家庭是否发生借贷的影响。由前三列交互项估计系数可知，无论是社会保障支出还是社会保障与就业支出与社会医疗支出，基尼系数与三者的交互项估计系数均在10%水平以内显著为负，则表明社会保障支出确实可以抑制收入不平等对家庭发生借贷的促进作用。接着，本章分析二者对家庭借贷规模的影响。第（4）列至第（6）列交互项估计系数也显著为负，即社会保障支出的增加能够有效抑制收入不平等对家庭借贷规模的促进作用。继而，由表6-12和表6-13可以得出，收入不平等的扩大提高了家庭发生借贷的概率与借贷规模，但随着社会保障支出的增加，这种正向促进作用被有效减缓了。故此，待检假说2成立。

表6-13　收入不平等与社会保障支出对家庭借贷行为的影响

解释变量	家庭是否发生借贷			家庭借贷规模		
	(1)	(2)	(3)	(4)	(5)	(6)
基尼系数	1.038***	1.068***	0.944***	9.086***	9.324***	8.323***
	(0.239)	(0.241)	(0.232)	(1.940)	(1.963)	(1.888)
人均社会保障支出对数	-0.163***			-0.959**		
	(0.055)			(0.458)		
基尼系数×人均社会保障支出对数	-1.082**			-7.479*		
	(0.482)			(3.929)		

续表

解释变量	家庭是否发生借贷			家庭借贷规模		
	(1)	(2)	(3)	(4)	(5)	(6)
人均社会保障与就业支出对数		-0.137*** (0.041)			-0.952*** (0.343)	
基尼系数×人均社会保障与就业支出对数		-1.022** (0.429)			-7.190** (3.494)	
人均社会医疗支出对数			0.055 (0.070)			1.125** (0.565)
基尼系数×人均社会医疗支出对数			-1.041* (0.568)			-7.586 (4.634)
是否创业	0.284*** (0.042)	0.283*** (0.042)	0.286*** (0.042)	2.387*** (0.338)	2.374*** (0.338)	2.394*** (0.338)
是否有汽车	0.148*** (0.036)	0.149*** (0.036)	0.150*** (0.036)	1.284*** (0.286)	1.284*** (0.286)	1.299*** (0.286)
家庭规模	0.076*** (0.008)	0.075*** (0.008)	0.078*** (0.008)	0.675*** (0.063)	0.665*** (0.064)	0.681*** (0.063)
住房数量	-0.029* (0.017)	-0.023 (0.017)	-0.009 (0.019)	-0.254* (0.141)	-0.228* (0.137)	-0.037 (0.153)
家庭总支出对数	0.416*** (0.016)	0.416*** (0.016)	0.411*** (0.016)	3.625*** (0.126)	3.625*** (0.126)	3.575*** (0.126)
社会网络	-0.010*** (0.003)	-0.010*** (0.003)	-0.013*** (0.003)	-0.085*** (0.028)	-0.085*** (0.027)	-0.113*** (0.028)
家庭金融资产对数	-0.084*** (0.003)	-0.084*** (0.003)	-0.083*** (0.003)	-0.695*** (0.022)	-0.696*** (0.022)	-0.688*** (0.022)
家庭住房资产对数	0.009*** (0.003)	0.009*** (0.003)	0.008*** (0.003)	0.119*** (0.028)	0.118*** (0.028)	0.108*** (0.028)
人均教育支出	-0.000** (0.000)	-0.000** (0.000)	-0.000** (0.000)	-0.001 (0.000)	-0.001 (0.000)	-0.002 (0.000)
第三产业占比	0.615** (0.276)	0.639** (0.274)	0.829*** (0.284)	7.683*** (2.274)	7.707*** (2.258)	9.872*** (2.341)
是否为城镇	-0.288*** (0.028)	-0.286*** (0.028)	-0.286*** (0.028)	-2.324*** (0.231)	-2.315*** (0.231)	-2.295*** (0.231)

续表

解释变量	家庭是否发生借贷			家庭借贷规模		
	(1)	(2)	(3)	(4)	(5)	(6)
常数项	-4.867*** (0.221)	-4.859*** (0.221)	-4.799*** (0.220)	-43.819*** (1.780)	-43.815*** (1.776)	-43.264*** (1.776)
观测值数	23529	23529	23529	23529	23529	23529

注：*、**、***分别表示在10%、5%、1%水平上显著，表中报告的是估计系数。

二、稳健性分析

针对具有面板特征的数据，学者们常常采用的分析方法包括混合回归、随机效应分析和固定效应分析。但考虑到 Probit 模型不存在固定效应模型，但同时不能忽略个体效应和时间效应所产生的遗漏变量问题，本章决定采用固定效应 xtlogit 模型对上述有关二值因变量的估计进行稳健性检验，具体结果如表6-14所示。第（1）列、第（2）列为收入不平等代理变量对家庭是否发生借贷的影响，第（3）列至第（5）列为社会保障支出代理变量对家庭是否发生借贷的影响，第（6）列至第（8）列为基尼系数与社会保障支出代理变量交互项对家庭是否发生借贷的影响。从第（1）列至第（8）列回归结果可知，即使更换实证模型，收入不平等对家庭借贷行为的影响依然为显著为正，社会保障支出对家庭借贷行为也依然存在负向显著影响。而从交互项系数结果可知，社会保障支出确实可以抑制收入不平等对家庭发生借贷的促进作用。由此可知，上述关于二值因变量的估计结果是稳健的。

表6-14　　　　　　　　　面板 logit 固定效应分析

解释变量	家庭是否发生借贷							
	(1)	(2)	(3)	(4)	(5)	(6)	(7)	(8)
基尼系数	1.241** (0.505)					1.404*** (0.513)	1.503*** (0.518)	1.237** (0.506)
变异系数		0.042* (0.022)						
社会保障支出对数			-0.984** (0.445)			-1.207*** (0.459)		

续表

解释变量	家庭是否发生借贷							
	(1)	(2)	(3)	(4)	(5)	(6)	(7)	(8)
社会保障与就业支出对数				-1.070** (0.429)			-1.178*** (0.432)	
社会医疗支出对数					-0.095 (0.343)			-0.076 (0.360)
基尼系数×社会保障支出对数						-2.381** (1.030)		
基尼系数×社会保障与就业支出对数							-2.152** (0.906)	
基尼系数×社会医疗支出对数								-0.636 (1.238)
其他控制变量	控制	控制	控制	控制	控制	控制	控制	控制
观测值数	10932	10932	10932	10932	10932	10932	10932	10932

注：*、**、*** 分别表示在10%、5%、1%水平上显著，表中报告的是估计系数。其他控制变量与表6-7一致，本表不再报告。

另一方面，为了进一步验证实证3的稳健性，本章更换代理变量再次对式（6.5）和式（6.6）进行估计，详见表6-15。通过每三列回归结果来看，变异系数在1%水平上显著为正，而变异系数与社会保障支出的代理变量的交互项估计系数依然显著为负，进而再次证明了在收入不平等不断扩大的背景下，社会保障支出的增加可以降低家庭发生借贷的概率和借贷规模。故而实证3的估计结果是稳健的。

以上通过采用更换实证模型和替换代理变量的方法，依然可以得出收入不平等的扩大提高了家庭借贷意愿，而社会保障支出水平的增加不仅能够降低家庭借贷意愿，还可以通过影响收入不平等来降低其对家庭借贷行为的促进作用。所以，本章的实证结果是稳健的，假设2得到验证。

表6-15 收入不平等（变异系数）与社会保障支出对家庭借贷行为的影响

解释变量	家庭是否发生借贷			家庭借贷规模		
	(1)	(2)	(3)	(4)	(5)	(6)
变异系数	0.044*** (0.011)	0.058*** (0.012)	0.030*** (0.010)	0.347*** (0.087)	0.452*** (0.096)	0.272*** (0.083)

续表

解释变量	家庭是否发生借贷			家庭借贷规模		
	(1)	(2)	(3)	(4)	(5)	(6)
人均社会保障支出对数	-0.051 (0.047)			0.004 (0.391)		
变异系数×人均社会保障支出对数	-0.079*** (0.029)			-0.526** (0.235)		
人均社会保障与就业支出对数		-0.177*** (0.042)			-1.247*** (0.351)	
变异系数×人均社会保障与就业支出对数		-0.094*** (0.030)			-0.619** (0.245)	
人均社会医疗支出对数			0.058 (0.070)			1.203** (0.567)
变异系数×人均社会医疗支出对数			-0.088** (0.038)			-0.596** (0.301)
其他控制变量	控制	控制	控制	控制	控制	控制
常数项	-4.836*** (0.225)	-4.943*** (0.226)	-4.804*** (0.224)	-43.517*** (1.819)	-44.394*** (1.825)	-43.343*** (1.809)
观测值数	23529	23529	23529	23529	23529	23529

注：**、***分别表示在5%、1%水平上显著，表中报告的是估计系数。其他控制变量与表6-7一致，本表不再报告。

本章小结

本章使用中国家庭追踪调查（CFPS）2010—2014年面板数据和与之相匹配的省级层面社会保障支出数据，采用随机效应面板Probit、Tobit模型和工具变量法，考察了收入不平等对家庭借贷行为的影响，并首次使用宏微观相结合的面板数据分析了社会保障支出对家庭借贷行为的影响。结果表明：①收入不平等是影响家庭借贷行为的重要因素。随着收入不平等程度的提高，家庭发生借贷的概率和规模也有所增加。在此基础上，本章进一步讨论了不同收入组家庭的借贷行为差异，相比高收入组家庭和中等收入组家庭，收入不平等的扩大对低收入组家庭借贷需求的影响更大。②社会保障支出对家庭借贷存在"挤出"效应。社会保障支出的"收入效应"减少了家庭借贷需求，降低了家庭发生借贷的意愿和借贷规模，且社会保障支出规模越高的地区，"挤出"效应越明显。同时，通过比较不同类型社会保障支出对家庭借贷行为的影响发现，社会保障与就业支出对家庭借贷行为的"挤出"效应大于社会医疗支出对家庭借贷行为的作用。③社会保障支出的增加，可以减缓收入不平等对家庭借贷行为的促进作用。社会保障支出较高的高收入不平等地区的家庭发生借贷的概率和规模明显低于社会保障支出较低的高收入不平等地区，即在收入不平等相同情况下，社会保障支出程度越高，收入不平等对家庭借贷行为的正向影响越不明显。从而可以得出，社会保障支出的增加，可以减缓收入不平等对家庭借贷行为的促进作用。且在模型中加入收入不平等与社会保障支出交互项进行估计时，交互项估计系数显著为负，结论依然成立。

基于以上研究结论，本章有如下政策建议：①构建收入分配公平公正的长效机制。通过收入分配制度顶层设计与政策调整，继续深化收入分配制度改革，逐渐缩小各区域内和区域间的家庭收入不平等程度。②从区域经济社会可持续发展的目标出发，依据其财政承受能力，构建完善的社会保障制度，提高社会保障覆盖率与保障水平，使更多低收入群体获得应有的保障，进而提高家庭福利水平与幸福感。针对地方财政相对薄弱的地区，增加中央财政支出进行适当弥补，以促进地区间社会保障均等化的实现。③发展多元化的消费金融服务体系，满足消费者多层次的金融消费需求。构建完善的个人信息服务体系，根据个人债务承受能力发放贷款，提倡适度负债消费，以保持家庭债务可持续增长。

第七章 财富不平等、金融素养与家庭借贷行为

收入和财富不平等是威胁全球发展的最大问题。经历经济转型的中国面临收入和财富不平等加剧的风险，需要警惕财富不平等带来的负面影响。本章采用2013年中国家庭金融调查数据（CHFS），通过构建 Probit 和 Tobit 模型，考察了金融素养对城乡家庭借贷行为影响的差异，并验证了财富不平等是否会抑制金融素养对家庭借贷行为的影响。本章第一节为引言；第二节为消费者金融素养基本理论介绍；第三节为变量选取与描述性分析；第四节为实证分析。

第一节 引 言

消费金融市场上金融产品和服务的创新为家庭部门进行资产配置提供了多元化的组合方式。若投资者缺乏基本的金融知识，对市场风险的了解程度不充分，极易使家庭部门的投资行为产生失误。因此，在日益复杂的消费金融市场中，金融素养（Financial Literacy）对家庭部门做出更优的金融决策越来越重要，被认为是影响消费者金融投资收益的重要因素之一。一般说来，金融素养越高的家庭，凭借其对借贷信息、流程、合同的了解，越容易做出对家庭有利的借贷决策，而金融素养缺乏的低收入和弱势群体容易成为掠夺性贷款和金融欺诈的受害者。但现实情况却是，无论各国的金融市场是否发达，消费者的金融素养均较低（OECD，2005；Lusardi & Mitchell，2014）。这导致他们可能会做出一些错误的金融决策，进而影响一国经济金融的稳定与发展（OECD，2016）。因此，提高消费者金融素养水平已经成为各国政府和金融机构的共识。针对中国家庭户主或家庭成员的金融素养调研结果显示，中国消费者金融素养水平整体不高，

且存在明显的城乡差异。因此，在我国消费金融市场的发展过程中，家庭金融素养水平整体偏低对家庭借贷行为产生了何种影响？这是一个非常值得关注的问题。

家庭借贷行为影响因素是家庭金融研究领域中一支非常重要的文献。学者们已对影响家庭借贷行为的微观因素开展了较为详尽的探讨。这些因素主要包括个体的基本特征变量、家庭经济状况、社会网络或社会资本、社会信任等，上述文献为我们理解不同家庭借贷行为的差异提供了丰富的线索。另外，财富水平的高低是衡量家庭经济地位的一个关键指标，财富水平越高，家庭的融资能力就越强。随着我国家庭部门财富不平等程度的不断扩大，财富不均度提高降低了中低财富家庭的消费信心，可能会对家庭借贷行为产生重要影响。影响家庭借贷行为的因素之间并非是相互独立的，那么，在金融素养影响家庭借贷行为的过程中，财富不平等又将扮演什么样的角色，是抑制还是加强了金融素养对家庭借贷行为的作用效果？目前，鲜有学者针对这一问题开展深入研究。

随着消费金融市场的快速发展，家庭借贷决策变得越来越复杂，因而以促进家庭金融福祉为目的的金融素养对家庭经济行为的作用越来越突出。近期已有部分学者开始探讨金融素养对家庭借贷行为的影响，并取得了一定进展。现有研究发现，金融素养能够在一定程度上影响家庭借贷成本选择、负债程度以及信贷违约可能性。Disney 和 Gathergood（2013）指出消费者由于缺乏金融素养而低估借贷的未来成本，选择那些成本较高的借贷服务，容易使家庭遭受金融困境。Huston（2012）更是指出相对于较高金融素养水平的消费者，金融素养缺乏者往往要额外支付两倍的借贷成本。类似的，Lusardi 和 Tufano（2015）使用美国 TNS 调查数据，也发现债务素养偏低的受访者偏向于选择高成本的借贷方式，并且这些受访者由于无法判断自身家庭债务状况的合理性往往面临过重的家庭债务负担。Sevim 等（2012）使用土耳其数据，比较了不同金融素养家庭借贷行为的差异，发现金融素养水平较高的消费者似乎不太可能表现出过度负债行为。进一步，一些研究者从抵押贷款角度分析金融素养与家庭借贷违约可能性关系，发现金融素养的缺乏提高了抵押贷款违约的概率。Fornero 等（2011）使用 2006 年和 2008 年意大利 SHIW 数据，考察了金融素养对住房抵押贷款方式选择的影响，发现金融素养较高的家庭更偏好于选择固定利率贷款抵押。Bucks 和 Pence（2008）发现浮动利率的使用增加了借款者的债务压力，提高了拖欠违约的可能性。

考虑到金融素养与家庭借贷行为间存在双向因果关系，传统的微观实证研究方法可能无法准确识别出金融素养对家庭借贷行为的影响。针对该问题，学者们开始改善实证方法，采用工具变量法进行检验，实证结果发现上述所得结论依然成立，但存在低估金融素养作用的可能性。Disney 和 Gathergood（2013）选取受访者早期所接受的金融教育水平作为金融素养的工具变量进行两阶段估计，发现金融素养水平的提高能够降低家庭高成本信贷方式的使用几率并减少家庭信贷违约的可能性。Klapper 等（2013）选取两地区间报纸流通量和大学数量分别作为金融素养的工具变量，发现具有较高金融素养的家庭偏好于正规金融市场的借贷。尹志超等（2014）使用同一小区同一收入阶层其他人的平均金融知识水平作为工具变量，发现金融知识改变了家庭借贷途径偏好，提高了家庭正规信贷的可获性。且对比基准回归和两阶段回归结果发现，两阶段回归系数要大于基准回归结果。

通过对金融素养与家庭借贷行为间的作用机制文献的梳理，本文发现金融素养可能通过家庭信贷偏好、认知与决策能力、冲动性、风险态度、收入分配等机制来影响家庭借贷行为。但在分析收入机制时，学者们忽视了家庭财富机制对家庭借贷行为的重要影响。相比收入变量，家庭财富水平的高低更能体现家庭的融资能力，对家庭的借贷行为产生的影响更大。那么，在中国家庭财富不平等不断扩大的过程中，财富不平等到底会怎样改变金融素养对家庭借贷行为的作用效果？目前关于该问题的研究文献几近空白。鉴于此，本章采用 2013 年中国家庭金融调查数据（CHFS），通过构建 Probit 和 Tobit 模型，考察了金融素养对城乡家庭借贷行为影响的差异，并验证了财富不平等是否会抑制金融素养对家庭借贷行为的影响。相较已有文献，本章主要贡献在于：①考虑到中国城乡家庭金融素养与家庭借贷行为的较大差异，试图验证城乡家庭金融素养对家庭借贷行为影响的差异性，弥补了现有文献研究的不足。②本章立足于中国家庭财富不平等程度不断扩大的事实，验证了财富不平等会抑制金融素养对家庭借贷行为影响的理论假说。

第二节 消费者金融素养理论

一、消费者金融素养的含义与影响因素

(一) 消费者金融素养的含义

金融素养的研究兴起于20世纪90年代,是一个较新的研究领域,学者们尚未对其表述、含义与测量形成一致意见。"金融素养"在有些文献中也表述为金融知识、金融教育、金融教养、金融信息、金融能力等 (Huston, 2010; Remund, 2010)。一般认为,界定消费者金融素养应该包含:①基本金融概念的掌握与个人财务管理的技能;②交流金融知识与信息的能力以及做出适当金融决策的本领;③对未来财务需求进行有效规划的自信心等。消费者应对基本金融知识有一定的了解,包括货币(货币的时间价值、购买力、个人金融账户)、借贷(信用卡、消费贷款或抵押贷款)、投资(储蓄账户、股票、债券、共同基金)、资源保护(保险产品、风险管理技术)等。

学者们从不同的关注点对金融素养的概念做出界定。Remund (2010) 认为金融素养是在密切关注各类生活事件和变化的经济条件下,个人对关键金融概念的理解程度,以及通过适当的短期决策和稳健的长期规划来管理个人财务的能力与信心程度。Gudmunson 和 Danes (2011) 将金融素养定义为,在复杂的金融环境下,消费者在其成长过程中形成的解释、交流、计算、独立判断以及行动的能力。Huston (2010) 认为金融素养是一种包含金融知识与技能的专项人力资本,具体指消费者对金融知识的理解、应用能力和信心。Lusardi 和 Mitchell (2014) 将金融素养定义为处理经济信息并制定有效金融决策的能力,这些决策包括理财规划、财富积累、养老金计划及债务承担。Noctor 等 (1992) 指出金融素养是个人使用和管理资金以做出明智判断和有效决策的能力。Mandell (2007) 认为金融素养是消费者为了最大化其长期利益,所具有的正确评估、判断、选择并使用新出现的复杂金融工具的能力。OECD 先后多次对金融素养概念做出界定,

OECD（2005）认为金融素养是消费者为提高自身金融福利而必须具备的一种综合素质，这种素质包括理解金融产品与概念、识别金融风险与机会、知晓帮助渠道、做出明智选择进而采取有效行动的能力；OECD（2013，2016）将金融素养定义为对金融概念和风险的认知、理解以及应用该认知和理解的技能、动机与信心。虽然学者们对金融素养的概念界定不同，但都一致将金融素养视为人力资本，并将其引入到跨期资产选择模型中，使得家庭金融理论与消费者金融素养理论本身都得到了较大发展（彭显琪和朱小梅，2018）。

（二）消费者金融素养形成的影响因素

一般认为，消费者金融素养的影响因素包括个人因素与社会因素两方面。从个人因素看，性别、年龄、种族、收入水平、受教育程度、对金融知识的偏好等都能影响消费者的金融素养（彭显琪、朱小梅，2018）。其中，女性的金融素养水平要低于男性（Delavande 等，2008；Rooij 等，2007；Lusardi & Mitchell，2008），收入水平与受教育程度一般与消费者的金融素养水平呈正向关系（Lusardi & Mitchell，2011），年龄较大消费者的金融素养得分普遍比年轻人要高，金融素养随时间增长而得到提升（Delavande 等，2008）。

从社会因素看，家庭因素（父母行为、父母对孩子的教育、童年经历、父母所受教育水平、家庭社会经济地位、家庭财富等）、邻里因素、金融教育因素、社交媒体因素等都会对消费者的金融素养产生重要的影响（彭显琪、朱小梅，2018）。其中，家庭因素的影响最为明显：父母对孩子的直接教育与孩子对父母行为的模仿对孩子金融素养的影响重大（Clarke 等，2005；Danes 等，2007；OECD，2016），受过高等教育和具备丰富投资经验的父母一般可以帮助孩子提高金融素养，孩子的禀赋、教育的差异会造成孩子们金融素养水平的差距（Lusardi 等，2010）。社交媒体与网络对当代人的影响巨大，有些消费者通过媒体、网络获取大量金融信息，这有助于其高级金融素养的培养（Karaa & Kugu，2016）。

二、消费者金融素养的测度与调查

（一）消费者金融素养的测度方法

关于消费者金融素养测度方法，本书根据学者们通常的做法，归纳为三种：

①直接加总法，根据消费者对每道测量题项的回答是否正确进行评分，回答正确计 1 分，错误计 0 分，然后直接加总所有题项得分作为金融素养得分（Delavande 等，2008；Lusardi 等，2010；Jappelli 等，2011；Agarwal 等，2015；Bannier 等，2016）；②应用项目反应理论估算法，根据数据变量分布特征，应用项目反应理论建立金融素养测度模型，以此估算金融素养水平的得分（Meijer 等，2008；Hung 等，2009；Bucher - Koenen 等，2016）；③因子分析法，根据消费者回答的情况，应用因子分析法计算金融素养得分（Lusardi & Mitchell，2007；Rooij 等，2007）。该方法首先针对每道题项设立消费者回答正确与否的虚拟变量，然后对这些二元变量进行因子分析，获得概括消费者金融素养不同维度的因子得分作为其金融素养得分。

Huston（2012）根据金融知识和金融技能得分的匹配程度将消费者金融素养分为三类：第一类为目标区，消费者的金融知识和金融技能应用得分都较高，这类人金融素养良好；第二类为警告区，消费者的金融知识或金融技能应用至少有一项得分在中等以上，这类人的金融素养有一定缺陷；第三类为危险区，消费者的金融知识或金融技能应用至少一项得分较低，这类人的金融素养存在较大问题，他们或是金融知识得分高而金融技能应用得分低的人成为金融无能者，或是金融知识得分低而金融技能应用得分高的人成为金融自负者，或是金融知识得分和金融技能应用得分都低的人成为金融无意识者。

(二) 中国消费者金融素养的调查情况

为准确把握消费者金融知识水平及金融消费者教育领域中存在的薄弱环节，评估金融消费者教育的有效性，进一步做好金融知识普及工作，在中国人民银行金融消费权益保护局的积极推动下，中国人民银行办公厅于 2016 年 1 月 11 日下发《关于建立消费者金融素养问卷调查制度（试行）的通知》，正式建立了消费者金融素养问卷调查制度。2017 年开始在全国 31 个省级行政单位（除港澳台地区）每两年全面开展一次消费者金融素养问卷调查。目前为止已经展开两次消费者金融素养调查。①第一次全国消费者金融素养问卷调查情况。2017 年为第一次全国全面开展消费者金融素养问卷调查，调查一方面从消费者态度、消费者行为、消费者知识和消费者技能等多角度综合定性分析当前我国消费者的金融素养情况，另一方面构建消费者金融素养指数得出全国消费者金融素养得分，并通过多元线性回归定量研究影响金融素养的主要因素。②第二次全国消费者金融素养问卷调查情况。中国人民银行2019年展开第二次消费者金融素养问卷调查,该调查在每个省级行政单位随机抽取600名金融消费者,全国共18600个样本。一方面,调查从消费者态度、行为、知识和技能等多角度综合定性分析我国消费者的金融素养情况。另一方面,调查报告通过构建消费者金融素养指数得出全国消费者金融素养得分。最终形成《2019年消费者金融素养调查简要报告》。

三、消费者金融素养对家庭金融决策行为的影响

消费者金融素养从不同方面影响居民家庭的金融决策行为。较高的金融素养对居民理解金融基本概念、金融市场和金融产品的收益风险等特征具有显著的促进作用;金融素养作为一种特定的人力资本,有助于扩大家庭的财富规模,增强对耐用品的消费偏好(朱涛等,2015),也会促使家庭采取更主动的养老方式(胡振等,2016)。具体来说,消费者金融素养对家庭金融决策行为有三个方面的影响。

(一)消费者金融素养影响家庭金融消费决策

金融消费是人们为了满足自身消费的需求,享受金融机构提供的服务,购买金融机构提供的商品的行为。金融消费与一般性消费相比,往往具有更大的风险。消费者金融素养的提高,可以让消费者知晓自己金融消费权利,包括消费的选择权、获得信息权、平等交易权、保密权、求偿权等,从而做到明明白白消费、理性消费,不会轻易出现消费者误将理财产品当作储蓄产品的情况。Klapper和Panos(2011)研究发现居民金融素养水平显著影响着他能够做出更合理、更科学的家庭开支计划。

(二)消费者金融素养影响家庭金融投资决策

家庭资产增值可以通过诸多途径来实现,但投资是实现个人资产增值的最重要的途径之一,那么消费者就需要作为投资者参与到金融市场中,通过正确的投资决策来实现资产增值。投资决策主要分为市场参与决策、资产组合决策,前者主要研究是否参与某类金融市场,后者涉及资产在众多的金融市场中的配置比例问题。金融素养较高的个人和家庭会积极主动地参与金融市场,具备基本的成本、利率等财务计算能力,会更容易理解和学习投资理财知识,理性分析识别股

票、债券、基金等理财产品收益,从而作出相对正确的金融决策,同时金融素养能提升居民家庭的风险意识,金融素养较高的家庭往往具有风险意识以及识别潜在风险、理性应对风险的能力。良好的金融素养对降低金融风险有很大帮助(Lusardi & Mitchell,2011),另外提高金融知识可以增加家庭的风险投资(尹志超等,2014)。Arrondel(2012)基于法国家庭的微观数据,研究了金融素养与股票市场参与的关系,结果显示金融素养与股票市场参与存在很强的正向因果关系。胡振和臧日宏(2016)、Xia 等(2014)研究发现金融素养过度自信会显著提高家庭的股票市场参与率,对股票资产的持有额度及在金融资产中的比例均具有显著正向影响。金融素养也通过养老规划进而影响财富积累。Lusardi 和 Mitchell(2005)发现金融文盲会导致个人和家庭储蓄的次优决策,从而引致财务压力,退休前没有做好退休规划的人,其退休时的财富积累规模往往少于那些提前做好退休规划的群体。而金融教育项目可以帮助改进储蓄和金融决策制定能力(Lusardi,2008)。

(三)消费者金融素养影响家庭借贷决策

消费者金融素养水平越高,凭借其较强的计算能力,对利息计算方式、借贷成本等基本金融概念有更为准确的理解,更愿意选择借贷成本能有效估计的正规金融借贷渠道进行贷款,金融素养较低的人更倾向于选择向亲戚朋友借款等民间借贷或者其他非正规渠道借贷的方式(王彦卿,2018)。Disney 和 Gathergood(2011)基于英国家庭的数据发现,债务素养低的家庭倾向于使用高成本借贷,往往信贷拖欠概率高或很难支付债务。而金融素养水平高的家庭则会为归还贷款而合理的储蓄规划,进行信用卡的循环借贷。金融素养水平高的消费者比金融素养低的人,在信用卡和抵押贷款的成本上要低 50%(Huston,2012)。Richard Disney(2011)以英国债务家庭为研究对象,研究发现金融素养积极正向影响着家庭的信贷行为,出现信贷违约和财务危机的家庭往往都是金融素养较低的家庭。

第三节 变量选取与描述性分析

一、数据来源

本章数据来源于西南财经大学 2013 年中国家庭金融调查微观数据（CHFS）。该数据与本章研究匹配的原因在于：第一，本章被解释变量为家庭借贷行为，而 CHFS 数据是目前国内收集家庭借贷信息比较权威的数据库，涵盖了家庭是否借贷、借贷规模和借贷渠道等方面的信息，合理的抽样、庞大的数据样本以及丰富的借贷信息正是本章研究所需要的；第二，该数据库除了涉及家庭借贷行为方面的信息外，也为研究者提供丰富的家庭资产类信息，高质量的资产信息能较好地凸显出家庭财富的差异，为本章测度家庭财富不平等提供了基础；第三，2013 年 CHFS 调查问卷中设计了关于利率计算、通货膨胀计算与投资风险认知等方面的问项，便于研究者考察受访者的金融素养水平，解决了如何衡量金融素养的难题。

2013 年 CHFS 数据库的初始样本为 28141 户。为避免异常值带来的扰动，首先对户主信息缺失的样本、衡量金融素养指标缺失的样本进行剔除，共剔除 2840 个样本；其次，考虑到年龄过小或过大的户主对家庭决策的影响较小，继而又剔除了户主年龄小于 21 岁或大于 90 岁的 78 个样本；最后为方便计算住房资产比和财富基尼系数，又剔除了那些总资产为零值、净财富为负值的样本，最终所得有效样本为 24588 户。另外，需要说明的是，CHFS 为了解决数据缺失问题，对部分数值进行了插值处理，因而本章所使用的诸如资产、负债等数据是 CHFS 插值过后的数据。

二、变量选取

（一）家庭借贷行为

本章从家庭是否发生借贷和家庭负债规模两方面考察家庭借贷行为。其中，家庭是否发生借贷是指家庭是否因为农业、工商业、住房、车辆等耐用品、教育以及投资等原因而借入资金的行为,若发生借贷记为1,否则为0。家庭的负债规模为以上各个子借贷项目发生的实际借贷金额或目前仍欠款金额叠加总和。在处理家庭负债规模时,为防止经济变量可能存在异方差和非线性问题,我们对家庭债务规模变量进行对数化处理。

(二) 金融素养

金融素养是指个人为其一生金融福祉有效管理金融资源的知识和能力。主观评价法和客观测量法是测度金融素养的基本方法。基于主观评价法可能存在消费者高估或者低估自身金融素养的弊端,使得金融素养测度不准确,而评分加总的方法又认为所有问题同等重要,忽视了各问题的重要性排序。因此,本章借鉴尹志超等(2014)采用因子分析衡量户主金融素养的做法,充分利用各问题信息,弥补以上方法的不足。

但需要指出的是:在提取因子时,本章发现如果按特征值大于1的方法提取,有两个变量的因子的提取不够充分,变量的信息丢失较为严重,故按特征值大于1提取因子的总体效果并不理想。经反复尝试,最终本章设定提取特征值大于0.9的因子,此时所有变量的共同度均较高,各变量的信息丢失较少,因子提取的总体效果较为理想。且抽取出的成分1、成分2和成分3所能解释原变量的方差累计为80.54%,高于第一种方法约16%,进一步证明设定提取特征值标准的方法效果更好。最后,本章先根据提取出的三个因子计算各自的因子得分,然后以各因子方差贡献率占3个因子总方差贡献率的比重为权重进行加权求和,从而得到每个户主的综合因子值,即金融素养因子得分,表7-1给出了户主金融素养的描述性统计。由表7-1可以看出,户主的平均金融素养水平不高。

表7-1　　　　　　　　户主金融素养的描述性统计

变量名	样本数	均值	标准差	最小值	最大值
金融素养(特征值大于0.9)	27772	0.0102	0.5832	-0.6923	1.2221

注:本章首先将衡量金融素养相关指标缺失的样本进行剔除,剩余27772个样本。

(三) 财富不平等

测量财富不平等指标的方法有很多,诸如基尼系数、变异系数、扭曲系数和分位数比值等。考虑到受访者在组建家庭后，财富很难在家庭成员之间进行区分，且贷款者往往是依据家庭总财富而非个人财富来衡量家庭的融资能力。故此，本章将采用由家庭净财富计算的基尼系数和扭曲系数指代财富不平等指标。其次，为了考察家庭财富不平等，本章需要找到分组变量，巫锡炜（2011）发现户主的受教育程度是重要的社会分组维度。因此，本章借鉴巫锡炜（2011）的方法，将受访者的受教育程度依次划分为高中以下、高中、中专与大专和大学及以上等四类。

（四）其他控制变量

借鉴其他类似文献的做法，本章最终选取的影响家庭借贷行为的控制变量包括户主的个体特征、家庭经济特征和地区因素三大类。在户主个体特征方面，本章选取了户主的性别、年龄、受教育水平、婚姻状况、风险态度、健康、政治面貌、工作情况、家庭规模等变量，这些变量在一定程度上能够反映个体的借贷偏好或者家庭还债能力。风险厌恶程度越低的家庭越愿意承受更高的债务，而有固定工作的户主要比那些没有工作的户主更容易获得贷款。在家庭经济特征方面，住房资产是家庭经济实力的象征，因此本章把房屋资产占总资产的比重作为重要的考察变量。除此之外，本章还在模型中包括金融资产作为影响家庭借贷行为的家庭经济特征变量。最后，考虑到家庭借贷行为可能会因为所在地区的经济环境、文化差异而表现不同，本章在模型中控制了省级虚拟变量和农村虚拟变量，以尽可能减少由于遗漏变量所导致的估计偏误。

三、描述性分析

（一）具有不同金融素养水平的家庭借贷行为比较

为了考察具有不同金融素养水平家庭借贷行为的差异，本章根据金融素养评分加总得分高低（0—3分）对样本进行分组：0分指代低金融素养水平家庭；1分指代中低金融素养水平家庭；2分指代中高金融素养水平家庭；3分指代高金融素养水平家庭。

表7-2描述性结果显示：①一般来说，金融素养水平越高的家庭，负债比例也往往越高。但由于部分高金融素养家庭的风险规避意识较强，家庭发生借贷

的意愿不高，使得高金融素养家庭的负债比例略低于中低金融素养家庭。②从家庭债务规模来看，不同金融素养家庭的负债规模存在明显差异，高金融素养家庭的负债规模要远远大于低金融素养家庭，约占低金融素养家庭负债规模的3倍。③从其他子借贷项目来看，总体体现出金融素养水平越高，负债规模越高的规律，但从农业生产负债、工商业经营负债、教育负债项目来看，中低金融素养家庭负债总额最大。

表7-2　　　　　　　不同金融素养家庭的借贷行为比较

项目名称	全部家庭（均值）	低金融素养（均值）	中低金融素养（均值）	中高金融素养（均值）	高金融素养（均值）
负债比例（%）	41.5	40.5	42.8	41.8	42.6
总债务（元）	43193.4	26653.1	57872.9	69587.7	89838.2
房屋负债总额（元）	32525.5	19354.7	43117.5	55668.8	76867.1
汽车负债总额（元）	1731.4	1178.2	2344.9	2428.4	2154.4
农业生产负债总额（元）	1685.1	1636.7	1760.9	1721.4	1460.8
工商业经营负债总额（元）	5298.3	2711.7	8504.3	7566.2	7250.0
教育负债总额（元）	408.4	385.2	452.6	424.8	155.5
信用卡负债总额（元）	322.4	184.4	457.1	552.6	413.5
观测值（个）	24588	13060	8285	2809	434

（二）不同财富组家庭借贷行为比较

为了分析不同财富组家庭的借贷行为差异，本章首先依据家庭净资产将样本按从小到大的顺序进行排序，然后对样本进行分组：低财富家庭、中低财富家庭、中高财富家庭和高财富家庭。其中，低财富家庭是指家庭净资产低于25%分位的家庭，中低财富家庭是指家庭净资产高于25%分位而低于50%分位的家庭，中高财富家庭和高财富家庭以此类推。

表7-3给出了不同财富组家庭借贷行为比较结果，本章发现：①不同财富组家庭的负债比例差异明显，中低财富家庭的借贷比例最高，其次为中高财富家庭和高财富家庭，而最低财富家庭的借贷比例最低。②从负债规模来看，家庭负债规模与财富水平成正比。财富水平越高的家庭，家庭的融资能力也越高，最高财富家庭的负债规模约占最低财富家庭的10倍。③从其他借贷子项目来看，除教育负债与家庭财富水平呈负相关关系外，其他负债项目基本与家庭财富水平呈

正相关关系。

表 7-3　　　　　　　　不同财富组家庭的借贷行为比较

项目名称	最低财富家庭（均值）	中低财富家庭（均值）	中高财富家庭（均值）	高财富家庭（均值）
负债比例（%）	36.5	46.4	43.9	39.0
总债务（元）	9856.1	25071.7	45534.8	92244.0
房屋负债总额（元）	5148.5	18409.0	35115.0	71375.3
汽车负债总额（元）	427.8	922.3	1787.8	3785.0
农业生产负债总额（元）	1285.7	1448.0	1698.7	2307.2
工商业经营负债总额（元）	1271.2	2464.7	5086.1	12362.3
教育负债总额（元）	554.7	460.2	454.5	164.2
信用卡负债总额（元）	72.9	111.0	308.4	796.8
观测值（个）	6144	6139	6155	6150

四、研究假设

综合前文的分析，本章提出以下两个备检假说：

假说1：金融素养是影响家庭借贷行为的重要影响因素。金融素养水平的改善提高了家庭发生借贷的概率与家庭借贷规模，且金融素养对城乡家庭借贷行为存在明显的差异性，金融素养对农村家庭借贷行为的影响更大。

关于金融素养与家庭经济行为关系研究表明，一方面，金融素养水平的改善提高了家庭经济行为的合理性，降低了家庭经济风险。金融素养作为一种特殊的人力资本，可以在一定程度代表个人的信用水平，良好的信用记录提高了家庭借贷可获性，降低了家庭债务限额。金融素养水平的提高能够在一定程度上缓解家庭所面临的信贷约束问题。另一方面，金融素养水平的提高可以优化家庭投资决策，增加家庭财产性收入。随着家庭预期未来收入水平的提高，家庭发生借贷的概率和家庭借贷规模也有所增加。但是，金融素养的这种促进作用并非对所有家庭产生的效果一样。目前，中国正处于社会经济转型发展时期，城乡二元制结构将在较长时间内存在，城乡家庭的经济行为存在较大的异质性。较之于城镇家庭，农村地区金融发展相对落后、信息不对称程度较高，因而面临的信贷约束较大。因此，金融素养水平的提高可能对农村家庭借贷行为的影响更大。

假说2：财富不平等也是影响家庭借贷行为的重要因素。财富不平等的扩大减少了家庭借贷需求,降低了家庭发生借贷的概率和家庭负债规模。同时,随着家庭财富不平等程度的加剧,金融素养对家庭借贷行为的促进作用受到抑制。Modigliani 和 Friedman 的生命周期——持久收入假说解释了家庭是如何依据自己一生的收入或者财富来合理安排消费和储蓄以实现效用最大化。但该假说并未真正考虑到不确定性的影响,而流动性约束假说的提出在一定程度上弥补了此假说的不足。流动性约束产生的原因之一在于消费者拥有的财富不足,从而无法将现有财富作抵押进行贷款。对于中低财富家庭,信贷约束较为普遍,而高财富家庭往往比较容易从信贷市场获得贷款,满足其流动性需求。但当家庭财富差距变大时,中低财富家庭由于未来不确定性的提高,减少了通过借贷平滑消费的需求,进一步抑制了家庭发生借贷的概率和规模。因此,随着中国家庭财富不平等程度的扩大,家庭发生借贷的概率和负债规模总体上可能减小了。

当然,财富不平等的扩大也会削弱金融素养对家庭借贷行为的影响。财富水平越高的家庭,越注重自身及下一代孩子的教育问题,而越贫穷的家庭因支付不起教育费用而上不起学,人力资本水平相对较低。因此,财富不平等将会造成受教育机会的不平等,进而引起人力资本的不平等。而金融素养作为一种特殊的人力资本,其可以通过学校教育以及金融培训等方式来改善。因此,随着财富不平等程度的扩大,中低财富家庭因面临着信贷约束无力进行人力资本投资,使得整个社会的金融素养水平相对偏低,从而削弱了金融素养对家庭借贷行为的影响。

第四节 实证分析

一、实证过程

(一) 金融素养对家庭借贷行为的影响

为了考察金融素养对家庭借贷行为的影响,本节将分别考察金融素养对家庭是否发生借贷以及家庭借贷规模的影响,其基本回归方程设定如下:

$$dum\_debt = \beta_0 + \beta_1 fliteracy + \beta_2 X_i + \lambda_i + \varepsilon_i \qquad 式(7.1)$$

$$\ln debt = \beta_0 + \beta_1 fliteracy + \beta_2 X_i + \lambda_i + \varepsilon_i \qquad 式（7.2）$$

其中，式（7.1）是用来考察金融素养对家庭是否发生借贷的影响。由于家庭是否发生借贷为二值虚拟变量，故本节采用 Probit 模型进行估计。式（7.2）是用来考察金融素养对家庭借贷规模的影响。鉴于 2013 年 CHFS 中有超过一半的家庭不存在家庭负债，数据截断特征明显，故本节采用 Tobit 模型进行估计。其他主要解释变量 $fliteracy$ 表示金融素养指标，X_i 表示其他控制变量，包括户主的个体特征、家庭经济特征和地区因素，λ_i 表示家庭所在省级虚拟变量，ε_i 是扰动项。

式（7.1）的估计结果如表 7-4 所示。表 7-4 第（1）列回归结果表明，在控制所有影响家庭是否发生借贷行为的个体特征和家庭经济特征变量后，金融素养系数估计值在 1% 水平上显著为正，说明金融素养水平越高的家庭，其发生借贷的概率越高，且其边际效应为 0.030，即户主的金融素养得分每提高 1 个单位，家庭发生借贷的概率提高 3%。然而，考虑到金融素养与家庭借贷行为之间可能存在双向因果关系，为避免这种潜在的内生性问题导致的估计偏误，我们选取家庭金融市场参与次数作为金融素养的工具变量进行两阶段估计。第（2）列底部报告了用 Durbin—Wu—Hausman 检验（以下简称 DWH 检验）金融素养内生性的结果，P 值为 0.00，则在 1% 水平上拒绝了不存在内生性的假设，即金融素养存在内生性问题。其次，在两阶段工具变量估计中，一阶段估计 F 统计量的值为 279.81，该值远远大于一般临界值，不存在弱工具变量问题，因此采用金融市场参与次数作为金融素养的工具变量是合适的。两阶段估计结果显示金融素养的边际效应为 0.207，在 1% 水平上显著，其他变量的估计结果与第（1）列的估计结果基本保持一致。因此，两阶段的估计结果进一步表明，户主金融素养水平的改善确实能够提高家庭借贷发生的可能性。且通过对比基准回归和两阶段回归结果发现，基准回归中金融素养系数估计值偏小，这表明基准回归结果低估了金融素养的作用。

表 7-4 金融素养对家庭是否发生借贷行为的影响

解释变量	全样本				农村样本	城镇样本
	Probit (1)	Ivprobit (2)	Probit (3)	Ivprobit (4)	Probit (5)	Probit (6)
金融素养	0.030*** (0.006)	0.207*** (0.041)	0.030*** (0.006)	0.224*** (0.043)	0.035** (0.012)	0.022** (0.007)
金融素养×农村			0.006 (0.012)	0.041** (0.014)		

续表

解释变量	全样本				农村样本	城镇样本
	Probit (1)	Ivprobit (2)	Probit (3)	Ivprobit (4)	Probit (5)	Probit (6)
男性	0.017** (0.007)	0.021** (0.007)	0.006 (0.007)	0.041** (0.007)	0.027 (0.017)	0.015* (0.008)
年龄	0.009*** (0.002)	0.008*** (0.002)	0.009*** (0.002)	0.008*** (0.002)	0.019*** (0.004)	0.006*** (0.002)
年龄平方	-0.000*** (0.000)	-0.000*** (0.000)	-0.000*** (0.000)	-0.000*** (0.000)	-0.000*** (0.000)	-0.000*** (0.000)
高中	-0.019** (0.008)	-0.037*** (0.009)	-0.019** (0.008)	-0.038*** (0.009)	0.004 (0.019)	-0.027** (0.009)
大学	0.030** (0.012)	-0.003 (0.014)	0.031** (0.012)	-0.003 (0.014)	-0.035 (0.118)	0.022* (0.012)
风险厌恶	-0.034*** (0.008)	-0.001 (0.011)	-0.034*** (0.008)	0.002 (0.011)	-0.032** (0.015)	-0.032*** (0.009)
风险喜爱	0.020* (0.011)	0.013 (0.011)	0.020* (0.011)	0.013 (0.011)	0.007 (0.022)	0.023* (0.012)
家庭规模	0.027*** (0.002)	0.028*** (0.002)	0.027*** (0.002)	0.028*** (0.002)	0.027*** (0.003)	0.030*** (0.003)
身体健康	0.017*** (0.003)	0.019*** (0.003)	0.017*** (0.003)	0.019*** (0.003)	0.025*** (0.005)	0.013*** (0.003)
工作有无	0.064*** (0.008)	0.065*** (0.008)	0.064*** (0.008)	0.065*** (0.008)	0.027 (0.017)	0.067*** (0.009)
党员	0.014 (0.008)	-0.009 (0.010)	0.014 (0.008)	-0.011 (0.010)	0.057** (0.018)	-0.001 (0.009)
住房资产比	0.217*** (0.009)	0.199*** (0.011)	0.218*** (0.009)	0.197*** (0.011)	0.136*** (0.017)	0.249*** (0.010)
金融资产对数	-0.020*** (0.001)	-0.028*** (0.002)	-0.019*** (0.001)	-0.028*** (0.002)	-0.032*** (0.002)	-0.013*** (0.002)
农村	0.081*** (0.008)	0.102*** (0.008)	0.082*** (0.008)	0.112*** (0.009)		
省级虚拟变量	控制	控制	控制	控制	控制	控制

续表

解释变量	全样本				农村样本	城镇样本
	Probit (1)	Ivprobit (2)	Probit (3)	Ivprobit (4)	Probit (5)	Probit (6)
观测值数	24588	24588	24588	24588	7588	17000
Pseudo R^2	0.111		0.111			
一阶段估计 F 值 工具变量 t 值		279.81 (19.72)		278.13 (18.21)		
DWH Chi^2/F 值 (p-value)		15.73 (0.00)		16.36 (0.00)		

注：*、**、*** 分别表示在10%、5%、1%水平上显著，括号内为稳健标准差，表中报告的是估计的边际效应而非估计系数。以下相同。

鉴于城乡家庭的差异性，本节在式（7.1）的基础上加入了金融素养与农村虚拟变量的交互项，回归结果如表7-4第（3）列、第（4）列所示，而第（5）列、第（6）列分别为农村和城镇家庭分样本估计结果。第（3）列Probit模型回归结果显示，金融素养对家庭是否发生借贷行为依然存在着显著的正向影响，但金融素养与农村虚拟变量交互项系数则显示正向不显著，这说明金融素养对家庭是否发生借贷行为存在着显著的正向影响，但不存在城乡差异性影响。我们猜测这可能是由于金融素养存在内生性问题引起的估计偏误，因而本节又采用工具变量法进行实证分析。第（4）列底部DWH内生性检验P值为0.00，表明金融素养存在内生性问题，在两阶段工具变量估计中，一阶段估计F值278.13，故不存在弱工具变量问题，则工具变量法估计结果相对可信。两阶段回归结果显示金融素养估计系数依然显著为正，且交互项系数在5%水平下也显著为正，意味着金融素养确实提高了家庭是否发生借贷的概率，且这种促进作用对农村家庭的影响更大。表7-4第（5）列、第（6）列农村和城镇分样本回归的结果进一步证实了上述结论，其中，农村家庭的金融素养边际效应为0.035，而城镇家庭金融素养的边际效应为0.022，明显低于农村家庭。由全样本和子样本回归结果发现，金融素养对家庭是否发生借贷行为确实存在着显著的正向影响，且与城镇家庭比较，金融素养对农村家庭是否发生借贷行为的影响相对较大。

上文实证结果发现金融素养提高了家庭发生借贷的可能性，但对于家庭实际借贷规模的影响未知。因此，我们利用式（7.2）进一步考察了金融素养对家庭借贷规模的影响，估计结果如表7-5所示。表7-5第（1）列给出了全样本下金融素养对家庭借贷规模的影响，本章发现在控制其他变量的条件下，金融素养对家庭借贷规模存在着显著的正向作用，这表明金融素养水平越高的家庭，其家庭借贷规模也越高。为避免金融素养内生性问题导致的估计偏误，本章选取金融市场参与次数作为金融素养的工具变量进行两阶段估计。两阶段估计结果显示金融素养估计系数值在1%水平显上著为正，其他变量的估计结果与第（3）列的估计结果基本一致。因此，两阶段估计结果进一步表明，金融素养水平的改善提高了家庭借贷规模。接着，本章在第（1）列的基础上加入交互项来考察金融素养对家庭借贷规模的城乡差异性影响，第（3）列、第（4）列为全样本回归结果，第（5）列、第（6）列分别为农村和城镇样本回归结果。由第（3）列全样本回归结果发现，金融素养估计系数值在1%水平上显著为正，而金融素养与农村虚拟变量交互项的估计系数显示负向不显著。考虑到模型内生性问题，本章使用工具变量进行两阶段估计分析，DWH检验P值为0.00，因而金融素养存在内生性问题，一阶段F值为278.13，远远大于临界值16.38，则工具变量法估计结果相对可信。两阶段估计结果显示金融素养系数在1%水平上显著为正，其与农村虚拟变量交互项系数在1%水平上也显著为正，表明金融素养对农村家庭借贷规模的影响较大。第（5）列、第（6）列农村和城镇样本回归结果显示金融素养的边际效应分别为0.506和0.458，即随着户主金融素养水平的提高，农村家庭和城镇家庭借贷规模分别提高50.6%和45.8%。由此可知，金融素养提高了家庭借贷规模，且金融素养对农村家庭借贷规模的影响更大。

表7-5　　　　　　　　金融素养对家庭借贷规模的影响

解释变量	全样本				农村样本	城镇样本
	Tobit	Ivtobit	Tobit	Ivtobit	Tobit	Tobit
	（1）	（2）	（3）	（4）	（5）	（6）
金融素养	0.521***	3.530***	0.520***	3.812***	0.506***	0.458***
	(0.056)	(0.489)	(0.056)	(0.541)	(0.098)	(0.068)
金融素养×农村			-0.036	0.559***		
			(0.110)	(0.169)		
男性	0.040	0.116	0.040	0.113	0.409**	-0.035
	(0.068)	(0.076)	(0.068)	(0.077)	(0.161)	(0.076)
年龄	0.116***	0.118***	0.116***	0.117***	0.217***	0.096***
	(0.015)	(0.017)	(0.015)	(0.017)	(0.035)	(0.018)

续表

解释变量	全样本				农村样本	城镇样本
	Tobit	Ivtobit	Tobit	Ivtobit	Tobit	Tobit
	（1）	（2）	（3）	（4）	（5）	（6）
年龄平方	-0.002***	-0.002***	-0.002***	-0.002***	-0.003***	-0.002***
	(0.000)	(0.000)	(0.000)	(0.000)	(0.000)	(0.000)
高中	-0.187**	-0.511***	-0.187**	-0.537***	0.124	-0.315***
	(0.079)	(0.101)	(0.079)	(0.105)	(0.156)	(0.092)
大学	0.687***	0.187	0.684***	0.194	-0.110	0.561***
	(0.098)	(0.136)	(0.099)	(0.137)	(0.977)	(0.100)
风险厌恶	-0.450***	0.059	-0.449***	0.099	-0.464***	-0.408***
	(0.068)	(0.112)	(0.068)	(0.118)	(0.119)	(0.082)
风险喜爱	0.188**	0.107	0.188**	0.104	0.036	0.241**
	(0.093)	(0.104)	(0.093)	(0.106)	(0.179)	(0.108)
家庭规模	0.241***	0.297***	0.241***	0.299***	0.213***	0.289***
	(0.019)	(0.023)	(0.019)	(0.023)	(0.028)	(0.026)
身体健康	0.158***	0.204***	0.158***	0.208***	0.173***	0.138***
	(0.025)	(0.028)	(0.025)	(0.029)	(0.042)	(0.031)
工作有无	0.683***	0.779***	0.682***	0.800***	0.103	0.737***
	(0.078)	(0.087)	(0.078)	(0.089)	(0.152)	(0.093)
党员	0.238***	-0.113	0.239***	-0.145	0.601***	0.109
	(0.076)	(0.102)	(0.076)	(0.107)	(0.152)	(0.088)
住房资产比	2.751***	2.780***	2.750***	2.801***	1.899***	3.225***
	(0.087)	(0.095)	(0.087)	(0.096)	(0.153)	(0.109)
金融资产对数	-0.076***	-0.240***	-0.076***	-0.253***	-0.174***	-0.013
	(0.012)	(0.030)	(0.012)	(0.032)	(0.019)	(0.016)
农村	0.619***	1.088***	0.614***	1.235***		
	(0.071)	(0.109)	(0.072)	(0.133)		
省级虚拟变量	控制	控制	控制	控制	控制	控制
观测值数	24588	24588	24588	24588	7588	17000
Pseudo R^2	0.048		0.048			
一阶段估计 F 值		279.81		278.13		
工具变量 t 值		(19.72)		(18.21)		

续表

解释变量	全样本				农村样本	城镇样本
	Tobit	Ivtobit	Tobit	Ivtobit	Tobit	Tobit
	(1)	(2)	(3)	(4)	(5)	(6)
DWH Chi^2/F 值 （p - value）		44.94 (0.00)		45.02 (0.00)		

综合表 7-4 和表 7-5，可以得出金融素养确实对家庭借贷行为产生影响，户主的金融素养水平越高，家庭发生借贷的概率越高，家庭负债规模也越大。且与城镇家庭相比，金融素养对农村家庭的借贷行为产生的影响更大。所以，备检假说 1 成立。对于该现象本节给出的解释为：家庭金融素养水平的提高能够在一定程度缓解家庭借贷约束，增加信贷可获性，进而增加家庭借贷规模。相对于城镇家庭，农村家庭面临的借贷约束更大，因而金融素养对其产生的影响也更大。

（二）财富不平等对家庭借贷行为的影响

家庭财富是影响家庭借贷行为的重要因素，而家庭间的财富差异对家庭借贷行为也产生重要的影响。本节通过构建式（7.3）、式（7.4）来探讨财富不平等对家庭借贷行为的影响。

$$dum\_debt = \beta_0 + \beta_1 wineuqal + \beta_2 X_i + \lambda_i + \varepsilon_i \qquad 式（7.3）$$

$$\ln debt = \beta_0 + \beta_1 wineuqal + \beta_2 X_i + \lambda_i + \varepsilon_i \qquad 式（7.4）$$

其中，式（7.3）和式（7.4）分别用来分析财富不平等对家庭是否发生借贷和家庭借贷规模的影响。主要解释变量 $wineuqal$ 指财富不平等指标，包括财富基尼系数与扭曲系数，其余变量定义与式（7.1）、式（7.2）相同。

表 7-6 前两列为式（7.3）的估计结果，后两列为式（7.4）的估计结果。从第（1）列、第（2）列的估计结果本章发现，不论是使用财富基尼系数还是扭曲系数作为度量家庭财富不平等的指标，其系数估计值均在 1% 水平上显著为负，说明家庭财富不平等程度越高，家庭发生借贷的概率越低，且其边际效应分别为 -0.350 和 -0.044，即家庭财富不平等程度提高 1%，家庭发生借贷的概率分别降低 35% 和 4.4%。由表 7-6 第（3）列、第（4）列估计结果发现，财富基尼系数和扭曲系数均在 1% 水平显著为负，表明随着家庭财富不平等程度的扩大，家庭的借贷规模将会减少。综合以上分析可以得出，家庭财富不平等对家庭借贷行为确实存在显著的影响，且方向为负。家庭财富不平等程度的提高增加了未来不确定性，提高了家庭储蓄，降低了家庭借贷需

求。这与中国家庭高储蓄率事实一致。

表 7-6　　家庭财富不平等对家庭借贷行为的影响

解释变量	家庭是否发生借贷		家庭借贷规模	
	Probit	Probit	Tobit	Tobit
	(1)	(2)	(3)	(4)
基尼系数	-0.350***		-8.583***	
	(0.103)		(0.937)	
扭曲系数		-0.044***		-1.087***
		(0.013)		(0.120)
男性	0.018**	0.018**	0.061	0.061
	(0.007)	(0.007)	(0.068)	(0.068)
年龄	0.010***	0.010***	0.135***	0.135***
	(0.002)	(0.002)	(0.016)	(0.016)
年龄平方	-0.000***	-0.000***	-0.002***	-0.002***
	(0.000)	(0.000)	(0.000)	(0.000)
高中	-0.024***	-0.026***	-0.347***	-0.402***
	(0.009)	(0.009)	(0.082)	(0.084)
大学	0.010	0.014	0.155	0.255**
	(0.014)	(0.013)	(0.117)	(0.112)
风险厌恶	-0.038***	-0.038***	-0.506***	-0.507***
	(0.008)	(0.008)	(0.067)	(0.067)
风险喜爱	0.020*	0.020*	0.183**	0.183**
	(0.011)	(0.011)	(0.093)	(0.093)
家庭规模	0.027***	0.027***	0.245***	0.245***
	(0.002)	(0.002)	(0.019)	(0.019)
身体健康	0.017***	0.017***	0.159***	0.159***
	(0.003)	(0.003)	(0.025)	(0.025)
工作有无	0.062***	0.062***	0.628***	0.629***
	(0.008)	(0.008)	(0.078)	(0.078)
党员	0.009	0.009	0.116	0.121
	(0.008)	(0.008)	(0.079)	(0.079)

续表

解释变量	家庭是否发生借贷		家庭借贷规模	
	Probit	Probit	Tobit	Tobit
	(1)	(2)	(3)	(4)
住房资产比	0.217***	0.217***	2.710***	2.711***
	(0.009)	(0.009)	(0.087)	(0.087)
金融资产对数	-0.018***	-0.018***	-0.068***	-0.068***
	(0.001)	(0.001)	(0.012)	(0.012)
农村	0.078***	0.078***	0.621***	0.620***
	(0.008)	(0.008)	(0.072)	(0.072)
省级虚拟变量	控制	控制	控制	控制
观测值数	24588	24588	24588	24588

(三) 财富不平等扩大是否会抑制金融素养对家庭借贷行为的影响

上文分别讨论了户主的金融素养水平和家庭财富不平等对家庭借贷行为的影响，发现金融素养提高了家庭发生借贷的概率，增加了家庭负债规模，但财富不平等的扩大减少了家庭发生借贷的概率与负债规模。那么，在财富不平等逐步扩大的中国，金融素养对家庭借贷行为的影响是否会受到这一变化的影响？为回答这一问题，我们借鉴周广肃等（2014）的做法，在式（7.1）和式（7.2）基础上加入金融素养与财富不平等交互项来验证该问题，具体的估计式如下。

$$dum\_debt = \beta_0 + \beta_1 flinteracy + \beta_2 winequal + \beta_3 flinteracy \times winequl + \beta_4 X_i + \lambda_i + \varepsilon$$

式 (7.5)

$$\ln debt = \beta_0 + \beta_1 flinteracy + \beta_2 winequal + \beta_3 flinteracy \times winequl + \beta_4 X_i + \lambda_i + \varepsilon$$

式 (7.6)

其中，式（7.5）、式（7.6）中各被解释变量和解释变量定义与前文一致，我们重点关注交叉项 $flinteracy * winequl$ 的系数 β_3。式（7.5）、式（7.6）的估计结果如表7-7所示。

第（1）列、第（2）列给出了金融素养与财富基尼系数对家庭是否发生借贷行为的影响。第（1）列基准回归结果显示金融素养的回归系数显著为正，而与财富不平等的交叉项系数在1%水平下显著为负，这说明金融素养对家庭是否发生借贷行为的促进作用受到财富不平等的抑制影响。考虑到金融素养的内生性问题，本节使用工具变量法进行两阶段估计，其中DWH检验显示p值为0.00，说明金融素养存在内生性问题，因而第（1）列基准回归结果是有偏的。第（2）列两阶段估计结果显示金融素养估计系数在1%水平上正向显著，且金融素养与财富不平等的交叉项系数也在1%水平上负向显著，与第（1）列回归结果符号、显著性一致，只不过估计系数的边际效应绝对值增大了。由此可知，不管采用何种计量方法都能够证明，随着财富不平等程度的加大，金融素养对家庭是否发生借贷行为的影响减少了。表7-7第（5）列、第（6）列估计了金融素养与财富不平等对家庭借贷规模的影响。第（5）列基准回归显示财富不平等与金融素养的交互项系数负向不显著，考虑到由于金融素养与家庭经济行为之间存在内生性问题可能会引起回归结果偏误，我们在第（6）列使用工具变量法再次进行估计。第（6）列底部DWH检验P值为0.00，可知金融素养变量确实是一个内生解释变量。在两阶段估计中，一阶段估计F值为289.36，远远大于经验规则的临界值16.38，故认为不存在弱工具变量问题。因此，本节认为工具变量法的估计结果相对可信。在考虑了内生性后，第（2）列Ivprobit模型回归结果显示金融素养的估计系数依然显著为正，且与财富不平等交互项的估计系数在1%水平下呈负向显著关系，这说明财富不平等将减缓金融素养对家庭借贷规模的促进作用。

为了进一步验证财富不平等对金融素养影响家庭借贷行为的抑制作用，本章使用不同的财富不平等指标即扭曲系数对上述实证分析进行检验，回归结果如表7-7第（3）列、第（4）列、第（7）列、第（8）列所示。由金融素养与扭曲系数的交互项系数来看，扭曲系数交互项系数显著为负，这表明金融素养对家庭借贷行为的影响确实受到了家庭财富不平等的影响，且随着财富不平等程度的提高，金融素养对家庭是否发生借贷和家庭借贷规模的促进作用变小。故此，结合表7-6和表7-7的实证结果分析，备检假设2成立。

表7-7 财富不平等扩大抑制了金融素养对家庭借贷行为的影响

解释变量	家庭是否发生借贷				家庭借贷规模			
	Probit	Ivprobit	Probit	Ivprobit	Tobit	Ivtobit	Tobit	Ivtobit
	（1）	（2）	（3）	（4）	（5）	（6）	（7）	（8）
金融素养	0.029***	0.229***	0.029***	0.230***	0.459***	3.761***	0.460***	3.791***
	(0.006)	(0.047)	(0.006)	(0.047)	(0.057)	(0.611)	(0.057)	(0.615)
基尼系数	-0.188*	0.490**			-6.881***	3.569		
	(0.110)	(0.194)			(1.007)	(2.217)		

续表

解释变量	家庭是否发生借贷				家庭借贷规模			
	Probit	Ivprobit	Probit	Ivprobit	Tobit	Ivtobit	Tobit	Ivtobit
	(1)	(2)	(3)	(4)	(5)	(6)	(7)	(8)
金融素养×基尼系数	-0.302**	-0.449***			-1.024	-3.769***		
	(0.133)	(0.135)			(1.199)	(1.451)		
扭曲系数			-0.024*	0.063**			-0.866***	0.467*
			(0.014)	(0.025)			(0.129)	(0.283)
金融素养×扭曲系数			-0.039**	-0.054***			-0.147	-0.444**
			(0.017)	(0.017)			(0.158)	(0.187)
男性	0.019***	0.021***	0.019***	0.021***	0.070	0.133*	0.070	0.133*
	(0.007)	(0.007)	(0.007)	(0.007)	(0.068)	(0.076)	(0.068)	(0.076)
年龄	0.010***	0.008***	0.010***	0.008***	0.132***	0.116***	0.132***	0.115***
	(0.002)	(0.002)	(0.002)	(0.002)	(0.016)	(0.017)	(0.016)	(0.017)
年龄平方	-0.000***	-0.000***	-0.000***	-0.000***	-0.002***	-0.002***	-0.002***	-0.002***
	(0.000)	(0.000)	(0.000)	(0.000)	(0.000)	(0.000)	(0.000)	(0.000)
高中	-0.021**	-0.021**	-0.022**	-0.018**	-0.343***	-0.386***	-0.386***	-0.368***
	(0.009)	(0.009)	(0.009)	(0.009)	(0.084)	(0.093)	(0.086)	(0.096)
大学	0.008	0.018	0.012	0.015	0.174	0.354**	0.259**	0.341**
	(0.014)	(0.014)	(0.013)	(0.013)	(0.118)	(0.143)	(0.113)	(0.134)
风险厌恶	-0.033***	0.003	-0.033***	0.003	-0.432***	0.090	-0.432***	0.094
	(0.008)	(0.012)	(0.008)	(0.012)	(0.068)	(0.123)	(0.068)	(0.123)
风险喜爱	0.019*	0.012	0.019*	0.012	0.172*	0.097	0.172*	0.097
	(0.011)	(0.011)	(0.011)	(0.011)	(0.093)	(0.108)	(0.093)	(0.108)
家庭规模	0.027***	0.027***	0.027***	0.027***	0.250***	0.295***	0.250***	0.295***
	(0.002)	(0.002)	(0.002)	(0.002)	(0.019)	(0.023)	(0.019)	(0.023)
身体健康	0.017***	0.018***	0.017***	0.018***	0.164***	0.203***	0.164***	0.203***
	(0.003)	(0.003)	(0.003)	(0.003)	(0.025)	(0.028)	(0.025)	(0.028)
工作有无	0.061***	0.063***	0.061***	0.063***	0.638***	0.758***	0.639***	0.761***
	(0.008)	(0.008)	(0.008)	(0.008)	(0.078)	(0.087)	(0.078)	(0.087)
党员	0.008	-0.005	0.008	-0.005	0.093	-0.102	0.097	-0.103
	(0.008)	(0.009)	(0.008)	(0.009)	(0.079)	(0.094)	(0.079)	(0.094)

续表

解释变量	家庭是否发生借贷				家庭借贷规模			
	Probit	Ivprobit	Probit	Ivprobit	Tobit	Ivtobit	Tobit	Ivtobit
	(1)	(2)	(3)	(4)	(5)	(6)	(7)	(8)
住房资产比	0.217***	0.199***	0.217***	0.198***	2.710***	2.801***	2.711***	2.803***
	(0.009)	(0.011)	(0.009)	(0.011)	(0.087)	(0.101)	(0.087)	(0.101)
金融资产对数	-0.019***	-0.027***	-0.019***	-0.027***	-0.088***	-0.239***	-0.088***	-0.241***
	(0.001)	(0.002)	(0.001)	(0.002)	(0.012)	(0.031)	(0.012)	(0.031)
农村	0.080***	0.098***	0.080***	0.098***	0.673***	1.073***	0.672***	1.077***
	(0.008)	(0.008)	(0.008)	(0.008)	(0.072)	(0.109)	(0.072)	(0.110)
省级虚拟变量	控制	控制	控制	控制	控制	控制	控制	控制
观测值数	24588	24588	24588	24588	24588	24588	24588	24588
Pseudo R^2	0.112		0.112		0.049		0.049	
一阶段估计F值工具变量t值		289.32 (16.73)		288.71 (16.66)		289.32 (16.73)		288.71 (16.66)
DWHChi^2/F值(p-value)		14.29 (0.00)		14.43 (0.00)		37.44 (0.00)		37.74 (0.00)

二、稳健性检验

(一) 剔除部分样本法

在分析金融素养与家庭借贷行为时，本章采用两种方法进行稳健性分析：剔除部分样本法和替换代理指标法。首先，本章认为有从事金融行业和没有从事金融行业的家庭的经济行为是有差异的，因而本章剔除了家中有从事金融行业的样本进行估计，回归结果详见表7-8。

表7-8 金融素养、财富不平等对家庭借贷行为的影响：稳健性检验（剔除金融从业家庭）

解释变量	家庭是否发生借贷	家庭借贷规模	家庭是否发生借贷		家庭借贷规模	
	Probit	Tobit	Probit	Ivprobit	Tobit	Ivtobit
	(1)	(2)	(3)	(6)	(4)	(5)
金融素养	0.086***	1.766***	0.080***	0.555***	1.520***	10.930***
	(0.018)	(0.194)	(0.018)	(0.165)	(0.197)	(1.814)

续表

解释变量	家庭是否发生借贷	家庭借贷规模	家庭是否发生借贷		家庭借贷规模	
	Probit	Tobit	Probit	Ivprobit	Tobit	Ivtobit
	(1)	(2)	(3)	(6)	(4)	(5)
基尼系数			-0.570*	0.995	-23.144***	7.808
			(0.323)	(0.633)	(3.522)	(6.979)
金融素养×基尼系数			-0.745*	-1.271***	-2.175	-12.539**
			(0.394)	(0.443)	(4.228)	(4.924)
男性	0.057***	0.179	0.060***	0.067***	0.256	0.399
	(0.021)	(0.239)	(0.021)	(0.022)	(0.239)	(0.250)
年龄	0.026***	0.405***	0.027***	0.024***	0.452***	0.387***
	(0.005)	(0.054)	(0.005)	(0.005)	(0.055)	(0.056)
年龄平方	-0.000***	-0.006***	-0.000***	-0.000***	-0.006***	-0.005***
	(0.000)	(0.001)	(0.000)	(0.000)	(0.001)	(0.001)
高中	-0.052**	-0.587**	-0.063**	-0.066**	-1.166***	-1.227***
	(0.024)	(0.274)	(0.026)	(0.027)	(0.291)	(0.304)
大学	0.072**	2.396***	0.008	0.033	0.648	1.132**
	(0.035)	(0.351)	(0.042)	(0.044)	(0.422)	(0.474)
风险厌恶	-0.096***	-1.589***	-0.094***	-0.016	-1.536***	0.019
	(0.022)	(0.236)	(0.022)	(0.036)	(0.236)	(0.391)
风险喜爱	0.057*	0.530	0.055*	0.045	0.485	0.289
	(0.032)	(0.329)	(0.032)	(0.032)	(0.328)	(0.355)
家庭规模	0.079***	0.847***	0.081***	0.085***	0.886***	0.978***
	(0.006)	(0.066)	(0.006)	(0.006)	(0.066)	(0.071)
身体健康	0.050***	0.538***	0.050***	0.056***	0.554***	0.658***
	(0.008)	(0.087)	(0.008)	(0.008)	(0.087)	(0.092)
工作有无	0.184***	2.312***	0.180***	0.194***	2.212***	2.505***
	(0.023)	(0.270)	(0.023)	(0.024)	(0.270)	(0.280)
党员	0.038	0.799***	0.025	-0.004	0.350	-0.218
	(0.024)	(0.269)	(0.025)	(0.027)	(0.277)	(0.307)
住房资产比	0.629***	9.465***	0.625***	0.617***	9.317***	9.173***
	(0.026)	(0.300)	(0.026)	(0.027)	(0.300)	(0.326)

续表

解释变量	家庭是否发生借贷	家庭借贷规模	家庭是否发生借贷		家庭借贷规模	
	Probit	Tobit	Probit	Ivprobit	Tobit	Ivtobit
	(1)	(2)	(3)	(6)	(4)	(5)
金融资产对数	-0.058***	-0.276***	-0.059***	-0.080***	-0.323***	-0.751***
	(0.004)	(0.042)	(0.004)	(0.008)	(0.043)	(0.093)
农村	0.233***	2.143***	0.239***	0.290***	2.383***	3.389***
	(0.022)	(0.246)	(0.023)	(0.029)	(0.250)	(0.326)
省级虚拟变量	控制	控制	控制	控制	控制	控制
常数项	-0.953***	-18.864***	-0.991***	-0.972***	-19.743***	-19.312***
	(0.126)	(1.441)	(0.127)	(0.127)	(1.449)	(1.498)
样本量	24265	24265	24265	24265	24265	24265

注：*、**、*** 分别表示在10%、5%、1%水平上显著，括号内为稳健标准差，表中报告的是估计系数。

本书发现即使剔除家中有从事金融行业的样本，金融素养对家庭是否发生借贷和家庭负债规模的估计系数依然在1%水平上显著为正，而金融素养与财富不平等的交互项分别在1%和5%水平上显著为负，同时其他解释变量的显著性和方向也基本与前文实证结果保持一致。这表明金融素养水平的提高确实增加了家庭发生借贷的概率与借贷规模，而财富不平等的扩大却抑制了金融素养对家庭借贷行为的正向影响。

（二）替换代理指标法

本书用受访者对经济、金融信息的关注度作为金融素养的代理变量，本书认为那些对金融信息关注度强的受访者，其自身的金融素养水平也越高，家庭经济行为更为合理。回归结果详见表7-9、表7-10。

表7-9　　　　金融素养、财富不平等对家庭借贷行为的影响：
稳健性检验（对经济、金融信息的关注度）

解释变量	家庭是否发生借贷	家庭借贷规模	家庭是否发生借贷	家庭借贷规模
	Probit	Tobit	Probit	Tobit
	(1)	(2)	(3)	(4)
对经济、金融信息的关注度	0.062***	0.991***	0.059***	0.909***
	(0.008)	(0.088)	(0.008)	(0.089)

续表

解释变量	家庭是否发生借贷 Probit (1)	家庭借贷规模 Tobit (2)	家庭是否发生借贷 Probit (3)	家庭借贷规模 Tobit (4)
基尼系数			-0.625**	-24.254***
			(0.306)	(3.297)
对经济、金融信息的关注度×基尼系数			-0.393**	-3.032*
			(0.177)	(1.816)
男性	0.043**	0.002	0.046**	0.103
	(0.021)	(0.234)	(0.021)	(0.234)
年龄	0.025***	0.376***	0.026***	0.426***
	(0.005)	(0.053)	(0.005)	(0.054)
年龄平方	-0.000***	-0.006***	-0.000***	-0.006***
	(0.000)	(0.001)	(0.000)	(0.001)
高中	-0.052**	-0.568**	-0.065**	-1.165***
	(0.024)	(0.271)	(0.026)	(0.284)
大学	0.087***	2.396***	0.024	0.518
	(0.034)	(0.337)	(0.040)	(0.405)
风险厌恶	-0.091***	-1.475***	-0.088***	-1.396***
	(0.022)	(0.233)	(0.022)	(0.233)
风险喜爱	0.048	0.479	0.042	0.404
	(0.032)	(0.320)	(0.032)	(0.320)
家庭规模	0.079***	0.818***	0.080***	0.864***
	(0.006)	(0.065)	(0.006)	(0.065)
身体健康	0.052***	0.560***	0.052***	0.577***
	(0.008)	(0.086)	(0.008)	(0.086)
工作有无	0.187***	2.347***	0.183***	2.230***
	(0.023)	(0.268)	(0.023)	(0.268)
党员	0.033	0.780***	0.020	0.293
	(0.024)	(0.262)	(0.025)	(0.271)
住房资产比	0.635***	9.549***	0.631***	9.381***
	(0.026)	(0.297)	(0.026)	(0.297)

续表

解释变量	家庭是否发生借贷 Probit (1)	家庭借贷规模 Tobit (2)	家庭是否发生借贷 Probit (3)	家庭借贷规模 Tobit (4)
金融资产对数	-0.057*** (0.004)	-0.247*** (0.041)	-0.059*** (0.004)	-0.308*** (0.042)
农村	0.224*** (0.022)	1.896*** (0.243)	0.232*** (0.023)	2.200*** (0.247)
省级虚拟变量	控制	控制	控制	控制
常数项	-1.043*** (0.125)	-19.979*** (1.416)	-0.935*** (0.126)	-18.795*** (1.422)
样本量	24588	24588	24588	24588

注：*、**、***分别表示在10%、5%、1%水平上显著，括号内为稳健标准差，表中报告的是估计系数。

表7-10 金融素养对城乡家庭借贷行为的差异性影响：稳健性分析（替换代理变量）

解释变量	家庭是否借贷		家庭借贷规模	
	农村样本 Probit	城镇样本 Probit	农村样本 Tobit	城镇样本 Tobit
对经济、金融信息的关注度	0.022*** (0.005)	0.019*** (0.003)	0.247*** (0.042)	0.280*** (0.032)
男性	0.024 (0.017)	0.013 (0.008)	0.380** (0.161)	-0.070 (0.075)
年龄	0.019*** (0.004)	0.006*** (0.002)	0.211*** (0.035)	0.090*** (0.018)
年龄平方	-0.000*** (0.000)	-0.000*** (0.000)	-0.003*** (0.000)	-0.002*** (0.000)
高中	0.004 (0.019)	-0.026*** (0.009)	0.125 (0.156)	-0.289*** (0.091)
大学	-0.030 (0.119)	0.020* (0.012)	-0.064 (0.967)	0.556*** (0.100)
风险厌恶	-0.029** (0.015)	-0.029*** (0.009)	-0.448*** (0.119)	-0.379*** (0.082)
风险喜爱	0.007 (0.022)	0.019 (0.012)	0.035 (0.179)	0.173 (0.109)

续表

解释变量	家庭是否借贷		家庭借贷规模	
	农村样本 Probit	城镇样本 Probit	农村样本 Tobit	城镇样本 Tobit
家庭规模	0.028*** (0.003)	0.030*** (0.003)	0.215*** (0.028)	0.283*** (0.026)
身体健康	0.026*** (0.005)	0.013*** (0.003)	0.181*** (0.042)	0.141*** (0.031)
工作有无	0.028* (0.017)	0.067*** (0.009)	0.104 (0.152)	0.733*** (0.093)
党员	0.054*** (0.018)	-0.002 (0.009)	0.572*** (0.151)	0.103 (0.088)
住房资产比	0.137*** (0.017)	0.249*** (0.010)	1.913*** (0.152)	3.239*** (0.110)
金融资产对数	-0.032*** (0.002)	-0.014*** (0.002)	-0.171*** (0.019)	-0.011 (0.016)
省级虚拟变量	控制	控制	控制	控制
样本量	7588	17000	7588	17000

注：*、**、***分别表示在10%、5%、1%水平上显著，括号内为稳健标准差，表中报告的是估计的边际效应而非估计系数。

本章发现对经济、金融信息关注度的估计系数依然在1%水平上显著为正，这说明对经济、金融信息关注度越高，家庭在借贷市场的参与越活跃，发生借贷的概率和借贷规模也越高。同时本章还发现，对经济、金融信息关注度与基尼系数交互项的估计系数也依然显著为负，即财富不平等的扩大抑制了金融素养对家庭借贷的正向影响。此外，本章还按特征值大于1计算的金融素养对上述实证结果进行稳健性检验，其结果详见表7-11、表7-12。

表7-11 金融素养对城乡家庭借贷行为的差异性影响：
稳健性分析（特征值大于1提取计算的金融素养）

解释变量	全样本		农村样本		城镇样本	
	家庭是否借贷 Probit	家庭借贷规模 Tobit	家庭是否借贷 Probit	家庭借贷规模 Tobit	家庭是否借贷 Probit	家庭借贷规模 Tobit
金融素养	0.072*** (0.014)	1.477*** (0.159)	0.030*** (0.010)	0.422*** (0.082)	0.018*** (0.006)	0.374*** (0.056)

续表

解释变量	全样本		农村样本		城镇样本	
	家庭是否借贷	家庭借贷规模	家庭是否借贷	家庭借贷规模	家庭是否借贷	家庭借贷规模
	Probit	Tobit	Probit	Tobit	Probit	Tobit
男性	0.051**	0.139	0.027	0.409**	0.015*	-0.035
	(0.021)	(0.234)	(0.017)	(0.161)	(0.008)	(0.076)
年龄	0.026***	0.400***	0.019***	0.217***	0.006***	0.096***
	(0.005)	(0.053)	(0.004)	(0.035)	(0.002)	(0.018)
年龄平方	-0.000***	-0.006***	-0.000***	-0.003***	-0.000***	-0.002***
	(0.000)	(0.001)	(0.000)	(0.000)	(0.000)	(0.000)
高中	-0.054**	-0.649**	0.004	0.123	-0.027***	-0.315***
	(0.024)	(0.272)	(0.019)	(0.156)	(0.009)	(0.092)
大学	0.087***	2.369***	-0.035	-0.110	0.022*	0.562***
	(0.034)	(0.339)	(0.118)	(0.977)	(0.012)	(0.100)
风险厌恶	-0.099***	-1.550***	-0.032**	-0.463***	-0.032***	-0.408***
	(0.022)	(0.234)	(0.015)	(0.119)	(0.009)	(0.082)
风险喜爱	0.058*	0.651**	0.007	0.036	0.023*	0.242**
	(0.032)	(0.321)	(0.022)	(0.179)	(0.012)	(0.108)
家庭规模	0.079***	0.829***	0.027***	0.213***	0.030***	0.289***
	(0.006)	(0.065)	(0.003)	(0.028)	(0.003)	(0.026)
身体健康	0.050***	0.545***	0.025***	0.173***	0.013***	0.138***
	(0.008)	(0.086)	(0.005)	(0.042)	(0.003)	(0.031)
工作有无	0.187***	2.356***	0.027	0.104	0.067***	0.738***
	(0.023)	(0.268)	(0.017)	(0.152)	(0.009)	(0.093)
党员	0.039	0.821***	0.057***	0.600***	-0.001	0.109
	(0.024)	(0.263)	(0.018)	(0.152)	(0.009)	(0.088)
住房资产比	0.632***	9.476***	0.136***	1.899***	0.249***	3.224***
	(0.026)	(0.297)	(0.017)	(0.153)	(0.010)	(0.109)
金融资产对数	-0.057***	-0.262***	-0.032***	-0.174***	-0.013***	-0.013
	(0.004)	(0.042)	(0.002)	(0.019)	(0.002)	(0.016)
农村	0.235***	2.141***				
	(0.022)	(0.245)				
省级虚拟变量	控制	控制	控制	控制	控制	控制

续表

解释变量	全样本		农村样本		城镇样本	
	家庭是否借贷	家庭借贷规模	家庭是否借贷	家庭借贷规模	家庭是否借贷	家庭借贷规模
	Probit	Tobit	Probit	Tobit	Probit	Tobit
常数项	-0.971***	-18.865***				
	(0.125)	(1.415)				
样本量	24588	24588	7588	7588	17000	17000

注：*、**、***分别表示在10%、5%、1%水平上显著，括号内为稳健标准差，表中前两列报告的是估计系数，后四列报告的是估计的边际效应而非估计系数。

表7-12　　金融素养与财富不平等交互项对家庭借贷行为的影响：
稳健性检验（特征值大于1提取计算的金融素养）

解释变量	家庭是否发生借贷		家庭借贷规模	
	Probit	Ivprobit	Tobit	Ivtobit
	(1)	(2)	(3)	(4)
金融素养	0.067***	0.534***	1.260***	9.503***
	(0.015)	(0.139)	(0.162)	(1.515)
金融素养×基尼系数	-0.707**	-1.029***	-2.804	-8.413**
	(0.321)	(0.343)	(3.416)	(3.802)
基尼系数	-0.508	1.353**	-23.143***	9.650
	(0.320)	(0.640)	(3.473)	(7.015)
男性	0.054**	0.064***	0.224	0.404
	(0.021)	(0.022)	(0.234)	(0.248)
年龄	0.028***	0.024***	0.449***	0.379***
	(0.005)	(0.005)	(0.054)	(0.056)
年龄平方	-0.000***	-0.000***	-0.006***	-0.005***
	(0.000)	(0.000)	(0.001)	(0.001)
高中	-0.062**	-0.069**	-1.201***	-1.316***
	(0.026)	(0.027)	(0.288)	(0.303)
大学	0.025	0.055	0.623	1.158**
	(0.041)	(0.043)	(0.407)	(0.462)
风险厌恶	-0.097***	-0.004	-1.496***	0.150
	(0.022)	(0.036)	(0.233)	(0.392)

续表

解释变量	家庭是否发生借贷		家庭借贷规模	
	Probit	Ivprobit	Tobit	Ivtobit
	(1)	(2)	(3)	(4)
风险喜爱	0.055*	0.042	0.596*	0.363
风险喜爱	(0.032)	(0.032)	(0.320)	(0.350)
家庭规模	0.080***	0.086***	0.870***	0.973***
	(0.006)	(0.006)	(0.065)	(0.071)
身体健康	0.051***	0.057***	0.561***	0.669***
	(0.008)	(0.008)	(0.086)	(0.092)
工作有无	0.182***	0.199***	2.239***	2.537***
	(0.023)	(0.024)	(0.269)	(0.279)
党员	0.027	-0.006	0.368	-0.231
	(0.025)	(0.027)	(0.271)	(0.304)
住房资产比	0.628***	0.618***	9.326***	9.152***
	(0.026)	(0.027)	(0.297)	(0.324)
金融资产对数	-0.058***	-0.084***	-0.312***	-0.771***
	(0.004)	(0.009)	(0.043)	(0.095)
农村	0.240***	0.304***	2.386***	3.518***
	(0.023)	(0.030)	(0.249)	(0.334)
省级虚拟控制变量	控制	控制	控制	控制
常数项	-1.010***	-0.984***	-19.781***	-19.253***
	(0.126)	(0.126)	(1.423)	(1.478)
样本量	24588	24588	24588	24588

注：*、**、***分别表示在10%、5%、1%水平上显著，括号内为稳健标准差，表中报告的是估计系数。

本章发现金融素养估计系数、交互项估计系数的显著性和方向依然与实证1和实证3保持一致。因此，本章实证1与3的估计结果是稳健的。

（三）联立方程

在分析财富不平等与家庭借贷行为关系时，本章使用不同的计量模型和替换代理指标法进行稳健性检验。首先，考虑到财富不平等与家庭借贷行为之间可能存在双向因果关系，即财富不平等对家庭借贷行为产生影响，而家庭也可能通过借贷来增加家庭财富，进而影响财富不平等，为了克服这种潜在的内生性问题所导致的估计偏误，本章使用联立方程进行验证，其结果详见表7-13。

表7-13 财富不平等对家庭借贷行为的影响：稳健性检验（联立方程法）

解释变量	家庭是否发生借贷	扭曲系数	家庭是否发生借贷	扭曲系数	家庭债务规模	扭曲系数	家庭债务规模	扭曲系数
	（1）	（2）	（3）	（4）	（5）	（6）	（7）	（8）
扭曲系数	-1.861*** (0.164)		-0.280*** (0.065)		-29.036*** (2.155)		-12.005*** (0.749)	
身体健康	0.112*** (0.010)		0.033*** (0.003)		1.565*** (0.138)		0.383*** (0.033)	
年龄			0.010*** (0.002)				0.211*** (0.021)	
年龄平方			-0.000*** (0.000)				-0.002*** (0.000)	
高中			-0.123*** (0.021)				-3.808*** (0.245)	
大学			-0.153*** (0.040)				-5.753*** (0.459)	
党员			-0.044*** (0.014)				-1.730*** (0.165)	
已婚			0.022** (0.010)				0.470*** (0.113)	
家庭规模			0.043*** (0.003)				0.533*** (0.029)	
工作有无			0.087*** (0.008)				0.942*** (0.091)	
常数项	4.570*** (0.367)		0.690*** (0.129)		68.834*** (4.825)		24.867*** (1.473)	
家庭是否发生借贷		19.806 (17.470)		0.422*** (0.061)				

续表

解释变量	家庭是否发生借贷	扭曲系数	家庭是否发生借贷	扭曲系数	家庭债务规模	扭曲系数	家庭债务规模	扭曲系数
	（1）	（2）	（3）	（4）	（5）	（6）	（7）	（8）
家庭债务规模						-0.424***		0.054***
						(0.082)		(0.009)
住房资产比		-3.273		-0.059***		0.978***		-0.138***
		(2.816)		(0.013)		(0.208)		(0.025)
年龄				0.013***				0.015***
				(0.001)				(0.001)
年龄平方				-0.000***				-0.000***
				(0.000)				(0.000)
高中				-0.275***				-0.277***
				(0.006)				(0.007)
大学				-0.556***				-0.604***
				(0.008)				(0.012)
党员				-0.165***				-0.178***
				(0.005)				(0.006)
已婚				-0.006				-0.019**
				(0.006)				(0.008)
家庭规模				0.004				0.004
				(0.003)				(0.003)
工作有无				-0.022***				-0.033***
				(0.008)				(0.010)
经济状况				-0.029***				-0.038***
				(0.001)				(0.002)
样本量	24588	24588	24339	24339	24588	24588	24339	24339

注：**、***分别表示在5%、1%水平上显著，括号内为稳健标准差，表中报告的是估计系数。表中报告的样本数不一样是由于添加的新变量存在缺失值。

本章发现扭曲系数对家庭借贷行为的影响依然在1%水平上显著为负，与表7-6结果一致。其次，由于基尼系数仅能表示财富的总体分布情况，无法体现出财富分配的两端差距，因而本章将采用分位值P75/25（即处于75分位的家庭净财富和处于25分位的家庭净财富比值）指代财富不平等用于检验第（5）列至

第（8）列的回归结果稳健性，回归结果详见表7-14。本章发现即使更换财富不平等指标，实证2与实证3的估计结果依然是稳健的。

表7-14　财富不平等对家庭借贷行为的影响：稳健性检验（P75/25）

解释变量	家庭是否借贷 Probit (1)	家庭借贷规模 Tobit (2)	家庭是否借贷 Probit (3)	Ivprobit (4)	家庭借贷规模 Tobit (5)	Ivtobit (6)
金融素养			0.082***	0.653***	1.560***	11.667***
			(0.018)	(0.166)	(0.195)	(1.817)
P75/25	-0.030***	-0.923***	-0.013	0.050**	-0.723***	0.401*
	(0.010)	(0.110)	(0.011)	(0.022)	(0.122)	(0.238)
金融素养×P75/25			-0.033**	-0.052***	-0.135	-0.474**
			(0.016)	(0.017)	(0.170)	(0.191)
男性	0.051**	0.189	0.054**	0.063***	0.217	0.391
	(0.021)	(0.234)	(0.021)	(0.022)	(0.234)	(0.248)
年龄	0.028***	0.453***	0.027***	0.024***	0.444***	0.376***
	(0.005)	(0.054)	(0.005)	(0.005)	(0.054)	(0.056)
年龄平方	-0.000***	-0.007***	-0.000***	-0.000***	-0.006***	-0.005***
	(0.000)	(0.001)	(0.000)	(0.000)	(0.001)	(0.001)
高中	-0.044*	-0.398	-0.044*	-0.101***	-0.532*	-1.530***
	(0.024)	(0.272)	(0.025)	(0.030)	(0.276)	(0.339)
大学	0.071**	1.774***	0.062*	0.021	1.659***	0.933**
	(0.035)	(0.349)	(0.035)	(0.038)	(0.350)	(0.412)
风险厌恶	-0.111***	-1.759***	-0.097***	-0.003	-1.504***	0.174
	(0.022)	(0.231)	(0.022)	(0.036)	(0.233)	(0.392)
风险喜爱	0.059*	0.633**	0.055*	0.041	0.599*	0.347
	(0.031)	(0.320)	(0.032)	(0.032)	(0.320)	(0.351)
家庭规模	0.079***	0.849***	0.080***	0.086***	0.866***	0.971***
	(0.006)	(0.065)	(0.006)	(0.006)	(0.065)	(0.071)
身体健康	0.050***	0.542***	0.051***	0.057***	0.560***	0.670***
	(0.008)	(0.086)	(0.008)	(0.008)	(0.086)	(0.092)
工作有无	0.182***	2.220***	0.182***	0.198***	2.254***	2.529***
	(0.023)	(0.268)	(0.023)	(0.024)	(0.269)	(0.279)

续表

解释变量	家庭是否借贷	家庭借贷规模	家庭是否借贷		家庭借贷规模	
	Probit	Tobit	Probit	Ivprobit	Tobit	Ivtobit
	(1)	(2)	(3)	(4)	(5)	(6)
党员	0.033	0.517*	0.029	-0.007	0.429	-0.224
	(0.024)	(0.270)	(0.025)	(0.027)	(0.270)	(0.306)
住房资产比	0.630***	9.348***	0.629***	0.619***	9.342***	9.178***
	(0.026)	(0.297)	(0.026)	(0.027)	(0.297)	(0.324)
金融资产对数	-0.054***	-0.239***	-0.058***	-0.084***	-0.308***	-0.773***
	(0.004)	(0.042)	(0.004)	(0.009)	(0.043)	(0.094)
农村	0.232***	2.195***	0.239***	0.302***	2.367***	3.477***
	(0.023)	(0.248)	(0.023)	(0.029)	(0.249)	(0.329)
省级虚拟变量	控制	控制	控制	控制	控制	控制
常数项	-0.768***	-12.818***	-1.008***	-0.973***	-19.848***	-19.150***
	(0.139)	(1.563)	(0.126)	(0.127)	(1.424)	(1.483)
样本量	24588	24588	24588	24588	24588	24588

注：*、**、***分别表示在10%、5%、1%水平上显著，括号内为稳健标准差，表中报告的是估计系数。

综合以上稳健性分析可以得出，本章的实证估计结果是稳健的。金融素养水平的改善确实能够提高家庭发生借贷的可能性和借贷规模，且相对于城镇家庭，金融素养对农村家庭借贷行为的促进作用更大。同时，家庭财富不平等的扩大减少了家庭借贷需求与借贷规模，并且伴随着财富不平等的扩大，金融素养对家庭借贷行为的正向影响减弱了。

本章小结

基于我国城乡二元经济结构的特征，构建 Probit 模型和 Tobit 模型，本章采用 2013 年 CHFS 数据，考察了金融素养对家庭借贷行为的影响以及城乡差异性，并验证了财富不平等的不断扩大抑制了金融素养对家庭借贷行为的作用效果。为避免模型可能存在内生性问题，我们把家庭参与金融市场的次数作为金融素养的工具变量进行两阶段估计以提高实证结果的准确性。结果表明：①金融素养是影响家庭借贷行为的重要影响因素。金融素养水平越高的家庭发生借贷的概率和家庭借贷规模相应较高。②金融素养对家庭借贷行为的影响存在明显的城乡差异性，金融素养对信贷约束较为严重的农村家庭的借贷行为的促进作用更大。③财富不平等与家庭借贷行为之间存在显著的负向关系，财富不平等的提高显著地降低了家庭发生借贷的概率和家庭负债规模。随着家庭财富不平等程度的扩大，金融素养对家庭借贷行为的促进作用受到抑制。

  以上研究结论不仅充实和丰富了已有文献，而且可为政府相关部门制定金融消费者教育政策、收入分配政策以及推动消费金融市场发展等方面提供较重要的决策参考。首先，政府部门应该制定适合我国国情的金融教育规划纲要，大力推广普及金融教育，为居民提供多种学习金融知识的平台和渠道。在制定金融教育发展计划时，要注重计划的全面性与针对性，着重提高农村家庭金融教育水平，以便农村家庭更好地参与消费金融市场。其次，金融机构应积极开展金融知识普及教育，提升消费者金融素养和诚实守信意识，营造良好的金融生态环境，承担起金融机构应承担的社会责任。再次，政府应该继续深化收入分配改革，注重提高中低收入家庭的收入水平，并通过调整税收结构和构建完善的社会保障制度等方式缩小不同家庭的收入差距，提升中低收入家庭的消费金融市场参与意愿和能力。最后，政府应该鼓励消费金融市场创新，满足中低收入家庭的金融服务需求。在可控的范围内，适当放松信贷约束，降低信贷门槛，提高家庭尤其是中低收入家庭的信贷可获性，进而提高家庭的福利水平。

第八章 健康冲击、新型农村合作医疗与农村家庭借贷行为

健康冲击会对农村家庭经济行为产生较为严重的负面影响。本章利用2013年中国家庭收入调查数据（CHIP）与137个县区的新农合住院补偿比例相匹配的数据，构建Probit与Tobit模型，分析健康冲击是否会影响农村家庭借贷行为，并验证家庭在面临健康冲击时新型农村合作医疗（以下简称"新农合"）所具有的作用。本章结构安排为：第一节为问题的提出与文献述评；第二节介绍中国新型农村合作医疗制度的发展；第三节为数据来源、变量选取与描述性统计；第四节为实证分析。

第一节 引 言

一、问题的提出

家庭借贷对于以农业生产为中心的农村家庭具有重要影响，是维持与扩大家庭农业生产，满足家庭医疗、教育、日常必要生活等开支的重要手段。我国有44%的农村家庭金融贷款与33.3%的民间借贷主要用于从事生产性经营活动。55.2%的农村家庭借贷用于医疗、教育与日常必要生活开支。[①] 适度的借贷在帮助农村家庭增收创收、平滑生活必要消费中扮演着重要的作用。然而，近年来，我国农村家庭债务正呈高速增长状态，农村家庭借贷行为似乎未能较好发挥其内

---

① 《中国农村金融发展报告》（2014）与中国家庭追踪调查（2010）。

在价值。2013年我国农村有债务家庭的户均债务已高达55113元,债务收入比已高达155.0%,其中有10.5%的农村家庭资不抵债。①农村家庭过度负债正阻碍着农村家庭消费水平与幸福感的提高(Coulibaly & Li,2006;陈屹立,2017),同时部分农村地区还因高负债出现"因债致贫"现象。

随着农村家庭债务规模的不断增长,农村家庭债务问题得到了越来越多的关注。学者们从不同角度探讨了影响家庭债务增长的因素。吴卫星等(2013)发现家庭的高负债规模与收入呈现显著的正向关系,收入对家庭债务具有促进作用。宋全云等(2017)发现金融知识水平的提高会提升农村家庭正规信贷需求并促进家庭积极向银行申请贷款。黄宇虹与樊纲治(2017)认为农村地区的金融创新的发展是农村家庭债务规模持续上升的主要原因。然而,不容忽视的一个事实是,在我国农村家庭债务快速增长的同时,居民的疾病发病率同样增长显著。2008—2013年"两周内患病率"指标从17.7%上升到了20.2%,尤其是慢性疾病高血压和糖尿病的患病率分别增长了1.6倍和2.5倍。②健康冲击的存在不仅会对农村居民的生命安全造成危害,还使得他们负担沉重的医疗费用。许多农村居民一年的收入除去必要的日常消费开支,还不够住一次院(周钦、刘国恩,2014)。为弥补医疗费用缺口,举债就成为了农村家庭不得已的选择。农村地区不断上升的健康问题,可能是导致农村家庭债务规模持续上升并出现"因病致债""因债致贫"现象的重要原因。如果健康冲击是导致农村家庭债务增长的重要因素,那么如何在保证农村家庭农业生产投资和必要消费支出的前提下,避免过度负债则是一个值得思考的重要问题。

社会医疗保险是社会保障体系的重要组成部分,在提高全民健康质量,减轻健康冲击对家庭的危害中起着重要作用(潘杰等,2013)。新农合作为农村家庭最主要的社会医疗保险,自2003年起在全国部分县(市)试点以来一直致力于防止农村家庭"因病致贫""因病返贫"。过去10年,我国不断扩大新农合覆盖面,优化调整新农合补偿体系。目前,新农合已基本实现全覆盖,但是不同地区的补偿体系仍有着明显差异,导致不同地区的新农合福利效应存在差异化(于长永,2013;刘波、岳琳,2013)。补偿比例越高的地区,新农合越有助于提高参合劳动者健康状况,提高劳动收入的效果更明显,更重要的是可以通过风险分担机制更好地降低农村家庭医疗负担。那么,在健康冲击影响农村家庭借贷行为的

---

① 《中国农村金融发展报告》(2014)。
② 《第五次国家卫生服务调查分析报告》(2013)。

过程中，新农合是否抑制了农村家庭债务的上升？同时，考虑到各地区补偿体系的不同，不同层级的补偿比例对抑制遭受健康冲击家庭债务的上升是否存在差异化？理清这些问题将有助于中国特色医疗保障制度的改革，进一步提高新农合制度的福利效果。鉴于此，本章利用2013年中国家庭收入调查数据（CHIP）与137个县区的新农合住院补偿比例相匹配的数据，构建Probit与Tobit模型，分析健康冲击是否会影响农村家庭借贷行为，并验证家庭在面临健康冲击时新农合所具有的作用。研究结果表明：新农合显著增加了未受健康冲击家庭的借贷可能性与借贷规模，但降低了遭受健康冲击农村家庭的借贷行为，缓解了健康冲击对农村家庭借贷行为的不利影响，且县内住院补偿比例越高的地区，缓解效应越明显。本章研究的重要意义在于：①同时考虑健康冲击对农村家庭医疗借贷与非医疗借贷的影响，进一步拓展健康冲击与农村家庭借贷行为关系的研究领域；②使用住院补偿比例衡量新农合保障效果，克服了以往研究中存在的新农合逆向选择效应而导致估计结果偏误的问题，较准确地考察了健康冲击与新农合交互作用对农村家庭借贷行为的影响，并对定量化评估新农合在农村家庭借贷决策中所扮演的作用具有重要的价值。

二、文献述评

健康冲击会对农村家庭经济行为产生较为严重的负面影响。健康作为人力资本的重要组成部分，健康冲击会降低患病者劳动生产率与劳动供给（Grossman，1972），减少工资与收入（Smith，2003），增加家庭的医疗支出费用（Russell，2004），导致农村家庭陷入贫困境地（Flores等，2008）等。近年来，国外关于健康冲击与家庭借贷行为的研究非常丰富。一部分文献关注健康冲击对家庭借贷的直接影响，如学者们发现在坦桑尼亚和肯尼亚等农村地区，大约有60%的农村家庭在发生健康冲击后会出现借贷行为（Abel-Smith and Rawal，1992；Mwabu等，1995）。Sauerborn等（1996）在研究布基纳法索地区566户农村家庭的健康问题时，也得出了类似的结论。另一部分文献进一步研究了健康冲击在家庭借贷中的作用渠道。研究发现，健康冲击会增加家庭的医疗费用支出，同时也会减少家庭收入，借贷则有利于家庭平滑消费。同时，一些实证研究结果表明，健康冲击的程度、患病者及其家庭特征等因素会改变健康冲击对家庭借贷行为的影响。对于不同程度的健康冲击，学者们发现尽管是一般性健康冲击也会显著影响家庭的借贷行为,而且健康冲击程度越大,借贷可能性与借贷规模也就越大(Kim 等,2012)。患病者的性别差异会显著影响家庭医疗借贷概率和规模,与男性患病者相比,女性在受到健康冲击后更有可能推迟或放弃治疗,因而家庭医疗借贷额相对较少或者无借贷行为发生(Wiltshire 等,2011)。还有学者考察了年龄在健康冲击与家庭借贷之间的影响,发现患病者的年龄与家庭借贷行为呈"倒U型"关系,处于50—65岁的患病者发生借贷的概率会比年轻人显著高10%,但是当患病者的年龄段处于65岁以上时,该影响就不再显著(Banegas 等,2016)。另外,收入越低的家庭越容易受健康冲击的影响而选择医疗借贷,甚至有可能陷入债务危机(Babiarz 等,2013)。目前,国内对于研究健康冲击与家庭借贷行为之间关系的文献还较少,杨青等(2016)利用2013年中国健康与养老追踪调查(CHRALS)数据,发现急性健康冲击会显著提高家庭的民间借贷参与率,但没有深层次地研究健康冲击对借贷规模的影响。

  国内对家庭借贷行为的研究主要集中在农村家庭借贷,并且主要关注农村家庭的借贷供给方面(金烨等,2009;童馨乐等,2011;胡枫等,2012;伍再华等,2017)。而对于农村家庭借贷需求方面的文献还较少,特别地,缺少从收入、消费风险角度研究农村家庭的借贷需求行为的文献。农村家庭因工作环境恶劣与医疗可及性不足,经常遭受健康冲击的影响。一方面,健康冲击会造成劳动者生产力及劳动供给的损失,导致收入降低。农村家庭在较长一段时间内可能需要为维持必要的生活水平而选择借贷。另一方面,家庭需要弥补因健康冲击造成的医疗费用、看护照料费用而选择借贷。因此,农村家庭借贷的需求行为更易受健康冲击的影响。同时,本书发现已有研究并没有区分或单独考察健康冲击对农村家庭非医疗借贷的影响。而考虑到非医疗借贷与非医疗消费紧密相关,非医疗借贷的增加可能意味着农村家庭在短期能缓解非医疗消费的降低,如维持生活必要消费和农村生产投资消费。这对于农村家庭生活、经济稳定甚至增收创收具有重要作用。因此将家庭借贷进一步区分为医疗借贷与非医疗借贷是非常必要的。根据流动性约束假说,在流动性约束的影响下,农村家庭借贷能力与可借贷金额有限,当遭受健康冲击的家庭通过医疗借贷平滑医疗费用之后,农村家庭可能无法依靠借贷手段较好地缓解非医疗消费的降低。此外,根据预防性储蓄理论,健康冲击会使农村家庭更多进行储蓄活动,从而降低非医疗消费需求(丁继红等,2013),进而可能降低农村家庭对非医疗借贷的需求。因此,健康冲击可能会正向影响农村家庭的医疗借贷行为而负向影响非医疗借贷行为。

与本章相关的另一支文献为新农合与农村家庭借贷行为。新农合作为我国农村地区最重要的医疗保险，目前大多数研究集中探讨了新农合对储蓄、非医疗消费、劳动供给、医疗消费、医疗福利效应的影响，而缺乏评估新农合政策实施对农村家庭借贷行为作用效果的代表性研究成果。高梦滔（2010）利用8个省的农户微观面板数据，发现新农合减少了农户储蓄近12%—15%，大约为552元。白重恩等（2012）利用农村固定观察点2003—2006年的面板数据发现新农合显著刺激了农村家庭的消费，使参合者的非医疗消费增加了约5.6%或者149元。许庆和刘进（2015）使用中国健康与养老追踪调查（CHARLS）数据发现新农合对农村妇女的劳动供给具有显著的正向影响。齐良书（2011）发现新农合能显著促进低收入和中等收入居民的收入增长。以上研究结果意味着，新农合会提高家庭劳动供给，增加家庭收入，从而降低了对未来的不确定性，减少预防性储蓄对家庭消费的影响。那么，对于未遭受健康冲击的家庭而言，新农合可能会提高农村家庭的借贷可能性与规模。还有一些文献表明，新农合的保险效应会降低家庭的医疗负担（方黎明，2013；黄晓宁、李勇，2016），因而，对于处于健康冲击的农村家庭而言，新农合保险会为参保家庭治疗疾病提供一定的医疗费用补偿，因此可能会降低受健康冲击农村家庭对借贷的需求。然而，与方黎明等人发现相反的是，Wagstaff等（2009）发现新农合没有显著降低农村家庭的医疗费用。程令国和张晔（2012）利用中国老年健康影响因素跟踪调查（CLHLS）2005年与2008年的两期数据同样发现新农合并未明显降低医疗负担。陈在余等（2016）发现新农合政策对农民灾难性医疗支出发生率没有显著影响。Yip和Hsiao（2009）认为新农合降低参合家庭医疗负担不明显的原因可能与报销比例较低有关。于长永（2013）与刘波等（2013）的研究也在一定程度上说明了不同地区报销比例的高低是导致新农合补偿力度存在差异的重要原因。因此，对于报销比例较高的地区，新农合报销为参保家庭治疗疾病提供的医疗费用补偿就越高，从而对家庭借贷行为的影响可能就越大。

第二节 中国新型农村合作医疗制度的发展

一、新型农村合作医疗制度的提出

2002年,传统的合作医疗制度面临解体,农民"因病致贫"的社会问题再次引起社会与政府的广泛关注。在此背景下,中共中央、国务院在总结重建合作医疗的经验和教训基础上,出台《关于进一步加强农村卫生工作的决定》(以下简称《决定》)开始着力构建新型农村合作医疗制度。2003年1月国务院办公厅转发卫生部等部门关于《建立新型农村合作医疗制度意见》的通知,新型农村合作医疗试点在全国范围内推广开来。新农合以家庭为单位自愿缴费,集体经济组织给予适当支持,央地政府四级财政则按照实际参合人数予以定额资助,对贫困农民的参保费用由地方财政"兜底"资助,人民出小头,政府出大头。新型农村合作医疗制度"新型",适应市场经济体制、由政府承担积极责任、建立公共经办服务体系、强制实施和治理的医疗保障制度,是对传统合作医疗制度性质的颠覆性改革,实现了合作医疗制度的强制性变迁。

二、新型农村合作医疗制度的发展

新型农村合作医疗制度秉承自愿参与原则,自2003年以来新农合的试点地区不断的增加,通过试点地区的经验总结,为新农合在全国的全面开展创造了坚实的理论与实践基础,截至2004年12月,全国共有310个县参加了新型农村合作医疗,有1945万户,6899万农民参加,参加率达到了72.6%。党的十八大以来,农村医疗医保事业深入发展,各级财政对新型农村合作医疗制度的人均补助标准逐年提高,2018年达到490元。新农合政策范围内门诊和住院费用报销比例分别稳定在50%和75%左右。[①] 表8-1为2005—2017年新农合开展新农合县

[①] 国家统计局. 新中国成立70周年经济社会发展成就系列报告之十三——《农村经济持续发展 乡村振兴迈出大步》。

(市、区)(个)、参合人数、人均自筹资金、基金总支出与补偿受益人数等增长情况。结合表8-1,可以将新农合的发展大致可以分为3个阶段,第一阶段:2003—2004年的试点时期;第二阶段:2005—2012年,新农合制度的全覆盖阶段;第三阶段:2013年至今,双轨制下的城乡居民基本医疗保险制度。随着城镇化的加快,农民工大规模地涌入城镇,受户籍制度与新农合异地报销难,越级报销比例低等弊端限制,农民工基本医保权益难以得到保障。因此整合城乡基本医疗保险制度及其经办管理体制成为党的十八大报告决策之一。2013年国务院批转发展改革委《关于2013年深化经济体制改革重点工作意见的通知》,要求各省、自治区、直辖市人民政府、国务院各部委、各直属机构逐步统一城乡居民基本医保制度,健全全民医保体系。城乡基本居民医疗保险试点城市大幅增多。2016年1月,国务院在总结各地自发整合城乡基本医保经验教训的基础上进一步出台了《关于整合城乡居民基本医疗保险制度的意见》,自上而下全力推进城乡基本医保制度的整合。这一段时期,新农合参合人数不断减少,逐渐转移至城乡居民基本保险。2017年,参加新农合人数降为1.33亿人次,至此新农合基本进入城乡居民基本医疗保险阶段。

从表8-1还可以看出,2005—2015年,新农合基金支出与受益人数显著上升,2005年基金支出61.75亿元,补偿受益人数仅为1.22亿人次,此后每年基金支出和受益人数成倍数增长,2015年新农合基金支出高达2933.41亿元,补偿受益人数达到16.53亿人次。

表8-1　　　　　　　　　新型农村合作医疗情况

年份	开展新农合县(市、区)(个)	参加新农合人数(亿人)	人均筹资(元)	当年基金支出(亿元)	补偿受益人次(亿人次)
2005	678	1.79	42.10	61.75	1.22
2006	1451	4.10	52.10	155.81	2.72
2007	2451	7.26	58.90	346.63	4.53
2008	2729	8.15	96.30	662.31	5.85
2009	2716	8.33	113.36	922.92	7.59
2010	2678	8.36	156.57	1187.84	10.87
2011	2637	8.32	246.21	1710.19	13.1
2012	2566	8.05	308.50	2408.00	17.45
2013	—	8.02	370.59	2909.20	19.42

续表

年份	开展新农合县（市、区）（个）	参加新农合人数（亿人）	人均筹资（元）	当年基金支出（亿元）	补偿受益人次（亿人次）
2014	—	7.36	410.89	2890.40	16.52
2015	—	6.70	490.30	2933.41	16.53
2016	—	2.75	559.00	1363.64	6.57
2017	—	1.33	613.46	754.12	2.52

注："—"代表数据缺失。2009年以后全国开展新农合县（区、市）数减少，原因为减少的这些县（区、市）已统一实行城乡居民基本医疗保险。

数据来源：历年《中国卫生健康统计年鉴》《中国卫生和计划生育统计年鉴》以及《中国卫生统计年鉴》。

第三节 数据来源、变量选取与描述性统计

一、数据来源

本章所使用的数据主要来自于中国家庭收入调查（CHIP，2013年），涉及了从15个省份126城市234个县区抽选出的18948个住户样本和64777个个体样本，其中包括7175户城镇住户样本、11013户农村住户样本和760户外来务工住户样本。目前，该项调研项目已经开展了5期（1988年、1995年、2002年、2007年和2013年）。调查信息包括基本的人口统计特征、健康状况、家庭收入与财富等。然而，仅2013年数据库中详细记录了家庭的总借贷、购（建）房借贷、购车借贷、教育借贷、医疗借贷、其他家庭生活借贷等信息。因此，基于本章的研究目标，只选取借贷信息较为全面的2013年CHIP数据进行实证分析。

本章使用新农合乡镇住院补偿比例与县内住院补偿比例来衡量新农合保障效果。本章按照CHIP数据中的234个县区名称，从234个县区的政府网站、新闻报告、合作医院官网等渠道收集2013年各地区新农合的乡镇住院补偿比例与县内住院补偿比例。可惜的是，由于部分县区2013年的新农合补偿信息未在互联网公示，加之还有些县区2013年已停止新农合制度并开始实行城乡合作医疗制

度,因此最终仅收集到了 137 个县区的新农合住院补偿数据。

本章最终使用的数据为 2013 年 CHIP 微观数据与 137 个县区 2013 年的新农合住院补偿比例宏观数据相结合的融合数据集。2013 年 CHIP 数据中的县区"coun"变量与《中国行政区域代码》(2013) 相对应,因此可以将 CHIP 数据与宏观层面的新农合住院补偿比例进行匹配融合处理。

在样本筛选方面,首先,为防止逆向选择效应对本章研究结果偏误的影响,本章只选取参加了新农合的农村家庭。其次,选取只参加新农合的农村家庭,以减少其他医疗保险的补偿效应对家庭借贷行为造成的影响。最后,还剔除了各主要解释变量、控制变量的缺失值,共得到 2794 户农村家庭样本。

二、变量选取

(一) 农村家庭借贷行为

本章关注的被解释变量是农村家庭借贷行为。为了更加细致地考察农村家庭借贷行为,本章将家庭借贷行为变量进一步分解为:借贷可能性与借贷规模。CHIP 数据非常详细地记录了家庭的各类借贷情况,包括购(建)房借贷、购车借贷、教育借贷、医疗借贷、其他家庭生活借贷等信息。因此,本章使用 CHIP 数据库不仅可以准确估计健康冲击对总体借贷的影响,还可分析健康冲击对不同类型借贷的影响。基于此,本章还将家庭借贷划分为医疗借贷与非医疗借贷,从这两个方面检验健康冲击对不同类型借贷的影响。

(二) 健康冲击变量

关于健康冲击变量,大多数学者按照疾病类型、住院情况、医疗费用、自评健康状况评分等级等来进行界定,在实证中皆具有各自的优势。2013 年 CHIP 数据中可以用来衡量健康冲击变量指标的问项较少,仅包含受访者"与同龄人相比,您目前的健康状况是?"与"去年,您由于生病或受伤等原因不能正常工作、上学和生活的天数一共有多少天?"两类。虽然自评健康状况能较全面反映健康状况,但考虑到 2013 年 CHIP 数据只统计了受访者家庭"去年家庭借贷情况",为使健康冲击变量与家庭借贷变量在时间统计口径上保持一致,本章选取"去年,您由于生病或受伤等原因不能正常工作、上学和生活的天数一共有多少天?"作为衡量健康冲击变量的问项。同以往研究一样，本章的健康冲击变量衡量的是家庭是否遭受了健康冲击，为二值虚拟变量，如若家庭中至少一名成年成员回答的天数大于0，则该变量取值为"1"，表示去年家庭遭受了健康冲击，反之则为"0"，家庭未遭受健康冲击。

（三）新型农村合作医疗

新农合是本章的关键解释变量。截至2013年，我国新农合参与率近乎达到100%，无法再继续使用"是否参与新农合"这一虚拟变量。并且农村家庭参加新农合具有逆向选择效应，在以往研究新农合的文章中，使用"是否参与新农合"这一变量均存在因逆向选择效应而导致估计结果有偏等问题。新农合补偿政策包括住院、普通门诊、特殊门诊、重特大疾病、妇幼与老年医疗等方面，且各县区针对当地实际情况制定各类型的补偿比例。考虑到新农合对于住院的补偿力度最大，补偿封顶线最高。使用住院补偿比例能较好的体现新农合政策福利效果（张锦华，2016）。同时，在此基础上，本章只选取参加新农合的样本，能较好地避免新农合的逆向选择效应。基于此，本章选取新农合乡镇住院补偿比例与县内住院补偿比例来衡量新农合的保障效果。

（四）其他控制变量

根据以往的研究，本章的控制变量加入了人口统计学变量、家庭特征变量以及反映地区效应的地区虚拟变量（金烨和李宏彬，2009；童馨乐等，2011；胡枫和陈玉宇，2012；伍再华等，2017；周利，2017）。在人口统计学方面，本章选取了年龄、年龄的平方、性别、受教育年限、有无配偶、政治面貌等变量。如年轻力壮的时候，农户家庭收入稳定，借贷意愿和借贷能力较强。当年老时，个人有着较大的风险厌恶，不愿意借贷。因此年龄对家庭借贷存在"倒U型"关系；受教育程度越高，风险态度相对保守，借贷可能性与规模较低；有配偶的家庭承受风险能力较强，容易获得借贷；户主为党员的能借助社会关系获得更多的借贷。在家庭特征方面，本章选取了家庭规模、金融资产、可支配收入等变量。家庭规模越大，借贷的需求可能越多；金融资产越多，家庭对于借贷的需求较少；收入较高的家庭借贷能力较强。最后，考虑到家庭借贷行为可能会受所在地区的经济环境、文化差异影响而表现不同，本章在模型中控制了地区虚拟变量，以反映农村家庭所在地区的经济环境及文化差异对其借贷行为的影响。

三、描述性统计

(一) 健康冲击与农村家庭借贷行为

健康冲击的存在可能会影响农村家庭的劳动收入与医疗消费，因而将影响农村家庭的借贷需求，增加债务负担。从表8-2中可以看出，遭受健康冲击的家庭中30.46%的家庭持有负债，低于未遭受健康冲击的家庭，说明健康冲击提高了家庭对借贷的需求。而健康冲击家庭的平均负债总额却低于未遭受健康冲击家庭，本书认为未遭受健康冲击的家庭收入较高，高收入缓解了借贷约束，使得农民可以借到更多资金，从而掩盖了健康冲击带来的收入降低、医疗费用增加对家庭债务负担的作用，因此对这一问题的探讨需要借助随后更详细的实证模型。进一步比较健康冲击对不同家庭借贷的关系，可以看出，与未遭受健康冲击的家庭相比，遭受健康冲击家庭的持有医疗负债的家庭为11.51%，高于未遭受健康冲击家庭的4.68%；医疗负债总额为2207.09元，高于未遭受健康冲击家庭的762.95元，如果仅考虑有债务家庭，医疗负债总额为9269.78元，同样高于未遭受健康冲击的家庭。在非医疗负债方面，遭受健康冲击家庭的持有非医疗负债比例为12.29%，低于未遭受健康冲击家庭的13.71%；非医疗负债总额为5748.57元，低于未遭受健康冲击家庭的7000.49元，有债务家庭的非医疗负债总额也存在同样的规律。在进一步比较中，可以看出健康冲击提高了家庭医疗借贷的需求，而减少了非医疗借贷需求。

表8-2　　　　　　　　　健康冲击与农村家庭借贷

	遭受健康冲击家庭	未遭受健康冲击家庭
持有负债（%）	30.46	25.68
负债总额（元）	12182.75	14798.08
持有医疗借贷（%）	11.51	4.68
医疗借贷总额（元）	2207.09	762.95
有债务家庭—医疗负债总额（元）	9269.78	4208.70
持有非医疗负债（%）	12.29	13.71
非医疗负债总额（元）	5748.57	7000.49
有债务家庭—非医疗负债总额（元）	30717.56	46414.21

（二）不同住院补偿比例组下农村家庭借贷行为的比较

为了考察不同住院补偿比例对家庭借贷行为影响的差异，本章按照85%与90%的乡镇住院补偿比例将样本分为高乡镇住院补偿、中乡镇住院补偿与低乡镇住院补偿三组。同时按照80%与75%的县内住院补偿比例将样本分为高县内住院补偿、中县内住院补偿与低县内住院补偿三组。表8-3给出了不同住院补偿比例组的家庭借贷行为差异。

表8-3　　　　不同住院补偿比例组下农村家庭借贷行为的比较

		乡镇住院补偿			县内住院补偿		
		低	高	中	低	高	中
未遭受健康冲击家庭	持有负债（%）	29.0	25.4	21.9	27.5	33.8	24.6
	负债总额（元）	17602.2	15706.7	11277.5	17905.1	18601.6	11664.0
遭受健康冲击家庭	持有负债（%）	33.2	29.0	28.6	28.3	32.6	30.8
	负债总额（元）	11654.1	12754.4	12500.4	12808.6	10897.2	13262.9

从表8-3中可以看出：①对于未遭受健康冲击的家庭，乡镇住院补偿比例与持有负债比例、负债规模呈正相关关系。高县内住院补偿比例下的家庭有27.5%持有负债，高于低住院补偿比例家庭的有24.6%，且高县内住院补偿比例下家庭的负债总额为17905.1元，高于低住院补偿比例家庭的11664元。如果仅考虑低住院补偿比例与高住院补偿比例，那么县内住院补偿比例与持有负债比例、负债规模呈正相关关系。②对于遭受健康冲击的家庭，除乡镇住院补偿比例与负债比例呈正向关系之外，乡镇住院补偿比例与负债总额以及县内住院补偿比例与持有负债、负债规模的变化趋势无明显相关关系。对于这一现象，需要在后面的实证分析中做进一步探讨。

四、研究假设

综上所述，本部分提出待验证的中心假说：

假说1：健康冲击会显著影响农村家庭的借贷行为。同时，健康冲击会显著提高家庭医疗借贷需求而减少对非医疗借贷的需求。

假说2：新农合会显著影响农村家庭借贷行为。新农合会提高健康状况良好的家庭借贷概率与借贷规模，而降低处于健康冲击下家庭借贷的概率与规模，同时，补偿比例越高的地区，新农合缓解健康冲击对农村家庭借贷行为的不利影响越明显。

第四节 实证分析

一、实证过程

(一) 健康冲击对农村家庭借贷行为的影响

考察健康冲击对农村家庭借贷行为的影响，主要研究健康冲击家庭借贷发生的可能性和借贷规模。是否借贷是一个二值变量，因此本章使用 Probit 模型来进行实证分析。考虑到家庭借贷额的数据中存在大量为零的样本，截断数据明显。因此，本章采用 Tobit 模型进行实证分析。基于上述考虑，计量模型设定如下：

$$ProbitD_i = \alpha + \beta_1 H_i + \beta_2 X_i + \lambda_i + u_i \qquad 式（8.1）$$

$$TobitD_i = \alpha + \beta_1 H_i + \beta_2 X_i + \lambda_i + u_i \qquad 式（8.2）$$

其中，式（8.1）用于考察健康冲击对农村家庭借贷可能性的影响，式（8.2）用于考察健康冲击对农村家庭借贷规模的影响。D_i 是被解释变量；H_i 为个体 i 遭受的健康冲击变量；X_i 是各种控制变量；λ_i 是地区虚拟控制变量；u_i 是随机扰动项。表 8-4 体现了我们的回归结果。

表 8-4 中第（1）列和第（2）列体现了健康冲击对农村家庭全部借贷可能性及借贷规模的影响。如回归结果所示，不管是借贷概率还是借贷规模，健康冲击对家庭全部借贷的影响均在 10% 的水平上显著为正，表明当农村家庭遭受健康冲击时确实会提高家庭借贷可能性与借贷规模。两者的边际效应系数分别为 0.03 与 0.278，意味着健康冲击使家庭借贷的可能性提高了 3%，使其借贷规模提高了 27.8%。从影响农村家庭借贷行为的其他因素来看，户主年龄与户主年龄平方变量的系数符号差异表明，年龄与农村各家庭借贷行为呈"倒 U 型"关系；户主性别、年龄、有无配偶、是否党员以及受教育年限与家庭借贷行为均无显著影响。在家庭特征方面，家庭规模与可支配收入对家庭借贷可能性与借贷规模均产生显著正相关

影响，而家庭金融资对家庭借贷可能性与规模有显著负相关影响。

表8-4的第（1）列和第（2）列的回归仅考虑了健康冲击对农村家庭全部借贷的影响，而未区分家庭不同需求的借贷。实际上，如上文所述，健康冲击家庭对不同类型的借贷行为可能存在差异。基于此，我们进一步考虑健康冲击对家庭医疗借贷和非医疗借贷的影响。表8-4的第（3）列和第（4）列分别体现了健康冲击对农村家庭医疗借贷可能性及借贷规模的影响。第（5）列和第（6）列分别体现了健康冲击对农村家庭非医疗借贷可能性及借贷规模的影响。第（3）列和第（4）列的回归结果表明，健康冲击提高了家庭医疗借贷的可能性与规模，且在1%显著水平上显著。系数的边际效应分别为0.043和0.882，表示如果发生健康冲击，农村家庭发生医疗借贷的可能性将提高4.3%，医疗借贷规模将提高88.2%。第（6）列的回归结果表明健康冲击在10%的水平上降低了非医疗借贷规模，结合其边际效应系数0.375来看，健康冲击使农村家庭非医疗借贷的规模显著降低了37.5%。虽然第（5）列的结果表明健康冲击对非医疗借贷概率无显著影响，但从其边际系数来看，健康冲击使家庭发生非医疗借贷可能性降低了2.6%。

从影响农村家庭借贷行为的其他因素来看，户主年龄对家庭医疗借贷可能性与规模的影响呈"倒U型"关系，而对非医疗借贷可能性与规模无显著影响；受教育年限越高，家庭医疗借贷可能性与规模越低，可能表明教育素养高的家庭，安全疾病防范意识强，降低了健康冲击发生概率；家庭规模对医疗借贷行为与非医疗借贷行为均存在显著正相关影响，规模越大的家庭对于医疗借贷与非医疗借贷的需求越大；金融资产越多的家庭，医疗借贷与非医疗借贷的可能性与规模越低，可能意味着家庭能动用较多的金融资产消费而减少借贷的需求；收入对医疗借贷存在显著负相关关系，可能表明家庭收入越高，越有能支付医疗费用。而收入对非医疗借贷存在显著正相关关系，可能表明收入较高的家庭，借贷能力强，容易获得借贷。

表8-4　　　　　　　健康冲击对家庭借贷行为的影响

变量	全部借贷		医疗借贷		非医疗借贷	
	Pobit	Tobit	Pobit	Tobit	Pobit	Tobit
	（1）	（2）	（3）	（4）	（5）	（6）
健康冲击	0.030*	0.278*	0.043***	0.882***	-0.026	-0.375*
	(0.017)	(0.163)	(0.011)	(0.209)	(0.016)	(0.224)

续表

变量	全部借贷		医疗借贷		非医疗借贷	
	Pobit	Tobit	Pobit	Tobit	Pobit	Tobit
	(1)	(2)	(3)	(4)	(5)	(6)
年龄	0.003	0.049	0.006*	0.130*	-0.005	-0.065
	(0.006)	(0.050)	(0.003)	(0.068)	(0.005)	(0.059)
年龄平方	-0.000*	-0.001**	-0.000**	-0.002**	0.000	0.000
	(0.000)	(0.000)	(0.000)	(0.001)	(0.000)	(0.001)
性别	-0.032	-0.251	0.001	0.018	-0.026	-0.323
	(0.028)	(0.294)	(0.019)	(0.386)	(0.026)	(0.379)
是否党员	0.010	0.107	0.009	0.174	-0.014	-0.190
	(0.027)	(0.262)	(0.018)	(0.353)	(0.025)	(0.364)
有无配偶	-0.046	-0.467	-0.023	-0.457	-0.031	-0.423
	(0.029)	(0.291)	(0.017)	(0.346)	(0.027)	(0.387)
受教育年限	-0.004	-0.040	-0.004**	-0.084**	-0.002	-0.031
	(0.003)	(0.032)	(0.002)	(0.041)	(0.003)	(0.042)
家庭规模	0.033***	0.335***	0.010***	0.201***	0.017***	0.258***
	(0.006)	(0.061)	(0.004)	(0.077)	(0.006)	(0.080)
金融资产	-0.064***	-0.584***	-0.015***	-0.286***	-0.033***	-0.460***
	(0.006)	(0.044)	(0.002)	(0.050)	(0.004)	(0.055)
可支配收入	0.049***	0.499***	-0.027***	-0.552***	0.031**	0.450***
	(0.013)	(0.117)	(0.008)	(0.155)	(0.013)	(0.160)
东部地区	-0.085***	-0.888***	-0.024*	-0.519*	-0.039**	-0.557**
	(0.021)	(0.202)	(0.014)	(0.269)	(0.019)	(0.265)
西部地区	0.026	0.187	0.019	0.327	0.012	0.150
	(0.022)	(0.212)	(0.014)	(0.266)	(0.021)	(0.285)
观测量	2794	2794	2183	2183	2072	2072

注：①括号中为稳健标准误；②*、**、***分别表示在10%、5%和1%的统计水平上显著；③表中报告的是边际效应而非估计系数。

上述研究结果表明，健康冲击会显著地提高农村家庭借贷可能性与规模，且对不同类型的借贷行为存在差异。健康冲击会显著正向影响医疗借贷可能性与规模，而降低了非医疗借贷的可能性与规模，假设1成立。这意味着，健康冲击是农村家庭发生借贷以及债务增长的重要原因。本章认为健康冲击降低了家庭非医疗借贷的可能原因在于，一方面农村家庭受流动性约束影响，通过各种途径获得借贷额有限，因而医疗借贷的增加挤出了非医疗借贷，另一方面遭受健康冲击的家庭会因健康状况下降、劳动收入降低会减少对某些类型消费需求从而减少非医疗借贷需求。因而在健康冲击的影响下，非医疗借贷的减少可能意味着家庭并未采取借贷措施平滑非医疗消费。而一旦农村家庭无法通过有效机制平滑非医疗消费，如进行农业生产性、教育投资消费、生活必需消费等，那么这些家庭将更有可能陷入"因病致贫""因病返贫"的境地。

（二）新农合对农村家庭借贷行为的影响

新农合制度会对农村家庭借贷行为产生影响，同时对于不存在健康冲击与存在健康冲击的农村家庭的影响可能存在差异。本部分探讨新农合对异质性农村家庭借贷行为的影响。计量模型与式（8.1）、式（8.2）相似，如下。

$$ProbitD_i = \alpha + \beta_1 NRCMS_i + \beta_2 X_i + \lambda_i + u_i \qquad 式（8.3）$$

$$TobitD_i = \alpha + \beta_1 NRCMS_i + \beta_2 X_i + \lambda_i + u_i \qquad 式（8.4）$$

其中 $NRCMS$ 包括 $NRCMS\_t$ 与 $NRCMS\_c$，分别表示新农合乡镇住院补偿比例与县内住院补偿比例。表 8-5 给出了我们的回归结果。第（1）列与第（2）列体现了两种住院补偿比例对未遭受健康冲击农村家庭借贷可能性的影响。第（3）列与第（4）列体现了两种住院补偿比例对未遭受健康冲击农村家庭借贷规模的影响。我们发现，对于未遭受健康冲击的家庭而言，乡镇住院补偿比例在 10% 的水平上显著降低了农村家庭借贷的可能性，而对借贷规模无显著影响。这表明乡镇住院补偿比例仅对借贷可能性有显著影响。县内住院补偿比例在 10% 的水平上显著提高了农村家庭借贷可能性，且在 5% 的水平显著增加了家庭借贷规模。表明县内住院补偿比例的增加将提高农村家庭的借贷可能性与借贷规模。其边际效应系数分别为 0.314 和 3.626，表示县内住院补偿比例每提高 1% 则农村家庭借贷可能性与借贷规模将分别提高 0.314% 与 3.626%。同样地，第（5）列与第（6）列体现了两种住院补偿比例对遭受健康冲击农村家庭借贷可能性的影响。第（7）与第（8）列体现了两种住院补偿比例对遭受健康冲击农村家庭借贷规模的影响。我们发现，乡镇住院补偿比例对遭受健康冲击家庭的借贷可能性与借贷规模均无显著影响。而县内补偿比例与家庭借贷可能性与规模都在 1% 的水平上显著负相关，表明县内住院补偿比例的提高将降低遭受健康冲击寻求家庭借贷的可能性与规模。其边际效应系数分别为 0.790 与 7.262，表示县内住院补偿比例每提高1%则遭受健康冲击的农村家庭借贷可能性与借贷规模将分别降低0.79%与7.262%。

综合以上分析可以认为，一方面，总体而言新农合对于未遭受健康冲击的农村家庭借贷行为存在显著的正相关影响。新农合住院补偿比例，特别是县内住院补偿比例的提高，降低了家庭对未来的不确定性，促进了农村家庭的消费，提高了家庭借贷需求。另一方面，新农合与遭受健康冲击的农村家庭借贷行为存在显著的负向影响。然而仅新农合县内住院补偿比例的提高会加大该群体的医疗费用补偿，减轻其家庭医疗负担，从而降低了家庭借贷需求。这与现实生活一致，乡镇医疗治疗水平与质量有限，农村家庭主要在县级医院接受治疗，因而县内住院补偿比例对农村家庭借贷行为的影响更大。

表8-5 新农合对农村家庭借贷行为的影响

变量	非健康冲击样本				健康冲击样本			
	Probit	Probit	Tobit	Tobit	Probit	Probit	Tobit	Tobit
	(1)	(2)	(3)	(4)	(5)	(6)	(7)	(8)
NRCMS_t	-0.320* (0.186)		-2.885 (1.957)		0.063 (0.283)		1.446 (2.648)	
NRCMS_c		0.314* (0.167)		3.626** (1.704)		-0.790*** (0.254)		-7.262*** (2.314)
年龄	0.005 (0.007)	0.005 (0.007)	0.061 (0.066)	0.057 (0.066)	0.000 (0.010)	-0.000 (0.010)	0.033 (0.079)	0.026 (0.078)
年龄平方	-0.000 (0.000)	-0.000 (0.000)	-0.001* (0.001)	-0.001* (0.001)	-0.000 (0.000)	-0.000 (0.000)	-0.001 (0.001)	-0.001 (0.001)
性别	0.030 (0.033)	0.035 (0.033)	0.254 (0.364)	0.293 (0.364)	0.031 (0.053)	0.023 (0.054)	0.191 (0.505)	0.111 (0.502)
是否党员	0.015 (0.031)	0.015 (0.031)	0.156 (0.313)	0.168 (0.313)	0.003 (0.050)	0.009 (0.050)	0.008 (0.475)	0.068 (0.472)
有无配偶	-0.042 (0.036)	-0.042 (0.036)	-0.423 (0.379)	-0.425 (0.379)	-0.053 (0.049)	-0.050 (0.049)	-0.515 (0.458)	-0.507 (0.455)
受教育年限	-0.005 (0.004)	-0.005 (0.004)	-0.053 (0.040)	-0.050 (0.040)	-0.003 (0.006)	-0.004 (0.006)	-0.024 (0.053)	-0.039 (0.052)
家庭规模	0.030*** (0.008)	0.030*** (0.008)	0.311*** (0.076)	0.308*** (0.076)	0.044*** (0.011)	0.044*** (0.011)	0.410*** (0.102)	0.412*** (0.101)

续表

变量	非健康冲击样本				健康冲击样本			
	Probit	Probit	Tobit	Tobit	Probit	Probit	Tobit	Tobit
	(1)	(2)	(3)	(4)	(5)	(6)	(7)	(8)
金融资产	0.069***	0.067***	0.728***	0.711***	0.002	0.001	0.010	0.008
	(0.016)	(0.016)	(0.139)	(0.139)	(0.026)	(0.025)	(0.220)	(0.218)
可支配收入	-0.063***	-0.063***	-0.624***	-0.623***	-0.065***	-0.065***	-0.526***	-0.522***
	(0.007)	(0.007)	(0.056)	(0.056)	(0.011)	(0.010)	(0.073)	(0.073)
东部地区	-0.140***	-0.116***	-1.455***	-1.256***	-0.012	-0.003	-0.032	-0.054
	(0.029)	(0.024)	(0.297)	(0.248)	(0.044)	(0.038)	(0.416)	(0.348)
西部地区	0.043	0.045	0.351	0.348	-0.016	0.001	-0.099	0.023
	(0.028)	(0.027)	(0.275)	(0.270)	(0.041)	(0.040)	(0.369)	(0.354)
观测量	1856	1856	1856	1856	936	936	936	936

注：①括号中为稳健标准误；② *、**、*** 分别表示在10%、5%和1%的统计水平上显著；③表中报告的是边际效应而非估计系数。

（三）新农合的调节作用

对于遭受健康冲击的家庭而言，身负高额负债，往往在短期内无法偿还债务，将影响家庭长期的福利水平与幸福感，不利于农村家庭美好生活的实现，甚至还将发生"因债致贫"的现象。新农合作为社会保障体系的重要组成部分，其主要目的是通过降低医疗费用、减轻农村家庭医疗负担，防止农村家庭"因病致贫""因病返贫"。既然实证1已经证明健康冲击将显著影响农村家庭借贷行为，那么新农合是否能通过医疗报销补偿体系减少医疗费用从而降低家庭借贷呢？这将是验证新农合制度在阻止农村家庭"因病致贫""因病返贫"方面效果的重要尝试。需要说明的是，在实证2的分样本回归中，虽然一定程度上反映了新农合能减少遭受健康冲击家庭的借贷可能性与规模。但是由于分组而造成的各分组样本量不对称，可能会导致回归结果有偏差。因而，我们参照周广肃（2014）的做法设立以下模型，再进一步考察新农合是否能缓解健康冲击对农村家庭借贷行为的不利影响。计量模型设定如下：

$$ProbitD_i = \alpha + \beta_1 H_i + \beta_2 H_i \times NRCMS + \beta_3 NRCMS\_c + \beta_4 X_i + \lambda_i + u_i \quad 式（8.5）$$

$$TobitD_i = \alpha + \beta_1 H_i + \beta_2 H_i \times NRCMS + \beta_3 NRCMS + \beta_4 X_i + \lambda_i + u_i \quad 式（8.6）$$

其中，$H_i \times RNCMS$ 包括 $H_i \times NRCMS\_t$ 与 $H_i \times NRCMS\_c$，分别表示健康冲

击与新农合乡镇住院补偿比例的交互项、健康冲击与新农合县内住院补偿比例的交互项。如果新农合可以缓解健康冲击对家庭借贷行为的正向影响，那么预期的交互性系数 β_2 将为负。

表 8-6 的第（1）列和第（2）列体现了两种住院补偿比例是否能缓解健康冲击对农村家庭借贷可能性的影响。第（3）列和第（4）列体现了两种住院补偿比例是否能缓解健康冲击对农村家庭借贷规模的影响。回归结果显示，健康冲击与乡镇住院补偿比例的交互项对于借贷可能性与借贷规模的系数虽为负，但影响均不显著，这表明乡镇住院补偿未能有效地缓解健康冲击带来的家庭债务上升。而健康冲击与县内住院补偿比例的交互项对于借贷可能性与借贷规模的系数均为负，且在1%的水平上显著，表明县内住院补偿能有效地缓解健康冲击对家庭借贷行为的不利影响。通过以上结果分析我们发现，新农合确实能在很大程度上降低遭受健康冲击家庭借贷的可能性与规模。

表 8-6　新农合对健康冲击影响农村家庭借贷行为的调节作用

变量	借贷可能性		借贷规模	
	Probit	Probit	Tobit	Tobit
	（1）	（2）	（3）	（4）
健康冲击	0.104*	0.107*	1.055*	1.054*
	(0.059)	(0.059)	(0.617)	(0.614)
$H \times NRCMS\_t$	-0.723		-7.700	
	(0.961)		(10.207)	
$H \times NRCMS\_c$		-3.988***		-43.543***
		(1.058)		(10.614)
$NRCMS\_t$	-0.407		-2.740	
	(0.633)		(7.048)	
$NRCMS\_c$		1.324**		15.623**
		(0.594)		(6.420)
年龄	0.011	0.011	0.175	0.171
	(0.020)	(0.020)	(0.188)	(0.187)
年龄平方	-0.000*	-0.000*	-0.004**	-0.004**
	(0.000)	(0.000)	(0.002)	(0.002)
性别	0.109	0.110	0.935	0.894
	(0.099)	(0.100)	(1.112)	(1.110)
是否党员	0.039	0.045	0.428	0.484
	(0.093)	(0.093)	(0.991)	(0.987)

续表

变量	借贷可能性		借贷规模	
	Probit	Probit	Tobit	Tobit
	(1)	(2)	(3)	(4)
有无配偶	-0.166	-0.163	-1.820*	-1.789
	(0.102)	(0.103)	(1.102)	(1.099)
受教育年限	-0.016	-0.016	-0.165	-0.167
	(0.012)	(0.012)	(0.120)	(0.120)
家庭规模	0.117***	0.117***	1.266***	1.258***
	(0.022)	(0.022)	(0.229)	(0.228)
金融资产	0.176***	0.169***	1.926***	1.854***
	(0.048)	(0.048)	(0.444)	(0.441)
可支配收入	-0.223***	-0.222***	-2.212***	-2.195***
	(0.023)	(0.023)	(0.169)	(0.168)
东部地区	-0.352***	-0.291***	-3.800***	-3.317***
	(0.086)	(0.073)	(0.915)	(0.765)
西部地区	0.064	0.092	0.485	0.696
	(0.081)	(0.079)	(0.833)	(0.810)
观测量	2792	2792	2792	2792

注：①括号中为稳健标准误；②*、**、***分别表示在10%、5%和1%的统计水平上显著；③该部分未报告边际效应。

进一步，本章探究新农合住院补偿比例是否存在"门槛效应"，即是否只有当住院补偿比例达到一定程度时，新农合才具有调节作用，才可能缓解健康冲击对农村家庭借贷行为的不利影响。考虑到乡镇住院补偿对遭受健康冲击家庭的借贷行为可能影响不大，因此本章仅考察县内住院补偿的"门槛效应"。本章按照表8-3的划分方式，将样本划分为高县内住院补偿比例、中县内住院补偿比例、低县内住院补偿比例进行回归。回归结果如表8-7所示。通过对比交互项估计系数与显著性发现，低县内住院补偿比例与中县内住院补偿比例与健康冲击的交互项系数为负，但不显著，而高县内住院补偿与健康冲击交互项的系数为负且均在10%的水平上显著降低了家庭借贷可能性与借贷规模。以上结果表明，仅当县内住院补偿比例较高时（80%及以上），新农合才能有效地缓解健康冲击对农村家庭借贷行为的影响，新农合住院补偿比例缓解健康冲击对农村家庭借贷行为的影响确实存在"门槛效应"。至此，假设2成立。

表8-7 不同住院补偿比例下新农合的调节作用

变量	借贷可能性			借贷规模		
	低	中	高	低	中	高
	Probit	Probit	Probit	Tobit	Tobit	Tobit
	(1)	(2)	(3)	(4)	(5)	(6)
健康冲击	0.233	-0.146	0.407*	2.622	-1.556	4.482**
	(0.277)	(0.119)	(0.224)	(2.734)	(1.130)	(2.261)
$H \times NRCMS\_c$	-3.256	-8.441	-6.140*	-32.636	-129.250	-70.835*
	(3.788)	(9.485)	(3.645)	(34.406)	(105.594)	(36.148)
$NRCMS\_c$	-2.471	17.726***	1.776	-32.604	141.354**	22.172
	(2.241)	(5.164)	(1.634)	(24.605)	(63.182)	(17.639)
年龄	-0.025	0.008	0.054	-0.276	0.092	0.679*
	(0.036)	(0.030)	(0.033)	(0.338)	(0.287)	(0.353)
年龄平方	0.000	-0.000	-0.001**	0.000	-0.003	-0.009***
	(0.000)	(0.000)	(0.000)	(0.003)	(0.003)	(0.003)
性别	0.114	0.078	0.220	0.871	1.265	1.951
	(0.194)	(0.171)	(0.174)	(2.180)	(1.747)	(1.880)
是否党员	-0.338*	0.305**	0.022	-4.067*	2.674*	0.545
	(0.195)	(0.151)	(0.157)	(2.329)	(1.477)	(1.603)
有无配偶	-0.024	-0.205	-0.216	-0.442	-0.738	-2.527
	(0.204)	(0.178)	(0.168)	(2.200)	(1.758)	(1.810)
受教育年限	-0.042*	-0.032	0.014	-0.445	-0.253	0.114
	(0.024)	(0.020)	(0.019)	(0.274)	(0.183)	(0.193)
家庭规模	0.152***	0.089**	0.144***	1.775***	0.724**	1.540***
	(0.044)	(0.039)	(0.036)	(0.491)	(0.362)	(0.374)
金融资产	-0.211***	-0.265***	-0.211***	-2.280***	-2.284***	-2.016***
	(0.044)	(0.045)	(0.036)	(0.346)	(0.282)	(0.259)
可支配收入	0.234**	0.129	0.105	2.694***	1.357**	1.170
	(0.097)	(0.081)	(0.076)	(0.898)	(0.688)	(0.728)
东部地区	-0.343***	-0.134	-0.428***	-4.227***	-0.650	-4.734***
	(0.132)	(0.158)	(0.125)	(1.407)	(1.579)	(1.297)
西部地区	0.079	0.014	0.042	0.074	0.798	0.177
	(0.257)	(0.154)	(0.132)	(3.061)	(1.522)	(1.342)
观测量	888	917	1049	888	917	1049

注：①括号中为稳健标准误；②*、**、***分别表示在10%、5%和1%的统计水平上显著；③该部分未报告边际效应。

二、稳健性检验

(一) 健康冲击影响农村家庭借贷行为的稳健性检验

为检验健康冲击与农村家庭借贷行为结论的稳健性，本章选取来自于北京大学中国社会科学调查中心展开的"中国家庭动态跟踪调查（CFPS）" 2010年CFPS数据，并且仍然采用类似的计量策略，再次检验健康冲击对家庭借贷行为的影响。目前，该调查中心已开展了4期（2010年、2012年、2014年和2016年），考虑到2012年、2014年与2016年的CFPS数据未包含详细的家庭借贷数据，因此本章只选取借贷信息较为全面的2010年CFPS截面数据进行实证分析。2010年CFPS数据库中总共有7482户家庭，本章保留农村样本并删除各变量缺失值后，共剩5937户家庭样本。在变量选取方面，本章按照高梦韬（2006）的做法将健康冲击设置为二值虚拟变量，若家里去年有人住院或者医疗总费用大于5000元，则认定该家庭存在健康冲击，设定为1，否则为0；各借贷变量均选取户主家庭过去一年实际发生的借贷行为；选取年龄、年龄的平方、性别、是否党员、有无配偶、受教育年限、家庭规模、金融资产、人均收入、各省份虚拟变量作为控制变量。表8-8体现了稳健性检验的回归结果。

同表8-3一样，表8-8第（1）列和第（2）列分别体现了健康冲击对农村家庭借贷发生可能性与规模的影响。回归结果表明，健康冲击在1%的水平上正向影响了家庭借贷，使家庭发生借贷的概率提高了11.5%，借贷规模上涨了93.3%。第（3）列与第（4）列的回归结果表明，健康冲击在1%的水平上正向影响了家庭医疗借贷行为，使家庭医疗借贷发生概率提高了13.5%，借贷规模上涨213.4%。第（5）列与第（6）列的回归结果表明，健康冲击与非医疗借贷行为呈负向显著相关关系，发生健康冲击的家庭寻求非医疗借贷的概率与规模分别降低了4.8%与37.3%。上述结果与表8-4相比，在显著性上，表8-8各关键解释变量的显著性均在1%的水平上显著，普遍高于表8-4中的结果。在边际效应上，表8-8的健康冲击对个别解释变量的影响大于表8-4。造成与表8-4异样结果的原因可能在于，在表8-8的回归中，本章放大了健康冲击的程度。健康冲击程度越大，家庭面临的疾病成本负担越重，对各类型借贷的影响也就越大。由此可见，虽然存在上述差异，但健康冲击对农村家庭借贷及医疗借贷行为均产生了显著的正向影响,而对非医疗借贷行为产生了显著的负向影响,关键解释变量具有高度的稳健性。

表8-8 健康冲击对家庭借贷可能性与借贷规模的影响——CFPS数据

变量	全部借贷		医疗借贷		非医疗借贷	
	Pobit	Tobit	Pobit	Tobit	Pobit	Tobit
	(1)	(2)	(3)	(4)	(5)	(6)
健康冲击	0.115***	0.933***	0.135***	2.134***	-0.048***	-0.373***
	(0.015)	(0.121)	(0.007)	(0.123)	(0.015)	(0.130)
年龄	0.018***	0.165***	0.005**	0.074**	0.018***	0.167***
	(0.004)	(0.030)	(0.002)	(0.031)	(0.004)	(0.032)
年龄的平方	-0.000***	-0.002***	-0.000***	-0.001***	-0.000***	-0.002***
	(0.000)	(0.000)	(0.000)	(0.000)	(0.000)	(0.000)
性别	0.002	0.025	0.009	0.149	0.001	0.015
	(0.015)	(0.125)	(0.009)	(0.134)	(0.015)	(0.127)
是否党员	0.037	0.332*	-0.005	-0.077	0.042*	0.385**
	(0.023)	(0.187)	(0.013)	(0.212)	(0.023)	(0.190)
有无配偶	0.029	0.245	-0.010	-0.175	0.045**	0.411**
	(0.022)	(0.177)	(0.012)	(0.176)	(0.022)	(0.187)
受教育年限	-0.001	-0.001	-0.001	-0.009	-0.001	-0.001
	(0.002)	(0.013)	(0.001)	(0.014)	(0.002)	(0.014)
家庭规模	0.026***	0.221***	0.004**	0.067**	0.024***	0.212***
	(0.003)	(0.028)	(0.002)	(0.029)	(0.003)	(0.029)
金融资产	-0.023***	-0.200***	-0.007***	-0.104***	-0.020***	-0.177***
	(0.002)	(0.014)	(0.001)	(0.017)	(0.002)	(0.014)
可支配收入	-0.000	0.065	-0.028***	-0.430***	0.023***	0.259***
	(0.007)	(0.052)	(0.003)	(0.054)	(0.006)	(0.055)
省份虚拟变量	控制	控制	控制	控制	控制	控制
观测量	5937	5937	5937	5937	5937	5937

注:①括号中为稳健标准误;②*、**、***分别表示在10%、5%和1%的统计水平上显著;③表中报告的是边际效应而非估计系数。

(二) 新农合调节作用的稳健性检验

实际上,各县区在结合当地实际情况制订新农合补偿方案时,均会以各省卫生厅、财政局公布的新农合补偿方案调整意见为制订基础。因此,省级层面的新农合补偿比例也能较好地反映新农合保障效果。鉴于此,本章使用省级层面的新农合乡镇、县内住院补偿比例衡量新农合保障效果做进一步稳健性检验。在替换新农合住院补偿比例变量之后,样本量扩增至5043个,稳健性结果如表8-9所示。回归结果表明,仅县内住院补偿比例能在5%的水平下显著缓解健康冲击对家庭借贷行为的不利影响,而乡镇住院补偿比例的调节作用不显著。与表8-6的结果一致,仅县内比例能缓解健康冲击对家庭借贷行为的不利影响。因此,实证3的估计结果是稳健的。

表8-9　　　　　新农合的调节作用——省级层面住院补偿比例

变量	借贷可能性		借贷规模	
	Probit	Probit	Tobit	Tobit
	(1)	(2)	(3)	(4)
健康冲击	1.239	1.572***	15.016	16.227**
	(0.881)	(0.601)	(9.751)	(6.596)
$H \times NRCMS\_t$	-1.347		-16.587	
	(1.034)		(11.457)	
$H \times NRCMS\_c$		-1.999**		-20.683**
		(0.800)		(8.790)
$NRCMS\_t$	-0.964		-9.699	
	(0.645)		(7.136)	
$NRCMS\_c$		0.135		1.078
		(0.475)		(5.347)
年龄	0.047***	0.044***	0.543***	0.512***
	(0.015)	(0.015)	(0.148)	(0.153)
年龄平方	-0.001***	-0.001***	-0.007***	-0.007***
	(0.000)	(0.000)	(0.001)	(0.001)
性别	0.066	0.068	0.722	0.745
	(0.078)	(0.078)	(0.862)	(0.888)

续表

变量	借贷可能性		借贷规模	
	Probit	Probit	Tobit	Tobit
	(1)	(2)	(3)	(4)
是否党员	0.061	0.064	0.732	0.770
	(0.069)	(0.070)	(0.744)	(0.770)
有无配偶	−0.074	−0.095	−0.873	−1.124
	(0.079)	(0.079)	(0.858)	(0.883)
受教育年限	−0.013	−0.015*	−0.133	−0.162*
	(0.009)	(0.009)	(0.093)	(0.096)
家庭规模	0.108***	0.107***	1.204***	1.222***
	(0.016)	(0.016)	(0.165)	(0.171)
金融资产	−0.239***	−0.236***	−2.433***	−2.474***
	(0.018)	(0.018)	(0.132)	(0.137)
可支配收入	0.051	0.058	0.613*	0.692**
	(0.039)	(0.040)	(0.325)	(0.335)
东部地区	−0.333***	−0.274***	−3.684***	−3.101***
	(0.053)	(0.048)	(0.581)	(0.543)
西部地区	0.197***	0.173***	1.921***	1.764***
	(0.052)	(0.053)	(0.549)	(0.575)
观测量	5043	5043	5043	5043

注：①括号中为稳健标准误；②*、**、***分别表示在10%、5%和1%的统计水平上显著；③该部分未报告边际效应。

本章小结

中国农村家庭不断上升的疾病发病率不仅阻碍了健康人力资本的积累，而且还承受着沉重的医疗费用负担所带来的农村家庭债务和因病致贫的风险，所以研究健康冲击对农村家庭借贷行为的影响及其应对策略显得尤为重要。本章利用2013年CHIP数据与137个县区的新农合住院补偿比例相匹配的数据，基于Probit 和 Tobit 模型，研究了健康冲击对农村家庭借贷行为的可能影响，以及讨论了家庭在面临健康冲击时新农合所具有的作用。实证结果表明，健康冲击显著正向影响农村家庭借贷的可能性与规模。考虑到不同类型的借贷行为，本章发现健康冲击对医疗借贷可能性与借贷规模产生显著正向影响，对非医疗借贷规模产生显著负向影响。同时，本章还发现新农合对农村家庭的借贷行为的影响存在差异，对于未遭受健康冲击的家庭将显著提高家庭的借贷可能性与规模，而对于遭受健康冲击的家庭将显著降低家庭的借贷可能性与规模。进一步的研究表明，新农合缓解了家庭层面支付医疗费用能力的不足，从而降低了遭受健康冲击家庭的借贷。而这种缓解作用存在"门槛效应"，仅在县内住院补偿比例处于80%及以上时才产生显著缓解效果。

本章关于健康冲击和农村家庭借贷行为关系的研究，揭示了新农合制度抑制农村家庭债务的机制，具有重要的政策含义。在导致贫困的诸多因素中，"因病负债""因债致贫"的问题尤为突出。要缓解这一问题，需要进一步加大对公共医疗卫生的投入，提高农村家庭医疗保障水平，弥补家庭医疗费用支付能力的不足。在不断推进新型农村合作医疗与城镇居民基本医疗保险的统筹发展过程中，各地区应着力构建保障适度、可持续的多层次社会保障体系，以保障健康中国战略的实施。另外，还应推动商业医疗保险逐步进入农村市场，发挥商业保险对社会医疗保险的补充作用，解决社会医疗保险保障水平相对不公、疾病种类覆盖面较窄等问题。

第九章 收入不平等与家庭债务变动的跨国比较

第一节 引 言

近 20 年来，全球收入不平等程度的扩大与家庭债务规模的迅猛增长，引发了国内外学者们关于这两者关系探讨的浓厚兴趣。关于收入不平等加剧与家庭债务增长之间关系的研究，本书前面章节已经阐述较多，在此不再赘述。本章选取美国、中国、日本、新加坡、英国、丹麦、瑞士、荷兰、德国等 9 国进行收入不平等与家庭债务的国际比较，主要基于如下考虑：

（1）纵观第二次世界大战后半个多世纪以来全球经济的发展轨迹，美国作为世界最大的经济体，GDP 排名一直稳居世界第一[①]；根据 WorldData 统计，2018 年世界各国人均年收入排名中，美国以人均 62850 美元/年的收入位居第 9[②]；与此同时，美国已成为目前世界上家庭债务规模最大的国家。家庭债务的扩张与美国强劲的消费增长紧密联系，构成美国经济增长的重要驱动力与美国债务经济发展模式的重要基础。有学者认为 2007 年的次贷危机与美国家庭债务密切相关。对美国收入以及家庭债务的分析，将有助于全面探讨经济增长与家庭债务过度增长带来的经济风险与不稳定性。此外，美国家庭债务的发展也将是中国信贷消费与家庭债务发展的重要经验借鉴，对美国家庭债务的全面研究对不断完善中国信贷消费制度与家庭债务发展方式具有一定的借鉴意义。

---

① 世界银行数据库（https://data.worldbank.org.cn/）。
② 世界数据数据库（https://www.worlddata.info/）。

（2）日本作为一个高度发达的资本主义国家，在 2010 年之前 GDP 一直位居全球第二，2010 年被中国赶超后，居于世界第三大经济体地位①。根据 2018 年世界各国人均年收入排名，日本以人均 41340 美元/年的收入位居全球第 22 位②。我国处于高速发展时代，经济的发展、变革与第二次世界大战后日本有着许多相似之处；另外，日本、中国同样作为亚洲国家，两国的国家、社会、文化特征有着相似之处，比如中日两国居民有着重储蓄、轻消费的习惯，有"男主外、女主内"等传统思想，且两国都面临老龄化等问题。因此，在此背景下，对日本收入差距与家庭债务的研究分析，对于我国的经济发展策略制定有着一定的现实指导意义。

（3）新加坡作为亚洲的发达国家，虽然从 GDP 增长情况看，一直在世界的排名不太靠前，2018 年排位全球第 39 位③；但是根据最新的 2018 年世界各国人均年收入排名，新加坡以年人均收入 58770 美元排名第 12 位，比较靠前④。新加坡的家庭债务增长速度比较缓慢，该国对于家庭债务总量与增速的控制经验值得我们学习。

（4）21 世纪以来的债务危机爆发地均为新兴市场，2009 年爆发的欧债危机，打破了"现代发达国家不可能发生主权债务危机"的看法。经过对其他学者研究的分析，本书认为，过去 10 多年，欧洲快速增长的家庭债务与危机的发生存在重要联系。从数据上看，欧洲国家家庭债务在社会总体债务的占比与企业债务并驾齐驱。而目前，在中国这类后发的投资型经济体中，家庭债务远低于企业部门债务。随着中国经济逐步由投资驱动转向消费驱动，可以预见我国的家庭债务将进入持续而稳定的上升阶段，欧洲家庭债务所带来的经济问题也可能在中国出现。研究欧洲家庭债务问题的经济效应，有助于我们更好地理解中国经济的发展现状、可能走向和潜在风险。而欧洲国家中，瑞士、丹麦、荷兰、英国、德国这几个国家的家庭债务较为典型。另外，根据最新 WorldData 统计，2018 年世界各国人均年收入排名中，瑞士排名第 4（年人均收入 83580 美元）、丹麦排名第 10（年人均收入 60190 美元）、荷兰排名第 15（年人均收入 51260 美元）、德国排名第 19 位（年人均收入 47180 美元）、英国排名第 23 位（年人均收入 41340 美元）；在 2018 全球 GDP 排名上，德国排第 4，英国排第 5，荷兰排第 17、瑞士排

---

① 世界银行数据库（https：//data.worldbank.org.cn/）。
② 世界数据数据库（https：//www.worlddata.info/）。
③ 世界银行数据库（https：//data.worldbank.org.cn/）。
④ 世界数据数据库（https：//www.worlddata.info/）。

第20、丹麦排第39，除了丹麦稍微排名靠后一些，其他几个欧洲国家排名都比较靠前。故本章选取这几个欧洲国家作为研究代表。

本章余下小节安排如下：第二节是全球收入不平等变动的跨国比较，介绍全球收入不平等变动的特征事实与趋势，并分析全球收入不平等变动的影响因素；第三节为全球家庭债务变动的跨国比较，在介绍全球家庭债务变动的特征事实与趋势基础上，进一步分析全球家庭债务变动的驱动因素；第四节着重介绍我国家庭债务变动的特征事实，分别从家庭债务的总体情况、区域分布情况和敛散性三个方面分析了中国家庭债务规模的变动情况。

第二节 全球收入不平等变动的跨国比较

一、全球收入不平等变动的特征事实与趋势

（一）典型国家基尼系数的比较

全球收入不平等程度及变动趋势一直是各国政府和学术界关注的重点问题。基尼系数作为最流行的收入不平等的衡量指标，提供了基于整个分布的不平等程度的单一度量，并允许不同国家在不同时间段之间进行比较。但是基尼系数也有不足，Atkinson 等（1975）和 Cowell（1995）指出基尼系数无法区分各种不平等现象。基尼系数无法同时反映经济阶级两极分化的重要方面（Esteban & Ray, 1994），无法体现财富不平等与一夫多妻制婚姻的程度之间预期的正相关关系（Ross 等，2018）。但如果采用不平等的其他多维测量方法，就会使不平等的测度变得更加不简单、直观，或难于解释和比较。总之，基尼系数作为一种非常直接的收入不平等的衡量指标受到了广泛的青睐。即使如此，各国各机构对基尼系数的统计口径也非常不一致，导致结果差距较大。本章考虑所选典型国家除中国和新加坡以外，都是 OECD 国家，所以这几个国家的基尼系数，本书采用 OECD 统计数据，基于人均可支配收入（Per capita）来计算基尼系数；中国和新加坡基尼系数数据另有来源，具体情形见表 9-1。

表 9-1　　典型国家的基尼系数情况　　　　单位:%

国家 年份	美国	中国	日本	新加坡	英国	丹麦	瑞士	荷兰	德国
1997	36	39.2	—	—	30	22	—	26	26
1998	36	40.3	—	—	32	22	—	25	26
1999	35	40.9	—	—	34	23	—	26	26
2000	36	43.2	34	41.4	35	23	—	29	26
2001	36	43.9	—	41.9	34	22	—	27	27
2002	38	45.1	—	41.4	36	—	—	27	28
2003	37	47.9	32	42.2	35	25	—	27	28
2004	36	47.3	—	41.9	35	24	—	—	29
2005	38	48.5	—	42.2	36	23	—	28	30
2006	38	48.7	33	41.8	36	24	—	28	29
2007	38	48.4	—	43.9	37	25	30	30	30
2008	38	49.1	—	42.4	37	24	31	29	29
2009	38	49	34	42.2	37	24	30	28	29
2010	38	48.1	—	42.5	35	25	30	28	29
2011	39	47.7	—	42.3	35	25	29	26	29
2012	39	47.4	33	43.2	35	25	29	28	29
2013	40	47.3	—	40.9	36	25	30	29	29
2014	39	46.9	—	41.1	36	26	30	31	29
2015	39	46.2	34	40.9	36	26	30	30	29
2016	39	—	—	40.1	35	26	29	29	29
2017	39	47	—	40.1	36	28	30	27	29
2018	—	—	—	—	—	28	—	27	31

数据来源：https://fsolt.org/swiid/swiid_source/，其中美、英、德、日、丹麦、瑞士、荷兰数据来自 OECD 和 Eurostat 统计源；中国 1997—2002 年的数据来源于 Chen, Pu and Hou. The Trend of the Gini Coefficient of China (1978—2010) [J]. SSRN Electronic Journal, 2018；2003—2015 年数据来源于 National Bureau of Statistics；新加坡的数据来源于 Sigapore Department of statistics，"—"表示缺失值。

通过表 9-1 可以发现，在 1997—2018 年，我国和新加坡的基尼系数要明显高于同期的其他典型国家，并且超过 40% 的国际警戒线。1997—2008 年，我国市场化改革程度不断加深，GDP 总量保持高速增长，基尼系数一直处于上升态势，收入差距不断拉大 2008 年达到峰值 49.1%，这个统计结果和我国统计局的统计结果一致。从2008年以来，我国的基尼系数虽然依然较高，但已呈现缓慢下降趋势，这是因为2008年金融危机爆发后，我国政府采取了改善收入分配的政策措施，但这种趋势是否能够持续还有待进一步观察。新加坡基尼系数在2007年达到峰值43.9%，之后一直波动中缓慢下降。同属亚洲国家的日本，其基尼系数自1997年以来基本维持在32%左右，在亚洲国家中处于相对较低的水平，收入差距比较合理。美国的基尼系数处于36%—41%范围内，相比于同时期的其他发达国家，其收入不平等情况比较严重，接近警戒线。在欧洲的几个典型国家中，英国的基尼系数最高，处于33%—37%，没有很明显的波动；丹麦基尼系数除2002年剧增以外，其他年份都在28%以下；瑞士、荷兰、德国基尼系数变动的趋势差不多，一直处于30%左右。总体来看，亚洲国家的基尼系数处于较高水平，收入不平等程度比较严重；美国和欧洲5国基尼系数都在20%—40%的合理收入差距区间。这与亚洲国家经济高速增长和人们收入水平大幅度提升是密切相关的，而美国、日本、瑞士、丹麦等发达国家经济保持平稳发展，拥有较完善的收入分配体系和社会福利制度，收入差距不大。

(二) 典型国家前10%人群的收入占总收入的比重比较

如果将收入按照从高到低的顺序排列，计算收入在前10%的人群的收入占总收入的比重，这一比值越大，则说明高收入群体与低收入群体的收入差距越大，收入不平等程度越严重，表9-2列举了典型国家的前10%人群的收入占总收入的比重。从表9-2可以看出，1997—2017年，前10%人群的收入占总收入的比重，美国和中国占比较高，大多数年份都超过了30%，说明收入差距较大。在亚洲国家中，数据缺失较多，但从表9-2中统计的几年数据中，还是可以看出，新加坡占比比日本高，说明新加坡收入不平等比日本严重。欧洲五国中，英国前10%人群的收入占总收入的比重较高，保持在26%左右，其次是瑞士和德国，占比24%左右，最后是丹麦与荷兰，占比在22%左右。总体来看，前10%人群的收入占总收入的比重与前文基尼系数的结果比较基本符合。

表9-2　　　　典型国家前10%人群的收入占总收入的比重　　　　单位:%

国家 年份	美国	中国	日本	新加坡	英国	丹麦	瑞士	荷兰	德国
1997	30	—	—	—	23	20	—	21	21
1998	30	30	—	—	24	20	—	21	21

续表

国家\年份	美国	中国	日本	新加坡	英国	丹麦	瑞士	荷兰	德国
1999	30	29	—	—	24	20	—	22	21
2000	30	—	—	—	25	20	26	21	23
2001	30	—	—	—	24	22	25	21	24
2002	30	32	—	—	25.67	24	24	22	24
2003	30	31.67	—	—	27.34	21	—	23	24
2004	30	—	24	—	27	20	24	24	24
2005	30.33	31	—	—	25	20	—	22	26
2006	30.66	—	24.5	—	26	20	26	22	25
2007	31	—	—	—	27	21	25	23	25
2008	30.33	32	25	28	25	21	25	23	25
2009	29.66	—	24	28	26	20	25	23	24
2010	29	33	—	28	26	21	24	21	24
2011	29.33	32	—	29	24	22	24	21	24
2012	29.66	32	18.75	29	23	22	23	21	24
2013	30	31	—	—	24	22	23	21	25
2014	30	30	—	—	25	23	24	22	24
2015	30	29	25	—	24	23	24	22	25
2016	29	—	—	—	26	23	24	22	23
2017	29	—	—	—	—	23	24	22	23

数据来源:世界收入不平等数据库(WIID) https://www.wider.unu.edu/data. "—"代表数据缺失。

(三)典型国家后10%人群的收入占总收入的比重比较

如果将收入由高到低排列,计算后10%人群的收入占总收入的比重,这一比值越小,说明收入差距越大。表9-3列举了典型国家的后10%人群的收入占总收入的比重。从表9-3可以看出,这一结果与前10%人群的收入占总收入的比重的比较结果是相符合的,在此不再赘述。

表 9-3　　　　典型国家后 10% 人群的收入占总收入的比重　　　　单位:%

年份\国家	美国	中国	日本	新加坡	英国	丹麦	瑞士	荷兰	德国
1997	2	—	—	—	3	4	—	4	4
1998	2	2	—	—	3	2	—	4	4
1999	2	3	—	—	3	4	—	4	4
2000	2	—	—	—	3	2	3	4	4
2001	2	—	—	—	3	3	3	4	3
2002	2	3	—	—	3	2	3	3.67	3
2003	2	2	—	—	3	4	—	3.33	3
2004	2	—	3	—	3	4	3	3	3
2005	2	3	—	—	3	3	—	3	3
2006	2	—	3	—	3	4	3	4	3
2007	2	—	—	—	3	3	3	4	3
2008	2	3	3	2	3	4	3	4	3
2009	2	—	3	2	3	1	3	4	3
2010	2	3	—	2	3	2	3	4	3
2011	2	3	—	2	3	3	3	4	3
2012	2	3	3.75	2	3	3	3	4	3
2013	2	3	4	—	3	3	4	4	3
2014	2	3	—	—	3	3	4	4	3
2015	2	3	2	—	3	3	3	4	3
2016	2	—	—	—	3	3	3	4	3
2017	2	—	—	—	3	3	3	4	3

数据来源：世界收入不平等数据库（WIID）https：//www.wider.unu.edu/data。"—"代表数据缺失。

二、全球收入不平等变动的影响因素

当代全球不平等的变化主要表现在：一方面是国家之间的差距在缩小，收入的位置分布更加均衡；另一方面国家内部的不平等在加剧，收入的阶层差异逐渐凸显。经济金融化、信息技术革命、全球金融经济融合等全球趋势使顶级富裕阶层变得更加富有，将中低技能的工作机会转入新兴市场的劳动力密集型国家（吉嘉，2019）。本书认为全球收入不平等变动主要是由教育、劳动力市场、经济增长与全球化趋势等因素造成的。

（一）教育因素与收入不平等

教育是影响收入不平等程度的主要因素之一。收入分配取决于整个人口的教育水平和分布情况，教育不平等与收入不平等往往存在正相关关系（Becker & Chiswick，1966；Chiswick，1971；Mahmood & Noor，2014）。但是也有学者认为平均教育水平和教育不平等对收入不平等没有统计上的显著影响（Ram，1989）。在关于发展经济学的文献中，Knight 和 Sabot（1983）强调了在二元经济中，由于"构成"和"工资压缩"，人力资本积累对收入分配的影响是复杂的，他们认为教育的扩张对收入分配有两种不同的影响，"构成"效应增加了受教育程度较高群体的相对规模，最初往往会加剧收入不平等，但最终会降低收入不平等。另一方面，"工资压缩"效应随着受过教育的工人的相对供给增加而降低了教育的溢价，从而降低了收入不平等。但是也有文献表明，高等教育入学率的提高与收入不平等的减少相关（Gregorio & Lee，2002；Sylwester，2003）。Sylwester（2002）通过对不同国家的横截面数据分析发现，公共教育支出与收入不平等之间存在负相关关系，表明对教育资源的投入是降低收入不平等程度的一种方法。总而言之，教育不平等影响收入不平等，加大对教育资源的投入，促进教育公平，是降低收入不平等程度的重要举措。

（二）劳动力市场与收入不平等

劳动力市场的总供给数量的变化，是收入不平等扩大的部分原因。曾湘泉（2011）认为在美国，技术工人和非技术工人在劳动力供给组成中的变化，主要与 20 世纪 70—80 年代婴儿高峰期出生的劳动力，以及妇女劳动力涌入劳动力市场有关。缺乏经验和技术的工人数目的上升与收入不平等之间的联系，可从两方面加以观察和认识：第一，这一数量上升会提高所有产业的低工资雇员相对于高工资雇员的比例；第二，在各个低工资劳动力市场中，年轻雇员和缺乏经验的女工的增加会降低这些市场中雇员的相对收入。无论是上述哪种情况，其影响都会加剧两者之间的收入差别。从劳动经济分析的角度来看，劳动市场上的供求关系是影响工资和就业的基本力量，工资和就业的任何变动，都来源于劳动力市场上供给和需求力量的变动。随着劳动力市场对技术劳动力需求的增长，导致高级管理和高新技术人才供不应求，而普通劳动力供给相对过剩，这会使前者的市场价格不断上涨，而普通劳动力的市场价格则向下竞争，导致技术雇员和非技术雇员的工资差距逐步拉大，扩大了收入的不平等。此外，劳动力市场制度的变化与收入分配之间存在密切联系。Saint—Paul（1994）认为关于最低工资的规定可能对收入分配产生不利影响。但是微观经济研究表明，在许多发展中国家，最低工资对收入不平等的影响很小（Maloney & Mendez，2003）。Lewin—Epstein 和 Semyonov（1992）研究发现劳动力市场的空间隔离是加剧收入不平等的重要因素。概括而言，劳动力市场因素是影响收入不平等的不可忽视的重要因素，这涉及劳动力供求状况、劳动力流动以及教育等多方面因素对收入分配的影响，完善劳动力市场和工资机制有助于收入分配更加公平合理。

（三）经济增长与收入不平等

对于经济增长与收入不平等的关系研究，比较著名的是库兹涅茨"倒 U 型"假说。Kuznets（1955）提出了不平等与发展之间存在"倒 U 型"关系，即随着经济的发展和人均国民生产总值的增长，收入分配的不平等程度起初上升，继而下降。但是在关于"倒 U 型"假说的实证分析中，由于时间序列资料的缺乏，大量研究是利用横截面资料进行的，即利用当代同一时期不同发展水平（不同发展阶段）的国别资料进行分析。这类研究实际上是假设处于不同发展水平的国家相当于一国处在不同的发展阶段。这方面的代表人物有 Adelman、Morris、Pauke-rt、Chenery、Syrquin、Ahluwalia 等。对"倒 U 型"假说的纵向时序论证，即以特定国家发展过程中若干时点上的收入不平等状况来验证。一些学者利用发展中国家的时序资料对库兹涅茨曲线的前半段（即收入不平等加剧和恶化阶段）进行了论证，代表人物有 Weiskoff（1970）。尽管上述研究所使用的时序资料不全面，但对"倒 U 型"假说给予了基本的支持。Piketty（2014）却提出相反看法，他通过对长期历史数据的研究发现，库兹涅茨曲线并不成立，相反收入不平等与经济发展的关系呈现出"U"型关系。发达国家在 1910—1950 年收入不平等程度下降的主要原因是世界大战和大战冲击带来的政策变革。而自 20 世纪 80 年代以后不平等的扩大，很大程度上是政治上向历史回归，尤其是税收和金融方面。

事实上，一直以来经济增长与收入不平等的关系都是学术界关注的重点。在理论研究方面，许多学者从不同的渠道探讨了收入不平等对经济增长的影响。一方面，许多研究论证了收入不平等对经济增长具有负面影响。Acemoglu 和 Robinson（2008）、Krugman（2012）从收入不平等引致更大再分配和政治寻租成本的视角，Aghion 等（1999）从收入不平等影响低收入者资本投资能力的视角，Todaro（1997）从收入不平等降低低收入者消费能力的视角，分别论证了收入不平等会导致资源的无效损耗，降低社会总投资和总需求水平，最终阻碍经济增长。另一方面，也有不少研究论证了收入不平等对经济增长具有正面影响。Saint—Paul 和 Verdier（1993）论证了收入不平等程度越高的社会，政府用于公共教育的支出就会越高，这将有助于促进人力资本积累和经济增长；Benabou（1996）基于异质个体模型论证了收入不平等程度越高，人力资本的互补性越强，这将有助于促进经济增长；Galor 和 Tsiddon（1996）的研究则显示，收入不平等强化了劳动力流动，并将高技能劳动力集中在技术进步部门，从而带来了更高的技术进步率，促进了经济增长率的提高。

（四）全球化趋势与收入不平等

从全球来看，收入差距的扩大与全球化背景下的资本流动和产业结构调整和转移有一定关系。随着经济全球化进程的加快，不仅高物质资本拥有者的收入大大增加，高人力资本拥有者也成为经济全球化的受益者。由于新经济条件下迅速变化的技术对高素质人才的需求，在经济全球化过程中，对高素质人才的需求不仅限于国内，而且来自国际社会。来自发达国家的需求进一步拉动了高人力资本拥有者的市场价格，这种拉动效果不仅体现在国内市场价格的上升方面，而且体现在高素质人才他们有更多的机会，可以在世界范围内寻找更高报酬的工作。在经济全球化过程中，主要的受损者是来自那些既不拥有很多物质资本也不拥有高人力资本的人群。普通劳动力在世界范围内出现相对供给过剩，就业竞争加剧，总体报酬水平下降。在发展中国家，尽管总体福利得到迅速改善，但不同人群对增长的分享存在结构差异。在这些国家由于劳动密集型战略的引入，国内的一些技术和非技术工人也可能由于其较低的劳动力成本而获得收益。农业部门很难分享经济全球化的利益，加上相对较弱的收入分配和收入再分配政策，收入差距扩大在所难免（魏众，张平，2003）。

第三节　全球家庭债务变动的跨国比较

一、全球家庭债务变动的特征事实与趋势

（一）典型国家家庭债务总规模的比较

关于家庭债务的定义与测度，每个国家的统计口径不太一致，这也导致了对各国的家庭债务的估计存在高估或低估的情形。Christelow（1988）指出家庭债务是相对于企业债务和公债而言的，家庭与金融机构或者其他主体之间的消费融资行为，是工商企业、金融机构向家庭部门提供的用于生活消费需要的贷款，包括家庭为了购买住房、耐用消费品及其他消费品和服务所导致的住房抵押债务和消费信贷。FRS（Financial Reporting Standards）对美国经济不同部门资产负债情况的统计中将家庭部门与非营利机构合并统计，部分数据由余额法所得，即整体经济数据减去其他部门的数据。1995年，欧盟统计局在原有统计体系的基础上，使用统计方法更一致、统计数据更精确的新型统计工具ESA95。依据ESA95的划分，家庭债务包括家庭部门和服务于家庭的非盈利性机构两个部门的债务。中国和日本的家庭债务则包括住房抵押贷款和消费信用贷款。国内研究团队计算中国家庭债务收入比使用的是统计局住户调查的收入，而OECD国家则采用的是国民经济核算体系（System of National Accounts）中的居民收入。统计口径（测算标准）不一会误判家庭债务风险。与OECD国家相比，采用同口径下国民经济核算体系中的居民收入进行核算，发现可支配收入可能存在低估，中国家庭债务收入比高估。与此同时，本书目前采用的家庭债务数据采用住房抵押贷款与消费者信贷的加总数据，没有计算家庭经营性贷款的数据在内，所以这也导致我们统计计算的家庭债务数据偏小。表9-4体现了典型国家家庭债务总规模情况。

表 9-4　　　　　　　　　典型国家家庭债务总规模情况　　　　　　　　单位：亿美元

国家 年份	中国	美国	日本	新加坡	瑞士	丹麦	荷兰	英国	德国
1997	21	56269	31124	351	—	1394	3001	8902	14444
1998	57	60812	28590	309	—	1494	3430	9669	15097
1999	132	66452	32938	324	3090	1511	3776	10226	15554
2000	512	72382	34653	355	2813	1405	3644	10368	13884
2001	845	78623	29953	375	2850	1480	3846	10909	13655
2002	1289	86288	28189	391	3183	1688	4424	12819	14533
2003	1901	97051	30053	473	3889	2140	5840	15778	17590
2004	2424	108580	31684	528	4359	2599	6848	19974	19481
2005	2723	120328	28865	552	4565	2957	7392	21538	19486
2006	3090	133173	26729	589	4736	3338	8023	24032	19606
2007	4444	142495	26505	700	5087	3967	9288	28436	21121
2008	5465	141096	30127	807	5754	3537	10475	27095	22439
2009	8138	139577	32696	879	5940	4478	10278	22918	21226
2010	11217	137327	34771	1110	6515	4357	10091	22836	20332
2011	13422	135842	36883	1427	7968	4572	10732	23767	21494
2012	16697	135893	36475	1653	8078	4269	9959	23795	20059
2013	21371	137300	30161	1799	8200	4388	10155	23818	20864
2014	25398	139648	28084	1867	8595	4416	10157	25735	21092
2015	29202	141564	24888	1765	8409	3647	8548	24735	18124
2016	36248	145729	28082	1813	8404	3703	8619	22949	18664
2017	47684	151207	27799	1898	8670	3843	8900	22686	19648
2018	54689	155550	28881	1974	9080	4056	9447	24608	21383

数据来源：中国家庭债务1997—2004年的数据转引自杨大楷，俞艳. 中国个人消费信贷状况及风险防范研究[J]. 金融论坛，2005（7）；2005—2018年的数据由《中华人民共和国统计公报》整理所得，并由作者经历年汇率换算成美元；其他各国数据来源于全球经济网站（https://www.theglobaleconomy.com/.），并经作者计算所得。"—"代表数据缺失。

通过表9-4可以看出，从绝对规模来看，美国家庭债务规模一直远超其他各国，并且不断增长，从1997年的56269亿美元，上升到了2018年的155550亿美元，增长了1.76倍。尤其从1997年到2007年，美国家庭债务总规模一直以每年平均15.32%的速度攀升，2007年次贷危机导致的金融危机爆发后，家庭债务规模开始缓慢下降，2012年又开始缓慢回升，2016年家庭债务规模不仅达到了危机之前的债务水平，还实现了反超，但增速较危机之前下降了许多，仅以3.4%左右的速度递增。日本自1997年以来的家庭债务得到了有效的控制，一直在 30000 亿美元左右波动，1997 年的家庭债务规模为 31124 亿美元，到 2018 年日本的家庭债务总规模仅为 28881 亿美元，总体上下降了 2243 亿美元。新加坡的家庭债务从总量上看是 9 个国家中最低的，增速比较缓慢，而且在 1998、1999、2014、2015 四个年份还出现了减少的现象。丹麦、荷兰、英国、德国这四个欧洲国家家庭债务增长情况具有一定的相似性：在 2008 年以前，四国家庭债务均呈缓慢增长态势，荷兰、德国在 2008 年达到峰值分别是 10475 亿美元、22439 亿美元，英国 2007 年达到峰值（28436 亿美元），丹麦 2011 年达到峰值 4572 亿美元，之后四国家庭债务均缓慢下降，2018 年四国家庭债务分别为：丹麦 4056 亿美元，荷兰 9447 亿美元，德国 21383 亿美元，英国 24608 亿美元，相比峰值分别下降了 516 亿美元、1028 亿美元、1056 亿美元、3828 亿美元。瑞士家庭债务规模增长趋势与其他欧洲国家不同，除个别年份稍有下降外，一直呈现不断上涨趋势，2018 年达到峰值 9080 亿美元。和上述七国相比，我国的家庭债务总规模一直呈急剧上升趋势，1997 年我国家庭债务规模还仅有 21 亿美元，2018 年达到 54689 亿美元，增长了 2603 倍。2007 年我国家庭债务总规模超过丹麦，2009 年远超瑞士，2010 年超过荷兰，2013 年超过德国，2015 年超过英国和日本。和 1997 年相比，德国家庭债务总规模稍有上升，日本不升反降，其他国家的家庭债务总规模都仅增长了 2 倍左右。

（二）典型国家家庭债务的总规模占 GDP 比重的比较

家庭债务/GDP 这一统计指标消除了一国经济规模对债务存量的影响，便于跨国比较。但同时也存在两个较明显的缺陷：一是在 GDP 的组成要素中，属于居民收入的仅占其中一部分，此外某一年经济的新增产值并不能全部用来偿还家庭债务，这使得该指标丧失了一定的准确性；二是在计算经济指标时，一般采用"存量对存量，流量对流量"的原则，家庭债务是存量值，GDP 却是流量值，二者是否可比也存分歧。因此，还需要借助其他指标进行辅助判断。表 9 - 5 显示了典型国家家庭债务/GDP 情况。

表 9 - 5　　　　　　　　典型国家家庭债务/GDP 情况　　　　　　　　单位：%

国家 年份	中国	美国	日本	新加坡	瑞士	丹麦	荷兰	英国	德国
1997	0.22	65.6	70.5	35.1	——	80.3	72	57.3	65.1
1998	0.55	67.1	70.9	36.1	——	84.4	78.3	58.9	67.3

续表

国家\年份	中国	美国	日本	新加坡	瑞士	丹麦	荷兰	英国	德国
1999	1.21	69	72.2	37.6	106.6	84.9	84.5	61.3	70.7
2000	4.22	70.6	70.9	37	103.4	85.6	87.5	62.9	71.2
2001	6.31	74.3	69.6	41.8	102.3	89.8	89.2	67.1	70
2002	8.77	78.9	68.5	42.3	105.6	94.5	93.8	72.3	69.9
2003	11.45	84.7	67.6	48.4	110.2	98.1	100.9	77.2	70.2
2004	12.4	88.9	65.8	45.9	110.6	103.4	104.2	83.1	69.1
2005	11.78	92.3	63.5	43.2	111.7	111.8	107.9	85.3	68.1
2006	10.99	96.4	59	39.6	109.9	118	109.4	89.1	65.3
2007	12.15	98.6	58.7	38.7	106	124.2	109.6	92.2	61.4
2008	11.72	95.9	59.8	41.7	103.8	128.6	110.5	93.3	59.8
2009	15.87	96.6	62.5	45.3	109.7	139.4	118.4	95.7	62.1
2010	17.98	91.6	61	46.3	111.6	135.3	119.2	93.1	59.5
2011	18.13	87.4	59.9	51.1	113.9	132.9	118.7	90.2	57.2
2012	19.31	83.9	58.8	56	117.4	130.5	118.7	88.9	56.6
2013	21.79	81.8	58.5	58.5	119.1	127.7	115.8	86.5	55.6
2014	23.86	79.7	57.9	59.3	121.2	125.1	114	84.8	54.1
2015	28.01	77.7	56.7	57.3	123.7	120.5	111.7	85.4	53.6
2016	33.66	77.9	57.1	57	125.4	118.7	110	86.3	53.4
2017	38.11	77.6	57.2	56.1	127.7	116.5	107	86	53.2
2018	41.97	75.9	58.1	54.2	128.7	115.2	103.4	87.1	53.5

数据来源：中国数据根据历年《中华人民共和国统计公报》计算所得，其他各国数据来源于全球经济网站：http：//www.theglobaleconomy.com/．"—"代表数据缺失。

从表9-5中可以知道，日本和德国家庭债务/GDP的比例相对稳定，在小范围内波动，总体呈下降趋势，分别从1997年的70.5%、65.1%下降到2018年的58.1%和53.5%。新加坡的家庭债务绝对总量较低，但占GDP的比重却呈波动上升趋势，从1997年的35.1%增长到2014年59.3%，之后几年缓慢下降，2018年降到54.2%。丹麦、荷兰、英国的家庭债务/GDP在2009年附近分别达到峰值139.4%、119.2%、95.7%，然后开始下降。美国的家庭债务/GDP在2007年达到最大值98.6%后开始下降。从表9-5中还可以看出，瑞士自1999年、丹麦自2004年、荷兰自2003年该比值突破100%以来，一直高居不下，说明这些国家的新增产值全部用来偿还家庭债务还不够，债务危机严重，尤其是瑞士，在其他欧美国家都在控制家庭债务/GDP比重时，该国家庭债务/GDP在2018年位居全球第一，达到128.7%。美国和英国家庭债务/GDP比重也较高，美国自2007年次贷危机以来，债务规模有所控制，2018年逐渐降到了75.9%，相比2007年下降了22.7个百分点；英国家庭债务/GDP比重相比峰值2009年的95.7%，也下降了8.6个百分点。而我国的家庭债务/GDP的比值除了2005年、2006年、2008年稍有下降外，一直在稳步上升，从1997年的0.22%增长到了2018年的41.97%。如果把家庭经营性贷款计算在内，那这个比例还会更高。

（三）典型国家家庭债务的总规模占可支配收入比重的比较

虽然与西方发达国家相比，我国家庭债务占GDP的比重还较低，许多人据此认为我国居民部门债务不足堪忧。如果我们用家庭债务/可支配收入这一统计指标来衡量居民杠杆率，可以更直观看到我国家庭部门的负债情况。家庭收入是偿还债务的直接来源，与GDP相比，居民收入更直接地反映了家庭的偿债能力。因此，相比家庭债务/GDP，家庭债务收入比更多地被用于衡量家庭部门的债务可持续性。但同时也存在两个较明显的缺陷：一是可支配收入只占居民收入的一部分，并且家庭不可能将每年的家庭可支配收入全部用来偿还家庭债务，这使得该指标丧失了一定的准确性；二是在计算经济指标时，一般采用"存量对存量，流量对流量"的原则，家庭债务是存量值，可支配收入却是流量值，二者是否可比也存在一定分歧。因此，也还需要借助其他指标进行辅助判断。表9-6说明了典型国家家庭债务/可支配收入情况。

表9-6　　　　　　　典型国家家庭债务/可支配收入情况　　　　　　　单位:%

国家 年份	中国	美国	日本	瑞士	丹麦	荷兰	英国	德国
1997	0.5	97.3	113.8	—	213.5	162.5	97.9	106.7
1998	1.2	98.5	112.2	—	221.4	174.2	103.0	111.4
1999	2.5	102.7	114.3	176.9	225.6	188.2	104.3	116.2
2000	9.0	104.0	114.9	173.4	232.1	198.6	105.9	118.4
2001	13.5	107.7	117.1	170.3	236.8	194.5	113.2	114.8
2002	18.3	112.7	115.3	177.1	242.5	204.9	124.4	116.0
2003	24.3	120.9	114.8	186.5	247.9	223.3	136.2	114.6

续表

国家\年份	中国	美国	日本	瑞士	丹麦	荷兰	英国	德国
2004	27.3	127.6	113.2	188.9	261.5	232.6	145.9	112.9
2005	26.4	135.6	110.4	192.1	281.7	250.5	150.6	110.7
2006	25.4	140.6	108.2	191.8	299.3	252.7	160.5	108.2
2007	28.9	143.6	107.6	187.2	324.6	258.0	164.1	105.1
2008	28.3	136.9	108.8	185.7	339.8	266.4	162.8	101.8
2009	37.8	135.9	106.3	189.5	339.8	279.0	157.4	102.6
2010	44.2	128.5	106.3	195.8	326.2	283.7	154.3	100.6
2011	45.1	121.0	102.3	200.0	319.9	277.2	153.3	98.4
2012	46.3	114.9	102.4	203.2	314.2	275.3	148.1	97.2
2013	51.3	115.9	102.9	204.6	305.8	270.3	143.5	96.6
2014	54.7	112.0	104.7	207.9	305.8	256.8	143.5	95.5
2015	61.2	109.0	104.3	213.2	293.1	253.1	140.9	95.0
2016	73.8	109.2	105.4	212.1	288.5	248.1	145.1	94.8
2017	84.4	108.6	107.3	—	286.0	246.2	146.7	95.2
2018	95.9	109.0	107.0	—	281.3	239.5	145.8	95.3

数据来源：中国数据根据历年《中华人民共和国统计公报》计算所得，新加坡数据来自新加坡统计局官网（https://www.singstat.gov.sg/），其他各国数据来源于OECD官网（http://www.oecd.org/）。"—"代表数据缺失。

从表9-6中数据我们可以看到，与家庭债务/GDP一样，从1997年到2018年，日本和德国两个国家的家庭债务占可支配收入的比重略有下降，分别从1997年的113.8%、106.7%下降到2018年的107%与95.3%。其他国家的债务收入比都有所上升，其中，瑞士、丹麦、荷兰三个欧洲国家家庭债务收入比一直比较高，瑞士在2015年达到峰值213.2%；荷兰在2010年也达到了283.7%；丹麦是欧洲债务收入比最高的国家，1997年家庭债务就已经是可支配收入的2倍多，2007—2014年这8年期间更是超过3倍，尤其是2008年、2009年两年达到峰值339.8%。英美两国家庭债务收入比变动趋势一致，1997—2007年债务收入比稳步上升，2007年达到峰值后又缓慢下降，呈现"倒U形"发展态势，但美国的下降幅度比英国大，截至2018年，英国的债务收入比依然高达145.8%，而美国则降到了109%。从表9-6来看，只有中国的债务收入比一直没有超过100%，其他国家的债务收入比都曾经或现在仍超过了100%。中国的家庭债务收入比除

2005年、2006年略有下降外,一直以较为恒定的速度从1997年的0.5%上涨到2018年的95.9%。但如果家庭债务规模将家庭经营性贷款考虑在内,2017年我国家庭债务收入比高达112.21%,已经超越同期的美国(108.6%),不仅如此,2018年我国家庭部门杠杆率继续攀升,增长到121.6%[①]。所以我国家庭债务规模和增速不容忽视,值得政府以及有关部门警惕。

二、家庭债务变动的影响因素

关于家庭债务变动的原因,国内外学者们从不同角度给出了解释。本节通过对已有文献的梳理,总结出家庭债务变动的驱动因素主要包括房地产市场的繁荣、人口结构变化、金融政策变化、消费倾向、家庭预期以及宏观环境因素。

(一)房地产市场的繁荣

高蕊(2010)认为家庭债务受房地产业的繁荣发展的影响,家庭债务主要包括住房抵押贷款和消费信贷,大部分国家住房抵押贷款占家庭债务的比重相当高。高弘(2014)认为家庭债务的快速膨胀,来自于快速上涨的房价购房需求所引致的按揭贷款增长,特别是"新欧洲"国家,债务增速远高于实体经济增速。贾晶晶(2015)通过家庭债务与收入比、家庭债务与资产比分析,发现住房抵押贷款占比较高是导致日本家庭债务增长的原因。Jappelli和Pistaferri(2014),宋明月和臧旭恒(2016)认为当居民把住房作为消费品进行购买时,因购买资金过高,多数家庭不得不以借贷方式进行。Aoki等(2002)和Iacovieilo(2005)从金融加速器的角度构建不同模型分析住房价格冲击下住房资产的抵押物效应,认为住房价格波动将改变家庭的抵押物头寸,从而改变抵押贷款规模以及贷款成本,加大住房价格冲击对家庭债务的影响。Moore和Palumbo(2010)等认为高杠杆率或债务规模较高的家庭对住房价格等更为敏感。郭新华等(2011)研究了家庭债务、房价与家庭消费等因素的动态关联关系,认为家庭债务和住房价格互为因果关系。唐文进、张坤(2013)通过VECM模型分析认为,房价主要通过抵押效应对家庭债务产生影响。

[①] 2017年、2018年我国家庭债务收入比是作者根据中国人民银行《金融机构本外币信贷收支表》计算所得。

(二) 人口结构变化

郭新华等 (2007) 认为人口结构变化等因素会影响家庭债务增长。郑妍妍等 (2013) 研究发现, 人口老龄化会增加城镇家庭消费, 特别是医疗保健支出, 进而影响家庭借贷行为。郭新华等 (2015) 采用 1997—2012 年老年人口抚养系数、少年人口抚养系数、居民消费、家庭债务等宏观经济变量的季度数据, 运用单位根和 VECM 的检验方法, 检验了人口结构变动对家庭债务增长的影响。汪伟等 (2015) 研究认为随着人口老龄化的加剧, 储蓄率下降, 最终导致居民部门资产负债程度加深。周利等 (2017) 基于中国家庭追踪调查 (CFPS) 数据, 探讨了家庭人口结构对家庭借贷及其规模的影响。结果显示: 老年人口抚养比的上升将促进家庭债务的累积; 少儿人口的增加反而将抑制家庭借贷市场的发展; 小型化的家庭更趋于借贷; 人口结构的变动主要借助收入分配这一机制作用于家庭借贷需求。邵旭方等 (2018) 探讨了中国居民部门负债可持续性问题, 对家庭部门的负债可持续性问题及人口老龄化等因素对家庭部门负债可持续性的影响进行分析, 结果显示人口老龄化会增加居民部门的负债缺口。

(三) 金融政策变化

IMF (2006) 指出在传统的西班牙银行体系中, 商业银行为市场主体, 储蓄银行则在很大程度上发挥了政策性银行的作用。在对银行进行改革以后, 储蓄银行也提供私人贷款, 与商业银行之间的行业竞争促使家庭信贷尤其是住房抵押贷款迅速增长。Georgopoulo (2011) 通过分析希腊银行自由化与家庭债务之间的关系, 得出结论: 利率市场化改革、取消贷款数量额度以及不再限制银行资金的投放渠道两项措施使得家庭债务的上升速度存在明显跳跃。Debelle (2004) 指出 20 世纪 80、90 年代几乎所有的发达国家都经历了放松管制。在此之前, 家庭信贷量处于次优的低水平, 放松管制后, 信贷/GDP 比例随着金融深化过程的迅速上涨。孙培芳 (2011) 认为利率及通货膨胀的降低对家庭借款和家庭债务会产生影响。借款成本的下降使得更多家庭去借款并且增加了家庭债务总规模。其次, 通胀水平较低, 债务的实际价值不如以前降低得快。因此, 在低通胀环境下, 部分家庭的债务收入及用来还债的收入比率降低得也不是那么快。日本银行 (央行) 2013 年 4 月开始实施大规模货币宽松政策, 房贷利率低下。作为应对消费税率提高的举措, 日本政府从 2014 年 4 月开始把房贷减税的扣除额最多增加到两倍, 居民买房变得容易。据日本经济新闻报道, 日本内阁府通过总务部的家庭收支调查等计算得出,2017 年在 39 岁以下家庭中,债务已达到家庭年收入的 187.8%,是 2007 年的 1.4 倍,债务增加的主要原因是房贷①。高弘(2014) 认为金融自由化与金融创新等货币因素是推动欧洲家庭负债持续上升的主要原因。Deaton (1991)、Browning & Lusardi (1996) 构建了生命周期模型来解释过去二三十年,美国家庭债务的迅速上涨,模型变量中特别提到了税收制度变迁的影响。

(四) 消费倾向

Cynamon 和 Fazzari (2008) 以 20 世纪 80 年代至 21 世纪初期的美国家庭为研究对象,对债务、消费、收入等变量提供了详尽的数据整理与分析。他们观察到这一阶段美国家庭消费迅速扩张,同时家庭债务也在迅速累积。高蕊 (2010) 认为家庭平均消费倾向高并且明显有不断增长的趋势,而较高的消费倾向助长了家庭负债的积累。贾晶晶 (2015) 通过家庭债务与收入比、家庭债务与资产比,认为日本呈增长趋势的家庭消费等是导致日本家庭债务增长的原因。

(五) 家庭预期

King (1990) 认为,20 世纪 80 年代末期英国出现的消费泡沫在很大程度上是受到居民的乐观预期影响,居民普遍抱有未来收入会更高的预期。他进一步提到,在随后发生的经济下滑过程中,当家庭意识到先前的预期过于乐观时,会放大经济下行的幅度。Marco Pagano (1990) 同样认为,在英国家庭的信贷增长中,预期发挥了很重要的作用。Brrunila 等 (1993) 以芬兰家庭为研究对象,认为 1986—1989 年芬兰贸易条件的改善使得家庭未来收入预期增长,从而刺激家庭债务的迅速增长。Barnes 和 Young (2003) 认为未预料到的利率冲击以及未预料到的收入增长等因素会推动家庭债务的增长。Reiakvam (2013) 通过对比分析北欧四国家庭债务收入比指出北欧国家拥有健全完善的福利体系,使得家庭至少对一生最低收入有稳定预期,这促使家庭预期未来收入为基准进行借贷。卡伦·戴南等 (2017) 认为大部分工作更倾向于自由职业者或者小团队使得大公司裁员,大量家庭的预期收入很难预料是导致美国家庭债务变动的短期影响因素。

(六) 宏观环境因素

弗雷德·莫斯利等 (2015) 认为美国家庭债务的根本原因是高利润和商业投

---

① 日经中文网 (cn.nikkei.com/)。

资不足造成的。银行部门有钱放贷，但非金融企业不需要借贷，而美国的工人迫切需要借钱买房买车，甚至购买一些基本生活资料，因此，银行在过去10年中尤为关注住房抵押贷款客户。1998—2006年，住房抵押贷款总额增长了3倍，1970—2007年的家庭债务占GDP的比重从45%上升到95%。贾晶晶（2015）认为1997年的亚洲金融危机是导致日本家庭债务增长的原因。

第四节 我国家庭债务变动的特征事实

一、我国家庭债务的总体变动情况

随着中国金融市场改革不断推进和信贷政策的放宽，1997年以来我国家庭债务[①]呈现出不断增长的态势，家庭债务规模急剧扩大。较之于发达国家，虽然我国居民消费信贷业务起步较晚，但增速迅猛。

从表9-7可知，1997年我国家庭债务总规模还仅为172亿元，而截至2018年底，我国家庭债务总规模已达到37.79万亿元。进一步地，2008年以前我国家庭债务规模扩张相对较慢，家庭债务占GDP的比值始终未超过12.5%，但进入2008年后，随着金融市场和房地产市场改革的不断深化以及信用消费方式的盛行，我国家庭债务规模扩张迅速，家庭债务占GDP的比值更是逐年攀升，由1997年的0.22个百分点，上升到2018年的41.97个百分点。与此同时，我国家庭部门的负债率和偿债率也达到了一个相对较高的水平，家庭债务在家庭可支配收入中的占比由1997年的0.34%上升为2018年的95.94%，其偿债比率在2011年和2012年分别达到3.91%和3.81%，2017年和2018年更是高达4.28%和4.70%。这表明我国家庭的负债状况已越来越严重，且每年有超过3%的可支配收入用于支付债务利息，虽然2015年稍微有所减少，但仍有2.73%的可支配收入要用于支付债务利息。除此以外，1997—2018年我国家庭消费支出对借债的依赖程度也发生了明显的变化，1997年和1998年分别仅有0.55%和0.90%的家庭消费支出依赖于借债，均低于1%，

---

① 如前文所述，本章中家庭债务仅包括家庭消费贷款，未包括家庭经营贷款，且数据仅统计来源于正规金融市场的家庭债务，其他非正规金融市场以及民间借贷数据未统计在内。

而其他年份都超过1%,2007年家庭消费支出中借债占比超过10%,达到10.40%,之后除2008年受全球金融危机的影响家庭消费支出中借债占比下降到4.80%以外,其他年份都超10%,2016年以来更是超过20%,2016年、2017年、2018年分别达到25.78%、25.41%和22.64%。这意味着家庭的债务水平在一定程度上可能会影响家庭的消费水平,家庭消费支出费用的越来越多的比例是来源于家庭的借债。

表9-7　　　　　　　　我国家庭债务的变动情况(1997—2018年)

年份	总规模（亿元）	增长率（%）	家庭债务/GDP（%）	负债率（%）	偿债率（%）	债务依存度（%）
1997	172	—	0.22	0.34	0.03	0.55
1998	472	174.42	0.55	0.91	0.06	0.90
1999	1097	132.42	1.21	2.03	0.12	1.75
2000	4235	286.05	4.22	7.56	0.44	8.02
2001	6990	65.05	6.31	11.75	0.69	6.40
2002	10669	52.63	8.77	16.57	0.88	7.64
2003	15736	47.49	11.45	22.95	1.22	9.65
2004	20063	27.50	12.40	26.80	1.50	7.27
2005	22059	9.95	11.78	27.03	1.51	3.13
2006	24127	9.37	10.99	27.06	1.66	2.90
2007	32826	36.06	12.15	32.30	2.41	10.40
2008	37435	14.04	11.72	32.92	1.75	4.80
2009	55411	48.02	15.87	45.98	2.44	10.98
2010	74277	34.05	17.98	56.20	3.27	15.77
2011	88717	19.44	18.13	59.64	3.91	10.65
2012	104357	17.63	19.31	63.81	3.83	10.00
2013	129721	24.31	21.79	51.30	3.08	14.12
2014	153660	18.45	23.86	54.69	3.06	12.08
2015	189520	23.34	28.01	62.77	2.73	16.61
2016	250472	32.19	33.66	76.04	3.73	25.78
2017	315194	25.84	38.11	87.30	4.28	25.41
2018	377903	19.90	41.97	95.94	4.70	22.64

注：负债率指家庭债务余额占可支配收入的比率；偿债率指某一年内家庭债务还本付息额占可支配收入的比率,用来衡量家庭债务偿还能力；债务依存度指某一年内新增家庭债务占居民消费的比率,用来衡量家庭消费对借债收入的依赖程度,即家庭消费中有多少份额是来自于借债收入。家庭债务1997—2004年的数据转引自杨大楷,俞艳.中国个人消费信贷状况及风险防范研究[J].金融论坛,2005(7);2005—2018年的数据由《国民经济与社会发展统计公报》和《中国统计年鉴》整理所得。

通过上述分析,可以发现我国居民对家庭债务的依存度不断提升,家庭借贷的规模已越来越大,增速较快,家庭债务占GDP的比重逐年增加。同时,从微观层面而言，适量的家庭负债能缓解现金流约束，有效平滑居民消费，实现家庭一生效用最大化，过量的家庭负债会增大家庭偿还负担，抑制居民消费，影响家庭生活质量；从宏观层面而言，适量的家庭债务能刺激消费，扩大内需，促进经济增长，过量的家庭债务则容易导致金融系统不稳定，引发债务危机，抑制经济增长。因此随着家庭债务的不断积累，家庭债务对宏观经济的波动也就变得越来越重要，其对政府支出传导效应的影响，也就不言而喻了。

二、家庭债务的分布情况

（一）家庭债务的内部结构分布

家庭债务主要包括长期住房抵押贷款和短期消费信用贷款。在我国家庭债务的组成结构中，长期住房抵押贷款占据了家庭债务的绝大比例。观察图9-1可知，1998—2018年我国住房抵押贷款占家庭债务总额的比重基本上在80%的水平上下浮动。具体而言，1999年住房抵押贷款有明显的减少，住房抵押贷款额占家庭债务总额的比重在1999年达到历史最低值，其值为70.19%。此后，住房抵押贷款急剧上涨，虽偶尔有一段时期会下降，但其占家庭债务总规模的比率基本上都维持在80%左右。2009年达到最高峰以后开始呈下降趋势。这可能是因为以住房为抵押的贷款利率相较于其他种类的贷款利率通常要低，因此家庭更愿意用住房抵押贷款来替换其他的借贷类型。由此，可以发现家庭持有的住房资产对于家庭债务积累具有非常重要的影响，持有住房资产越多，家庭债务规模可能越大。

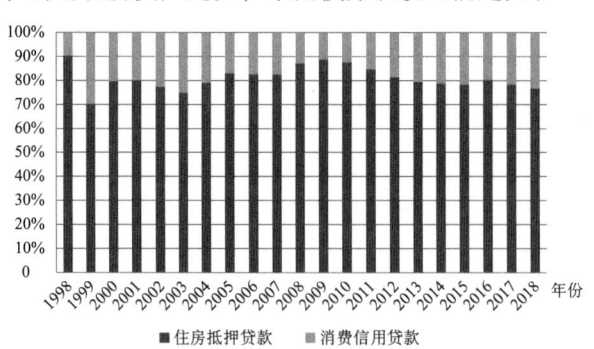

图9-1 我国家庭债务的结构分布情况（1998—2018年）

数据来源：根据中国人民银行《金融机构信贷收支统计》计算所得，见http://www.pbc.gov.cn/。

(二) 家庭债务的区域分布

由于我国各省市区的家庭债务是 2004 年才开始统计的,且考虑到数据的可获取性和统计口径的一致性,本节将利用除港澳台三个地区外的 31 个省市区 2004—2018 年的家庭债务数据,来考察我国家庭债务在各省市区的分布情况以及各区域债务的变动情况。

1. 各省市区总家庭债务规模变动情况

由表 9-8 可知,2004—2018 年我国各省市区的家庭债务变动基本上都呈现不断增长的态势。广东、江苏、浙江、上海和山东的家庭债务规模在 2018 年位居全国前 5,其家庭债务规模分别由 2004 年的 3319 亿元、1340 亿元、2034 亿元、2673 亿元和 1058 亿元,增长到 2018 年的 52453 亿元、33019 亿元、28574 亿元、22275 亿元和 19015 亿元。相反,西藏、青海、宁夏、海南和甘肃的家庭债务规模在 2018 年居全国后 5 位,其 2018 年家庭债务规模分别仅为 284 亿元、445 亿元、1025 亿元、1718 亿元和 2185 亿元。

表 9-8 我国各省市区总家庭债务规模变动情况 (2004—2018)　　单位:亿元

省市区	2004年	2005年	2006年	2007年	2008年	2009年	2010年	2011年	2012年	2013年	2014年	2015年	2016年	2017年	2018年
北京市	2058	2212	2242	2576	2531	3337	4036	4484	4875	6071	7202	8916	11796	13665	17868
天津市	347	407	452	576	622	912	1246	1454	1643	1999	2290	2803	4314	5714	5919
河北省	466	508	563	750	872	1305	1831	2295	2803	3728	4800	6067	8739	11277	12774
辽宁省	757	805	810	1032	1142	1599	2203	2698	3102	3796	4305	4768	5526	6645	7282
上海市	2673	2827	2680	3117	3223	4573	5342	5727	6341	7520	8754	10752	15038	18159	22275
江苏省	1340	1620	1889	2791	3174	5098	6748	7540	8513	10444	12184	15472	22398	27688	33019
浙江省	2034	2251	2632	3733	4313	6507	8249	8699	9169	10479	11270	13760	17760	22727	28574
广东省	3319	3631	4141	5860	6304	9155	11361	12383	13741	16754	19701	21617	36584	45934	52453
广西壮族自治区	364	410	475	633	758	1136	1653	1965	2247	2677	3202	3812	4692	6087	7880
海南省	85	97	96	116	129	179	303	311	331	421	541	654	969	1542	1718
福建省	717	827	1076	1644	1544	2624	3473	3991	4682	6065	7503	8831	11359	14244	16436
山东省	1058	1223	1469	1709	2015	2977	4029	4709	5292	6749	8079	9573	12227	15540	19015
山西省	269	234	171	157	171	217	316	398	514	759	1038	1371	1837	2258	2661
内蒙古自治区	153	134	128	187	257	446	835	1153	1334	1563	1863	2035	2288	2768	3231

续表

省市区	2004年	2005年	2006年	2007年	2008年	2009年	2010年	2011年	2012年	2013年	2014年	2015年	2016年	2017年	2018年
吉林省	227	221	179	264	313	472	742	877	1085	1433	1819	2217	2693	3221	3990
黑龙江省	306	280	223	266	288	516	854	1079	1260	1568	1870	2216	2745	3234	3171
江西省	207	260	296	466	552	883	1315	1618	1946	2533	3256	3947	5135	6791	8297
安徽省	289	349	414	614	816	1280	2010	2435	2887	3706	4657	5649	7767	9823	11855
河南省	300	346	395	827	667	1044	1624	1983	2472	3414	4659	5962	8377	11021	12674
湖北省	435	480	311	827	915	1301	1854	2216	2589	3211	4053	5128	7181	9356	11103
湖南省	283	317	570	454	559	886	1393	1818	2200	2813	3111	4354	5631	7360	8535
重庆市	347	414	527	843	1012	1475	2215	2765	3208	4035	5060	5828	6722	8422	9865
四川省	620	645	810	1249	1456	2272	3315	3965	4528	5483	6288	7702	9247	11129	13091
贵州省	181	191	194	254	301	468	812	1060	1381	1742	2134	2514	2995	3618	4477
云南省	374	414	490	614	690	1025	1353	1588	1856	2319	2770	3186	3611	4334	5421
西藏自治区	21	30	26	39	44	52	51	69	78	103	101	127	175	228	284
陕西省	296	312	328	442	544	849	1379	1749	2113	2523	2940	3345	3923	4879	6284
甘肃省	105	99	92	113	126	187	287	384	491	665	901	1106	1385	1819	2185
青海省	19	20	19	22	25	34	3	74	98	144	192	233	278	360	445
宁夏回族自治区	76	72	61	66	74	129	212	268	312	393	496	576	657	818	1025
新疆维吾尔自治区	240	216	173	195	217	312	458	604	753	1053	1253	1560	1819	2133	2366

数据来源：根据中国人民银行公布的《中国区域金融运行报告》（2004—2018年）整理所得。

2. 各省市区人均家庭债务规模变动情况

考虑到不同省市区的人口数量存在较大差异，为了尽可能缓解由于人口数量差异所致使的家庭债务差异，本书也分析了全国各省市区的人均家庭债务水平，具体情况如图9-2所示。上海、北京、广东、浙江和天津的人均家庭债务规模在2017年位居全国前五位，分别为75099元、62943元、41126元、40176元和36699元。相反，青海、山西、西藏、甘肃、青海和黑龙江的人均家庭债务规模在2017年位居全国后五位，分别为6027元、6099元、6752元、6925元和8535元。

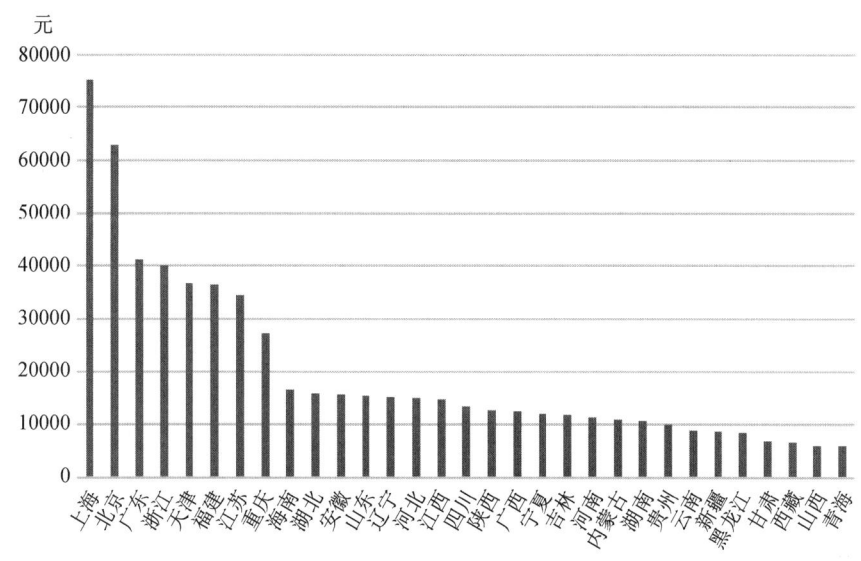

图9-2 我国各省份的人均家庭债务分布情况（2017年）

数据来源：根据中国人民银行公布的《中国区域金融运行报告（2017）》和国家统计局《中国统计年鉴（2018）》整理所得。

3. 各省市区房价与家庭债务规模变动情况

国内家庭债务的很大一部分来源于家庭住房的购买，同时，家庭住房作为家庭资产的重要组成部分，其价格变化直接影响家庭财富，进而影响家庭的金融决策，因此住房价格的升跌对家庭债务的积累有重要影响。考虑到不同省市区的住房价格存在明显的差异，为了清楚观察住房价格与家庭债务分布之间的关系，本书也分析了2006年以来的各省市区房价变动情况，具体情况如表9-9所示。从表9-9可以看出，近10年来，我国各省市房价上涨幅度大，其中北京市房价从2006年8280元/平方米，上涨到2017年32140元/平方米，上涨了2.88倍，上涨幅度位居全国首位。2017年全国各省市房价排在前5位的是北京（32140元/平方米）、上海（23804元/平方米）、天津（15331元/平方米）、浙江（12855元/平方米）和海南（11837元/平方米）；排在最后5位的是宁夏（4544元/平方米）、内蒙古（4628元/平方米）、贵州（4771元/平方米）、新疆（4965元/平方米）、湖南（5228元/平方米）。结合表9-9，本书发现各省市房价与家庭债务总额的变动趋势基本一致，都呈不断急剧上涨趋势。

表 9-9 我国各省市区房价变动情况（2006—2017） 单位：元/平方米

省市区	2006年	2007年	2008年	2009年	2010年	2011年	2012年	2013年	2014年	2015年	2016年	2017年
北京市	8280	11553	12418	13799	17782	16852	17022	18553	18833	22633	27497	32140
天津市	4774	5811	6015	6886	8230	8745	8218	8746	9219	10107	12830	15331
河北省	2111	2586	2779	3263	3539	3983	4478	4897	5131	5759	6438	7203
辽宁省	3073	3490	3758	4034	4505	4733	4942	5122	5373	5758	6080	6681
上海市	7196	8361	8195	12840	14464	14603	14061	16420	16787	20949	24747	23804
江苏省	3592	4024	4049	4983	5841	6554	6727	6909	7006	7356	8805	9195
浙江省	4774	5786	6262	7826	9258	9838	10643	11042	10526	10525	11121	12855
福建省	3994	4684	4384	5427	6256	7764	8646	9050	9136	8881	9218	9746
山东省	2541	2904	2970	3505	3944	4448	4763	5049	5315	5560	5855	6319
广东省	4853	5914	5953	6513	7486	7879	8112	9090	9083	9796	11097	11776
广西壮族自治区	2195	2539	2826	3260	3562	3772	4203	4593	4854	4960	5237	5834
海南省	3787	4162	5443	6261	8735	8943	7894	8669	9315	9339	9878	11837
山西省	1988	2250	2355	2707	3487	3433	3871	4433	4734	4870	4984	5619
内蒙古自治区	1811	2247	2483	2972	3521	3783	4053	4301	4333	4441	4546	4628
吉林省	2010	2302	2507	2917	3647	4364	4147	4483	5112	5476	5364	6021
黑龙江省	2196	2471	2832	3241	3719	3966	4067	4738	4882	5144	5295	6471
安徽省	2322	2664	2949	3420	4205	4776	4825	5080	5394	5457	5924	6375
江西省	1708	2072	2136	2643	3144	4148	4745	5203	5288	5358	5709	6150
河南省	2012	2253	2339	2666	3042	3501	3831	4205	4366	4611	4964	5355
湖北省	2556	3053	3001	3532	3743	4486	5043	5266	5513	5863	6724	7675
湖南省	1928	2233	2302	2680	3146	3790	4049	4243	4227	4304	4640	5228
重庆市	2269	2723	2785	3442	4281	4734	5080	5569	5519	5486	5485	6792
四川省	2271	2840	3157	3509	4138	4918	5449	5498	5597	5475	5762	6217
贵州省	1780	2137	2339	2874	3357	3889	4116	4295	4312	4415	4307	4771
云南省	2380	2455	2680	2931	3158	3635	4209	4494	4998	5300	5269	5919
西藏自治区	1976	2704	3202	2452	2896	3475	3269	4174	5774	4111	5112	6626
陕西省	2461	2622	2952	3223	3759	4949	5156	5280	5166	5362	5471	6840
甘肃省	1780	2191	1958	2483	3042	3318	3570	3886	4544	4913	5201	5709
青海省	1921	2311	2460	2517	3005	3248	4049	4163	5081	5242	5400	6001
宁夏回族自治区	2063	2136	2435	3090	3304	3732	3948	4232	4117	4413	4241	4544
新疆维吾尔自治区	1858	2081	2240	2604	3087	3549	3918	4268	4628	4653	4632	4965

数据来源：《中国统计年鉴》（2007—2018）。

4. 各省市区的家庭债务总规模、人均家庭债务规模与房价情况综合分析

比较我国各省市区的家庭债务总规模情况，发现我国家庭债务规模存在明显的地区差异，东部地区的家庭债务规模较高，中部和西部地区的家庭债务规模相对来说偏少，尤其是西部地区，截至 2018 年，仍然有 5 个省家庭债务规模没有突破 3000 亿，其中西藏、青海分别仅为 284 亿元、445 亿元。相比于中西部地区，东部地区的经济发展水平和金融自由化程度要更高，且人口规模和制度化改革等也更有优势。因此，本书认为金融自由化、金融创新（资产证券化）以及人口变动等因素对于家庭债务的持续增长起着重要的推动作用。此外，我国不同省市区的住房价格存在明显的差别，东部地区的住房价格显著高于中部和西部地区，住房价格对家庭债务的积累具有显著正向影响，这也是造成我国各地区家庭债务分布差异的重要原因之一。从表 9-10 可以看出，受人口因素与房价因素的影响，各省市区的家庭债务总规模、人均家庭债务规模与房价的变动并非完全一致。2017 年，家庭债务总额排名前 5 的是广东、江苏、浙江、上海、山东；人均家庭债务排名前 5 的是上海、北京、广东、浙江和天津；而房价排名前 5 的是北京、上海、天津、浙江、海南。家庭债务总规模排名第 1 的广东省，人均家庭债务规模排到第 3，而房价的排名竟然前 5 都没有排进，排名全国第 6 位。同样，江苏省、山东省的家庭债务总额排名第 2 和第 5，在人均家庭债务规模排名第 7 和第 12 位，房价的排名却到了第 8 和第 17 位。由此可见，家庭债务总额的上升并不完全受房价所推动。

表 9-10　　　　2017 年各省市区的家庭债务总规模、人均家庭债务规模与房价的变动情况

省市区	家庭债务总额（亿元）	人均家庭债务（元）	房价（元/平方米）
北京市	13665	67943	32140
天津市	5714	36699	15331
河北省	11277	14995	7203
上海市	18159	75099	23804
辽宁省	6645	15209	6681
福建省	14244	36420	9746
江苏省	27688	34485	9195
浙江省	22727	40176	12855

续表

省市区	家庭债务总额（亿元）	人均家庭债务（元）	房价（元/平方米）
山东省	15540	15531	6319
广东省	45934	41126	11776
广西壮族自治区	6087	12460	5834
海南省	1542	16650	11837
山西省	2258	6099	5619
吉林省	3221	11855	6021
黑龙江省	3234	8535	6471
内蒙古自治区	2768	10945	4628
安徽省	9823	15704	6375
江西省	6791	14693	6150
河南省	11021	11529	5355
湖北省	9356	15853	7675
湖南省	7360	10729	5228
重庆市	8422	27390	6792
四川省	11129	13406	6217
贵州省	3618	10106	4771
云南省	4334	9027	5919
西藏自治区	228	6752	6626
陕西省	4879	12723	6840
甘肃省	1819	6926	5709
青海省	360	6027	6001
宁夏回族自治区	818	12000	4544
新疆维吾尔自治区	2133	8722	4965

数据来源：根据中国人民银行公布的《中国区域金融运行报告（2017）》和国家统计局《中国统计年鉴（2018）》整理所得。

三、家庭债务规模变动的收敛性分析

由于我国家庭债务在各省市区的分布情况以及各区域债务的变动情况存在较为明显的差异，本部分将利用除港澳台3个地区外31个省市区2007—2018年的家庭债务数据，通过构建 σ 收敛、β 收敛以及俱乐部收敛模型，考察我国不同省市区家庭债务动态演变过程的差异。考察我国家庭债务变动的地区差异与敛散性问题，对于了解我国家庭债务规模变动趋势具有重要意义。

（一）σ 收敛

σ 收敛是指不同经济体间某一变量值的标准差随时间的推移而逐渐下降，用来反映该变量值的平均离散程度。本章基于标准差的估计方程理论，构建家庭债务的 σ 收敛模型，分析中国省域家庭债务的静态差距。σ 收敛检验方程为：

$$\sigma_t = \sqrt{\frac{1}{n}\sum_{i=1}^{n}\left(\log X_{it} - \frac{1}{n}\sum_{i=1}^{n}\log X_{it}\right)^2} \quad \text{式（9.1）}$$

其中，X_{it} 表示第 i 省（市、区）在 t 期的家庭债务和劳动力流动人口；σ_t 表示为 n 个省（市、区）在 t 期的家庭债务取对数值后的标准差。若 σ_t 值随时间推移逐渐下降，则表明家庭债务和劳动力流动存在 σ 收敛。检验结果如图9-3所示。

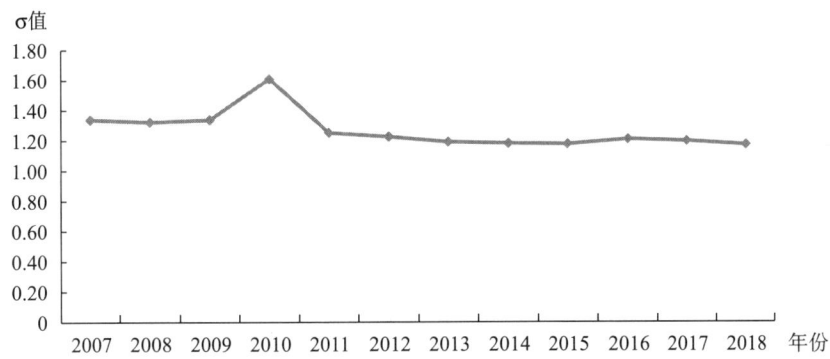

图9-3 中国省域家庭债务的 σ 收敛情况

根据图9-3中家庭债务和劳动力流动人口 σ 值的变动趋势可知，随着时间的推移，家庭债务的 σ 值相对比较稳定，均没有呈现出明显的下降趋势。这说明2007—2018年中国省域家庭债务不存在明显的 σ 收敛，各省市区之间的家庭债务存在一种相对稳定的差距，且这种差距短时间内不会缩小，各省市区的家庭债务不会趋于一致。

(二) β 收敛

β 收敛是指不同经济体间某一变量值的年均增长率与初始值之间存在负相关关系，即初始值较高的经济体该变量的增长速度要低于初始值较低的经济体。就本章而言，若中国省域家庭债务的年均增长率与初始值之间存在负相关关系，则表明中国各省市区家庭债务的增长存在 β 收敛，反之存在 β 发散。β 收敛检验模型为：

$$\log\left(\frac{X_{it}}{T \times X_{i0}}\right) = \alpha + \beta \log(X_{i0}) + \mu_{it} \quad u_{it} \sim N(0, \sigma^2) \qquad \text{式 (9.2)}$$

其中，X_{i0} 和 X_{it} 分别表示第 i 省（市、区）在初期（$t=2007$）和 t 期的家庭债务，T 表示初期（$t=2007$）和 t 期的时间跨度，u_{it} 为随机误差项。如果参数 β 值为负，则表明家庭债务的增长存在 β 收敛。检验结果如表 9-11 所示。

表 9-11　　　　　　　　家庭债务增长的 β 收敛检验结果

回归参数	系数值	标准误	t 统计值	P 值
$\beta_{家庭债务}$	-0.1339	0.0407	-3.2912	0.0026

由表 9-11 可知，$\beta_{家庭债务}$ 在 1% 的显著性水平下显著为负，这说明中国省域家庭债务的增长均存在 β 收敛，家庭债务规模较低的省份（如宁夏和西藏），其家庭债务增长速度要比家庭债务较高的省份（如广东和江苏）快，家庭债务最终有可能会趋于稳态水平。

(三) 俱乐部收敛

Galor (1996) 认为俱乐部收敛是指在初期经济发展水平接近的经济集团，其各自内部的经济系统之间，在结构特征相近的前提下趋于收敛。为考察家庭债务的俱乐部收敛情况，本章在模型（2）的基础上，引入虚拟变量的概念，将各省市区按其所处的地理位置划分为东部、中部和西部三个区域集团，探讨东中西三个区域集团各自内部的省份之间家庭债务的收敛情况。俱乐部收敛检验模型为：

$$\log\left(\frac{X_{it}}{T \times X_{i0}}\right) = \alpha + \beta \log(X_{i0}) + \lambda_1 D_1 + \lambda_2 D_2 + \mu_{it} \quad u_{it} \sim N(0, \sigma^2) \qquad \text{式 (9.3)}$$

其中，$D_1 = \begin{cases} 1 & 东部 \\ 0 & 其他 \end{cases}$，$D_2 = \begin{cases} 1 & 西部 \\ 0 & 其他 \end{cases}$，其他变量的含义与式 (9.2) 一样。

若参数 β 显著为负，且虚拟变量的回归系数 λ_1 和 λ_2 显著不为零，则表明家庭债务存在相应的俱乐部收敛。检验结果如表 9-12 所示。

表9-12　　　　　　　　　家庭债务增长的俱乐部收敛检验结果

回归参数	系数值	标准差	t统计量	P值
α	0.9239	0.0695	3.0398	0.0065
β	-0.1169	0.0316	-2.4505	0.0305
λ_1	-0.3395	0.0021	-2.4354	0.0387
λ_2	-0.3003	0.0959	-2.3517	0.0452

由表9-12可知，在东中西三个区域集团的俱乐部收敛检验中，家庭债务的回归参数β值在5%的显著性水平下显著为负，且相应虚拟变量的回归参数λ_1值和λ_2值也在5%的显著性水平下显著为负。这说明，中国省域家庭债务的增长均存在俱乐部收敛，东中西三个区域集团各自内部的家庭债务增长均呈现明显的收敛现象。

本章小结

本章通过梳理典型国家的收入不平等和家庭债务的指标数据，比较了不同国家收入不平等与家庭债务的变动情况，从国际视角来探讨收入不平等与家庭债务之间的关系，发现收入不平等程度与家庭债务的变动方向并非一致。在9个典型国家中，欧洲5国的收入不平等程度都在合理区间[0.2-0.4]内，然而，他们的家庭债务规模却相当大，尤其家庭债务占可支配收入的比重竟达到1—3倍；日本的收入不平等程度不高，各年平均在33%左右，家庭债务的总规模却比较大，甚至超过欧洲5国中任一国家，家庭债务占可支配收入的比重也超过了100%；美国的收入不平等程度较高，但增长不大，家庭债务规模与增速较大，体现了一定的一致性；我国收入不平等程度与家庭债务的变动方向呈现高度的一致性。以上分析说明各个国家因收入不平等和家庭债务变动的驱动因素不一、国情不一，而出现了各种不同的结果。

第十章　中国家庭债务增长的风险规制

第一节　家庭债务风险的测度指标与方法

国内外文献研究表明，人口统计学因素、社会经济因素以及家庭对未来的预期等是影响家庭借贷行为的主要因素，我们可以从这些角度对家庭债务风险测度的指标与方法进行研究。目前家庭债务风险的测度指标与方法主要有三种：第一，利用宏观经济数据来整体刻画家庭部门的负债水平，常用的指标包括居民杠杆率、债务收入比率、债务资产比率和信用卡借贷水平等；第二，利用家庭普查等微观数据刻画不同人口结构特征的家庭的负债情况，主要指标包括家庭净财富构成、低收入家庭的信用卡使用率、债务偿还困难普查等；第三，利用法律数据来衡量过度负债的结果、程度与影响，主要指标包括信用违约率、破产率等。

一、居民杠杆率

在对居民债务水平做国际对比时，最常用的指标是国际清算银行公布的居民杠杆率，它指的是一国和地区居民部门的债务与 GDP 之比。在居民债务统计口径上，国际清算银行同国际货币基金组织保持一致，采用的是存款类金融机构信贷收支表中的住户贷款。国际货币基金组织在 2017 年 10 月发布的《全球金融稳定报告》中指出：当居民部门杠杆率低于 10% 时，该国的债务增加将有利于经济增长；当居民部门杠杆率高于 30% 时，该国中期经济增长将会受到影响；而当居民部门杠杆率超过 65% 时，将会影响到金融稳定。

二、债务收入比率（DTI）

债务收入比率是指家庭年负债/年税后收入，该指标反映支出能力的强弱，临界值为40%，低于这一数值则说明短期偿债能力可以得到保证，超过了40%，说明负债比例过高，超过家庭的承受能力，在这种情况下家庭财务就会出现不同程度的危机。用家庭债务占可支配收入比更能反映居民的偿债负担。联合国国民核算统计年鉴对家庭部门可支配收入定义为居民在初次分配中获得劳动报酬后，通过税收、社会缴款、社会保障、社会福利、社会救助、赔款和捐赠等形式的经常性转移支付，以及租金、利息和红利、版税收入等形式的财产性收入，进入再分配阶段所形成的可用于支配的收入。当然，债务是一个存量概念，而GDP或是可支配收入均为流量概念，因此将债务同GDP或可支配收入相比，逻辑上并不是很严谨，所以苏宁金融研究院将居民短期债务收入比纳入考虑范围，短期债务显然要比长期债务更加贴近于"流量"。

三、偿债率（DSR）

偿债率即应还债务本息/可支配收入，偿债比率考察的是家庭部门用多少可支配收入来偿还债务，即家庭民部门当年可支配收入中，用于偿还债务本金与利息之和占可支配收入的比例。国际上公认的一般国家的偿债率的警戒线为20%，发展中国家为25%，危险线为30%。当偿债率超过25%时，说明该国债务还本付息负担过重，有可能发生债务危机。根据世界银行的建议，中国的偿债率应以15%为安全线。

四、贷存比率

贷存比等于家庭部门的贷款/存款，同样可以对家庭负债水平加以度量。其中，家庭存款余额可以反映家庭的资产和财富状况，家庭贷款余额则可以反映家庭的负债状况，因此家庭部门贷存比也可以衡量举债和偿债能力的变化趋势。贷存比指标使用的是一个存量概念，我们可以使用"新增存贷比"指标作为当期流量指标，来衡量新增家庭债务与新增家庭资产的变化趋势。

五、资产负债率

资产负债率等于负债总额/资产总额，从财务学的角度来说，一般认为我国理想化的资产负债率是40%左右，如果资产负债比率达到100%或超过100%，说明家庭已经没有净资产或资不抵债，面临破产境地。家庭可以用存量资产支付利息和到期债务，当然这受到金融资产变现能力的影响。

六、信用卡违约率

信用卡又叫贷记卡，是指由商业银行或者其他金融机构发行的具有消费支付、信用贷款、转账结算、存取现金等全部功能或者部分功能的电子支付卡。由于信用卡刷卡消费享有最长50天免息期，只要在到期还款日前还清账单金额，不会产生费用；信用卡支持分期付款业务，持卡人只需按照每月入账金额进行偿还；信用卡还可以透支取现（取现无免息还款期）。这对于急需用钱或者急需消费而缺少足够支付的金钱的持卡人来说，提供了便利，信用卡也得到了众多消费者尤其是年轻一代消费者的青睐。信用卡使用人数逐年上升，成交额与透支额也相当可观。可是信用卡毕竟是凭个人信用获得的短期银行贷款，也时有逾期违约现象发生。信用卡违约率（也称不良率）的大小也成为衡量家庭债务风险测度的重要指标之一。

以上度量指标与方法都各有优点与不足，现有的债务研究中并没有刻画家庭债务水平和判断家庭是否出现过度负债的统一方法。最常用的居民杠杆率指标，它能够利用较易获得的宏观经济数据来反映整体债务水平占GDP的比重，然而居民部门的借款渠道，除银行贷款外，还包括住房公积金贷款、P2P、民间借贷等，这些数据却没有计算在内或无从准确获得。常用的债务收入比率指标，它能够利用较易获得的宏观经济数据来反映整体债务水平占家庭部门的收入或可支配收入的比重，但它却不能反映家庭整体债务水平的上升是由于低收入还是高收入家庭的债务水平的上升，也并未反映家庭的资产与财富状况，因而无法真实反映债务水平上升的风险。资产负债比率虽完整地反映了家庭资产负债表的情况，但家庭资产价值易受金融市场波动、利率变动等因素影响。利用家庭普查面板数据所得的债务指标虽然能够反映家庭部门债务的结构性变化，却由于家庭普查一般每一年或两年进行一次,使得数据的连续性较差,普查对象抽样等问题也降低了数据的可靠性。

第二节 中国家庭债务风险特征及其成因

一、中国家庭债务风险特征

(一)居民杠杆率情况

根据表9-8可以清晰地看到中国的居民杠杆率的情况,从1997年的0.22%增长到了2018年的41.97%。这个数据是本书根据历年《中华人民共和国统计公报》计算所得,其中家庭债务余额没有将家庭经营性贷款计算在内,仅计算消费信贷与住房贷款在内。由于统计口径的不一致,其他机构测算的居民杠杆率有所差异。根据国际清算银行的数据,中国居民杠杆率由2015年的39%攀升至2018年的52.6%,低于发达经济体,但在发展中国家处于较高水平。中国社科院国家资产负债表研究中心(CNBS)2017年之前公布年度的居民杠杆率,2017年开始按季度发布,2018年3季度为52.2%,2019年1季度居民部门杠杆率为54.3%,较2018年底上升1.1个百分点,保持平稳上升趋势。和发达经济体相比,中国居民杠杆率不高,但中国居民杠杆率上升速度更值得关注。根据国际清算银行的数据,2008年底到2018年底,43个国家和地区的居民杠杆率平均上升了3.8%。而同期中国居民部门杠杆率从17.9%上升到52.6%,10年时间增长了近两倍,平均每年增长32.4%。近年来居民杠杆增速放缓,主要源于个人住房贷款增速显著下降。2016年"930新政"全面收紧,党的十九大报告明确定位"房住不炒",房地产市场逐渐降温,居民杠杆过快上升的势头得到初步控制。目前中国居民部门杠杆风险总体可控。但是应警惕居民杠杆过快上升风险,居民杠杆的过快上升将带来银行资产恶化、金融风险积聚以及抑制居民消费增长等不良影响。政府不应再通过刺激房地产和居民加杠杆来稳增长,而应转向防风险和惠民生。①

(二) 债务收入比 (DTI) 情况

根据表9-9可以清晰地看到中国家庭债务收入比的变化情况,中国的家庭债务收入比除2005年、2006年略有下降外,一直稳步上升,从1997年的0.5%上涨到2018年的95.9%。该数据是本书根据历年《中华人民共和国统计公报》计算所得,但如果家庭债务余额将家庭经营性贷款考虑在内,2017年我国家庭债务收入比高达112.21%,超越同期的美国(108.6%),2018年增长到121.6%。通过其他途径测算的结果稍有出入,比如按照城乡一体化住户调查口径下的全国居民人均可支配收入,② 2017年中国居民债务/可支配收入为111.2%,③ 超过了美国的108.6%,德国的95.2%,日本的107.3%,但远远低于丹麦(286%)、荷兰(246.2%)、英国(146.7%)等国家。

(三) 偿债率 (DSR) 情况

根据表9-1,中国家庭债务偿债率2017年为4.28%,2018年高达4.7%。该数据是本书由《国民经济与社会发展统计公报》和《中国统计年鉴》整理所得。如果与国际清算银行统计口径保持一致,债务期限部分采用相同的假设,即债务剩余期限为18年,同时参考《中国金融稳定报告(2018)》中的假定,债务的利息为5年期以上贷款的基准利率。除2015年外,中国居民部门可支配收入中,用于还本付息的比例持续上升,2017年国民收入核算口径为7.5%、城乡调查口径为9.6%。2017年城乡调查口径可支配收入下中国居民部门的偿债比率,已经超过英国、美国、日本、法国和德国等国家。排在中国前面的,除澳大利亚和韩国外,多为高福利的北欧国家,福利得到保障后消费意愿更强。④ 如果中国住户部门偿债率数据根据Wind数据计算,并以4.9%的基准利率来计算,2018年,中国居民部门偿债率为10.21%,住房贷款偿债率为5.50%;以基准利率上浮20%来估算,2018年,中国居民部门偿债率为10.99%,住房贷款偿债率为5.92%。与国际清算银行公布的2018年第三季度世界主要发达国家住房部门

---

① 中国宏观杠杆报告:2019. https://baijiahao.baidu.com/。
② 该口径下获得的数据大约为同一年国民核算口径居民可支配收入的70%,占GDP的45%左右。
③ 李奇霖. 深度解析中国杠杆率. https://baijiahao.baidu.com/。
④ 警惕居民债务快速上升的风险. http://jrj.wuhan.gov.cn/。

偿债率数据相比,中国住户部门偿债率处于中等水平,住户部门可支配收入中10%左右的部分用于偿还债务。① 随着居民部门债务剩余期限的缩短,实际偿债比率呈现非线性的快速上升。参照国际结算银行2018年的假定,可能高估了中国家庭部门债务的剩余期限。当剩余期限缩短至10年时,偿债比率会提高到13.6%。②

(四) 信用卡违约率情况

截至2019年上半年,中国各主要商业银行信用卡累计发卡量已达到105967万余张,如表10-1所示。

表10-1　　　　　　2019上半年各主要商业银行信用卡情况

银行	累计发卡量（万张）	交易金额（亿元）	透支金额（亿元）	不良率（%）
工商银行	15445	14300	6242	—
建设银行	12800	15000	6721	1.21
中国银行	11833	9599	4436	—
农业银行	11372	—	4547	1.43
邮储银行	2753	4448	1090	—
交通银行	7147	14235	4547	2.49
招商银行	9061	20400	6525	1.30
中信银行	7440	12290	4998	1.74
光大银行	6686	12900	4274	—
平安银行	5579	16187	5110	1.37
兴业银行	4724	9054	3067	—
民生银行	5427	11934	4170	—
浦发银行	4263	10402	4396	2.38
华夏银行	—	—	1656	—

数据来源:根据各银行2019上半年财务报表整理所得。"—"代表数据缺失。

从表10-1可以看出,工商银行累计发卡量排在各银行之首,然而交易金额排在首位的是招商银行,透支金额排在第一的是建设银行。与家庭债务风险联系

---

① 崔玉,蔡真. 住户部门风险不可承受之重 [N]. 证券市场周刊. 2019-07-23.
② 李奇霖. 中国居民杠杆率将进一步上升,政府需控制上升的节奏. 新浪财经. http://finance.sina.com.cn/.

最为紧密的是不良率,2019年上半年有7家银行提供不良率,其中不良率最高的是交通银行,达到2.49%,其次是浦发银行,也有2.38%。

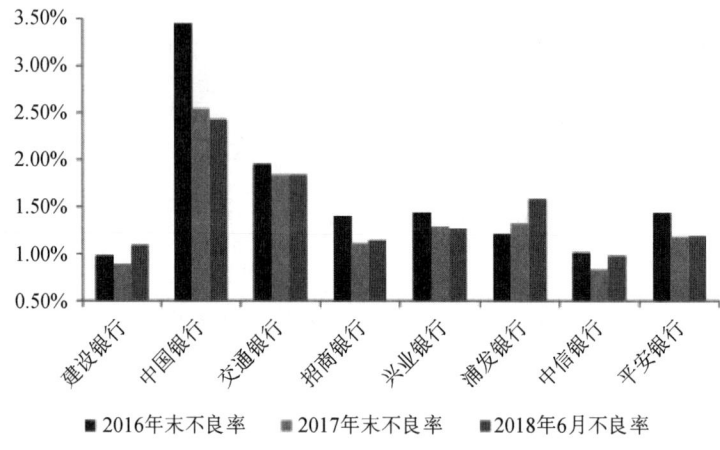

图10-1　主要全国性银行信用卡不良率变化

资料来源:各银行定期报告,国信证券经济研究所整理。

从图10-1可以看出,近3年来,中国银行信用卡不良率一直比较高,2016年不良率接近3.5%,交通银行次之,接近2.0%,其他银行都基本控制在1.5%以内。结合表10-1,交通银行与浦发银行不良率都没有控制好,在2019年不降反升。

二、中国家庭债务风险形成的原因

家庭债务主要包括住房抵押贷款和消费信用两个方面。20世纪80年代以来,在金融管制放松、金融工具创新等因素的驱动下,西方发达国家家庭债务规模不断扩大。与西方发达国家相比,我国的家庭债务积累起步晚,但增速迅猛。黄志龙、付一夫(2018)认为,目前从贷款买房买车,到贷款上学与日常消费,尤其是随着近年来P2P、现金贷业务的普及,债务似乎已经渗透到我们生活的方方面面,自2008年以来,家庭债务风险已经成为每个家庭必须关注的问题。家庭借贷行为在助推家庭住房、汽车消费的同时,给经济的稳定运行带来隐忧。家庭债务风险形成的原因主要体现在以下几方面。

(一) 收入与支出水平

收入与支出水平是决定家庭是否会做出借贷行为以及影响借贷规模的重要因素。对于大部分家庭而言，劳动收入是家庭最重要的收入来源，收入的变化对家庭债务风险有着重要的影响，收入越高的家庭，家庭债务风险越低（郭新华等，2012）。Kernas（2013）采用欧盟国家家户调查数据和民间家庭预算调查数据，考察了20世纪90年代爱尔兰家庭抵押贷款拖欠问题，研究结果显示：从上一年开始，如果家庭收入明显下降，那么家庭债务违约风险相对较高。Whitley，Windram & Cox（2004）考察了英国家庭抵押贷款和信用卡贷款拖欠的决定因素，研究结果表明：收入杠杆效应是解释抵押贷款和信用卡贷款拖欠的重要因素。对于绝大多数中国家庭来说，工资性收入的高低成为了影响其是否会负债以及负债多少的最重要因素，居民收入绝对量的多寡以及增长幅度的高低，直接决定着家庭的负债水平和偿债能力，在实际收入并不能支撑正常开支或者紧急性支出的情况下，家庭财务状况只能以负债的方式出现，家庭收入增幅的放缓会导致家庭负债的增长，从而也会加大家庭债务的风险。范莉珈（2016）利用2013年中国家庭金融调查（CHFS）的数据，在分析中国家庭资产与负债现状的基础上，研究家庭总收入与家庭债务风险之间的关系。研究提出：家庭的资产、家庭债务风险与家庭收入密切相关，通常高收入的家庭会有较大规模的资产，较低的负债水平；低收入家庭则恰恰相反；收入较高的家庭会拥有较低的家庭债务风险；农村家庭的家庭债务风险高于城市。Fitch，Chaplin，Colin & Collard（2007）研究发现，家庭个人收入的波动会造成个人延期支付款项，形成家庭债务拖欠问题，而且有心理健康问题的家庭更容易陷入债务拖欠。Jonathan Crook（2001）以美国家庭为研究对象，发现人口统计学因素是推动家庭债务增长的重要因素。其中，收入对家庭债务的影响最为突出，由于收入直接影响着家庭的分配和消费习惯，高收入家庭更倾向于贷款；此外，税收及通货膨胀率都会对家庭债务风险造成影响。

家庭的医疗支出、教育支出等对家庭债务风险有着重要的影响。由于我国人口老龄化、医疗技术和设备的进步更新等多方面的原因，居民所承担的医疗费用正在逐年上升，基本医保难以解决群众因大病承担的重负，不少家庭"因病致贫、因病返贫"，因大病给家庭带来的巨额债务，很容易引发债务拖欠风险。Domowitz & Sartain（1999）与Magri（2009）分别分析美国和欧洲国家家庭债务拖欠的数据发现：由于户主糟糕的身体健康状况而产生的巨额医疗费用加大了家庭拖欠债务的可能性。从某种程度上来说，家庭成员受教育水平的高低决定其未来收入的高低以及就业情况的好坏，所以家庭越来越重视孩子的教育问题，教育支出在家庭支出中占比越来越重，教育贷款成为贫困家庭子女受教育费用的重要来源。廖丽平（2018）提到子女的教育支出会加剧家庭负债的程度。孩子的教育投入是家庭的硬支出，这一部分支出的增加会对其他支出形成"挤出效应"，在父母收入与开支无法做到基本平衡的前提下，不少家庭会走上负债的道路。一旦子女大学或研究生毕业找不到工作或找不到理想的工作，容易发生贷款违约现象。

（二）失业

失业对于家庭的债务违约风险来说是一项非常重要的因素（Hendershott 等，1993；Repetto，1998；Deng 等，2000）。通常状况下，就业越有保障的群体，债务拖欠与违约率越低，失业在很大程度上容易导致债务人陷入拖欠和违约的困境（郭新华等，2012；Breedon 等，1992）。Coles（1992）考察了英国借款者陷入债务拖欠的原因，结果显示：20%—30%的借款者的拖欠行为与失业紧密相关。与此相似的是，Duygan & Grant（2006）利用欧洲共同体的面板数据分析了家庭债务拖欠的决定因素，发现户主失业极易导致借款者不能按计划偿还债务，进而陷入债务拖欠。Eichholtz（1995）考察了荷兰经济稳定与家庭债务拖欠的关系，也发现地区的就业状况能较好地预测抵押贷款拖欠与违约水平的高低。

（三）房价高涨

作为大多数家庭财富的最主要物化形式，住房成就了城镇居民物权的私有化以及居住空间的改善，但同时也挤占了居民储蓄增加了家庭负债。近年来，住房价格涨幅大于收入涨幅，而且因刚性需求和看涨预期，家庭愿意承担高房贷，从而导致房价与收入差距不断扩大，部分居民只能依靠更多的按揭贷款来购买房屋，客观上也推动了居民杠杆率的升高。郭田勇（2018）指出家庭负债率升高是因为房价过高，使得居民必须依靠负债才能买到，买房支出占家庭收入的比重过高，就形成了家庭的高负债率。房地产趋热带动了房地产消费需求、投资需求以及投机需求的进一步提高，从而使大量资金转移至房地产市场，造成对实体经济投资和消费的"挤出效应"，进而形成恶性的房价上升循环，加剧了中国家庭债务的风险，对经济结构转型升级造成一定阻碍，影响了经济的健康发展。陈明珍、张有福（2009）指出，由于住房、汽车和信用卡业务的迅速发展，越来越多的城镇居民开始步入"举债消费"时代,逐渐形成一定的家庭债务风险。何丽芬(2012)在对中国居民家庭债务的状况和结构分析中发现,房产的持有状况对中国家庭债务风险的影响非常显著。赵越(2017)认为飞速上涨的房价和不断扩张的住房抵押贷款引发了有关住房泡沫化和对中国版"次贷危机"的隐忧。房价的上涨是家庭债务增长的重要动力,要防范房地产泡沫化和信贷无限扩张所带来的系统性金融风险与家庭债务违约风险。廖丽平、张锐(2018)提出,我国家庭债务风险与杠杆率的快速提升与居民收入增长的放缓直接相关,同时更是房价连续大幅飙升从而倒逼居民恐慌性加杠杆所导致。家庭债务风险非正常性提升不仅不利于刺激即期消费,相反会削弱居民消费预期与侵蚀未来消费潜能。

(四)低贷款利率

自2015年12月24日以来,中国人民银行下调金融机构人民币贷款和存款基准利率,以进一步降低家庭与企业融资成本。2019年11月份最新银行存贷款基准利率表显示:1年期贷款利率为4.35%,1—5年期贷款利率4.75%,5年以上贷款利率为4.9%。低贷款利率会促进居民的银行贷款,推动家庭债务规模增加,同时早期购房者因为已获得利率优惠,所以低贷款利率与房地产市场的收益率同时出现,鼓励了早期购房者推迟还款,并且通过房地产进行套利,与国家"抑制居民杠杆率"的政策目标相悖。过低的贷款利率增加了家庭债务的潜在风险,当央行加息,利率水平升高,与收入不匹配的贷款会使得高负债家庭面临还款金额升高的压力。此外,过低的实际存款利率鼓励家庭从银行定期存款转变为进行金融投资产品等表外业务,导致了影子银行的激增,而投资带来的高风险虽然可能带来高收益,但是一旦失败,容易导致居民家庭债务风险增加。何南(2013)认为低借贷利率在推高了家庭债务规模的同时,也增加了潜在的债务风险,一旦利率水平激增,高负债家庭借贷将面临暂时的还贷困难,严重时甚至会造成长期债务拖欠和破产问题。Fredrik(2016)采用协整向量自回归模型,探讨澳大利亚家庭债务的影响因素。结果表明,住房价格、GDP和人口规模对家庭借贷有正向影响;同时,利率、失业率、新的住房和通货膨胀则对澳大利亚家庭债务产生负面影响,其中,利率的影响程度是最大的。

(五)其他因素

除了上述因素会导致家庭债务风险外,消费者年龄、受教育水平、家庭婚姻状况、相关制度与政策、家庭债务违约后果等都会影响家庭债务违约风险。Stavins（2000）对美国消费者受教育水平对家庭债务违约的影响进行了研究，发现受教育水平高的消费者延期偿付的可能性较小。Erdem（2008）考察土耳其信用卡持有者受教育水平、使用意愿和拖欠率之间的关系，结果表明：受教育水平等因素对信用卡接受意愿具有重要影响，受教育水平越高，越容易接受信用卡；而且受教育水平的高低影响信用卡债务的拖欠率与违约率的高低。Black & Morgan（1998）发现婚姻状况对家庭债务拖欠与违约行为的发生具有重要影响，未婚家庭比已婚家庭的家庭债务拖欠率高出了 2 个百分点。Johnna Montgomerie（2006）的研究表明，年龄、婚姻状况、教育程度均是影响负债行为的人口特征因素。其中年轻人比老年人借款的可能性更大，借款者年龄主要集中在 30—40 岁；已婚者持有无担保贷款的可能性要高于其他婚姻状态；家庭持有无担保贷款的概率随户主受教育年限的增加而增加，且教育水平与银行贷款规模间存在显著的正相关关系。Agarwal 等（2008）考察了消费信贷市场上消费者的特征对个人破产和拖欠结果的影响，结果显示在生命周期内，拖欠风险先上升后下降，而且已婚的借款者拖欠风险较低。目前越来越多的学者从制度和政策层面来研究家庭债务违约风险，并认为制度或者政策性因素在解释信用状况和家庭债务拖欠情况时至关重要。Duygan & Grant（2006）探讨了欧盟国家家庭债务拖欠发生率的影响因素，发现制度的制定对家庭债务拖欠产生显著影响。通过立法系统免除债务的难度越大，拖欠率的发生反而越小；立法程序的成本增加与拖欠的发生正相关，这是因为偿还家庭债务变得更昂贵。J. Andrés（2015）利用意大利的家庭和司法执行情况的数据，证明司法体系的具体工作情况不仅会影响信用限制的可能性，也会影响家庭借贷规模。他们还证明了一个家庭从高成本的司法区转移到低成本的司法区将使他受到借贷限制的可能性平均减少 50%。

第三节　主要国家家庭债务风险规制的经验分析

合理的家庭债务能够促进家庭消费，提高生活水平，促进社会经济发展，但过高的家庭债务会导致家庭以及社会经济的不稳定，因此家庭债务的风险防范十分重要。通过对主要发达国家长周期的债务演进史，可以发现无论是欧美等传统发达国家，还是日韩等新兴起的国家，从长期来看它们的家庭部门债务是呈现上升的趋势的。随着中国经济逐步由投资驱动转向消费驱动，可以预见中国家庭债务也将进入一个持续而稳定的上升通道，所以欧美日等国家庭债务风险问题也可能在中国出现，因而希望学习国外对家庭债务风险的防范来不断完善我国家庭债务发展方式。

一、美国

美国长期以来实行赤字消费、负债经营的经济发展模式，而家庭债务是美国债务经济发展模式中重要的基础，个人与家庭通过住房抵押贷款、消费者信贷等方式不断积累债务，以支撑与收入增长不对称的消费增长。一方面，家庭债务的扩张与美国强劲的消费增长紧密联系，是美国经济增长的重要驱动力；另一方面，庞大的家庭债务规模又为家庭部门和宏观经济带来了极大的风险与不稳定性。美国的家庭债务治理不仅涉及微观层面的家庭消费方式与观念的转变，也涉及美国经济增长动力的转变、消费者金融创新以及消费者金融保护等宏观层面的改革。叶绮娜（2012）通过分析 2007—2009 年金融危机中美国家庭债务的作用发现，在后危机时代，美国以资产增值代替储蓄的收入与财富增长观念在逐步转变，家庭债务融资行为变得更为谨慎；并提出美国家庭部门要扭转过度依赖住房金融的债务消费方式，必须促使单个家庭正确对待资产价格波动，理性配置家庭资产与债务结构，维持合理的资产负债表风险结构。在美国经济增长动力的转变方面，叶绮娜（2012）认为一方面美国必须要改变本体经济的虚拟经济处于顶端而实体经济处于底部的倒金字塔的畸形结构；另一方面，要保持经济稳定增长则亟须另辟蹊径地寻找符合自身资本、技术、人才等资源禀赋的经济增长点，这不仅能使美国短期内摆脱国内失业问题、重新走向经济复苏与繁荣，更是转变经济发展模式、实现经济再平衡的长远战略。

伍再华等（2019）认为，美国是世界上消费金融业务最发达的国家，其在消费金融领域的先进做法值得我国进行全面研究和学习。总的来说，美国的金融市场经历了"自由发展——强化监管——放松管制——全面监管——去监管"的发展历程（如表 10-2 所示）。第一个时期是 20 世纪 30—40 年代消费金融市场监管逐渐正规化时期。经济危机和第二次世界大战的影响使监管机构陷入困境，政府加强了对消费金融行业的干预，尤其是加强抵押贷款市场的管制，1932 年和 1934 年美国国会分别通过《联邦住宅贷款银行法》和《全国住房法》，成立了联邦住宅贷款银行委员会（FHLBB）和联邦储蓄和贷款保险公司（FSLIC）；同时，建立了联邦住宅贷款体系（FHLBs），支持和管制国家的储蓄和贷款协会。这一时期的主要监管特征是政府审慎监督取代了以往遵循以市场规则为主的监管策略，并建立了以政府为主导的严格分业监管体系。第二个时期是 20 世纪 60—90 年代的消费金融放松管制时期。20 世纪 60 年代开始，国家全面干预方式逐渐显露出弊端。由于消费金融领域尚未建立征信体系，而银行业的激烈竞争使银行的信贷约束逐步放宽，直接导致了无担保债务规模不断扩张，不良贷款现象频出，消费金融市场亟需一个全面的征信机制。于是，监管机构开始加强对消费者信用信息的保护和披露，并逐步建立了市场化征信体系，如 1968 年，美国国会制定了《消费者信用保护法》（CPA），通过规定利率上限和加大对债权人能力的限制等方式，加强信贷管制，之后陆续有多部法律法规出台，对消费金融领域的借贷、租赁、信息披露、债务、催收、信用报告、平等授信等活动做出了明确的规定。到 20 世纪 80 年代中期，监管再次收紧，消费金融领域的监管格局发生了剧烈的变化。联邦政府逐渐掌握消费金融领域的监管权，然而，联邦政府并没有对消费金融领域实行有效监管，相反，带来了实质性的放松管制，为后来的金融危机埋下了隐患。第三个时期是 2007 年金融危机至 2017 年的全面监管改革阶段。长期以来的宽松监管环境导致房市过热发展，进而引发了储贷危机。消费信贷规模不断扩张，然而消费金融市场监管体系本身无法跟上消费金融市场的发展步伐，次级贷款违约现象十分普遍，而传统的金融消费者保护措施出现纰漏。于是，奥巴马在 2010 年签署《多德弗兰克华尔街改革和消费者保护法》，提出要从根本上改革消费金融监管环境，恢复市场信心。实施了一系列遏制房地产泡沫和降低家庭杠杆率的措施，如联邦政府接管"两房"，在一定程度上恢复了市场信心；同时，提高了各金融机构的贷款标准，居民资产负债表得到修复，有效释放了金融风险。第四个时期是 2017 年之后"去监管"的改革努力。危机后的改革从根本上保障了消费者的金融权益，对随后十年来消费金融市场稳定发展发挥建设性的作用，但随着美国经济好转，许多问题也逐渐暴露出来。许多消费者保护措施如金融机构的信贷紧缩、提高对借款人的要求等阻碍了消费者获取信用产品和服务，导致近年来美国消费信贷规模大幅度下降，于是特朗普总统上台后开始了放松监管的努力，曾多次试图修改甚至废除《多德—弗兰克法案》，2018 年 5 月签署《经济增长、监管放松与消费者保护法案》，进一步加强了对消费者权益的保护，为居民获取消费信贷提供了更多的便利，这一法案的通过是美国监管大幅松绑的一个标志性事件，对之后全球金融监管格局将会产生一定的影响。

表 10-2　　　　　　　　　美国家庭债务风险规制历程

时期	监管模式	规制手段
第一阶段（20世纪30—40年代）	分业监管	政府主导的分业监管体系，审慎监督
第二阶段（20世纪60—90年代）	分业监管	建立市场化征信体系
第三阶段（2007—2017年）	综合监管	提高了各金融机构的贷款标准，全面金融改革
第四阶段（2017年至今）	综合监管	放松监管要求，加强消费者保护

资料来源：作者整理。

二、欧洲国家

2009年以来爆发的欧债危机严重影响居民消费，导致经济下滑。欧债问题很大程度上根源于家庭债务在长周期中的持续快速增长。房地产市场繁荣、消费信贷的无节制增长使得欧洲家庭债务风险加剧。对于欧洲家庭债务防范和治理问题，主要从政府的政策来梳理和分析。

（一）英国

在西方发达国家中，英国的家庭债务风险规制体系是相对比较成熟、完备的，经过长期的立法实践，形成了比较系统的金融规制体系。英国的家庭债务风险规制可以分为四个时期（如表 10-3 所示）：第一个时期是 20 世纪 50—60 年代的非正式管制时期，这个时期没有正式的管理模式，主要是实行信贷控制，如英国银行 1952 年设定的"分期付款"规定。第二个时期是 20 世纪 70—80 年代的强化监管时期，政府干预取代了行业自律监管。随着行业自律的监管模式的弊端越来越明显，消费金融领域迫切需要政府通过行政手段进行管制。1973 年，英国央行通过《公平交易法》，设置了专门的消费信贷监管机构"公平交易局"，并在公平交易局下设公平交易办公室（OFT），监管消费金融领域的公平问题。1974 年，出台《1974 年消费信贷法》监管国内消费信贷领域出现的各类法律问题，家庭债务风险规制体系初步确立。第三个时期是 20 世纪 90 年代至 21 世纪初的金融改革时期，在此期间，混业经营快速发展，分业监管模式不适应金融行业的创新发展。2000 年 6 月，通过了《金融服务与市场法》（FSMA）进行改革，并建立了集中统一的监管体系。第四个时期是 2008 年金融危机至今的逐渐成熟时期，国际金融危机暴露了原有监管体系的缺陷，为了应对金融危机，英国进行了一系列改革，其中最重要的几次改革主要是 2012 年（双峰监管模式）、2014 年（三元监管模式）和 2015 年（二元模式）。2012 年通过改革后的《金融服务法》，这个法案重点是确立英格兰银行宏观审慎监管的核心地位，并建立了"双峰监管"模式，目的是加强对金融消费者的保护，促进消费金融市场和服务的公众信心。2014 年，通过信贷协议《抵押信贷指令》（MCD），设立隶属于英格兰银行的审慎监管局，负责微观审慎监管，其中包括对抵押贷款市场进行全面审慎监管（所有担保信贷在内的消费信贷监管），这项措施有效的维护抵押贷款人的合法权益。2015 年，英国政府通过了议案《英格兰银行和金融改革法案影响评估》，规定由央行来统一行使宏观审慎和微观审慎监管职能，正式由之前的三元监管模式转变为二元模式。

表 10-3　　　　　　　　　　英国家庭债务风险规制历程

时期	规制模式	规制手段
第一阶段（20 世纪 50—60 年代）	分业监管	行业自律监管
第二阶段（20 世纪 70—80 年代）	分业监管	政府加强干预，家庭债务风险规制体系初步确立
第三阶段（20 世纪 90 年代至 21 世纪初）	综合监管	建立了"三位一体"的稳定协调机制，形成独特的消费信用监管模式
第四阶段（2008 年至今）	双峰监管	加强金融消费者权益的保护，全面审慎监管

资料来源：作者整理。

英国的消费金融市场规制经历了内部监管、加强外部干预和内外部审慎监管合作的过程，在改革实践中对中央银行与微观审慎监管和消费者保护三者的关系不断认识深化，最终建立了"二元结构"的双峰监管模式，确立了英格兰银行的核心地位，并在一定程度上促进了监管机构之间的合作和协调，减少了沟通成本。

（二）冰岛

2008 年，冰岛陷入了严重的金融危机，几乎面临着国家破产的风险，家庭债务收入比迅速攀升，家庭债务风险凸显，但是 3 年后，冰岛实际 GDP 已恢复正增长，在这次解决家庭负担过重的危机中冰岛政府采取了一揽子措施：为了稳定房地产市场，防止房价进一步的下跌冲击高负债的家庭部门，冰岛政府首先采取了短期内的权宜措施,确保无法偿债的家庭不会立刻被银行收回房产,这也防止了止赎率的迅速走高;其次,政府允许家庭在法庭外与银行进行一对一的协商,重新安排贷款的本息偿付,这不仅保护了债务人的房产,并且降低了违约的风险。尤其是当冰岛同时面临汇率贬值、通胀以及资产泡沫破灭的多重困境时,该国政府及时推出了全面的救助计划,制定了明确的债务重组时间表,并注重与民众的公开沟通。这些政府采取的措施较有力地降低违约率,减缓了家庭高负债所带来的经济风险,减少家庭债务偿还负担及其对经济的负面冲击。

(三)匈牙利

在同一时期的匈牙利政府采取的债务重组措施却并没有达到预期效果。在当时的欧洲国家中,匈牙利的家庭债务收入比并不是很高,但是家庭债务中以外币计价的贷款占比很高,其债务存在严重的币种错配及汇率风险敞口,当时匈牙利政府急于救助债务负担过重的家庭也出台了相关政策。政府在没有与金融机构事先协商的基础上,就强制推行了"一刀切"式债务重组计划:计划要求,在一段固定的时间窗口内(大约5个月),银行必须允许借款家庭以"优惠"的汇率来一次性偿还剩余贷款。优惠汇率低于市场价约30%的汇率水平,而由此产生的所有损失都只能由银行独自承担。该计划不仅未能有效地倾向于债务负担更重的家庭,反而有利于经济境况较好的家庭,而且还将成本完全转嫁到债权人(银行)身上,冲销了银行的利润与资本金,直接导致国内的信贷紧缩,反而加剧了家庭去杠杆所产生的紧缩效应。

(四)北欧国家

政府在政策制定过程中,需要因地制宜,针对本国现有的制度基础与条件来对症下药。不论是冰岛还是匈牙利,政府所采取的救援措施都是直接针对家庭债务本身,但北欧国家在20世纪90年代初的危机后,并没有实施直接倾向于借款家庭的政策,而是通过更宏观的制度层面的保障,以相机扶择的政策来确保金融体系的稳定性。北欧国家在20世纪80年代开始实行金融自由化,信贷扩张引发了国内房地产泡沫,随后,政府采取了紧缩货币政策,引发了房地产与股票价格的大幅下跌,家庭资产迅速缩水,短期内出现了大量家庭违约。北欧国家依靠其覆盖范围广泛的社会保障体系为家庭提供了最基本的收入支持;另外,北欧国家家庭的抵押贷款基本以浮动利率为主,一旦市场利率走低,借款家庭的利息偿付也会随之下降,减轻了家庭债务负担。

三、亚洲国家

(一) 韩国

韩国在应对 2008 年全球金融危机时,经济增长模式转向内需拉动型,但在促进经济增长的过程中,家庭负债规模持续扩大,增速不断上升,长期的低利率政策、金融监管不到位、家庭收入增速放缓等,带来家庭负债持续扩大、国内需求被抑制、家庭财产结构恶化和宏观经济调控不力等问题。韩国家庭负债规模大增速快,已成为韩国经济的"定时炸弹"。2015 年 OECD 和 IMF 等国际机构对韩国家庭负债的危险性提出了警告;全球咨询公司麦肯锡把韩国列为"七大家庭负债危险国家之一";2012 年,韩国信用评级机构称韩国家庭贷款的健全性跌至危险级别;韩国经济学家也提出"对韩国国内经济的隐忧更多是来自高速增长的家庭负债"这一看法。韩国政府在 2014 年末公布"2015 年经济政策方向"时,也把做好应对家庭负债风险作为第二年政府工作的重点方向之一。政府设立金融贷款项目,向没有担保或信用低、难以得到金融机构贷款的低收入阶层提供低利率、偿还期延长的小额贷款,助其创业投资;为恢复债务拖欠者的信用和减轻债务负担,实行债务重组,以解决韩国家庭负债问题。在改善家庭贷款结构方面,政府通过将贷款偿还方式由浮动利率、一次性偿还逐步转变为固定利率、分期偿还,贷款偿还方式从以抵押为主转变为以偿还能力为主,并将管理重点放在控制事前风险上。在监管机制方面,韩国家庭债务风险增大的一个很大的因素是非银行的金融机构的家庭贷款增多,而非银行金融机构的贷款审查条件较为宽松,缺乏有效的监管机制。为了防止家庭负债风险进一步扩大,韩国政府在 2015 年后一方面推进高端化、先进化的信用评价系统,提高非银行金融机构的信用贷款审查能力,引导适当贷款;另一方面还相继出台强化非银行金融机构的健全性管理政策,加强对储蓄银行、相互金融公司、信贷专门公司的高风险贷款管理,提升高风险贷款准备金比率,对家庭贷款增速快的金融机构进行集中管理。韩国政府的这一系列政策措施都起到了一定的预期效果,但仍需更进一步健全家庭负债风险管理。

(二) 日本

伍再华等（2019）认为日本家庭债务能取得稳中有降的成绩，与日本的家庭债务风险规制有直接的关系。日本是亚洲消费金融发展最成熟的国家之一，目前已经形成了一个较为完备的独特家庭债务风险规制体系。日本的家庭债务风险规制以1997年亚洲金融危机为界分为三个时期（见表10-4）。第一个时期是20世纪50—60年代的初步发展期，日本很早就有个人信用传统，但直到这个时期以零售商品的分期付款业务为主的现代消费金融才开始兴起，消费信贷业务逐渐趋于规范化和制度化。1969年，建立了消费金融协会，这个时期的监管特点是以行业自律监管为主，并形成了行业协会主导的会员制征信管理体系。第二个时期是20世纪70—80年代的扩张期，这个时期的监管主要是注重加强信息披露，如1973年《消费品安全法》增加了对供应商的披露义务。第三个时期是20世纪90年代至今的成熟期，这是日本消费金融发展的关键时期。在这个时期，监管的主要特征是实行强有力的政府干预，通过法律手段约束行为。1998年监管机构合并成一个单一的机构金融厅，统一对金融行业进行审慎管理，金融厅对日本消费金融市场的健康运行发挥十分重要的调节作用（金中夏，2001）。从2001年开始，为了防止出现了高利率、多重借贷及暴力催收等一系列的安全事故，日本不断地修正和完善相关法律，逐步构建了统一化的消费者保护规则，涉及消费者投资活动、销售信用活动和消费信贷活动等多个领域。2004年，制定和修改了《破产法》，建立了债务人制度，提高个人破产手续的效率，扩大破产人所持自有财产等，促进了破产者保护。日本在2006年，开始注重消费品安全管理，实施了更加严格的消费信贷公共监管，出台了《贷金业法》和《利率限制法》，如规定消除灰色地带利率，降低资本投资的最高利率和来自放债人的借款总额限于年收入的三分之一等，旨在解决多重债务问题（Nottage，2012）。日本的监管机构独立于中央银行，改变了分业监管模式下的监管割据和监管空白现象。日本的消费金融市场发展得益于完整的信用信息体系和完善的法律法规制度。一方面，日本建立了以行业协会为主导的会员制的信用管理体系，行业组织在日本的消费金融行业发展和管理等方面发挥举足轻重的作用。另一方面，完善消费信贷法律体系，日本在长期的消费金融发展实践中制定的一系列相关法律，发挥了重要的监管协调作用。

表 10-4　　　　　　　　日本家庭债务风险规制历程

时期	规制模式	规制手段
第一阶段（20世纪50—60年代）	综合监管	消费金融行业协会自律监管
第二阶段（20世纪70—80年代）	综合监管	加强征信管理，注重信息披露
第三阶段（20世纪90年代至今）	综合监管	提高法律对消费金融领域的管理

资料来源：作者整理。

（三）印度

印度的消费金融目前处于初级发展阶段，消费信贷业务的快速发展主要受20世纪末金融体制改革的影响，主要分为三个时期（见表10-5）：第一个时期是1991—1997年的初步改革期，这一时期主要的改革内容有放开利率管制，减少政府干预，加强行业竞争。1992年4月，印度储备银行推出了银行的第一条规范，对政策性银行贷款改革，减少政府对银行的干涉。1994年11月，在中央内部成立了金融监管委员会（BFS），统一对金融领域监管。1995年储备银行推行银行监察专员计划（BO），银行监察专员专门负责解决银行与其客户之间纠纷，主要目的是解决银行客户的投诉和加强金融消费者权益的保护。第二个时期是1998—2009年的改革深化期，东南亚金融危机后，印度政府意识到过度放松管制的危害，因此，这一时期在金融监管上非常严格，主要是为了维护金融体系的稳定和保护投资者的利益。在金融监管委员会下成立了银行监管部（DBS）和非银行监管部（DNBS）两个部门，通过现场检查和非现场监管组成了一个综合的监管体系，在此期间，印度小额信贷行业迎来了发展的高峰时期。第三个时期是2010年至今的改革完善期，小额信贷行业丑闻发生后，政府进一步加强了对消费金融行业的监管。2010年12月，在印度储备银行、证券交易委员会和保险监管和发展局之上建立了国务院金融稳定与发展委员会（FSDC），主要是负责监管机构和政府之间的协调，目的是加强对系统重要性金融机构的监管，强化和建立更有效的监管框架。2011年，通过了《小额信贷（发展和监管）法案》，核心是扩大监管范围，提高监管标准和应对系统性金融风险的能力，该法案为小额信贷行业提供监管机制，对小额信贷业务的稳定健康发展发挥了很重要的作用，但是没有提供对小额信贷机构的客户将面临的成本衡量标准，实际上不利于消费者金融权益的保护。

表 10-5　　　　　　　　　　印度家庭债务风险规制历程

时期	规制模式	规制手段
第一阶段（1991—1997年）	分业监管	放开利率管制，减少政府干预，加强行业竞争
第二阶段（1998—2009年）		维护金融体系的稳定和保护投资者的利益
第三阶段（2010年至今）		提高监管标准和应对系统性金融风险的能力

资料来源：作者整理。

印度十分重视金融体制改革，并在改革实践中建立了独具特色的监管体系。一方面在央行内部成立了金融监管委员会（BFS），统一对金融领域监管，监管目标十分明确。另一方面，印度十分重视事前监管，坚持"先立法再规范"的监管原则，为消费者和投资者提供了良好的市场环境。但是，缺乏征信体系，消费金融领域风险积聚，而且分业监管体制的固然缺陷易导致监管套利等行为，且政府缺乏对消费金融行业的实质性监管权力，没有充分发挥宏观调控的作用。

四、评价与借鉴

（一）双峰监管模式逐渐成为许多国家家庭债务风险规制模式的最优选择

从各国家庭债务风险规制发展历程来看，不同的国家在特定的金融发展条件下适用于独特的消费金融规制模式。由于分业监管体制下，监管主体注重某一机构或者功能的监管，忽视了整体金融风险，随着金融业务深化，分业监管弊端暴露。综合监管模式的优点主要体现在整合金融监管权力，弥补了分业监管的缺陷，减少了监管权利过于分散而导致的监管缺位，在应对金融危机和稳定经济秩序等方面具有不可替代的关键作用。但是，吴云和张涛（2016）认为一元化的监管者由于权力过分集中，容易出现官僚主义问题，且严重缺乏微观审慎监管。英国2009年的彻底改革，成为了双峰监管成功的范例，之后许多国家倾向于从不同程度借鉴双峰监管模式或者以双峰监管模式为最终目标进行改革。因此，基于目标的双峰监管模式是理论上最优的模式，国际上未来家庭债务风险规制模式选择总体趋向于基于目标的双峰监管模式。然而，一个模式的优劣要看这种模式是否适应本国国情，是否能针对性解决本国问题。改革不会一蹴而就，并不是所有的监管者都能够实施整套指导思想，至少在短期内由于各种实际的制约因素不能实现，因此，应立足现有体制循序渐进，不宜贸然推进，应始终结合实际情况，按照自己的监管进度，依照明确的短期、中期和长期的监管目标进行改进，在消费金融发展过程中不断摸索出一套有效的防范金融风险的长效监督机制。

(二) 家庭债务风险规制目标强调防控系统性金融风险和金融消费者保护

缺乏对消费者保护和金融风险防范是金融危机爆发的重要因素。综合比较各国消费金融监管改革，尽管具体措施存在差异，但其改革重点却大同小异，归结为两个重要方面：系统性风险防范和金融消费者保护。一方面，从各国的经验来看，确保系统的稳定性，仅仅通过确保个别金融机构的审慎运作是不够的，微观审慎监督可能无法确定在宏观审慎层面出现的风险。美国、日本、英国都建立了具有较高事前监管权力的专家监管机构，将分散在多个监管机构的权力统一到一个专门的权威机构，防止由于监管职责不明确出现监管真空或监管重叠等问题，并且强化对系统性金融风险管理。另一方面，金融消费者保护应该是法律和监管框架的一个组成部分。日本通过不断修正和完善相关法律，逐步建立了全面性的消费者保护规则，涉及消费者投资活动、销售信用活动和消费信贷活动等多个领域。由于审慎监管和金融消费者保护目标并不总是一致，单一的监管机构不利于专业性的提高，岳彩申和张晓东（2011）认为应将审慎监管和消费者保护职能分离。美国建立一个"单一的联邦监管机构"——消费者金融保护局（CFPB）。英国成立了消费者保护与市场管理局（CPMA）负责消费者权益保护，审慎监管局（PRA）负责金融机构的安全和审慎管理。因此，消费者保护和金融风险防范是金融市场健康发展必不可少的两个方面，应在国家层面加以重视。

(三) 家庭债务风险规制手段和方式越来越注重加强法律规范和信用信息管理

法律法规和征信体系建设是消费金融市场发展的根本保障，而征信体系建设需要完善的法律体系来支撑。美国和日本都建立了自己独特的信用信息体系，并有相应的法律进行控制和监督，为这些国家消费金融的发展奠定了基础。美国自消费金融兴起就建立了信用报告机构，并实行市场化征信模式，目前已经形成一个完善的信用信息服务产业，同时，由政府提供立法支持和监管，通过不断改革和完善以《消费信贷保护法》为核心，包涵《诚实借贷法》和《预防破产和消费者保护法》等在内的法律体系，对公平环境、借贷关系和信息披露等各个方面作出了明确规定，为消费金融市场创造了良好的环境。日本则实行行业协会会员制的征信模式，日本形成了完整的信息共享机制，虽然至今日本还没有一部统一的消费金融法律，但相应的法律规范也比较健全，几乎涵盖了整个消费金融领域，如《破产法》《贷金业法》和《利率限制法》等。各国监管机构在制定法律过程中需要衡量相应的监管成本，若交易成本过高则不利于消费者权益保护。在某种程度上来说，更灵活的监管方式相对于更严格的金融监管体系，可能能够更好地适应消费金融市场的发展。

第四节　中国家庭债务风险规制的模式选择

一、中国家庭债务风险规制发展历程

20世纪80年代初期，伴随着福利分房制度改革，信用消费在中国兴起，直到20世纪90年代末期，现代消费信贷才真正得到发展。为了适应消费金融业务的发展，政府开始干预消费金融领域，由于中国的消费金融市场在不同的时期呈现不同的发展特征，相应的规制措施也存在很大的差异，将其发展过程划分为三个阶段。

第一阶段是1997—2005年的萌芽期。为了应对亚洲经济危机，政府陆续出台了规范性文件，如1999年通过《关于开展个人消费信贷指导意见》和《个人住房贷款管理办法》，旨在解决低收入人群住房购买融资难的问题，满足民众的住房需求。这个时期我国消费信贷业务繁荣发展，主要是商业银行的信用卡业务，发展速度较快。根据相关数据显示，截至2005年，中国消费信贷规模为22059亿元，相比1997年规模扩大了128倍左右，其间消费信贷年均增长率达99.44%[①]。这段时期消费金融业务的快速发展主要得益于政府政策的推动，为其发展创造了优越的金融环境。具体来说，这段时期的监管主要具有如下特点：处于零星和试探阶段，主要由政府主导推动，监管没有深入到金融机构的内部经济活动，主要停留在外部监督。

第二阶段是2006—2009年的缓慢发展期。国际金融危机后，中国经济具有

[①] 伍再华，冉珍梅，郭新华. 家庭债务变动对婚姻不稳定性的影响——一个跨国经验研究[J]. 人口与经济，2015（05）：1-12.

下行趋势，为了稳定经济，政府提出加大金融对促进消费的主导作用。受金融危机的影响，这一时期消费金融业务发展速度趋缓，但逐渐形成了以房屋抵押、信用卡消费和汽车消费信贷等多元化的消费金融体系。根据人民银行的统计数据，2009 年的消费信贷占全国金融机构人民币各项贷款余额比重为 13.8%，较 2006 年仅提升约 3 个百分点[①]，这说明消费金融业务仍不是金融机构贷款的主要业务构成，消费信贷的作用还未充分发挥。这一时期我国初步形成了以立法规制为主，一行三会主导推动的消费金融市场规制体系，注重加强内外部审慎监督，促进监管协调，为 2010 年来消费金融的快速发展奠定了基础。

第三阶段是从 2010 年至今的快速发展期。近年来，我国消费金融呈现爆发式增长，消费信贷占金融机构人民币各项贷款余额的比例不断上升，截至 2018 年 12 月，该比例为 35.13%，相比 2010 年提升了 19.43%[②]，消费金融市场潜力仍巨大。然而，伴随着金融产品与服务的创新和快速发展，消费金融领域风险事件频发，带来了新的监管问题。现有的监管政策已不能满足金融创新发展的需要，政府力图从根本上进行监管改革，多次出台了消费金融规范性文件。首先，政府越来越重视金融消费者保护。2012 年来，一行三会分别成立了金融消费者（投资者）保护部门，2014 年第十二届人大常委会通过《消费者权益保护法》，第一次正式提出金融消费者保护，2015 年国务院通过《关于加强金融消费者权益保护工作的指导意见》，在国家层面上，明确规定了金融消费者权益保护。其次，加大对消费金融领域的支持力度。2016 年，人民银行和银监会联合通过《关于加大对消费金融领域支持的指导意见》，提出了发展消费金融的具体方案，对消费金融的发展提出详细的规划。其次，我国越来越注重金融风险的防范和控制。2017 年开展"三三四"[③] 整治工作，主要目的是整治金融市场乱象，控制金融风险。这一时期监管趋严，计划规制手段逐渐被经济和法律手段取代，监管进一步落到实处。

---

① 中国人民银行，http://www.pbc.gov.cn/。
② 中国人民银行，http://www.pbc.gov.cn/。
③ "三违反"包括违反金融法律、违反监管规则、违反内部规章；"三套利"是指监管套利、空转套利、关联套利；"四不当"是指不当创新、不当交易、不当激励、不当收费。

二、中国家庭债务风险规制存在的问题

我国对家庭债务风险规制进行了一系列的努力，总体上，中国家庭债务风险规制越来越服务于实体经济发展，在一定程度上为消费金融业务的推进提供了良好的环境，更好地保障金融消费者的合法权益，但是仍然存在以下问题。

（一）监管权过于分散，监管职责不明确

我国的家庭债务风险规制的总体特征是监管限制过多但监管不严，经济手段和法律手段相对缺乏，行政限制过多。长期以来在分业监管模式下，监管机构间监管权力分散、监管重叠和监管空白等现象普遍存在。此外，监管部门的相应监管能力难以适应互联网消费金融行业各项业务快速以及多样化的发展要求，互联网消费金融机构通过不断创新金融产品规避监管，降低监管有效性，即使在一个很小的领域，也难以使用统一的监管标准，比如"互联网+"金融等技术渗透引发跨市场、交叉性业务时，至少要面对五个监管机构，存在跨界监管问题，还有可能存在"监管套利"的风险。

（二）监管机制不完善，消费者权益保护不足

我国的家庭债务风险规制没有形成完整的监管体系，消费者权益保障弱。一方面，消费金融领域缺乏实质性以及主体性的监管政策和监管工具。虽然近年来我国在消费金融领域进行了一系列的努力，促进消费金融行业发展的政策体系基本成型，但大部分规定属于指导性文件，主要作为一种风险警示，对消费金融市场的约束力不大。另一方面，在互联网消费金融领域，互联网金融机构与金融消费者之间的信息不对称与主体能力差异，使金融消费者权益保护问题逐渐凸显，亟需建立专门的金融消费者合法权益保护机制。然而现有法律鲜有专门针对金融消费者个人的，对失信、违约的惩处办法也很模糊，这使得对消费者权益保障弱。

（三）信息共享机制不健全、系统性风险防范不足

目前，我国的监管机构仍然没有统一的信息共享机制，由于缺乏全国范围的数据统计和风险监测，消费金融领域的风险呈现跨区特征，地方监管机构缺乏足

够的协调和处理能力，无法规避系统性风险。一些地方监管部门利用信息寻租维护自己的利益，这些监管部门对信息资源的分割和垄断使消费金融市场无法实现信息资源共享，导致消费金融机构控制风险能力弱。如京东白条和蚂蚁花呗等消费金融机构通过自己开发的信用数据库或者第三方征信平台来获取信用数据，这些金融机构在获取数据源上存在不足，对客户授信方面具有缺陷。首先，由于没有建立市场信息共享机制，互联网消费金融领域的平台与平台之间以及平台与用户之间的信息不透明，个人在多家金融机构借贷、信用违约、不当催收和消费金融信用欺诈等不良现象时有发生。其次，由于授信客户是稀缺资源，消费金融机构出于竞争压力，会为了维护各自的客户资源而过度授信，大量审批流程过于简单。并且由于消费金融市场的信息不对称，金融、电商、物流和零售的数据是割裂的，上下游行业之间信息共享无法实现，借新还旧和拆东补西的非信用贷款者在消费金融市场涌现，违约风险不可避免。

三、中国家庭债务风险规制路径

消费金融市场规制框架的构建应着眼于注重与消费金融市场发展相匹配。当前，随着消费金融业的深入发展和消费金融创新的深入推进，国内外消费金融市场间相互融合相互渗透，互联网金融等新兴业态的迅猛增长将市场的融合发展推向纵深，消费金融市场潜在风险逐渐增加，对现行分业监管框架形成了明显冲击，我国的分业监管体制已不适应混业经营、综合经营和金融创新的发展需要，容易暴露出固有的弊端，金融风险隐患逐渐暴露，进一步刺激了消费金融市场规制体制的改革。

党的十九大后不久，国务院宣布成立"金融稳定与发展委员会"。2018年3月，十三届全国人大一次会议提出组建中国银行保险监督管理委员会，将过去的"一行三会"整合为"一行两会"[①]，金融监管体系已开始由金融分业监管体制向金融综合监管或统一监管体制转变。深化金融改革并守住不发生系统性金融风险是当前中国政府工作的重中之重，我国在不断吸收国际成熟消费金融市场发展经验的同时，特别注重结合我国的具体实情，树立中国特色的监管理念，创新监管手段和方式，分步骤规划改革，等到中国的消费金融业务发展成熟，应适应经济

---

① 我国金融监管框架将由"国务院金融委 + '一行三会'"的格局转变成"国务院金融委 + 央行 + 两会（银保监会和证监会）"的新格局。

发展趋势，建立一种混业经营方式下不同于任何国家的有中国特色的消费金融创新管理规制体系。

（一）明确监管职责，实现全过程监管

加强金融监管机构的灵活性，以消除消费金融行业创新带来的"监管真空"。借鉴美国监管模式，强化金融监管职权，由国务院金融委下设银行保险监督管理委员会统一对消费金融机构和消费金融市场进行监管，协调各监管机构之间的关系，强化宏观审慎监管职权。另外，在国务院金融委下专门成立一个金融改革领导小组，探讨一个面向消费金融行业的监管协调新机制。减少人为的监管标准不统一，并加强立法与协调，对相关监管部门的职责专门立法约束其行为，对消费金融公司牌照发放和监管职责进行详细说明，改变"谁发牌照谁监督"的监管真空局面，并通过预审、再审和事后备案来实现整个监督流程。

（二）完善法规体系建设，加强金融消费者权益保护

健全的法律体系是消费金融市场健康发展的基本保障。消费金融产品的特性使这个市场的消费者比一般的消费者更加脆弱，消费金融市场交易实践中不公平和欺诈等现象层出不穷，需要专门的机构和立法给予特殊的保护。在现有的法律体系中，消费者的金融权益保护仍属于薄弱环节，少数法案中只作了比较模糊的规定，但约束力还远远不够。因此，应加强专门性消费金融立法，结合消费金融改革发展的实际进程，设计混业经营条件下保障金融消费者权益的新模式，并建立相应的消费金融市场监管法律制度，如针对消费金融领域的信息披露、信用关系原则、信用报告、各市场主体的权利义务和债务催收程序等方面做出明确的法律界定，借鉴英国的监管实践，等到合适时机，可以考虑制定《金融市场服务法》，建立一个独立的金融机构消费者权益保护局，并授予这个机构法定职权，落实并加大对骗贷等不当行为的处理。

（三）优化信息共享机制，降低风险成本

目前中国金融机构尚未建立信息数据共享机制，但是发达国家的经验表明，完善的信用信息服务体系是保障消费者金融权益和获得投资者信任的关键。在国家层面，应由国务院金融稳定委员会负责建设一个国家级基础数据库，设立网上信用报告平台，并与中央银行合作建立一个专门的监管信息沟通渠道，比如数据

库共享机制。在消费者层面,应由中国互联网金融协会主导建立个人征信平台,将个体投资者的金融信用数据纳入个人征信平台,实现行业信息共享,从而有效降低风险成本。在未来,个人信用信息系统的构建应更加适应消费金融审批和风险控制,加快建立个人金融理财信息数据库。

(四) 健全风险防范机制,规避系统性金融风险

党的十九大提出:"系统性金融风险是当前最突出的重大风险之一,防范和化解重大金融风险是决胜全面建成小康社会的重中之重。"目前中国正处于消费金融体系风险频发期,因此,应建立健全的机构内控机制,由金融监督管理委员会主导,加强中央对消费金融的实质性监管,建立全面的风险自动识别和防御的有效机制,指导消费金融服务商识别风险信号,应对经济周期变化以及经济转型引致风险,比如借鉴欧美的经验,加强对金融风险指标检测,如通过家庭负债率、违约率和借款人的收入(LTI比)等一系列指标监测和预警金融风险,并且加强对消费信贷资金用途的分析,严格执行个人消费贷款审批程序,避免对不合格借款人发放消费信贷,防控违约风险。

(五) 放宽市场准入,强化并落实国际监管合作

党的十九大报告和全国金融工作会议都提出"大幅度放宽市场准入,推动金融业对外开放"。两次国际金融危机的经验表明,金融创新活动的国际化与金融监管本土化的冲突不断扩散,任何一个国家都无法避免和单独处置系统性金融风险,国际金融组织对全球消费金融市场联合监管具有不可替代的作用,扩大国际监管合作是应对下一次全球性金融危机的必要手段。因此,我国应强化并落实消费金融领域的全球监管合作,加强国际监管架构建设、建立监管信息共享机制和营造普惠金融生态。

参考文献

[1] Abel Andrew B. Asset Prices under Habit Formation and Catching up with the Joneses [J]. The American Economic Review, 1990, 80 (02): 38 – 42.

[2] Abel – Smith, B., Rawal, P. Can the Poor Afford "free" Health Services? A Case Study of Tanzania [J]. Health Policy & Planning, 1992, 07 (04): 329 – 341.

[3] Abrahamson, M., F. Borgstrand. Income Inequality and Rising Household Debt – Evidence from Sweden [R]. Lund University: LUP Student Papers, 2016.

[4] Acemoglu, D., Robinson, J. A. Persistence of Power, Elites, and Institutions [J]. American Economic Review, 2008, 98 (01): 267 – 293.

[5] A. C. Lyons, M. Rachlis, E. Scherpf. What's in a Score? Differences in Consumers' Credit Knowledge Using OLS and Quantile Regressions [J]. The Journal of Consumer Affairs, 2007, 41 (02): 223 – 249.

[6] Adelman, I., Sunding, D. Economic Policy and Income Distribution in China [J]. Journal of Comparative Economics, 1987, 11 (03): 444 – 461.

[7] Aghion, P., Caroli, E., Garcia – Penalosa, C. Inequality and Economic Growth: The Perspective of the New Growth Theories [J]. Journal of Economic literature, 1999, 37 (04): 1615 – 1660.

[8] Alessia De Stefani. Debt, Inequality and House Prices: Explaining the Dynamics of Household Borrowing Prior to the Great Recession [J]. Journal of Housing Economics, 2018 (10).

[9] A. Lusardi, O. S. Mitchell. The Economic Importance of Financial Literacy: Theory and Evidence [R]. NBER Working Papers, 2014.

[10] A. Lusardi, P. Tufano. Debt Literacy, Financial Experiences, and Overind-

ebtedness [J]. Journal of Pension Economics and Finance, 2015, 14 (04).

[11] Angeletos, George - Marios. The Hyberbolic Consumption Model: Calibration, Simulation, and Empirical Evaluation [J]. Journal of Economic Perspectives, 2001, 15, (03): 47 - 68.

[12] Anna Bieniasz, Dorota Czerwińska - Kayzer. Debt of Households in the Banking Sector in Poland [J]. Journal of Agribusiness and Rural Development, 2010, 01 (15): 17 - 28.

[13] Aoki, K., Proudman, J., Vlieghe, G., et al. House Prices, Consumption, and Monetary Policy: A Financial Accelerator Approach [J]. Journal of Financial Intermediation, 2002, 13 (04): 414 - 435.

[14] Araar, A. On the Decomposition of Polarization Indices: Illustrations with Chinese and Nigerian Household Surveys [R]. Working Paper, 2008 (06).

[15] Aron, J., Muellbauer, J. Financial Liberalisation, Consumption and Debt in South Africa [R]. The Centre for the Study of African Economies Working Paper Series, 2000 (01).

[16] Atkinson, A. B. On the Measurement of Inequality [J]. Journal of Economic Theory, 1970, 02 (03): 244 - 263.

[17] Athreya, K., Xuan, T., Eric, Y. A Quantitative Theory of Information and Unsecured Credit [J]. American Economic Journal: Macroeconomics, 2012 (04): 153 - 183.

[18] Babiarz, P., Widdows, R., Yilmazer, T. Borrowing to Cope with Adverse Health Events: Liquidity Constraints, Insurance Coverage, and Unsecured Debt [J]. Health Economics, 2013, 22 (10): 1177 - 1198.

[19] Badarinza, C. Collateralized Debt and Social Externalities [R]. Job Market Paper, Goethe University, 2011.

[20] Ball, Sheryl Catherine, C. Eckel. The Economic Value of Status [J]. Journal of Social - Economics, 1996, 27 (04): 495 - 515.

[21] Banegas, M. P., Jr, G. G., De MOOR, J. S. For Working - age Cancer Survivors, Medical Debt and Bankruptcy Create Financial Hardships [J]. Health Affairs, 2016, 35 (01): 54.

[22] Barba, A., Pivetti, M. Rising Household Debt: Its Causes and Macroeco-

nomic Implications——A Long – period Analysis [J]. Cambridge Journal of Economics, 2008, 33 (01): 113 – 137.

[23] Sebastian Barnes GarryYoung. The Rise in US Household Debt: Assessing Its Causes and Sustainability [R]. Bank of England Working Paper, 2003 (206).

[24] Barth, J. R., Gotur, P., Manage, N., et al. The Effect of Government Regulations on Personal Loan Markets: A Tobit Estimation of A Microeconomic Model [J]. The Journal of Finance, 1983, 38 (04): 1233 – 1251.

[25] Bazillier, R., Hericourt, J. The Circular Relationship between Inequality, Leverage, and Financial Crises [J]. Journal of Economic Surveys, 2017, 31 (02): 463 – 496.

[26] Becker, G. S., Chiswick, B. R. Education and the Distribution of Earnings [J]. The American Economic Review, 1966, 56 (1/2): 358 – 369.

[27] Bellet, C. Households' Debt, Between – Groups Inequality and Financial Innovations [J]. Research Master Thesis, Sciences Po Department of Economics. 2012 (12).

[28] Ben Naceur, S., R. Zhang. Financial Development, Inequality and Poverty: Some International Evidence [R]. IMF Working Papers, 2016, 16 (32): 1.

[29] Benabou, R. Inequality and Growth [J]. NBER Macroeconomics Annual, 1996 (11): 11 – 74.

[30] Bernanke, B. S., Blinder, A. S. Credit, Money, and Aggregate Demand [J]. The American Economic Review Papers and Proceedings of the One – Hundredth Annual Meeting of the American Economic Association, 1988, 78 (02): 435 – 439.

[31] Beshears, J., Choi, J. J., Laibson, D., et al. Behavioral Household Finance [R]. NBER Working Paper, 2018 (07).

[32] Berisha, E., J. Meszaros. Household Debt, Economic Conditions, and Income Inequality: A State Level Analysis [J]. The Social Science Journal, 2017, 54 (01): 93 – 101.

[33] Biggart, N. W., Castanias, R. P. Collateralized Social Relations: The Social in Economic Calculation. [J]. The American Journal of Economics and Sociology, 2001, 60 (02): 471 – 500.

[34] Bingley, Paul, Tor Eriksson, Pay Spread, Skewness. Employee Effort and

Firm Productivity [R]. Working Paper, Department of Economics, Faculty of Business Administration, Aarhus, Denmark, 2001 (05): 287 - 361.

[35] Bjorklund, Roine, Waldenstrom. Intergenerational Top Income Mobility in Sweden: Capitalist Dynasties in the Land of Equal Opportunity [J]. Journal of Public Economics, 2012, 96 (05): 474 - 484.

[36] Blanchard, O., Fisher, S. Lecture on Macroeconomics [M]. The MIT Press, 1989.

[37] Blanchard, O. J., S. Fischer. Lectures on Macroeconomics [M]. MIT, Massachusetts: MIT Press, 1989.

[38] Bloom, D. E., Steen, T. P.. Living on Credit [J]. American Demographic. 1987 (09): 22 - 29.

[39] Bordo, M. D., C. M. Meissner. 2012. Does Inequality Lead to A Financial Crisis? [J]. Journal of International Money and Finance, 2012, 31 (8): 2147 - 2161.

[40] Brooks, R. Life Cycle Portfolio Choice and Asset Market Effects of The Baby Boom [R]. Working Paper, 2000 (09).

[41] Brown, S., Garino, G., Taylor, K., et al. Debt and Financial Expectations: An Individual and Household Level Analysis [J]. Economic Inquiry, 2005, 43 (01): 100 - 120.

[42] Bucks, B., Pence, K. Do Borrowers Know Their Mortgage Terms? [J]. Journal of Urban Economics, 2008, 64 (09).

[43] Campbell, J. Y. Household Finance [J]. Journal of Finance, 2006 (61): 1553 - 1604.

[44] Carmen Martínez - Carrascal, AnadelRío. Household Borrowing and Consumpation in Spain: A VECM Approach [R]. Document OSDE Trabajo, 2004 (01).

[45] Carroll, C. D., Dunn, W. E. Unemployment Expectations, Jumping (S, s) Triggers, and Household Balance Sheets [J]. NBER Macroeconomics Annual, 1997 (12): 220 - 227.

[46] Chinhui Juhn, Kevin, M. Murphy. Wage Inequality and Family Labor Supply [J]. Journal of Labor Economics, 1997, 15 (01): 72 - 97.

[47] Chiswick, B. R. Earnings Inequality and Economic Development [J]. The Quarterly Journal of Economics, 1971, 85 (01): 21 – 39.

[48] Choe, H., Johnson, D. P. The Demand for Consumer Installment Credit: Stock Adjustment Model [Z]. In V. Haldeman (Ed.), Proceedings of the 38th Annual Conference of the American Council on Consumer Interests, 1992: 155 – 162.

[49] Christen, M., Morgan, R. M. Keeping up with the Joneses: Analyzing the Effect of Income Inequality on Consumer Borrowing [J]. Quantitative Marketing and Economics, 2005, 03 (02): 145 – 173.

[50] C. Ottaviani, D. Vandone. Is Impulsivity a Mediator of the Relationship between Financial Literacy and Debt Decisions? [R]. Department of Economics, Management and Quantitative Methods at Università degli Studi di Milano, 2016.

[51] Cole, H. L., Mailath, G. J., Postlewaite, A. Social Norms, Savings Behavior, and Growth [J]. Journal of Political Economy, 1992, 100 (06): 1092 – 1125.

[52] Conyon, Peck, Sadler. Corporate Tournaments and Executive Compensation: Evidence from the U. K. [J]. Strategic Mangement Journal, 2001, 22 (08): 805 – 815.

[53] Cook, P., Uchida, Y. Structural Change, Competition and Income Distribution. [J]. The Quarterly Review of Economics and Finance, 2008 (48): 274 – 286.

[54] Cooper, I., Kaplanis, E. Home Bias in Equity Portfolios, Inflation Hedging and International Capital Market Equilibrium [J]. Review of Economics and Statistics, 1994 (07): 45 – 60.

[55] Corak. Income Inequality, Equality of Opportunity, and Intergenerational Mobility [J]. Journal of Economic Perspectives, 2013, 27 (03): 79 – 102.

[56] Coulibaly, B. Do Homeowners Increase Consumption after the Last Mortgage Payment: An Alternative Test of the Permanent Income Hypothesis [J]. Review of Economics & Statistics, 2006 (88): 10 – 19.

[57] Cynamon, B. Z., Fazzari, S. M. Too Much Spending or Too Little Income? [J]. Working and Living in the Shadow of Economic Fragility, 2014 (04): 36 – 52.

[58] Cynamon, B. Z., Fazzari, S. M. Household Debt in the Consumer Age:

Source of Growth – risk of Collapse [J]. Capitalism and Society, 2008, 03 (02).

[59] Dagum, C. On the Relationship Between Income Inequality Measures and Social Welfare Functions [J]. Journal of Econometrics, 2004, 43 (01): 91 – 102.

[60] Daryl Collins. Debt and Household Finance: Evidence from the Financial Diaries [J]. Development Southern Africa, 2008, 25 (04): 469 – 479.

[61] Deaton, A. Saving and Liquidity Constraints [J]. Economertric, 1991 (09): 48 – 121.

[62] Deaton, A., Paxson, C. Economies of Scale, Household Size, and the Demand for Food [J]. Journal of Political Economy, 1998, 106 (05): 897 – 930.

[63] Debelle, G. Macroeconomic Implications of Rising Household Debt [J]. SSRN Electronic Journal, 2004 (01).

[64] De Luca, B. M. Determinants of Household Debt Repayment – income ratio [D]. The Ohio State University, 1984.

[65] Dinardo, J. Labor Market Institutions and the Distribution of Wages, 1973—1992: A Semiparametric Approach [J]. Econometrica, 1996, 64 (05): 1001 – 1044.

[66] Direr, A. Interdependent Preferences and Aggregate Saving [J]. Annales d'Economie et de Statistique, 2001 (63 – 64): 297 – 308.

[67] Dirk Krueger, Fabrizio Perri. Does Income Inequality Lead to Consumption Inequality? [J]. The Review of Economic Studies, 2006, 73 (01): 163 – 193.

[68] Drozd, Lukasz, A., Ricardo Serrano – Padial. Modeling the Credit Card Revolution: The Role of Debt Collection and Informal Bankruptcy [R]. FRB of Philadelphia Working Paper, 2013: 13 – 21.

[69] Duesenberry, J. S. Income, Saving, and the Theory of Consumer Behavior [M]. Cambridge MA: Harvard University Press, 1949.

[70] Dynan, K. E., Kohn, D. L. The Rise in US Household Indebtedness: Causes and Consequences [J]. SSRN Electronic Journal, 2007 (08).

[71] Feldstein, M. Savings Behavior: New Influences and Consequences [M]. American Economic Association, 1976.

[72] Festinger Leon. A Theory of Social Comparison Processes [J]. Human Relations, 1954 (07): 117 – 140.

[73] Fields, G. S., Yoo, G. Falling Labor Income Inequality in Korea's Economic Growth: Patterns and Underlying Causes [J]. Review of Income and Wealth, 2000 (02): 139-159.

[74] Fields, G. S. Accounting for Income Inequality and Its Change: A New Method, with Application to the Distribution of Earnings in the United States [J]. Research in Labor Economics, 2003 (22): 1-38.

[75] Fisher, J. A. Consumer Durable Goods Expenditures, with Major Emphasis on the Role of Assets, Credit and Intentions [J]. Journal of the American Statistical Association, 1963, 58 (303): 648-657.

[76] Flores, G., Krishnakumar, J, O'Donnell, O. Coping with Health-care costs: Implications for the Measurement of Catastrophic Expenditures and Poverty [J]. Health Economics, 2008, 17 (12): 1393—1412.

[77] Foellmi, Retoand, Josef Zweimuller. Income Distribution and Demand-Induced Innovations [J]. Reviews of Economic Studies, 2006 (93): 941-960.

[78] Fornero, E., Monticone, C., Trucchi, S. The Effect of Financial Literacy on Mortgage Choices [R]. SSRN Working Paper Series, 2011.

[79] Frank, R. H. The Demand for Unobservable and Other Nonpositional Goods [J]. American Economic Review, 1985, 75 (01): 101-116.

[80] Frederic, L. Pryor. The Anatomy of Increasing Inequality of U. S. Family Incomes [R]. SSRN Working Paper, 2006.

[81] Fredrik Andersson, Tom Mayock. The Microdynamics of Household Credit Use through A Boom-bust Cycle [J]. Journal of Housing Economics, 2015, 27 (03): 22-36.

[82] Galor, O., Zeira, J. Income Distribution and Macroeconomics [J]. Review of Economic Studies, 1993 (60): 35-52.

[83] Galor, O., Tsiddon, D. Income Distribution and Growth: the Kuznets Hypothesis Revisited [J]. Economica, 1996, 63 (250): 103-117.

[84] Gathergood, J., Disney, R. F. Financial Literacy and Indebtedness: New Evidence for UK Consumers [J]. SSRN Electronic Journal, 2011 (04).

[85] Georgarakos, D., M. Haliassos, G. Pasini. Household Debt and Social Interactions [J]. The Review of Financial Studies, 2014, 27 (05): 1404-1433.

[86] Gianni La Cava, John Simon. Household Debt and Financial Constraints in Australia [J]. Australian Economic Review, 2005, 38 (01).

[87] Gollin, D., Parente, S., Rogerson, R. The Role of Argiculture in Development [J]. The American Economic Review, 2002 (92): 160-164.

[88] Gonzalo Paz Pardo, José Manuel Sánchez Santos. Household Debt and Consumption Inequality: The Spanish Case [J]. Economies, 2014, 02 (03): 147-170.

[89] Gregorio, .D., Lee, J. W. Education and Income Inequality: New Evidence from cCross-country Data [J]. Review of Income and Wealth, 2002, 48 (03): 395-416.

[90] Grossman, M. On the Concept of Health Capital and the Demand for Health [J]. Journal of Political Economy, 1972, 80 (02): 223-255.

[91] G. S. Fields. Higher Education and Income Distribution in A Less Developed Country [J]. Oxford Economic Papers, 1975, 27 (02): 245-259.

[92] Guardia, N. D. Consumer Credit in the European Union [J]. ECRI Research Report, 2002 (01): 1-39.

[93] Han, S., Mulligan, C. Human Capital, Heterogeneity and Estimated Degrees of Inter-Generational Mobility [J]. Economic Journal, 2001 (111): 43-50.

[94] Harris, J. R., Todaro, M. P. Migration, Unemployment and Development: A Two-Sector Analysis [J]. American Economic Review, 1970, 60 (01): 126-142.

[95] Hausman, J., J. H. Stock, M. Yogo. Asymptotic Properties of the Hahn-Hausman Test for Weak-instruments [J]. Economics Letters 2005, 89 (03): 333-342.

[96] Heaton, J., Lucas, D. Portfolio Choice and Asset Prices: The Importance of Entrepreneurial Risk [J]. Journal of Finance, 2000 (55): 1163-1198.

[97] Heaton, J., Lucas, D. Market Frictions, Savings Behavior, and Portfolio Choice [J]. Macroeconomic Dynamics, 1997, 01 (01): 76-101.

[98] Hira, T. K., Mueller, M. J. The Application of A Managerial System to Money Management Practices [J]. Iowa State Journal of Research, 1987 (62): 219-233.

[99] Hsu, P. C., Yu, Y. Mortgage Finance and Consumer Credit: Implications for Financial Stability in Chinese Taipei [J]. SEACEN Economies, 2014: 341.

[100] Hubbard, R. G., K. L. Judd. Social Security and Individual Welfare: Precautionary Saving, Borrowing Constraints, and the Payroll Tax [J]. The American Economic Review, 1987, 77 (04): 630 – 646.

[101] Hull, L. Financial Deregulation and Household Indebtedness [R]. Reserve Bank of New Zealand Discussion Paper, 2003 (01).

[102] Hurst, E., P. Willen. Social Security and Unsecured Debt [J]. Journal of Public Economics, 2007, 91 (07): 1273 – 1297.

[103] Huston, S. T. Measuring Financial Literacy [J]. Journal of Consumer Affairs, 2010, 44 (02): 296 – 316.

[104] Ireland, N., On Limiting The Market for Status Signals [J]. Journal of Public Economics, 1994, 53 (01): 91 – 110.

[105] Iacoviello, M. Household Debt and Income Inequality: 1963—2003 [J]. Journal of Money, Credit and Banking, 2008, 40 (05): 929 – 965.

[106] Iacoviello, M. House Prices, Borrowing Constraints and Monetary Policy in the Business Cycle [J]. The American Economic Review, 2005, 95 (03): 739 – 764.

[107] Jacobsen, D. H., Naug, B. E. What Influences the Growth of Household Debt? [J]. Norges Bank Economic Bulletin, 2004 (75): 103.

[108] Jappelli, T., Pistaferri, L. Fiscal Policy and MPC Heterogeneity [J]. American Economic Journal: Macroeconomics, 2014, 06 (04): 107 – 136.

[109] Jason, D. Shaw, Nina Gupta, John, E. Delery. Pay Dispersion and Workforce Performance: Moderating Effects of Incentives and Interdependence [J]. Strategic Management Journal, 2002 (06): 279 – 364.

[110] Javier Andrés, José, E. Boscá, Javier Ferri. Household Debt and Labor Market Fluctuations [J]. Journal of Economic Dynamics and Control, 2013, 37 (09): 1771 – 1795.

[111] J. Andrés, J. E. Boscá, J. Ferri. Household Debt and Fiscal Multipliers [J]. Economica, 2015, 82 (02).

[112] J. H. Stock, M. Yogo. Testing for Weak Instruments in Linear IV Regres-

sion [M]. Cambridge Univ. Press, Cambridge, 2005: 80-108.

[113] Jim Davies Anthony Shorrocks. The Distribution of Wealth [J]. Handbook of Income Distribution, 1999 (01): 605-675.

[114] Johnna Montgomerie. Giving Credit Where It's Due: Public Policy and Household Debt in the United States, the United Kingdom and Canada [J]. Policy and Society, 2006, 25 (03): 109-141.

[115] Jonathan Crook. The Demand for Household Debt in the USA: Evidence from the 1995 Survey of Consumer Finance [J]. Applied Financial Economics, 2001, 11 (01).

[116] J. V. Duca, S. S. Rosenthal. Borrowing Constraints, Household Debt, and Racial Discrimination in Loan Markets [J]. Journal of Financial intermediation, 1993, 03 (08): 77-103.

[117] J. Y. Campbell. Household Finance [J]. The Journal of Finance, 2006, 61 (04): 1553-1604.

[118] Kanbur, R., Wang, Y., Zhang, X. The Great Chinese Inequality Turnaround [R]. IFPRI Discussion Paper 2017.

[119] Kaplan, G., Violante, G. L. A Model of the Consumption rResponse to Fiscal Stimulus Payments [J]. Econometrica, 2014, 82 (04): 1199-1239.

[120] Katona, G. Psychological Economics [M]. New York: Elsevier, 1975.

[121] Keynes, J. M. William Stanley Jevons 1835—1882: A Centenary Allocation on His Life and Work as Economist and Statistician [J]. Journal of the Royal Statistical Society, 1936, 99 (03): 516-555.

[122] Kim, H. Yoon, W., Zurlo, K. A. Health Shocks, Out-of-pocket Medical Expenses and Consumer Debt among Middleaged and Older Americans [J]. Journal of Consumer Affairs, 2012, 46 (03): 357-380.

[123] Klein, M. Inequality and Household Ddebt: A Panel Cointegration Analysis [J]. Empirica, 2015, 42 (02): 391-412.

[124] Kochar, A. An Empirical Investigation of Rationing Constrains in Rural Credit Markets in India [J]. Journal of Development Economics, 1997, 53 (02): 339-371.

[125] Koo, H. K. Consumption and Portfolio Selection with Labor Income: A

Continuous Time Model [J]. Mathematical Finance, 1998 (05): 49-65.

[126] Kozak, S., Sosyura, D. Access to Credit and Stock Market Participation [J]. SSRN Electronic Journal, 2015 (01).

[127] Krugman, P. End this Depression Now! [M]. WW Norton & Company, 2012.

[128] K. W. Lee, B. Lev, G. H. H. Yeo. Executive Pay Dispersion, Corporate Governance and Firm Performance, Review of Quantitative Finance and Accounting, 2008, 30 (05): 315-338.

[129] Kumhof, M., Rancière, R., Winant, P. Inequality, Leverage, and Crises [J]. American Economic Review, 2015, 105 (03): 1217-1245.

[130] Laibson, D., Repetto, A., Tobacman, J., Wealth Accumulation, Credit Card Borrowing, and Consuption-Income Comovement [R]. Working Paper, 2003 (02).

[131] Lazear, E. P. Rosen, S. Rank-order Tournaments as Optimum Labor Contracts [J]. The Journal of Political Economy, 1981, 89 (05): 841-864.

[132] Lebartz, C. Income Inequality and Household Debt Distribution: A Cross-country Analysis Using WealthSurveys [R]. LWS Working Paper, 2015 (09).

[133] Lee, M. L. An Analysis of Instalment Borrowing by Durable Goods Buyers [J]. Econometrica: Journal of the Econometric Society, 1962, 30 (04): 770-787.

[134] Leland, Hayne. Uncertainty: The Precautionary Demand for Saving [J]. Quarterly Journal of Economics, 1968, 82 (08): 465-473.

[135] Lewin-Epstein, N., Semyonov, M. Local Labor Markets, Ethnic segregation, and Income Inequality [J]. Social Forces, 1992, 70 (04): 1101-1119.

[136] Li Liao, Nuonan Huang, Rui Yao. Family Finances in Urban China: Evidence from A National Survey [J]. Journal of Family and Economic Issues, 2010, 31 (09): 259-279.

[137] L. Klapper, A. Lusardi, G. A. Panos. Financial Literacy and Its Consequences: Evidence from Russia during the Financial Crisis [J]. Journal of Banking & Finance, 2013, 37 (08): 3904-3923.

[138] L. F. Dunn, I. A. Mirzaie. Consumer Debt Stress, Changes in Household Debt and the Great Recession [J]. Economic Inquiry, 2016, 54 (01): 201-214.

[139] Ludvigson, S. Consumption and Credit: A Model of Time – Varying Liquidity Constraints [J]. Review of Economics and Statistics, 1999, 81 (03): 434 – 447.

[140] Lusardi, A., Tufano, P. Teach Workers about the Perils of Debt [J]. Harvard Business Review, 2009, 87 (11): 22 – 24.

[141] Mahmood, S., Noor, Z. M. Human Capital and Income Inequality in Developing Countries: New Evidence Using the Gini Coefficient [J]. Journal of Entrepreneurship and Business, 2014, 02 (01): 40 – 48.

[142] Malinen, T. Is There A Relationship between Income Inequality and Credit Cycles [R]. Society for the Sudy of Economic Inequality Working Paper Series, 2013: 292.

[143] Maloney, W. F., Mendez, J. N. Measuring the Impact of Minimum Wages: Evidence from Latin America [R]. NBER Working Paper, 2003.

[144] Marco Pagano. Can Severe Fiscal Contractions Be Expansionary? Tales of Two Small European Countries with Francesco Giavazzi [M]. NBER Macroeconomic Annual, Cambridge, MA: MIT Press, 1990.

[145] Mathias Klein. Inequality and Household Debt: A Panel Cointegration Analysis [J]. Empirica, 2015, 42 (02): 391 – 412.

[146] Matteo Iacoviello. Household Debt and Income Inequality, 1963 – 2003 [J]. Journal of Money, Credit and Banking, 2008 (07): 929 – 965.

[147] Mian, A., Sufi, A. The Consequences of Mortgage Credit Expansion: Evidence from the US Mortgage Default Crisis [J]. The Quarterly Journal of Economics, 2009, 124 (04): 1449 – 1496.

[148] Mian, A., Sufi, A. Household Leverage and the Recession of 2007 – 2009 [J]. IMF Economic Review, 2010, 58 (01): 74 – 117.

[149] Michael, D. Carr, Arjun Jayadev. Relative Income and Indebtedness: Evidence from Panel Data [J]. Review of Income and Wealth, 2015, 61 (04).

[150] Modigliani, F., Brumberg, R. Utility Analysis and the Consumption Function: An Interpretation of Cross – section Data [J]. Keynesian Economics, 1954 (01): 388 – 436.

[151] Moore, K. B., Palumbo, M. G. The Finances of American Households in

the Past Three Recessions: Evidence from the Survey of Consumer Finances [M]. Washington, DC: Division of Research & Statistics and Monetary Affairs, Federal Reserve Board, 2010.

[152] Morduch, J., Sicular, T. Rethinking Inequality Decomposition with Evidence from Rural China [J]. Economic Journal, 2002 (112): 93 - 106.

[153] Morgan, D. P., Toll, I. Bad Debt Rising Current Issues in Economics and Finance [J]. Marketing Science, 2002 (17): 4 - 28.

[154] Morgan, R., M. Christen. Keeping Up With the Joneses: Analyzing the Effect of Income Inequality on Consumer Borrowing [J]. Quantitative Marketing and Economics, 2005, 03 (02), 145 - 173.

[155] Moritz Drechsel - Grau, Kai, D. Schmid. Consumption - savings Decisions under Upward - looking Comparisons [J]. Journal of Economic Behavior and Organization, 2014 (07): 254 - 268.

[156] M. Puri, D. T. Robinson. Optimism and Economic Choice [J]. Journal of Financial Economics, 2007, 86 (01): 71 - 99.

[157] Mwabu, G., Mwanzia, J., Liambila, W. User Charges in Government Health Facilities in Kenya: Effect on Attendance and Revenue [J]. Health Policy & Planning, 1995, 10 (02): 164 - 170.

[158] Nizar, N. Determinants of Malaysia Household Debt: Macroeconomic Perspective [C]. Kuala Lumpur International Business, Economics and Law Conference, 2015 (01): 97 - 107.

[159] Ngo Van Long, Koji Shimomura. Relative Wealth, Status - seeking, and Catching - up [J]. Journal of Economic Behavior & Organization, 2004, 53 (04): 529 - 542.

[160] Nottage, L., Kozuka, S. Lessons from Product Safety Regulation for Reforming Consumer Credit Markets in Japan and Beyond: Empirically - Informed Normativism [J]. Sydney Law Review, 2012, 34 (01): 129 - 162.

[161] N. Sevim, F. Temizel, Ö. Sayılır. The Effects of Financial Literacy on the Borrowing Behaviour of Turkish Financial Consumers [J]. International Journal of Consumer Studies, 2012, 36 (05).

[162] Olivier Coibion, Yuriy Gorodnichenko, Marianna Kudlyak, John Mondrag-

on. Does Greater Inequality Lead to More Household Borrowing? New Evidence from Household Data [R]. NBER Working Paper, 2014.

[163] OECD. Improving Financial Literacy: Analysis of Issues and Policies [J]. Financial Market Trends, 2005, 11 (02): 109 – 123.

[164] OECD. PISA 2012 Assessment and Analytical Framework: Mathematics, Reading, Problem Solving and Financial Literacy [J]. PISA OECD Publishing, 2013.

[165] OECD. PISA 2015 Assessment and Analytical Framework: Science, Reading, Mathematics and Financial Literacy [J]. PISA OECD Publishing, 2016.

[166] Orla May, Merxe Tudela, Garry Young. British Household Indebtedness and Financial Stress: A Household – level Picture [J]. Bank of England Quarterly Bulletin, 2004.

[167] Paul Milgrom, John Roberts. An Economic Approach to Influence, Activities in Organizations [J]. The American Journal of Sociology, 1988, 94, (SI): 154 – 179.

[168] Parente, S. L. and Prescott, E. C. Barriers to Technology Adoption and Development [J]. The Journal of Political Economy, 1994, 102 (02): 298 – 321.

[169] Pyatt, G., Chen C. N., Fei, J. The Distribution of Income by Factor Components [J]. Quarterly Journal of Economics, 1980, 95 (03): 451 – 473.

[170] Piketty, T., E. Saez. Top Incomes and the Great Recession: Recent Evolutions and Policy Implications [J]. IMF Economic Review, 2013, 61 (03): 456 – 478.

[171] President's Advisory Committee on Financial Literacy (PACFL). Annual Report to the President: Executive Summary, 2008.

[172] Paulina Anioła, Zbigniew Gołaś. Differences in the Level and Structure of Household Indebtedness in the EU Countries [J]. Contemporary Economics, 2012, 06 (01): 46.

[173] Rajan, R., Myers, J. J. Fault Lines: How Hidden Fractures Still Threaten the World Economy [M]. Princeton: Princeton University Press, 2010.

[174] Ram, R. Can Educational Expansion Reduce Income Inequality in Less – developed Countries? [J]. Economics of Education Review, 1989, 08 (02): 185 –

195.

[175] Ranciere, R., Throckmorton, N. A., Kumhof, M. Income Inequality and Current Account Imbalances [R]. IMF Working Paper, 2012.

[176] Ranciere, R., Kumhof, M., Winant, P. Inequality, Leverage and Crises [J]. American Economic Review, 2015, 105 (03): 1217-1245.

[177] Rashid, M. A. A., Sarmidi, T., Nor, A. H. S. M, et al. Does Income Gap Matter for Household Debt Accumulation? [J]. Institutions and Economies, 2017 (01): 1-19.

[178] R. Disney, Gathergood, J. Financial Literacy and Consumer Credit Portfolios [J]. Journal of Banking & Finance, 2013, 37 (07): 2246-2254.

[179] R. Disney, Gathergood, J. Financial Literacy ad Indebtedness: New Evidence for UK Consumers [R]. Discussion Papers, 2011.

[180] Reiakvam, L. K., Solheim, H. Comparison of Household Debt Relative to Income across Four Nordic Countries [J]. Staff Memo, 2013 (05).

[181] Remund, D. L. Financial Literacy Explicated: The Case for A Clearer Definition in An Increasingly Complex Economy [J]. Journal of Consumer Affairs, 2010, 44 (02): 276-295.

[182] Russel, S. The Economic Burden of Illness for Households in Developing Countries: A Review of Studies Focusing on Malaria, Tuberculosis, and Human Immunodeficiency Virus/acquired Immunodeficiency Syndrome [J]. American Journal of Tropical Medicine & Hygiene, 2004, 71 (02 Suppl): 147-155.

[183] Ryoo, S., Y. K. Kim. Income Distribution, Consumer Debt and Keeping up with the Joneses [J]. Metroeconomica, 2014, 65 (04): 585-618.

[184] Saint-Paul, G. The Dynamics of Exclusion and Fiscal Conservatism [R]. CEPR Discussion Papers, 1994.

[185] Saint-Paul, G., Verdier, T. Education, Democracy and Growth [J]. Journal of Development Economics, 1993, 42 (02): 399-407.

[186] Samuel Cameron. Household Debt Problems: Towards A Micro-macro linkage [J]. Review of Political Economy, 2006 (05): 205-220.

[187] Sanchez, J. M. The IT Revolution and the Unsecured Credit Market [R]. FRB Richmond Working Paper, 2009.

[188] Sarah Brown, Karl Taylor. Household Debt and Financial Assets: Evidence from Germany, Great Britain and the USA [J]. Journal of the Royal Statistical Society: Series A (Statistics in Society), 2008, 171 (03): 615 – 643.

[189] Sauerborn, R., Adams, A., Hien, M. Household Strategies to Cope with the Economic Costs of Illness [J]. Social Science & Medicine, 1996, 43 (03): 291 – 301.

[190] Scitovsky Tibor. The Joyless Economy: the Psychology of Human Satisfaction and Consumer Dissatisfaction [M]. New York: Oxford University, 1993.

[191] Shiller, R. J. Behavioral Economics and Institutional Innovation [J]. Southern Economic Journal, 2005, 72 (02): 268 – 283.

[192] Shorrocks, A. F. Decomposition Procedures for Distributional Analysis: A Unified Framework Based on the Shapley Value [J]. The Journal of Economic Inequality, 2013, 11 (01): 99 – 126.

[193] Shorrocks, A. F. Inequality Decomposition by Population Subgroups [J]. Econometrica, 1984, 52 (06): 1369 – 1385.

[194] Silvia Magri. Italian Households' Debt: The Participation to the Debt Market and The Size of the Loan [J]. Empirical Economics, 2007, 33 (03): 401 – 426.

[195] Simon Kuznets. Economic Growth and Income Inequality [J]. Amerrican Economic Review, 1955, 45 (01): 1 – 28.

[196] S. J. Huston. Financial Literacy and The Cost of Borrowing [J]. International Journal of Consumer Studies, 2012, 36 (05): 566 – 572.

[197] Smith, J. P. Consequences and Predictors of New Health Events [R]. NBER Working Paper, 2003 (11): 213 – 240.

[198] Stephens, M. J. 3rd of the Month: Do Social Security Recipients Smooth Consumption between checks? [J]. The American Economic Review, 2003, 93 (01): 406 – 422.

[199] Stutzer, A. The Role of Income Aspirations in Individual Happiness [J]. Journal of Economic Behavior & Organization, 2004, 54 (01): 89 – 109.

[200] Sumarwan, U. Socioeconomic and Psychological Variables Influencing Household Debt [R]. Working Paper, 1993.

[201] Sumarwan, U., Hira, T. K. Credit, Saving, and Insurance Practices Influencing Satisfaction with Preparation for Financial Emergencies among Rural Households [J]. Home Economics Research Journal, 1992, 01 (02): 206-227.

[202] Sylwester, K. Enrolment in Higher Education and Changes in Income Inequality [J]. Bulletin of Economic Research, 2003, 55 (03): 249-262.

[203] Sylwester, K. Can Education Expenditures Reduce Income Inequality? [J]. Economics of Education Review, 2002, 21 (01): 43-52.

[204] Thomas Piketty. Capital in the Twenty-First Century [M]. The Belknap Press, 2014.

[205] Thorstein Veblen. The Theory of the Leisure Class [M]. Dover Publications, 1954.

[206] Tobin, J. Wealth, Liquidity, and the Propensity to Consume [R]. Cowles Foundation Discussion Papers, 1971.

[207] Todaro, M. P. Economic Development [M]. London: Longman, 1997.

[208] Valckx, N., Alter, A., Feng, A. X., et al. Household Debt and Financial Stability [M]. Global Financial Stability Report: Is Growth at Risk?, 2017.

[209] Van Raaij, F. Economic Psychology [J]. Journal of Economic Psychology, 1981 (01): 1-24.

[210] Van Raaij, W. F. Economic News, Expectations and Macro-economic Behaviour [J]. Journal of Economic Psychology, 1989, 10 (04): 473-493.

[211] Van Raaij, W. F., Gianotten, H. J. Consumer Confidence, Expenditure, Saving, and Credit [J]. Journal of Economic Psychology, 1990, 11 (02): 269-290.

[212] Van Treeck, T. Did Inequality Cause The US Financial Crisis? [J]. Journal of Economic Surveys, 2014, 28 (03): 421-448.

[213] Vlasta, B., Dajana, B., Irena, P. Testing the Effects of Financial Literacy on Debt Behavior of Financial Consumers Using Multivariate Analysis Methods [J]. Croatian Operational Research Review, 2015, 06 (02).

[214] Veli-Matti Tormalehto. Issues in Data Quality and Comparability in EU-SILC [R]. SSRN Working Paper, 2007.

[215] Vissing-Jorgensen, A. Towards An Explanation of Household Portfolio

Choice Heterogeneity: Nonfinancial Income and Participation Cost Structures [R]. NBER Working Paper, 2002.

［216］Wagstaff, A., Lindelow, M., Jun, G., et al. Extending Health Insurance To The Rural Population: An Impact Evaluation Of China's New Cooperative Medical Scheme [J]. Journal of Health Economics, 2009, 28 (01): 1-19.

［217］Weber, E. U., Morris, M. W. Culture and Judegment and Descision Making [J]. Perspectives on Psychological Science, 2010, 05 (04).

［218］Wei Shangjin, Zhang Xiaobo. The Competitive Saving Motive: Evidence from Rasing Sex Ratios and Savings Rates in China [J]. Journal of Political Economy, 2011 (06): 511-564.

［219］Wei Shanjin, Zhang Xiaobo and Liu Yin. Status Competition and Housing Prices: Some Evidence from China [R]. Preliminary Version, 2012 (01).

［220］Weiss, Y., Fershtman, C. Social Status and Economic Performance: A Survey [J]. European Economic Review, 1998 (42): 801-820.

［221］Wiltshire, J. C., Dark, T., Brown, R. L. Gender Differences in Financial Hardships of Medical Debt [J]. Journal of Health Care for the Poor & Underserved, 2011, 22 (01): 371-388.

［222］Xie, Y., Zhou, X. Income Inequality in Today's China [J]. Proceedings of the National Academy of Sciences of the United States of America, 2014, 111 (19): 6928-6933.

［223］Yahong Zhang. Household Debt, Financial Intermediation, and Monetary Policy [J]. Journal of Macroeconomics, 2018, 59 (03): 230-257.

［224］Yip, W., Hsiao, W. C. Non-evidence-based Policy: How Effective Is China's New Cooperative Medical Scheme in Reducing Medical Impoverishment? [J]. Social Science & Medicine, 2009, 68 (02): 201-209.

［225］Yun Kim. The Macroeconomic Implications of Household Debt: An Empirical Analysis [R]. Working Paper, 2011 (01).

［226］Zweimuller, J. Schumpeterian Entrepreneurs Meet Engel's Law: The Impact of Inequality on Innovation-Driven Growth [J]. Journal of Economic Growth, 2000, 05 (02): 185-206.

［227］艾文卫, 王家庭. 三次产业间劳动力流动对城乡收入差距的影响——

基于1978—2011年时间序列的实证研究 [J]. 当代经济管理, 2016 (03): 67-69.

[228] 巴里·Z·西纳蒙, 斯蒂芬·M·法茨利, 李明. 消费时代的家庭债务: 经济增长的源泉和经济衰退的风险 [J]. 经济社会体制比较, 2009 (02): 49-55.

[229] 白重恩, 李宏彬, 吴斌珍. 医疗保险与消费: 来自新型农村合作医疗的证据 [J]. 经济研究, 2012 (02): 41-53.

[230] 白鹤祥. 关于我国建立家庭资产负债统计制度的思考 [J]. 金融发展评论, 2012 (10): 116-122.

[231] 柏培文. 不同主体收入差距对我国 A 股上市公司绩效影响的研究 [J]. 国际金融研究, 2011 (04): 87-96.

[232] 白永秀, 马小勇. 农户个体特征对信贷约束的影响: 来自陕西的经验证据 [J]. 中国软科学, 2010 (09): 148-155.

[233] 布兰科·米兰诺维奇. 全球不平等 [M]. 中信出版集团股份有限公司, 2019.

[234] 蔡昉, 王美艳. 为什么劳动力流动没有缩小城乡收入差距 [J]. 经济学动态, 2009 (08): 4-10.

[235] 蔡武, 吴国兵, 朱荃. 集聚空间外部性、城乡劳动力流动对收入差距的影响 [J]. 产业经济研究, 2013 (02): 21-30.

[236] 蔡洋萍, 辜时有. 我国农村家庭负债状况及影响因素分析 [J]. 金融理论与教学, 2018 (06): 17-20.

[237] 曹裕, 陈晓红, 马跃如. 城市化、城乡收入差距与经济增长——基于我国省级面板数据的实证研究 [J]. 统计研究, 2010, 27 (03): 29-36.

[238] 钞小静, 沈坤荣. 城乡收入差距、劳动力质量与中国经济增长 [J]. 经济研究, 2014 (06): 30-43.

[239] 陈斌开, 李涛. 中国城镇居民家庭资产——负债现状与成因研究 [J]. 经济研究, 2011, 46 (S1): 55-66.

[240] 陈成. 中国社会保障支出: 问题与思考 [J]. 社会科学, 2014 (07): 26-34.

[241] 陈凯. 基于习惯形成和地位寻求的中国居民消费行为研究 [D]. 山西财经大学, 2015.

[242] 陈明珍, 张有福. 我国的家庭债务及经济风险探析 [J]. 中共云南

省委党校学报, 2009, 10 (03): 97-99.

[243] 陈屹立. 家庭债务是否降低了幸福感?——来自中国综合社会调查的经验证据 [J]. 世界经济文汇, 2017 (04): 102-119.

[244] 陈屹立, 曾琳琳. 中国农村居民家庭的负债决策及程度: 基于中国家庭金融调查的考察 [J]. 贵州财经大学学报, 2017 (06): 92-101.

[245] 陈在余, 江玉, 李薇. 新农合对农村居民灾难性医疗支出的影响——基于全民覆盖背景分析 [J]. 财经科学, 2016 (12): 110-120.

[246] 陈钊, 万广华, 陆铭. 行业间不平等: 日益重要的城镇收入差距成因——基于回归方程的分解 [J]. 中国社会科学, 2010 (03): 65-76.

[247] 陈宗胜. 关于总体基尼系数估算方法的一个建议——对李实研究员《答复》的再评论 [J]. 经济研究, 2002 (05): 81-83.

[248] 程开明, 李金昌. 城市偏向、城市化与城乡收入差距的作用机制及动态分析 [J]. 数量经济技术经济研究, 2007 (07): 116-125.

[249] 程丽君, 姚玉杰, 田凤. 中国城镇居民家庭资产负债现状分析 [J]. 时代金融, 2017 (23): 243-245.

[250] 程令国, 张晔. 早年的饥荒经历影响了人们的储蓄行为吗?——对我国居民高储蓄率的一个新解释 [J]. 经济研究, 2011 (08): 119-132.

[251] 程令国, 张晔. "新农合": 经济绩效还是健康绩效? [J]. 经济研究, 2012 (01): 120-133.

[252] 程名望, JinYanhong, 盖庆恩, 史清华. 中国农户收入不平等及其决定因素——基于微观农户数据的回归分解 [J]. 经济学(季刊), 2016 (03): 1253-1274.

[253] 邓金钱, 何爱平. 城乡收入差距、劳动力质量与经济结构转型 [J]. 社会科学研究, 2017 (06): 22-31.

[254] 丁继红, 应美玲, 杜在超. 我国农村家庭消费行为研究——基于健康风险与医疗保障视角的分析 [J]. 金融研究, 2013 (10): 154-166.

[255] 董志强, 魏下海, 汤灿晴. 人口老龄化是否加剧收入不平等?——基于中国 (1996—2009) 的实证研究 [J]. 人口研究, 2012, 36 (05): 94-103.

[256] 段军山, 崔蒙雪. 信贷约束、风险态度与家庭资产选择 [J]. 统计研究, 2016, 33 (06): 62-71.

[257] 范红忠. 有效需求规模假说、研发投入与国家自主创新能力 [J].

经济研究,2007(03):33-44.

[258] 范莉珈,谢绵陛.家庭资产负债率与家庭收入关系[J].集美大学学报(哲社版),2016,19(03):52-59.

[259] 方黎明.新型农村合作医疗和农村医疗救助制度对农村贫困居民就医经济负担的影响[J].中国农村观察,2013(02):80-92.

[260] 冯伟.城市化进程中农民工风险管理策略研究:基于北京市的实证分析[J].兰州学刊,2009(06):98-101.

[261] 弗雷德·莫斯利,付瑞鹏.美国经济危机的根本原因与可能出路[J].政治经济学报,2015(01):157-167.

[262] 甘犁.中国家庭收入不平等报告[Z].2012.

[263] 甘犁.来自中国家庭金融调查的收入差距研究[J].经济资料译丛,2013(04):41-57.

[264] 高成骅.东北地区离婚率影响因素研究[D].吉林大学,2015.

[265] 高弘.欧洲家庭债务研究[D].复旦大学,2014.

[266] 高梦滔,姚洋.农户收入差距的微观基础:物质资本还是人力资本?[J].经济研究,2007(05):3-12.

[267] 高梦滔.新型农村合作医疗与农户储蓄:基于8省微观面板数据的经验研究[J].世界经济,2010(04):121-133.

[268] 高蕊.美国债务经济问题研究[D].吉林大学,2010.

[269] 高文书.社会保障对收入分配差距的调节效应——基于陕西省宝鸡市住户调查数据的实证研究[J].社会保障研究,2012(04):61-68.

[270] 戈艳霞,张彬斌.财产性收入与劳动供给新红利——对"扩大财产性收入人群"的政策效应评估[J].劳动经济研究,2018,06(01):24-43.

[271] 郭新华.家庭借贷、违约和破产[D].华中科技大学,2006.

[272] 郭新华,陈曦静.美国家庭债务变动及其对金融稳定性的影响分析[J].长沙大学学报,2011,25(05):94-98.

[273] 郭新华,楚思.家庭债务对收入不平等与消费不平等间关系的调节效应:2004—2012[J].湘潭大学学报(哲学社会科学版),2015,39(02):37-41.

[274] 郭新华,何雅菲.中国家庭债务、消费与经济增长关系的实证分析[J].统计与决策,2010(22):100-102.

[275] 郭新华,何雅菲. 中国家庭债务、房价波动与居民消费的动态相关性分析 [J]. 经济经纬, 2011 (01): 9-13.

[276] 郭新华,黄贞贞. 中国家庭债务与劳动参与率变动的非一致性关系 [J]. 现代经济探讨, 2011 (03): 50-54.

[277] 郭新华,刘辉,伍再华. 收入不平等与家庭借贷行为——家庭为追求社会地位而借贷的动机真的存在吗 [J]. 经济理论与经济管理, 2016 (05): 84-99.

[278] 郭新华,唐荣,伍再华. 收入不平等与私人债务对金融稳定性的影响——基于KGM模型的实证分析 [J]. 云南财经大学学报, 2015, 31 (06): 67-77.

[279] 郭新华,伍再华. 美国家庭债务变动——一些发现及其解释 [J]. 科学·经济·社会, 2007 (04): 66-70.

[280] 郭新华,杨佩鸿,刘子兰. 中国家庭债务与宏观经济波动: 1997—2011 [J]. 湖南师范大学社会科学学报, 2013 (02): 20-27.

[281] 韩雷,刘开,陈琴. 浅议企业内收入差距对企业绩效的影响 [J]. 湖南财经高等专科学校学报, 2009 (02): 141-144.

[282] 韩立岩,杜春越. 收入差距、借贷水平与居民消费的地区及城乡差异 [J]. 经济研究, 2012 (S1): 15-27.

[283] 杭斌,曹健美. 中国农户的人情支出行为研究——基于收入不平等和社会地位寻求视角 [J]. 统计与信息论坛, 2017 (05): 116-123.

[284] 杭斌,修磊. 住房攀比与居民消费 [J]. 统计研究, 2015 (12): 54-61.

[285] 杭斌,修磊. 收入不平等、信贷约束与家庭消费 [J]. 统计研究, 2016 (08): 73-79.

[286] 杭斌,闫新华. 经济快速增长时期的居民消费行为——基于习惯形成的实证分析 [J]. 经济学 (季刊), 2013, 12 (03): 1191-1208.

[287] 郝大海,李路路. 区域差异改革中的国家垄断与收入不平等——基于2003年全国综合社会调查资料 [J]. 中国社会科学, 2006 (02): 110-124.

[288] 贺莎莎. 农户借贷行为及其影响因素分析——以湖南省花岩溪村为例 [J]. 中国农村观察, 2008 (01): 39-50.

[289] 何丽芬,吴卫星,徐芊. 中国家庭负债状况、结构及其影响因素分析

[J]. 华中师范大学学报（人文社会科学版），2012（01）：59-68.

[290] 胡枫，陈玉宇. 社会网络与农户借贷行为——来自中国家庭动态跟踪调查（CFPS）的证据［J］. 金融研究，2012（12）：178-192.

[291] 胡振. 金融素养对城镇家庭金融资产选择的影响研究［D］. 中国农业大学，2017.

[292] 胡振，杨华磊，臧日宏. 家庭负债异质性与影响因素解析：中国的微观证据［J］. 商业经济与管理，2015（09）：67-75.

[293] 胡志军，刘宗明，龚志明. 中国总体收入基尼系数的估计：1985—2008［J］. 经济学季刊，2011，10（04）：1424-1436.

[294] 黄国华. 农村劳动力转移与城乡收入差距的因应——来自全国29个省市的经验数据［J］. 北京理工大学学报（社会科学版），2010（02）：71-78.

[295] 黄晓东. 警惕家庭部门债务风险对中国经济增长的负面影响［J］. 郑州航空工业管理学院学报，2018，36（01）：1-12.

[296] 黄宇虹，樊纲治. 土地经营权流转与农业家庭负债状况［J］. 金融研究，2017（12）：95-110.

[297] 黄志龙，付一夫. 中国家庭债务水平已经较高［J］. 企业观察家，2018（02）：18-20.

[298] 吉嘉. 全球收入不平等撬动国际经济变局［N］. 中国证券报，2019-12-14.

[299] 纪园园，宁磊. 相对收入假说下的收入差距对消费影响的研究［J］. 数量经济技术经济研究，2018（04）：97-114.

[300] 贾晶晶. 日本家庭债务对宏观经济影响的实证研究［D］. 对外经济贸易大学，2015.

[301] 江春，司登奎，苏志伟. 中国城乡收入差距的动态变化及影响因素研究［J］. 数量经济技术经济研究，2016（02）：41-57.

[302] 江世银. 论信息不对称条件下的消费信贷市场［J］. 经济研究，2000（06）：19-26.

[303] 金烨，李宏彬，吴斌珍. 收入差距与社会地位寻求：一个高储蓄率的原因［J］. 经济学（季刊），2011，10（03）：887-912.

[304] 金烨，李宏彬. 非正规金融与农户借贷行为［J］. 金融研究，2009（04）：63-79.

［305］靳淑平，王济民．规模农户信贷资金需求现状及影响因素分析［J］．农业经济问题，2017，38（08）：52－58．

［306］金中夏．金融监管体制的国际比较以及对我国的启示［J］．经济社会体制比较，2001（04）：42－47．

［307］昝宝毅．社会地位与角色［J］．社会，1987（01）：5－7．

［308］卡伦·戴南，王宇．美国家庭债务是否达到承受极限？［J］．金融发展研究，2017（11）：30－33．

［309］巩师恩，范从来．收入不平等、信贷供给与消费波动［J］．经济研究，2012，47（S1）：4－14．

［310］乐为，钟意．居民消费的棘轮效应和财富效应：1985—2010［J］．统计与决策，2013（07）：122－126．

［311］李长安，郜媛莹，于海宇．企业内部收入差距对绩效的影响——基于2013年上市公司年报数据的实证分析［J］．内蒙古社会科学（汉文版），2015（06）：97－104．

［312］李国辉，周小川．家庭部门债务杠杆率增长需注意质量［N］．金融时报，2017－10－20（001）．

［313］李继霞．劳动力供给质量对城乡收入差距的影响研究［D］．安徽财经大学，2015．

［314］李江一，李涵．城乡收入差距与居民消费结构：基于相对收入理论的视角［J］．数量经济技术经济研究，2016（08）：97－112．

［315］李江一，李涵．消费信贷如何影响家庭消费？［J］．经济评论，2017（02）：113－126．

［316］李庆．人口年龄结构变化与城乡收入差距变动的相关性分析［J］．商业经济研究，2015（28）：43－45．

［317］李菁，林毅夫，姚洋．信贷约束、土地和不发达地区农户子女教育投资［J］．中国人口科学，2002（06）：12－28．

［318］李锐，李宁辉．农户借贷行为及其福利效果分析［J］．经济研究，2004（12）：96－104．

［319］李实，万海远．提高我国基尼系数估算的可信度——与《中国家庭金融调查报告》作者商榷［J］．经济学动态，2013（02）：43－49．

［320］李实，罗楚亮．我国居民收入差距的短期变动与长期趋势［J］．经

济社会体制比较, 2012 (04): 186-194.

[321] 李实, 罗楚亮. 中国的经济差距究竟有多大——对修正样本结构偏差的尝试 [J]. 经济研究, 2011 (04): 68-79.

[322] 李实. 中国经济转型40年中居民收入差距的变动 [J]. 管理世界 (月刊), 2018 (12): 19-28.

[323] 李晓嘉. 中国家庭债务激增的成因和化解对策 [J]. 人民论坛, 2018 (13): 82-84.

[324] 李子联. 收入不平等与税收政策偏好——基于利益相关者的视角 [J]. 中央财经大学学报, 2019 (11): 86-95.

[325] 梁双陆, 刘培培. 数字普惠金融、教育约束与城乡收入收敛效应 [J]. 产经评论, 2018 (02): 128-137.

[326] 廖理, 张金宝. 城市家庭的经济条件, 理财意识和投资借贷行为——来自全国24个城市的消费金融调查 [J]. 经济研究, 2011 (S1): 17-29.

[327] 廖丽平, 张锐. 中国家庭债务率的客观描述与风险检视 [J]. 对外经贸实务, 2018 (11): 92-95.

[328] 刘波, 岳琳. 基于补偿比视角的新型农村合作医疗补偿机制研究 [J]. 农业技术经济, 2013 (03): 44-53.

[329] 刘长庚, 王迎春. 我国农民收入差距变化趋势及其结构分解的实证研究 [J]. 经济学家, 2012 (11): 68-75.

[330] 刘德林. 居民家庭风险型金融资产选择行为研究——基于赣州市1043户居民的微观调查数据 [J]. 金融与经济, 2016 (08): 89-96.

[331] 刘辉煌, 吴伟. 我国家庭信贷状况研究: 基于CHFS微观数据的分析 [J]. 商业经济与管理, 2014 (08): 81-88.

[332] 刘江会, 唐东波. 财产性收入差距、市场化程度与经济增长的关系——基于城乡间的比较分析 [J]. 数量经济技术经济研究, 2010 (04): 21-33.

[333] 刘珂, 郅凡凡, 胡帅. 辽宁省县域家庭资产负债情况调查研究 [J]. 时代金融, 2018 (17): 94.

[334] 刘盼盼. 父辈收入不平等对子辈收入不平等的影响研究 [D]. 山西财经大学, 2016.

[335] 刘雯, 杨晓维. 中国农户地位寻求-储蓄动机研究——基于房地产财

富积累视角[J].经济评论,2016(01):65-79.

[336] 刘文忻,陆云航.要素积累、政府政策与我国城乡收入差距[J].经济理论与经济管理,2006(04):13-20.

[337] 刘学军,赵耀辉.劳动力流动对城市劳动力市场的影响[J].经济学(季刊),2009(02):693-710.

[338] 刘艺容.家庭债务问题研究综述[J].经济学动态,2006(03):107-110.

[339] 刘宗明,李春琦.投资效率、居民消费的惯性平滑与中国宏观经济波动[J].财经研究,2015(01):62-73.

[340] 鲁海帆.高管团队内部货币薪酬差距与公司业绩关系研究——来自中国A股市场的经验证据[J].南方经济,2007(04):34-44.

[341] 鲁海帆.内生性视角下高管层薪酬差距与公司业绩研究[J].软科学,2009(12):22-28.

[342] 陆铭,陈钊.谁进入了高收入行业——关系、户籍与生产率的作用[J].经济研究,2009(10):121-132.

[343] 罗楚亮.对中国家庭收入不平等报告的评论.2012.转载于经管之家网站(https://bbs.pinggu.org/).

[344] 罗楚亮.城乡收入差距的变化及其对全国收入差距的影响[J].劳动经济研究,2017,05(01):21-47.

[345] 马草原,王婷,魏梅.垄断与所有制的收入溢价:理论解释与经验证据[J].当代经济科学,2018(06):38-48.

[346] 马光荣,杨恩艳.社会网络、非正规金融与创业[J].经济研究,2011,46(03):83-94.

[347] 马克思·韦伯.经济与社会[M].加利福利亚大学出版社,1978.

[348] 马少晔.基于劳动力流动视角的城乡收入差距及影响因素再检验[D].南京农业大学,2011.

[349] 马轶群.我国家庭债务、消费习惯形成与旅游消费——基于阈值协整关系的研究[J].旅游学刊,2016,31(12):18-27.

[350] 聂海峰,岳希明.行业垄断对收入不平等影响程度的估计[J].中国工业经济,2016(02):5-20.

[351] 盘和林.消费"棘轮效应"或是原因[N].国际金融报,2019-3-

25 (003).

[352] 潘杰, 雷晓燕, 刘国恩. 医疗保险促进健康吗?——基于中国城镇居民基本医疗保险的实证分析 [J]. 经济研究, 2013 (04): 130-142.

[353] 彭建刚, 王舒军, 关天宇. 利率市场化导致商业银行利差缩窄吗?——来自中国银行业的经验证据 [J]. 金融研究, 2016 (07): 48-63.

[354] 彭显琪, 朱小梅. 消费者金融素养研究进展 [J]. 经济学动态, 2018 (02): 99-116.

[355] 齐良书. 新型农村合作医疗的减贫、增收和再分配效果研究 [J]. 数量经济技术经济研究, 2011 (08): 35-52.

[356] 乔海曙, 陈力. 金融发展与城乡收入差距"倒U型"关系再检验——基于中国县域截面数据的实证分析 [J]. 中国农村经济, 2009 (07): 68-76.

[357] 瞿晶. 中国城乡内部收入不平等分解实证研究 [D]. 浙江大学, 2011.

[358] 冉光和, 田庆刚. 家庭资产对农户借贷行为影响的实证研究——基于重庆市1046户农户的调查数据 [J]. 农村经济, 2015 (12): 62-67.

[359] 邵旭方, 吴卫星, 黄亦炫. 人口老龄化、购房支出与居民部门负债可持续性 [J]. 云南财经大学学报, 2018, 34 (10): 52-61.

[360] 申云. 社会资本、二元金融与农户借贷行为 [J]. 经济评论, 2016 (01): 80-90.

[361] 宋明月, 臧旭恒. 消费粘性视角下我国城镇居民财富效应检验 [J]. 经济评论, 2016 (02): 48-57.

[362] 宋全云, 吴雨, 尹志超. 金融知识视角下的家庭信贷行为研究 [J]. 金融研究, 2017 (06): 95-110.

[363] 宋玉华, 叶绮娜. 美国家庭债务与消费同步运动的周期性研究 [J]. 国际贸易问题, 2012 (05): 3-15.

[364] 孙培芳. 以美国为主的西方国家家庭资产变动情况及其影响的文献综述 [D]. 山东大学, 2011.

[365] 孙祁祥, 肖志光. 社会保障制度改革与中国经济内外再平衡 [J]. 金融研究, 2013 (06): 74-88.

[366] 孙同全. 从农户家庭资产负债表看农村普惠金融供给侧结构性改革

[J]. 中国农村经济, 2017 (05): 31-44.

[367] 孙永强. 金融发展、城市化与城乡居民收入差距研究 [J]. 金融研究, 2012 (04): 98-109.

[368] 谭燕芝, 李兰. 论我国消费信贷的发展——基于借鉴美国消费信贷的视角 [J]. 消费经济, 2008 (03): 33-37.

[369] 谭燕芝, 罗午阳. 农户金融行为偏好与借贷行为——来自中国家庭追踪调查的证据 [J]. 区域经济评论, 2015 (05): 96-103.

[370] 谭燕芝, 罗午阳. 资产结构与农户借款行为——基于CHIPS8000农户的实证研究 [J]. 求索, 2015 (09): 44-48.

[371] 唐文进, 张坤. 基于VEC模型的家庭债务、房价与消费的动态关系研究 [J]. 统计与决策, 2013 (15): 108-110.

[372] 田国强. 防范金融风险当警惕家庭债务危机 [N]. 社会科学报, 2018-09-27 (001).

[373] 田霖. 中国家庭居民的债务素养及其影响研究 [J]. 金融理论与实践, 2017 (04): 1-7.

[374] 田新民, 王少国, 杨永恒. 城乡收入差距变动及其对经济效率的影响 [J]. 经济研究, 2009 (07): 107-118.

[375] 童馨乐, 褚保金, 杨向阳. 社会资本对农户借贷行为影响的实证研究——基于八省1003个农户的调查数据 [J]. 金融研究, 2011 (12): 177-191.

[376] 万广华, 吴婷, 张琰. 中国收入不均等的下降及其成因解析 [J]. 劳动经济研究, 2018 (03): 22-53.

[377] 万佳乐, 李超伟, 秦海林. 二元金融、社会网络与家庭借贷——基于重复博弈模型和CFPS数据的实证检验 [J]. 金融发展研究, 2018 (07): 42-49.

[378] 王冬, 边志强. 城乡二元结构下消费行为示范效应再审视——基于省际面板数据的实证分析 [J]. 西南民族大学学报 (人文社科版), 2019 (03): 114-120.

[379] 王红建, 杨笋, 阮刚铭, 曹瑜强. 放松利率管制、过度负债与债务期限结构 [J]. 金融研究, 2018 (02): 100-117.

[380] 王红云, 吕志鹏, 赵彦云. 金融发展对城乡收入分配作用的地区异质

性和相关性分析 [J]. 现代财经-天津财经大学学报, 2015 (05): 90-102.

[381] 王笳旭, 王淑娟, 冯波. 人口老龄化对城乡收入不平等的影响效应研究——基于中国二元经济结构演变的视角 [J]. 南方经济, 2017 (09): 118-135.

[382] 王笳旭, 冯波, 王淑娟. 人口老龄化加剧了城乡收入不平等吗——基于中国省际面板数据的经验分析 [J]. 当代经济科学, 2017, 39 (04): 69-78.

[383] 王金波. 社会保障支出影响城镇居民消费的经济学分析——基于动态一般均衡视角下的再审视 [J]. 经济问题探索, 2017 (07): 11-19.

[384] 王琎, 吴卫星. 婚姻对家庭风险资产选择的影响 [J]. 南开经济研究, 2014 (03): 100-112.

[385] 王俊, 刘东. 中国居民收入差距与需求推动下的技术创新 [J]. 中国人口科学, 2009 (05): 58-67.

[386] 王柯瑾. 专家警示: 家庭债务增长过快 [N]. 中国经营报, 2017-07-17 (A08).

[387] 王立凯, 杭斌. 收入差距、住房需求与家庭消费: 基于地位寻求视角的研究 [D]. 山西财经大学, 2016.

[388] 王美艳. 城市劳动力市场上的就业机会与工资差异——外来劳动力就业与报酬研究 [J]. 中国社会科学, 2005 (05): 36-46.

[389] 王明婷, 赵夏辉. 收入不平等对家庭离婚率的影响分析——基于中国省级面板数据的实证分析 [J]. 纳税, 2017 (03): 98.

[390] 汪伟, 艾春荣. 人口老龄化与中国储蓄率的动态演化 [J]. 管理世界, 2015 (06): 47-62.

[391] 汪伟, 郭新强. 收入不平等与中国高储蓄率: 基于目标性消费视角的理论与实证研究 [J]. 管理世界, 2011 (09): 7-25.

[392] 汪伟, 郭新强. 当前中国高储蓄率之源何在 [N]. 社会科学报, 2011-11-24 (003).

[393] 王湘红, 陈坚. 社会比较和相对收入对农民工家庭消费的影响: 基于RUMiC数据的分析 [J]. 金融研究, 2016 (12): 48-50.

[394] 王晓兵, 许迪, 侯玲玲. 玉米生产的机械化及机械劳动力替代效应研究——基于省级面板数据的分析 [J]. 农业技术经济, 2016 (06): 4-12.

[395] 王小鲁, 樊纲. 中国地区差距的变动趋势和影响因素 [J]. 经济研究, 2004 (01): 33-44.

[396] 王小鲁,樊纲.中国收入分配差距的走势和影响因素[Z].中国改革与发展报告2005:收入分配与公共政策,2005-10-01.

[397] 王延中,龙玉其.社会保障与收入分配:问题、经验与完善机制[J].学术研究,2013(04):31-37.

[398] 王艺明,蔡翔.财政支出结构与城乡收入差距——基于东、中、西部地区省级面板数据的经验分析[J].财经科学,2010(08):49-57.

[399] 王育森.中国家庭部门负债现状、风险及防控对策[J].南方金融,2017(10):54-58.

[400] 王瑜,汪三贵.基于夏普里值过程的农村居民收入差距分解[J].中国人口·资源与环境,2011,21(08):15-21.

[401] 王再峰.莫忽视家庭债务风险[J].理财,2012(07):1.

[402] 魏众,张平.经济全球化对各国居民收入分配的影响[N].人民日报,2003-6-13(009).

[403] 文建东,谢聪.人口老龄化对收入不平等的影响——基于省域数据的空间计量模型分析[J].南京审计大学学报,2017,14(04):12-23.

[404] 吴彬彬,李实.中国地区之间收入差距变化:2002—2013年[J].经济与管理研究,2018(10):31-44.

[405] 吴玲萍,徐超,曹阳.收入不平等会扩大家庭教育消费吗?[J].上海财经大学学报,2018(05):100-111.

[406] 吴卫星,吕学梁.中国城镇家庭资产配置及国际比较——基于微观数据的分析[J] 国际金融研究,2013(10):45-57.

[407] 吴卫星,徐芊,白晓辉.中国居民家庭负债决策的群体差异比较研究[J].财经研究,2013,39(03):19-29.

[408] 吴卫星,吴锟,张旭阳.金融素养与家庭资产组合有效性[J].国际金融研究,2018(05):66-75.

[409] 巫锡伟.中国城镇家庭户收入和财产不平等:1995—2002[J].人口研究,2011,35(06):13-26.

[410] 吴晓莹.家庭债务的宏观经济效应分析[J].世界经济情况,2008(01):54-58.

[411] 吴云,张涛.危机后的金融监管改革:二元结构的"双峰监管"模式[J].华东政法大学学报,2016(03):106-121.

［412］伍再华，李敬，郭新华．健康冲击，新农合与农村家庭借贷行为［J］．财经科学，2018（05）：33－46．

［413］伍再华，冉珍梅．家庭借贷约束、劳动市场摩擦与政府支出乘数［M］．湘潭：湘潭大学出版社，2018．

［414］伍再华，冉珍梅，郭新华．家庭债务变动对婚姻不稳定性的影响——一个跨国经验研究［J］．人口与经济，2015（05）：1－12．

［415］伍再华，冉珍梅，郭新华．中国家庭债务增长可持续吗？［J］．湖南师范大学社会科学学报，2017，46（05）：116－125．

［416］伍再华，叶菁菁，郭新华．财富不平等会抑制金融素养对家庭借贷行为的作用效果吗——基于CHFS数据的经验分析［J］．经济理论与经济管理，2017（09）：71－86．

［417］伍再华，叶菁菁，郭新华．收入不平等、社会保障支出与家庭借贷行为——基于CFPS数据的经验分析［J］．财经科学，2017（12）：55－68．

［418］伍再华，谢佳玉，郭新华．消费金融市场规制：国外实践与中国镜鉴［J］．消费经济，2019（03）：43－51．

［419］谢绵陛．家庭抵押与非抵押债务的决定因素研究［J］．投资研究，2017，36（10）：143－156．

［420］谢绵陛．家庭资产负债的决定因素：基于多变量Tobit方程系统方法［J］．中央财经大学学报，2018（10）：71－81．

［421］谢绵陛．家庭债务收入比的影响因素研究——来自于微观调查数据的证据［J］．中国经济问题，2018（01）：62－72．

［422］谢婷婷，司登奎，陈文新．结构转型影响贫富差距的微观机理［J］．中国人口·资源与环境，2014，24（06）：134－139．

［423］谢云峰．城镇居民家庭资产负债调查——基于江西省样本［J］．华北金融，2017（02）：74－77．

［424］徐静，岳希明．税收不公正如何影响收入分配效应［J］．经济学动态，2014（06）：60－68．

［425］徐舒，陈珣．收入差距会推高住房价格吗？［J］．经济学（季刊），2016（02）：549－570．

［426］许春招．中国快速城市化背景下城乡劳动力流动的影响因素研究［D］．南京大学，2014．

[427] 许桂华. 家庭债务的变动与居民消费的过度敏感性——来自中国的证据 [J]. 财经科学, 2013, 300 (03): 95-10.

[428] 许庆, 刘进. "新农合"制度对农村妇女劳动供给的影响 [J]. 中国人口科学, 2015 (03): 99-107.

[429] 严太华, 刘志明. 信贷需求、借贷行为与农户社会网络的关联度 [J]. 改革, 2015 (09): 151-159.

[430] 杨长滨. 发展消费信贷与货币政策的有效性分析 [J]. 当代财经, 2002 (06): 39-41.

[431] 杨大楷, 俞艳. 中国个人消费信贷状况及风险防范研究 [J]. 金融论坛, 2005 (07): 45-50.

[432] 杨德勇, 初晓宁. 我国城乡金融发展不平衡与城乡收入差距拉大的实证研究 [J]. 经济与管理研究, 2009 (11): 17-23.

[433] 杨攻研, 刘洪钟. 不同类型债务对经济增长及波动的影响 [J]. 经济学家, 2014 (04): 31-39.

[434] 杨竑. 金融科技时代的科技创新 [J]. 金融电子化, 2019 (05): 50-51.

[435] 杨娟, 赖德胜, 邱牧远. 如何通过教育缓解收入不平等? [J]. 经济研究, 2015 (09): 86-99.

[436] 杨俊, 黄潇, 李晓羽. 教育不平等与收入分配差距：中国的实证分析 [J]. 管理世界, 2008 (01): 38-47.

[437] 杨青, 马超, 刘维忠. 健康冲击对农户民间借贷参与的影响——来自于 CHARLS 数据的经验证据 [J]. 贵州财经大学学报, 2016 (02): 80-89.

[438] 杨汝岱, 陈斌开, 朱诗娥. 基于社会网络视角的农户民间借贷需求行为研究 [J]. 经济研究, 2011, 46 (11): 116-129.

[439] 杨文悦. 我国家庭金融债务风险研究——基于微观家庭数据的实证分析 [J]. 海南金融, 2016 (07): 9-15.

[440] 杨耀武, 杨澄宇. 中国基尼系数是否真地下降了?——基于微观数据的基尼系数区间估计 [J]. 经济研究, 2015 (03): 75-86.

[441] 姚先国, 谭岚. 家庭收入与中国城镇已婚妇女劳动参与决策分析 [J]. 经济研究, 2005 (07): 18-27.

[442] 叶静怡, 刘逸. 欠发达地区农户借贷行为及福利效果分析——来自云

南省彝良县的调查数据 [J]. 中央财经大学学报, 2011 (02): 51-56.

[443] 叶静怡, 杨洋. 最低工资标准及其执行差异: 违规率与违规深度 [J]. 经济学动态, 2015 (08): 51-63.

[444] 易行健, 吴庆源, 杨碧云. 收入差距与消费行为的城乡示范效应——基于我国省际面板数据的实证研究 [J]. 上海财经大学学报, 2012 (06): 53-59.

[445] 殷金朋, 刘福星, 涵默. 中国社会保障支出的地区差异与收敛性分析——基于1990—2013年省级面板数据的经验研究 [J]. 上海经济研究, 2016 (01): 81-91.

[446] 尹志超, 宋全云, 吴雨. 金融知识、投资经验与家庭资产选择 [J]. 经济研究, 2014, 49 (04): 62-75.

[447] 尹志超, 宋全云, 吴雨. 金融知识、创业决策和创业动机 [J]. 管理世界, 2015 (01): 87-98.

[448] 虞楸桦, 郭萍, 余康. 收入差距对家庭服务性消费的影响: 来自浙江省农村的证据 [J]. 农业技术经济, 2015 (07): 93-101.

[449] 于长永. 个体特征、补偿机制与农民对新农合的满意度 [J]. 人口与经济, 2013 (06): 101-110.

[450] 袁金宇, 任娟, 孟洁. 家庭风险偏好水平差异下家庭财务状况动态分析 [J]. 国际商务财会, 2017 (11): 91-96.

[451] 岳彩申, 张晓东. 金融监管制度发展的新趋势——消费者保护与审慎监管的分离 [J]. 上海财经大学学报, 2011 (03): 25-33.

[452] 岳希明, 李实. 真假基尼系数 [J]. 南风窗, 2013 (05): 65-67.

[453] 岳希明, 李实, 史泰丽. 垄断行业高收入问题探讨 [J]. 中国社会科学, 2010 (03): 77-93.

[454] 张兵, 赵雪蕊. 背景风险对中国家庭风险金融资产的影响 [J]. 金融理论与实践, 2015 (10): 52-56.

[455] 张春安, 唐杰. 不平等对经济增长影响的经验分析 [J]. 世界经济, 2004, 27 (06): 27-36.

[456] 张贺, 白钦先. 数字普惠金融减小了城乡收入差距吗?——基于中国省级数据的面板门槛回归分析 [J]. 经济问题探索, 2018 (10): 122-129.

[457] 张慧芳, 王晔. 中国居民位置消费行为的实证分析 [J]. 当代经济

科学, 2004 (01): 47-53.

[458] 张冀, 韩伟. 北京市居民家庭负债对家庭消费影响研究 [J]. 甘肃金融, 2018 (03): 27-30.

[459] 张锦华, 刘进, 许庆. 新型农村合作医疗制度、土地流转与农地滞留 [J]. 管理世界, 2016 (01): 99-109.

[460] 张世伟, 周闯. 中国城镇居民不同收入群体的劳动参与行为——基于参数模型和半参数模型的经验分析 [J]. 管理世界, 2010 (05): 56-64.

[461] 张肃. 中国城乡居民信息消费差异性的面板协整分析 [J]. 统计与决策, 2017 (01): 127-130.

[462] 章昀. 家庭资产负债表中的指标分析 [J]. 商业文化 (学术版), 2008 (06): 37.

[463] 张昭, 王爱萍. 金融发展对收入不平等影响的再考察——理论分析与经验数据解释 [J]. 经济科学, 2016 (05): 31-44.

[464] 张正东. 相对收入对夫妻双方劳动供给的影响: 比较优势还是社会规范? [J]. 经济学报, 2017 (02): 159-180.

[465] 张正堂. 企业内部薪酬差距对组织未来绩效影响的实证研究 [J]. 会计研究, 2008 (09): 81-87.

[466] 张正堂, 李欣. 高层管理团队核心成员薪酬差距与企业绩效的关系 [J]. 经济管理, 2007 (02): 16-25.

[467] 张宗益, 吴恒宇, 吴俊. 商业银行价格竞争与风险行为关系——基于贷款利率市场化的经验研究 [J]. 金融研究, 2012 (07): 1-14.

[468] 赵青, 薛君. 消费者金融行为研究述评与展望 [J]. 北方民族大学学报 (哲学社会科学版), 2017 (04): 120-124.

[469] 赵霞. 家庭资产配置的风险管理研究 [D]. 郑州大学, 2017.

[470] 赵越. 中国家庭债务与房价的自我强化效应研究 [J]. 现代经济信息, 2017 (05): 7-8.

[471] 赵云. 中国家庭债务风险浮出水面 [J]. 商业文化, 2018 (07): 55-56.

[472] 郑妍妍, 李磊, 刘斌. "少子化""老龄化"对我国城镇家庭消费与产出的影响 [J]. 人口与经济, 2013 (06): 19-29.

[473] 周程程, 楚思, 肖宇超. 家庭债务、房价收入比与居民消费之间的关

系研究 [J]．学术论坛，2013（12）：159-161．

[474] 周凤生．"双向棘轮效应"：收入约束下中国农民的消费惯性特征 [J]．现代经济信息，2011（09）：96-97．

[475] 周广肃，樊纲，马光荣．收入不平等对中国家庭可见性支出的影响 [J]．财贸经济，2018（11）：21-35．

[476] 周广肃，樊纲，李力行．收入差距、物质渴求与家庭风险金融资产投资 [J]．世界经济，2018（04）：53-74．

[477] 周广肃，樊纲，申广军．收入差距、社会资本与健康水平——基于中国家庭追踪调查（CFPS）的实证分析 [J]．管理世界，2014（07）：12-21．

[478] 周利，王聪．人口结构与家庭债务：中国家庭追踪调查（CFPS）的微观证据 [J]．经济与管理，2017（03）：31-37．

[479] 周利，王聪．家庭债务与居民消费——来自家庭微观调查数据的证据 [J]．软科学，2018，32（03）：33-37．

[480] 周钦，刘国恩．健康冲击：现行医疗保险制度究竟发挥了什么作用？ [J]．经济评论，2014（06）：78-90．

[481] 周天芸，钟贻俊．金融意识及其对农户借贷选择的影响 [J]．华南农业大学学报（社会科学版），2013，12（02）：73-80．

[482] 周小刚，陈熹．关系强度、融资渠道与农户借贷福利效应——基于信任视角的实证研究 [J]．中国农村经济，2017（01）：16-29．

[483] 周振，马庆超，孔祥智．农业机械化对农村劳动力转移贡献的量化研究 [J]．农业技术经济，2016（02）：52-62．

[484] 朱高林．中国居民家庭债务率攀升及原因分析 [J]．经济体制改革，2012（04）：27-31．

[485] 朱文霞，胡艳．中国发达城市的劳动力供给研究——以上海市为例 [J]．池州学院学报，2015（04）：48-52．

[486] 朱雪明．金融素养对农户借贷行为影响研究——基于关中地区的微观实证 [D]．西北农林科技大学，2019．

[487] 朱信凯．中国农户位置消费行为研究 [J]．统计研究，2001（12）：15-19．

[488] 邹薇，刘勇．技能劳动、经济转型与收入不平等的动态研究 [J]．世界经济，2010（06）：81-98．

致　　谢

本书历时一年多，在己亥年的最后一天，终于得以完成，心中甚是喜悦。本书反映了近年来我和郭新华教授在收入不平等与家庭借贷行为方面所取得一些研究成果，有些内容已经在国内的刊物上发表。本书梳理了国内外收入不平等与家庭金融研究领域新进展，包括先进的理论分析框架与实证方法，较好地将计量分析方法与中国的实际经济问题结合起来，在一定程度上加深了对中国家庭部门收入差距、债务演变及其经济效应问题的理解。

本书在构思、写作与出版过程中，得到很多的帮助。合作者郭新华教授对收入不平等与家庭金融领域问题的研究颇有见解，其扎实的经济学理论功底与热情、不遗余力的指导为本书稿的完成奠定了较为坚实的基础。

感谢我和郭老师的研究团队给书稿提供的帮助，他们分别是湖南师范大学在读博士研究生刘辉、李敬同学，暨南大学在读博士研究生叶菁菁同学，湘潭大学在读硕士研究生谢佳玉、马杨洁、上官海燕、朱小青、罗思敏、欧阳芬、李佳欣同学，湘潭大学2020年推免研究生张静同学。他（她）们帮助我查找文献、搜集数据，做了不少工作，在此一一表示感谢！

感谢湘潭大学商学院领导与同事对我科研工作的关心和支持。

感谢中国财政经济出版社老师们的辛苦审阅与校对。

在本书稿的写作过程中，作者参考了许多学者的研究成果，他们的研究文献对本书稿的完成颇具价值，在此深表谢意。由于作者的水平有限，而且一些问题的研究工作正在开展，书中定有不完善甚至欠妥之处，敬请读者批评指正。

伍再华
2019年12月31日